Achim Doerfer

„
IRGENDJEMAND
MUSSTE
DIE TÄTER
JA BESTRAFEN
"

Achim Doerfer

„IRGENDJEMAND MUSSTE DIE TÄTER JA BESTRAFEN"

Die Rache der Juden, das Versagen der deutschen Justiz nach 1945 und das Märchen deutsch-jüdischer Versöhnung

Kiepenheuer & Witsch

Meiner Familie

Inhalt

Prolog: Ruhmlose Bastarde 7

Teil I – Jüdischer Widerstand und jüdische Rache 25

1. Jüdische Widerstandsgruppen in Deutschland 27
2. »Irgendjemand musste die Täter ja bestrafen« –
   Die *Jewish Infantry Brigade Group* 35
3. Eineinhalb Millionen – Juden und Jüdinnen
   mit der Waffe in der Hand 47
4. »Geht nicht wie Schafe zur Schlachtbank« –
   Widerstand in den Gettos 56
5. »Seid stark und tapfer« – Widerstand in den
   Konzentrationslagern 69
6. »Rache war mein Grundrecht« – Die Gruppe *Nakam* ... 80

**Teil II – Das Versagen der deutschen Politik
und Justiz nach 1945** 101

1. »Schwarzhändler, Schieber, Wucherer« –
   Antisemitische Stimmung nach 1945 103
2. »Ein Toter gleich zehn Minuten Gefängnis« –
   Die Täter:innen vor Gericht 110

3. »Bin ich Hitler oder was?« – Die Mörder Demjanjuk,
   Zafke und Diess 148

4. Das größte Resozialisierungsprojekt der
   Geschichte – Wie die Deutschen sich
   mit den Deutschen versöhnten 151

5. Deutsche Raketen für Ägypten – Der BND
   auf Abwegen und jüdische Selbstverteidigung 181

6. »Auf einmal hatten wir so tolle Möbel« –
   Zur finanziellen Nicht-Wiedergutmachung 189

Teil III – Das Märchen deutsch-jüdischer Versöhnung ... 223

1. »Wir« und »die« – Fixsterne deutschen Erinnerns 225

2. Die Rache des Blut-Erlösers – Christliche und
   jüdische Versöhnungskonzepte 249

3. »Die Liebe ließ mich überleben« –
   Gute Zeitzeug:innen, schlechte Zeitzeug:innen 272

4. »Wie süß, ein kleiner Judenjunge!« –
   Vom christlich-jüdischen Abendland 288

Anmerkungen 309
Verzeichnis der verwendeten Bücher 359

Prolog: Ruhmlose Bastarde

Ausgemergelte Gestalten, Männer und Frauen, in zerschlissener KZ-Kleidung, etwa ein Dutzend Menschen stehen zusammen. Während einige erschöpft zurückweichen, kommt in die anderen zunehmend Bewegung. Drei Männer in der Mitte beugen sich voller Wut und mit dem Rest ihrer Kraft über eine Gestalt. Sie liegt am Boden, ganz anders gekleidet – ein KZ-Aufseher. Ein SS-Mann in Dienstrock und Stiefelhose. Die Uniform voller Schlamm, Blut läuft über den Kragenspiegel mit seinen SS-Runen und Rangabzeichen. Zusammengekrümmt, die blutigen Hände auf das Gesicht gepresst, versucht er, sich vor den auf ihn einprasselnden Tritten und Hieben zu schützen. Stumm schlagen die Umstehenden weiter auf ihn ein. Plötzlich: atemloses Gemurmel. Einige der Ausgemergelten heben ihn aus dem Schlamm, mit dem letzten bisschen an Gleichgewicht stemmen sie sich seinem Zucken und Krümmen entgegen. Sie schleppen den Körper zu einer metallenen Bahre und werfen ihn darauf. Die Bahre liegt auf Schienen, die auf kurzem Weg in einen Ofen führen, genau groß genug, einen Menschen aufzunehmen. Mit unerbittlichem Ernst schieben sie die Bahre in die Flammen. Ein Rest Leben regt sich in dem kraftlosen Körper, aus dem nun leise, hilflose Schreie dringen. Eine Ewigkeit, doch eigentlich bloß zehn Sekunden später ziehen zwei Mann den tödlichen Schlitten wieder aus dem Ofen, nur um ihn nach kurzem Warten wieder hineinzubefördern. Das Ganze wiederholt sich einige Male, Flammen züngeln aus den Resten der Uniform, bis sich die Ofentür hinter dem über und über angekohlten und mittlerweile reglosen Körper schließt. Die Gestalt eines jungen amerikanischen Offiziers löst sich aus dem Hintergrund der Szenerie. Mit versteinertem Gesicht, mühsam seine Reaktion auf das Gesehene verbergend, macht er sich an seine offiziellen Aufgaben. Etwa zur gleichen Zeit, etwa eineinhalbtausend Kilometer weiter südlich, sitzen vier jüdische Soldaten zusammengezwängt in einem Willys Jeep der ersten Serie – zwei auf den vorderen Sitzen, zwei auf der winzigen Sitzbank dahinter. Ihr Operationsgebiet ist Norditalien. Sie gehören nicht der US-Armee an, sondern der jüdischen Brigade der britischen Armee. Offiziell tragen sie britische Uniformen mit dem *Magen David,* dem Schild Davids, dem Davidstern, schon recht ähnlich der späteren Flagge des Staates Israel. Für das, was sie vorhaben, bedienen sie sich jedoch gerne anderer Uniformen, die ihre »Jüdischkeit« nicht erkennen lassen. Ihre Körperhaltung, die angeregte Art, in der sie sich unterhalten, lassen eher an Ausflügler denken als an Gefreite und Unteroffiziere auf einer tödlichen Mission. Unter den Reifen des staubigen grünen Jeeps mit dem weißen Stern auf der Motorhaube knirscht der Schotter norditalienischer Serpentinen und prasselt in die Radkästen. Im Gegensatz zu den befreiten Juden aus dem KZ sind die Männer im Jeep gut genährt, ausgebildet, ausgerüstet. Sie haben die Pogrome, die Verfolgung, das mörderische Grauen der Lager nicht am eigenen Leib erfahren. Und doch tragen sie denselben Drang nach Rache in sich, wie wohl der Großteil der Überlebenden der Shoa in den letzten Minuten ihres Lebens oder den ersten Tagen des Überlebens. Gespeist aus Geschichten und Bildern des Schreckens, mit denen sie in den vorangegangenen Monaten konfrontiert waren, ist neben die Trauer das Bedürfnis nach Rache und Vergeltung getreten – für ihren Seelenfrieden und zur Abschreckung für alle Zeiten. Seither suchen sie landauf, landab nach den Tätern, halten Augen und Ohren offen.

Nach einer halben Stunde Fahrt erreichen die Männer ein unauffälliges Haus am Rande eines kleinen Dorfes. Die Gespräche sind verstummt. Entschlossen springen sie aus dem Jeep. Einer von ihnen klopft an die alte Holztür, die kurz darauf geöffnet wird. Es erscheint eine Frau mit zu einem Kranz geflochtenen blonden Haaren, die Kleidung zu städtisch für diese bäuerliche Umgebung. »Ist dies das Haus des SS-Obersturmführers G.?« Die Frau ist zu überrascht, um zu lügen. Sie nickt und öffnet den Mund, doch bevor sie etwas sagen kann, sind die vier Männer schon in das Haus eingedrungen. Sie müssen nicht lange suchen, um den zu finden, nach dem sie seit Monaten fahnden. Er sitzt am Küchentisch. Sie teilen ihm mit, dass sie ihn zu einer Vernehmung abholen. G. wehrt sich nicht. Sie bringen ihn in den Wagen und zwängen ihn auf die Rückbank zwischen sich. Das Gefühl seines Körpers an ihren stört sie nicht, gibt es ihnen doch die Gewissheit, dass sie kurz vor dem Ziel ihrer Mission sind.

Nach kurzer Fahrt haben sie den Waldrand erreicht. Sie zerren den Mann ins Unterholz, gerade so weit, dass die Bäume einem zufällig vorbeikommenden Spaziergänger oder einer Bäuerin auf dem Weg zu ihrer Alm den Blick auf das Folgende verstellen würden. Aber noch ist es nicht so weit. Während zwei Mann G. auf die Knie stoßen, zurücktreten und gemeinsam mit dem Dritten mit gezogenen Waffen die Szene absichern, zieht der Vierte aus seiner Uniformjacke ein Blatt Papier, das er mit feierlichem Ernst entfaltet. Er verliest: »Du bist Josef G., stimmt das?« Der Mann am Boden nickt stumm. »Du hast die Einsatzgruppenaktion in R., Weißrussland, im Mai 1943 geleitet?« Wieder ein Nicken. »Du und deine Leute, ihr habt mehr als 3.000 jüdische Frauen, Männer, Kinder und Greise erschossen, verbrannt und totgeschlagen?« Jetzt bleibt G. nicht mehr stumm: »Ich habe nur den Führerbefehl ausgeführt. Das war eine rein militärische Aktion.« Ein wenig Stolz liegt in seiner Stimme, als er hinzufügt: »Deutschland musste sich gegen die Bolschewisten wehren. Wir haben uns soldatisch einwandfrei verhalten.« Die vier Uniformierten tauschen einen Blick, und G. wird mit einem Mal bewusst, dass er nicht irgendwelche Soldaten, sondern jüdische Ankläger vor sich haben muss. Seine ihm über die Jahre so selbstverständlich gewordene Nazi-Arroganz löst sich plötzlich in nichts auf. Gegen den Versuch seines Anklägers, ihn zu unterbrechen, nimmt er einen letzten Anlauf: »Habt Mitleid mit meiner Frau und meinen Kindern!« Der Ankläger verzieht das Gesicht. »Wir verurteilen dich hiermit zum Tode, im Namen der Gerechtigkeit und des jüdischen Volkes.« Als G. noch einmal den Mund aufmachen will, um etwas zu erwidern, hallen schon die ersten Schüsse. Leblos sackt sein Körper zusammen.

Was wie Bilder aus Tarantinos *Inglourious Basterds* anmutet, hat sich tatsächlich so oder ganz ähnlich zugetragen. Die erste Szene hat Ben Ferencz geschildert, der später nicht nur Chefankläger im Einsatzgruppenprozess der Nürnberger Prozesse werden, sondern sich auch maßgeblich an der Schaffung des Internationalen Strafgerichtshofs in Den Haag beteiligen sollte.[1] Als Offizier der US-Armee war er damals oft unter den ersten Befreier:innen[2] von Konzentrationslagern. Jahrzehnte danach sagte er: »Ich tat nichts, es aufzuhalten. Ich nehme an, ich hätte meine Waffe schwingen oder in die Luft schießen können, aber ich war nicht geneigt, das zu tun. Macht mich das zum Komplizen eines Mordes?«[3] Das von den Nazis angerichtete Grauen, das er in den KZs vorfand, übertraf all seine Vorstellungen. So akzeptierte der Sohn jüdischer Eltern, die zwischen den beiden Weltkriegen in die USA ausgewandert waren, bei den Befreiungen die Rache der Opfer – damals und für alle Zeiten: Denn natürlich führten er und auch andere das Gesehene keiner justiziellen Bearbeitung zu. »Jemand, der nicht dabei war«, so Ferencz später, »kann niemals erfassen, wie unwirklich die Situation war.«[4]

Die zweite Szene ist von damaligen Beteiligten überliefert. Einige von ihnen sollten später in hohen Positionen beim israelischen Militär tätig werden. Es sind – wenn auch, soweit möglich, an Rechtsförmigkeit orientiert – Szenen einer blutigen Abrechnung. Szenen, die – wie überhaupt der Umstand, dass jüdische Opfer an NS-Täter:innen Vergeltung übten, statt einfach nur still zu leiden – nicht zu unserer jugendfreien und Sonntagsreden-kompatiblen deutschen Gedenkkultur passen mögen. Vielleicht aber spricht das eher gegen die Gedenkkultur als gegen die damaligen Akteur:innen. Denn ja, es gab Wut und Hass, Rache und Vergeltung. Dass diese in der Gedenkkultur keinen Platz haben, ist erstaunlich. Und nicht zuletzt ein Grund, warum ich dieses Buch geschrieben habe.

Jüdische Rache ist auch das Leitthema des Films *Inglourious Basterds* von Quentin Tarantino. Da ist einmal die Gruppe der *Basterds*, eine Schar von Kämpfern unter dem Kommando eines Colonels der US-amerikanischen Armee, die aus acht Juden und einem deutschen Renegaten besteht. Sie haben es sich zur Aufgabe gemacht, Nazis im besetzten Europa zu finden und zu töten. Da ist weiter der von Großbritannien mithilfe einer jüdischen Überlebenden verfolgte Plan, Top-Nazis in einem Pariser Kino während einer Vorstellung zusammen mit dem ganzen Kino zu verbrennen. Wie auch immer die Reaktionen des deutschen Publikums gewesen sein mögen: Ich bezweifle, dass sie mit denen in New York oder Tel Aviv vergleichbar waren. Denn auch wenn das Fiktionale des Films, das geradezu Märchenhafte, das schon durch den mehrfach mit der Orthografie brechenden Titel signalisiert wird, nicht zu unterschätzen ist – die Hoffnung, dass dieser Film etwas Wahres beschreiben möge, und die Gefühle, die dahinterstehen, sind für viele jüdische Menschen real. Jubel und Szenenapplaus gab es bei der Filmpremiere in Tel Aviv, während auf der Leinwand jüdische Partisanen Nazis zur Strecke brachten.[5] Ebenso begeistert waren die Reaktionen beim jüdischen Publikum in New York, etwa bei einer Filmvorführung im Auditorium des *Jewish Theological Seminary* in Manhattan mit anschließender Podiumsdiskussion. Die *New York Times* berichtete damals von vereinzelten Buhrufen, ansonsten aber von lang anhaltendem Applaus, Füßestampfen und Jubelschreien.[6] »Wow, das war ein Spaß«, rief der jüdische Religionswissenschaftler Arnold M. Eisen, als er nach dem Abspann das Podium bestieg.[7] Und seine Kollegin Amy Kalmanofsky wies darauf hin, dass Rache durchaus eine Rolle in der jüdischen Überlieferung spiele – man denke nur an die Ägypter, die bei der Verfolgung Moses' im Roten Meer ertrinken. Der nächste Diskutant, der konservative Rabbi Jack Moline aus Atlanta, freute sich über den ersten Film (unter den mehr als 600 Filmen über den Holocaust), der die Juden als machtvoll statt als Opfer darstellt.[8] Die deutsche *Bild* titelte ganz in diesem Sinne, wenn auch in gewohnt platter Manier und mit einem gerüttelt Maß an deutscher Nabelschau: »Endlich! Hollywood killt Hitler! – Brad Pitt killt Nazi-Monster Hitler – mit deutschen Stars: Christoph Waltz, Til Schweiger, Daniel Brühl & Co.!«[9]

Am Anfang meiner Auseinandersetzung mit dem Thema steht eine familiäre Enttäuschung. Mit der Geburt der eigenen Kinder bekommt auch die Frage nach dem eigenen »Woher« eine neue Bedeutung. Hatte ich meine Familiengeschichte bisher immer nur auf mich selbst bezogen, wende und bewerte ich sie jetzt vollkommen neu – gerade als Jude und insbesondere als Nachkomme von Shoa-Überlebenden. Die Shoa ist Kulminationspunkt vieler hässlicher Stränge der europäischen Geschichte. Für mich bedeutet sie zudem die komplette materielle und emotionale Neuordnung der eigenen Familie vor meiner Zeit und bis in meine Zeit hinein. Eine Neuordnung, in der es Leerstellen gibt.

Natürlich musste es für die Überlebenden der Shoa weitergehen. Und vielleicht war die Unterdrückung des Unfassbaren, des Unerklärlichen der einzig gangbare Weg. Für mich jedoch gibt es kein Weiterkommen, ohne zu versuchen, dieses Unfassbare, Unerklärliche zu fassen, zu erklären, für mich selbst und für meine Kinder. Auch deswegen habe ich mich auf die Suche nach Rache- und Hassgefühlen begeben.

Im Hinblick auf die familiär tradierten Emotionen und Wertvorstellungen haben mich meine Vorfahren zu diesem Punkt im Stich gelassen. Ich bin Kind und Enkel einer Shoa-überlebenden Mutter und Großmutter. Immerhin zu meinem trotzigen Trost an *Yom Kippur* geboren. Einer von gerade einmal ein paar Tausend deutsch-jüdischen Menschen, deren Vorfahren nicht aus Deutschland geflohen sind und die es trotzdem geschafft haben, zu überleben. Meine Mutter ist Jahrgang 1927 und damit geboren zwischen Anne Frank und deren älterer Schwester Margot. Manche sprechen von 3.000 bis 5.000[10] Jüdinnen und Juden, die wie meine Mutter in der »Illegalität« überlebten, andere von 5.000 bis 10.000[11]. Arno Herzig spricht von immerhin 15.000[12]. So rar, so stumm: Meine Mutter hätte zu so vielem wertvolles Zeugnis ablegen können: zum Überleben, ja, aber auch zum Überlebt-Haben und vor allem zum Weiterleben zwischen all den Mördern und den noch viel zahlreicheren Mitläufern, die sich an ihren Taten nicht sonderlich störten. Doch sie hat mit der Mutter meiner Kinder in ein paar Jahren mehr über ihre und die Erlebnisse meiner Großmutter gesprochen als in all den Jahren mit mir. Was ich über die Verfolgung meiner Familie weiß, lässt sich im Kern in ein paar Sätzen zusammenfassen. Nachdem eine Hausangestellte meine Großmutter Gertrud denunziert hatte, kam sie Anfang 1945 nach Theresienstadt. Wie aufgrund der Anordnung des Reichssicherheitshauptamts vom 15. Januar 1945 auch viele andere Menschen aus »privilegierten Mischehen«.[13] Ihr »arischer« Ehemann Friedrich, der sich einer Scheidung widersetzte, kam ins Arbeitslager Coswig. Ihr Sohn und mein Onkel Fritz, geboren 1936, waren bei einer Familie

13

im Umland ihrer Heimatstadt Leipzig versteckt. Und ihre Tochter Ingeborg, meine Mutter, besuchte bis zuletzt unerkannt eine von einem isländischen Ehepaar betriebene Sprachenschule im Eisenberger Mühltal in Thüringen. Sie wohnte einen ordentlichen Fußmarsch entfernt in Bad Klosterlausnitz – ausgerechnet bei einem Nazi-Ehepaar mit zwei Töchtern.

Die Erzählungen dazu blieben merkwürdig blass. Meine Großmutter hatte über Theresienstadt, das nur etwa ein Zehntel der Insass:innen überlebte, nicht viel mehr mitzuteilen, als dass sie Laub zusammengeharkt hätten als Viehfutter, und im Mai 1945 seien dann die »schönen weißen Fiats« gekommen – Oma war Autofan und hatte als junges Mädchen schon einen Führerschein –, »mit den roten Kreuzen drauf, und dann war alles vorbei«.[14]

Auch mit Onkel Fritz suchte ich das Gespräch. Er lenkte es sogleich auf die frühe DDR-Zeit, die Phase der mit seiner Schwester, meiner Mutter, geteilten Fluchterfahrung Anfang der 1950er-Jahre. Die Verfolgungsgeschichte, die sich zuvor zugetragen hatte, überging er. Offenbar war die Flucht aus der DDR die lebendigere Erinnerung und eine ebenfalls der Verarbeitung bedürftige Erfahrung, die aber viel leichter zu bewältigen war. Mir stand es nicht zu, Forderungen an ihn zu stellen.

Den Gipfel der Selbstverleugnung hat übrigens meine 1938 bereits in Schweden lebende und mit einem Schweden verheiratete Großtante Elly erklommen. Meine Großmutter hat ihr das nie verziehen. Elly weigerte sich nicht nur, ihren Eltern die Flucht nach Schweden zu ermöglichen, weil ihr sehr wohlhabender Mann – angeblich einer der reichsten in Südschweden – nun einmal überzeugter Nazi war und von ihrer Familie nichts hätte wissen wollen. Auch hielt sie vor ihrem eigenen Sohn dessen jüdische Herkunft geheim. Als dieser sie später einmal fragte, warum er beschnitten sei, antwortete sie, das wisse sie nicht. Man habe ihn ihr wohl direkt nach der Geburt weggenommen und in diesem Zustand wieder in die Arme gelegt.

Alle Erzählungen meiner Großmutter und Mutter über die dunkelsten Jahre zwischen 1938 und 1945 decken – zählt man sie zusammen – gerade mal ein paar Wochen ab. Klar, den Rest kann man auch den Geschichtsbüchern entnehmen. Was aber dennoch und vor allem fehlte und bis heute fehlt, ist ein Anhaltspunkt in Bezug auf ihre Gefühlswelt, eine Aussage darüber, was sie während dieser Zeit und danach empfunden haben. Was sie fühlten – zwischen all den Täter:innen, die ungeschoren davonkamen. Was sie heute fühlen, hier, in Deutschland. Auch in den Zeugnissen anderer Shoa-Überlebender fand ich zu dem, was mich interessierte, erst einmal nichts oder jedenfalls nicht mehr als Andeutungen. Ich fragte mich, ob es nicht eigentlich ganz normal wäre, Hass zu empfinden. Wäre es für die Opfer, auch in meiner Familie, nicht ganz normal, Rachegefühle zu hegen oder jedenfalls gehegt zu haben? Ich fand kein Wort dazu. Intelligente, differenziert denkende und sich selbst reflektierende Menschen, alle belesen, gebildet, bewandert in mehreren Sprachen, blieben irgendwie flach und matt in ihrer Gefühlswelt. Jedenfalls in diesem Punkt.

Schön, verdammt schön zum Beispiel die Geschichte von Großonkel Curt vor 1938. Das Foto, wie er stolz vor einem Sportwagen steht, einem Steyr 430, weiß mit schwarzen Kotflügeln und Stoffdach, mit elegant geschwungenen Cabriolet-Bügeln und chromglänzenden vollflächigen Radkappen. Ironischerweise vom selben Ferdinand Porsche konstruiert, der später den Nazis ihren KdF-Wagen bauen sollte, und aus eben den Steyr-Rüstungsbetrieben, in denen später auch Internierte aus dem Konzentrationslager Mauthausen arbeiten würden.[15] Daneben gab es den schwarzen Steyr-Wagen, den Curts Lebensgefährtin und Sportkameradin Fridel Hönisch (1909–

1999[16]), erfolgreiche Kabarettistin und Miss Leipzig 1930, von ihrem Vater und ihrem Onkel geschenkt bekommen hatte.[17] Die beiden hatten sich kennengelernt, als Fridel Curt auf sein Auto ansprach. Schon bald fuhren sie zusammen: sie erst ein paarmal an einsamer Stelle ohne Führerschein, dann mit ihm bis nach Spanien. Auf dem Foto mit dem weißen Steyr steht Curt auf der Beifahrerseite, lässig seinen Ellenbogen ins offene Fenster der Beifahrertür gelegt, dunkler Autocoat, frisch frisiert, der gerade Blick des Sportfahrers, unterlegt mit einem breiten Lächeln. Hier war jemand in seinem Leben angekommen. Drei Mal – zuletzt 1935 – fuhren Fridel und Curt die Rallye Monte Carlo.

Doch so viele Kilometer die beiden auch gemeinsam zurücklegten, ins Exil folgte Fridel Curt nicht. Nachdem er 1936 für sechs Monate in Haft gekommen war, entschied sie sich zwei Jahre später im letzten Moment sogar dagegen, ihren Liebsten bei seiner Abreise zum Bahnhof zu begleiten. Am selben Abend klingelte ihr Telefon, und eine schroffe Männerstimme teilte ihr mit, hätte man sie auf dem Bahnhof gesehen, wäre sie nicht in ihre Wohnung zurückgekehrt.[18] Curt verließ Deutschland 1938. Er emigrierte erst nach Kuba, dann nach Mexiko. Auf Kuba arbeitete er als Holzfäller, in Mexiko landete er in Mexiko-Stadt – in dieser Zeit Zufluchtsort zunächst für die Verfolgten und wenig später typisch in der Zeit auch die Verfolger. Damit war mein Großonkel einer der 40.000 bis 60.000 deutschen Juden und Jüdinnen, die nach Lateinamerika emigrierten, und unter den insgesamt drei Fünfteln der 1933 im Deutschen Reich lebenden jüdischen Menschen, denen die Flucht aus Deutschland gelang.[19] Und er war konsequent: Er weigerte sich, jemals wieder einen Fuß auf deutschen Boden zu setzen. »Mexiko ist jetzt meine Heimat geworden«, schrieb er Fridel in einem seiner letzten Briefe an sie.[20]

Geblieben von dem großbürgerlichen Leben meiner jüdischen Vorfahren sind drei Stolpersteine in Halle: für Curts

Vater Eduard Graf, seine Mutter Clara Graf und seine Schwester Irene Schulze. Eduard war als Jude aus der Nähe von Prag nach Halle an der Saale eingewandert, hatte sich dort mit seiner aus Magdeburg stammenden jüdischen Frau Clara eine Existenz aufgebaut und eine Familie gegründet. Die Stolpersteine liegen vor der herrschaftlichen dreistöckigen Gründerzeitvilla der Familie in der Seebener Straße 177 in Halle, gleich bei der Burg Giebichenstein, zwischen dem parkartigen Zoo und der an dieser Stelle wunderschönen Saale. Es schmerzt, dass wir als Familie nicht zur Verlegung der Stolpersteine für die in den Tod getriebenen Verwandten eingeladen waren, obwohl wir doch längst in Kontakt mit der Stadt Halle standen. Nachdem sich Eduard Graf nach Entrechtung und der Enteignung seines Unternehmens bereits im Jahr 1938 in der Saale ertränkt hatte, folgte ihm 1942 seine Frau Clara in den Tod. Längst schon wohnte sie nicht mehr im enteigneten Familienanwesen. Am Tag vor ihrer angesetzten Deportation vergiftete sie sich mit Lampengas. In zynischem Verwaltungsdeutsch hatte man sie von ihrer geplanten Ermordung in Kenntnis gesetzt: »Auf Anordnung der Aufsichtsbehörde haben Sie am 19. September 1942 Ihren Wohnsitz nach Theresienstadt zu verlegen. Sie werden dort in einer Gemeinschaftsunterkunft untergebracht.«[21] Man wusste, was zu erwarten war. 1943 suizidierte sich auch Eduards und Claras Tochter Irene, meine Großtante.

Meine Großmutter hat immer darauf bestanden, dass auch der Tod von Eltern und Schwester Morde waren, so wie der Tod der anderen sechs Millionen Jüdinnen und Juden.[22] Immerhin – Clara und Irene wurden in der Zentralen Datenbank der Namen der Holocaustopfer in der israelischen Gedenkinstitution *Yad Vashem* bereits als »ermordet« geführt. Denn *Yad Vashem* hat eine im Judentum nicht unumstrittene Entscheidung getroffen und zählt auch die Suizidopfer zu den Shoa-Opfern.[23]

Um die Aufnahme von Eduard in dieses Register habe ich mich gekümmert; von den sechs Millionen sind heute viereinhalb Millionen dort namentlich erfasst.[24] Opfer sind im Übrigen, darauf wies der allzu früh verstorbene deutsche Journalist und Autor Eike Geisel (1945-1997) ganz richtig hin, nicht nur jene, welche in den Konzentrationslagern starben, sondern schon alle, die dort leben mussten.[25]

Ein einziger Ausbruch von Hass bei meiner Mutter, nur eine Sekunde lang. Als ich sie das einzige Mal in ihrem Leben fluchen hörte, damals schon jenseits der achtzig. Da bezeichnete sie einen verstorbenen, von der Universität und Stadt Göttingen hochdekorierten Professor, seinerzeit ein engagierter Nazi-Rechtswissenschaftler, als »Dreckschwein«: Franz Wieacker (1908-1994) war seit 1937 Mitglied der NSDAP und einer Reihe anderer NS-Organisationen[26] gewesen – vor allem der *Akademie für deutsches Recht* (gegründet durch Reichsjustizkommissar Hans Frank[27]), wo er sich ganz im nationalsozialistischen Sinne und in herausgehobener Funktion für »Reformen« des Jugendrechts, des Jugendstrafrechts und des Jugendpflegerechts einsetzte.[28] An anderer Stelle hatte er die Ansicht vertreten, Richter sollten sich weniger am Gesetz als am Führerwillen orientieren.[29] Und schließlich hatte er sich in erkennbarer Anlehnung an das »Gesetz zum Schutze der Erbgesundheit des deutschen Volkes« vom 18. Oktober 1935 für »objektive Ehescheidungsgründe« zum Schutz des »deutschen Blutes« starkgemacht.[30] Etwas, das – wie auch die von ihm verlangte Orientierung am Führerwillen selbst – von der NS-Rechtsetzung zum Glück nie übernommen wurde: Denn wären Friedrich und Großmutter Gertrud »objektiv« geschieden worden, so wäre Gertruds Schutz durch eine Mischehe weggefallen. Sie wäre dann sehr wahrscheinlich nicht erst spät nach Theresienstadt, sondern viel früher etwa nach Auschwitz deportiert worden und hätte kaum noch ihre Kinder, so wie geschehen, retten können. Ob ich dann hier an meinem Schreibtisch säße? Über die Jahrzehnte habe ich in der Causa Wieacker bei Politik und Universitätspräsidentin interveniert. Meine Mutter fand all das sinnlos: »Achim, lass das, das bringt nichts, du machst dich nur unbeliebt.« Sie hatte leider recht. Ein einziges Mal brach es also aus meiner Mutter heraus. Unglaublich eigentlich. Nun, ich selbst habe ja auch Jahrzehnte gebraucht, um als meine größte Frage zu verstehen: Warum gab es kaum sichtbaren Hass, warum so wenig Rache? Ohne eine Antwort auf diese Frage fühle ich mich außerstande, mir selbst und meinen Kindern zu erklären, was es bedeutet, deutsch zu sein, und was es bedeutet, jüdisch zu sein.

Der britische Historiker Mark Roseman (*1958) bietet zwei Erklärungsmöglichkeiten für die Abwesenheit von jüdischem Hass in der kollektiven Wahrnehmung an: Die eine besagt, dass es durchaus Rache und Hass gab, dass mit der Nachkriegszeit jedoch ein – imaginiertes – nicht der Rache zugeneigtes jüdisches »Opfer« die Vorstellungswelt der nichtjüdischen Gesellschaft betreten hat, wobei gleichzeitig die Stimmen unterdrückt wurden, die Rachegedanken äußerten. Damit einher ging und geht die Unterdrückung des Wissens um Racheakte, um so Schreie und Taten von Wut zu überdecken, die weiter verbreitet waren, als man bereit war anzuerkennen. Wenn dies der Fall sei, so Roseman, müssten wir zudem danach fragen, ob in Deutschland und anderswo eine potenzielle Angst vor jüdischer Rache nicht begleitet oder abgelöst wurde durch ein subtileres, aber nicht weniger allgegenwärtiges Unwohlsein angesichts der Idee des wütenden und voreingenommenen Juden. Ein Unwohlsein, das Shoa-Überlebende kurzerhand in Figuren passiver Duldsamkeit verwandelte. Die zweite Möglichkeit bestünde Roseman zufolge darin, dass es tatsächlich wenig Rache gab, weil Opfer und Überlebende schlicht zu machtlos waren.[31]

In diesem Buch wird man erfahren, dass, besonders in Deutschland, Mitglieder der jüdischen Gemeinschaft in vielen Strängen der öffentlichen und veröffentlichten Meinung durch Ausblenden anderer Aspekte als duldsame, aber immer wieder auch lästige Opfer imaginiert und abgebildet wurden. Und man wird erfahren, dass es sehr wohl Rache und Widerstand gab. Außerdem werde ich darstellen, darstellen müssen, gegen welches, ja, auch bundesrepublikanisches Monster sich jenes andere Monster aus jüdischer Rache im historischen und moralischen Gesamtzusammenhang positioniert. Man kann die Fallhöhe jüdischer Moral nicht verstehen und definieren, ohne die Fallhöhe deutscher Moral nach 1945 zu beschreiben. Dabei geht es nicht um *Whataboutism* als Rechtfertigung, sondern um Beschreibung zum Zwecke des Verstehens. Was Juden und Jüdinnen taten oder planten, auch falsch taten, ist natürlich nicht zu rechtfertigen durch die Verbrechen der Nationalsozialist:innen oder durch das Versagen der Bundesrepublik darin, diese Verbrechen zu bestrafen. Es gilt aber, die unangenehme Beziehung zwischen diesen beiden Strängen deutsch-jüdischer Geschichte zu gewärtigen.

Meine Großmutter Gertrud erzählte von einem Nazi, der irgendwann schleimerisch vor ihrer Tür auftauchte, um sich einen »Persilschein« ausstellen zu lassen. Der also eine Jüdin bat, ihm das Nicht-Nazi-gewesen-Sein zu bestätigen. Da, erzählte sie mir, habe sie ihm die Tür vor der Nase zugeschlagen. Was besonders war an meiner Großmutter, im Vergleich zu so vielen anderen in ihrer Situation und selbst im Vergleich zu ihrer eigenen Tochter: Ihren trotzigen Stolz hat sie sich nie nehmen lassen. Wo Hitler die Jüdinnen und Juden, ganz in der Tradition der sogenannten konservativen Revolution schon lange vor 1933, als Kosmopolit:innen abtun wollte und das schon ältere Gerede vom »Weltjudentum« aufnahm, bezeichnete meine Oma sich nach 1945 in einem Brief an ihren Bruder selbst stolz als »Weltbürgerin«. Bis ins hohe Alter hat sie ihre Fremdsprachenkenntnisse gepflegt, mich mitleidlos Lateinvokabeln abgefragt und eine Brieffreundschaft mit einem französischen Geschäftsmann unterhalten, der während der Leipziger Buchmesse ihr regelmäßiger Übernachtungsgast war. Umso beschämender für Deutschland, wenn 2018 ein Alexander Gauland als Gastautor der *Frankfurter Allgemeinen Zeitung* genau diesen Lebensentwurf wieder angreift und meint, das angeblich einfache Volk gegen die verteidigen zu müssen, die Fremdsprachen sprechen und sich überall zu Hause fühlen, und damit die angebliche Notwendigkeit eines völkischen Populismus begründet.[32] An meiner Großmutter wäre auch das abgeperlt. Ihr Motto war: »Man kann sich nur selbst erniedrigen.«

Wo Raum ist, davon zu erzählen, sind jüdische Rachegefühle also sehr wohl ein Thema. Das war und ist jedoch nicht der Fall, wenn deutsche Medien Shoa-Überlebende befragten und befragen. So umfangreich ich auch in der deutschen Presse und anderen Nachrichtenmedien recherchiert habe, kaum fand ich – jenseits von einzelnen Blogs – jemals, dass das Thema Vergeltung oder Rache thematisiert worden wäre. Vielleicht ist dies mit einer gegenseitigen Haltung der Schonung zu erklären. Der deutsche Interviewer mag die Frage »Hätten Sie sich nicht rächen wollen, und wenn ja, an wem und wie?« als hochgefährlich empfinden, und das gleich in zweierlei Hinsicht: Zum einen mag er denken, dass diese Frage eine böse Unterstellung beinhaltet. Verpflichtet die in Deutschland vorherrschende christliche Tradition doch zu radikaler und nahezu umfassender Vergebung. Zum anderen mag er aber auch befürchten, Gefühle zu wecken, die er nicht kontrollieren kann und die sich vielleicht gegen ihn selbst richten würden. Und umgekehrt: Natürlich kennt die jüdische Interviewpartnerin das Christentum ungleich besser als der deutsche Interviewer das Judentum und insbesondere dessen Haltung zu Rache und Vergebung. Sagen wir es offen: Wahrscheinlich kannte kein Journalist und keine Journalistin in den Interviews, die ich gelesen habe, die jüdische Haltung zu diesen Themen – sonst hätte sich eine sachkundige Frage dazu aufgedrängt. Auch mag es die jüdische Interviewpartnerin angesichts der Ehre, ein Interview geben zu dürfen, als unhöflich empfinden, ihrem Gegenüber mit dunklen Gefühlen lästig zu werden. Denn das Genre der Interviews mit Shoa-Überlebenden lebt von zwei Gefühlen: Trauer und trotzigem Optimismus. Aber wer die Frage nach Wut und Rachegefühlen nicht stellt, kann nicht zum Kern der Erfahrungen vordringen. Die US-amerikanische Historikerin Nina Kovalenko verweist darauf, dass Überlebende der Shoa dazu neigen, ihre Zeugnisse an den Kontext und die Zielgruppe anzupassen.[33] Wer also nicht gezielt nach Rachegefühlen fragt – die viele Überlebende, so Kovalenko[34] oder auch der israelische Mediziner Shalom Robinson,[35] besonders in der frühen Nachkriegszeit äußerten –, wird von diesen oft auch nichts hören. Die Verlockung ist groß, am Ende ein eigenes griffiges Narrativ entlang der christlichen Prägung der Leser:innen zu verfertigen – Journalist:innen wollen die Dinge gern auf den Punkt bringen.

In seinem Buch *Die Reise ins Reich – Unter Reichsbürgern* hat Autor und Regisseur Tobias Ginsburg zum Unwissen um jüdische Wehrhaftigkeit eine eindrückliche Anekdote beigetragen: »In der sechsten oder siebten Klasse muss das gewesen sein, als mich ein Mitschüler fragte, warum wir Juden uns damals nicht gegen die Nazis gewehrt hätten. Der Mitschüler [...] fragte mich das mit ehrlicher Neugier und nur einem kleinen Fitzelchen Verachtung für dieses seltsam lebensmüde Volk, das sich freiwillig vergasen ließ. Ich hatte keine Antwort parat.«[36]

Mir wäre es ebenso gegangen, mir hat auch nie jemand etwas in Richtung einer Antwort auf diese Frage gegeben. Dabei könnten wir eigentlich leicht wissen: Die Verfolgten und Vertriebenen haben Widerstand geleistet, sie haben sich gewehrt – und manchmal sogar gerächt. Und sie sind lange nicht so versöhnt wie die deutsche Mehrheitsgesellschaft gerne glauben möchte.

TEIL I

Jüdischer Widerstand
und jüdische Rache

1. Jüdische Widerstandsgruppen in Deutschland

Wie wenig der jüdische Widerstand wahrgenommen wurde und bis heute wird, illustriert die etwa 700 Personen umfassende Liste von – überwiegend deutschen – Widerstandskämpfer:innen gegen den Nationalsozialismus auf Wikipedia.de.[37] Aus all den Gruppen des jüdischen Widerstands finden dort lediglich die Herbert-Baum-Gruppe und die sozialistisch-zionistische Jugendorganisation *HaShomer HaTza'ir* Erwähnung. Bei dem Widerstandskämpfer und SPDler Max Tschornicki (1903–1945) ist vermerkt, er sei Jude gewesen. Ein paar weitere Jüdinnen und Juden werden genannt, sind allerdings nicht als solche gekennzeichnet, wohingegen eine eventuelle Zugehörigkeit zu christlichen Gruppen umfangreich Erwähnung findet. Das entspricht nicht der wahren Bedeutung jüdischen Widerstands. Der deutsch-britische Historiker Arnold Paucker (1921–2016) schätzt, dass nicht weniger als 2.000 deutsche Juden und Jüdinnen zu irgendeinem Zeitpunkt im aktiven Widerstand gegen die Nazis tätig waren.[38] Passive Widerstandshandlungen wie Untertauchen oder Suizid können in dieser Zahl nicht erfasst sein, da sie allein jeweils in die Zehntausende gehen. Bedenkt man, dass zu Anfang der NS-Zeit höchstens etwa 560.000 Juden in Deutschland lebten und im September 1939 nur noch etwa 200.000, dann, so betont Paucker, hätten 600.000 bis 700.000 nichtjüdische Deutsche im Widerstand sein müssen, um ein Narrativ zu rechtfertigen, in dem jüdischer und nicht-jüdischer Widerstand sich auch nur die Waage hielten – was bei Weitem nicht der Fall war.[39]

Die Berliner Gruppe um Herbert Baum (1912–1942), die aus dem »Bund Deutsch-Jüdischer Jugend« hervorgegangen war, zählte 30 Mitglieder zwischen 18 und 30 Jahren, dabei zu gleichen Teilen Männer und Frauen.[40] Paucker schätzt die Mitgliederzahl dieser Gruppe, die sich von Berlin aus auch in andere Städte ausgebreitet habe, für 1939 gar auf bis zu 150.[41] Die Gruppe veranstaltete Schulungen, druckte Flugblätter und suchte Kontakt zu anderen Widerstandskreisen.[42] Von 1934 bis 1938 führte die Baum-Gruppe, etwa »während Luftschutzübungen im verdunkelten Berlin«, überaus »raffinierte und erfinderische Propaganda-Aktionen durch«, oder auch Sabotageakte.[43] Am 18. Mai 1942[44] verübte sie einen spektakulären Brandanschlag auf die antikommunistische NS-Propagandaausstellung »Das Sowjetparadies«[45] im Berliner Lustgarten.[46] Während Eike Geisel den Anschlag als den gescheiterten Versuch von Juden und Jüdinnen interpretierte, wenigstens im Widerstand mit ihrer Pariastellung zu brechen,[47] nannte Paucker die Aktion, gegen die auch einige Gruppenmitglieder opponierten und sich in der Folge von der Gruppe trennten, »nicht gerade eine Glanzidee«.[48] Denn als Vergeltung verhafteten die Nazis 500 Juden und Jüdinnen und brachten sie in das Konzentrationslager Sachsenhausen. Die Hälfte wurde dort sofort von der SS erschossen, der Rest später ermordet oder nach Auschwitz deportiert.[49] Siebzehn Mitglieder der Baum-Gruppe, allesamt Juden und Jüdinnen, wurden später zum Tode verurteilt.[50] In der vor 1970 besonders verbreiteten Blindheit gegenüber dem Umfang jüdischen Widerstands behauptete das *Lexikon des Judentums* noch 1967, unter den 17 hätten sich »auch 5 Juden« befunden.[51] Das verwundert umso mehr, als der Volksgerichtshof die Todesstrafe gerade deswegen als besonders geboten ansah, weil »die Angeklagten sämtlich Juden«

waren.⁵² Und auch der oberste Ankläger des Reiches hatte vor Gericht keinen Zweifel daran gelassen, dass es sich um jüdische Täter:innen handelte.⁵³ Eine Tatsache, die die Angeklagten vor Gericht durchaus stolz vertraten; so zitiert Geisel die Widerstandskämpferin Lotte Rosenholz mit den Worten: »Ich bin nicht sonderlich geschult, eines aber war mir klar, dass ich als Jüdin nicht zurückstehen kann.«⁵⁴ Urteil und Hinrichtung wurden der Bevölkerung sogar noch durch Plakate mitgeteilt, auf denen die Opfer allesamt durch den üblichen Namenszusatz »Sara« bzw. »Israel« als Jüdinnen und Juden kenntlich gemacht waren.⁵⁵

Auch eine Gruppe junger Frauen kam wie die Baum-Gruppe aus der jüdischen Jugendbewegung, folgte jedoch, da sie wohl uneins mit deren kommunistischer Ausrichtung war, nicht den Baum-Leuten. Ihre Anführerin war Eva Mamlok (1918–1944), die mit 14 Jahren das erste Mal verhaftet wurde, nachdem sie mit weißer Farbe »Nieder mit Hitler!« auf das Dach des Hertie-Kaufhauses am Halleschen Tor in Berlin geschrieben hatte.⁵⁶ Da die Frauen von 1939 bis 1941 zu Zwangsarbeit verpflichtet waren, konzentrierten sie sich auf Antikriegspropaganda – in einer Zeit, als der kommunistische Widerstand wegen des Hitler-Stalin-Paktes diesbezüglich eher inaktiv war.⁵⁷ Obwohl Mamlok zu dieser Zeit schon zwei Mal verhaftet worden war und mehrere Monate KZ-Haft in Moringen erlebt hatte, druckte und verteilte sie mit ihren Mitkämpferinnen antifaschistische Flugblätter.⁵⁸ 1941 wurden sie denunziert und wegen »Zersetzung der Wehrkraft des deutschen Volkes« allesamt zum Tode verurteilt. Durch Bestechung konnten die Urteile in Deportationen nach Riga umgewandelt werden. Alle Mitglieder der Gruppe, bis auf Inge Gerson-Berger, die 1971 im New Yorker Exil Zeugnis von ihrer Aktivität ablegen konnte, wurden jedoch in der Folge in den Konzentrationslagern des Ostens ermordet.⁵⁹ Enttäuschenderweise fördert eine Internetrecherche zu Eva Mamlok nur die

Existenz eines Stolpersteins zutage – als trauriger Beweis ihrer Reduktion auf den Opferstatus in der Öffentlichkeit, bei dem zugleich auch die Anonymität der Täter:innen einfach hingenommen wird. Anders als bei Sophie Scholl, ihrer Mitstreiterin im Geiste, gibt es keine Eva-Mamlok-Straße oder Eva-Mamlok-Schule – beredtes Zeugnis einer jüdisch-nichtjüdischen Zweiklassengesellschaft beim Gedenken an den Widerstand in Deutschland.

Neben diesen beiden Gruppen existierte in Berlin die etwa 40 Mitglieder starke linkszionistische Gruppe[60] *Chug Chaluzi* (»Pionierkreis«), gegründet im Februar 1943, die Fluchtwege ins Ausland suchte und sich der Rettung von Kindern und Jugendlichen widmete.[61] Ihre Zukunft sah die Gruppe nicht in Deutschland, sondern in Palästina.[62] Als einzige jüdische Widerstandsorganisation ging sie später geschlossen in den Untergrund, was ihren Mitgliedern bis auf wenige Ausnahmen das Leben rettete.[63]

In Luckenwalde[64] operierte unter ihrem Anführer Werner Scharff (1912–1945)[65] die deutsch-jüdische »Gemeinschaft für Frieden und Aufbau«.[66] Sie war seit September 1943 tätig im Verstecken von Juden und Jüdinnen, der Beschaffung falscher Papiere, der Fluchthilfe[67] und dem Versenden von Kettenbriefen.[68] Als Elektriker führte Scharff auch Arbeiten bei Gestapo-Beamten durch, was es ihm ermöglichte, ihr Vertrauen zu gewinnen, Einblick in Deportationslisten zu nehmen und Betroffene zu warnen.[69] Scharff wurde Mitte 1943 nach Theresienstadt deportiert, entkam aber am 7. September 1943[70] und führte seine Widerstandsarbeit fort.[71] Im Frühjahr 1944 fing die Gruppe an, Flugblätter zu verteilen, die zum passiven Widerstand aufriefen. Mit wenig Resonanz: Von 100 in einem Miethauskomplex verteilten Flugblättern wurden 90 beim Blockwart abgegeben.[72] Obwohl 1944 die Mehrzahl der 30 jüdischen und nichtjüdischen Mitglieder verhaftet wurde, machte diese

Gruppe sich noch bis 1945 in der Illegalität für ein Ende des Krieges stark. Die meisten unter ihnen überlebten durch den Vormarsch der Roten Armee. Werner Scharff und sein Mitkämpfer Gerhard Grün aber wurden als letzte deutsch-jüdische Widerstandskämpfer am 16. März 1945 im Konzentrationslager Sachsenhausen ermordet.[73]

Auch der »Centralverein deutscher Staatsbürger jüdischen Glaubens« leistete, so Arnold Paucker, in den Jahren vor der Machtübernahme erbitterten Widerstand gegen die Nationalsozialist:innen, und zwar mit einem getarnten Propagandafeldzug zur Unterstützung der demokratischen Parteien.[74] Schon in der Kaiserzeit hatte sich der Verein als Reaktion auf zunehmenden Antisemitismus gegründet und war bereits 1926 auf über 60.000 Mitglieder angewachsen.[75] Der Hausanwalt des »Centralvereins«, Hans Reichmann, hatte die beispiellose klandestine Kampagne initiiert.[76]

Einen Beitrag zum Widerstand leistete vor und nach 1933 außerdem die jüdische Presse, aller Gleichschaltung zum Trotz, durch Andeutungen zwischen den Zeilen oder offene Polemiken.[77] Und auch der am 17. September 1933 gegründeten[78] »Reichsvertretung der deutschen Juden« (ab 1935 »Reichsvertretung der Juden in Deutschland«, ab 1939 »Reichsvereinigung der Juden in Deutschland«[79]) muss, entgegen der innerjüdischen Verunglimpfungen als »Assimilanten«, ein Anteil am Widerstand zugesprochen werden:[80] Sie bemühte sich, vor allem infolge der Novemberpogrome, illegale Schriften zu verbreiten oder Befehle der Gestapo zu umgehen. Gegen die ersten Deportationen gab es dabei nicht nur Proteste, sondern auch Versuche, sie zu verhindern, was Repräsentanten der Organisation wie Otto Hirsch und Julius Seligsohn mit Festnahme und Ermordung im Konzentrationslager bezahlten.[81] Julius Seligsohn hatte etwa als Zeichen des Protestes die Idee eines Fastentages der Juden und Jüdinnen gehabt.[82]

Für die Zeit nach 1945 gehört in dieses Kapitel jüdischen Widerstands in Deutschland auch Hanns Alexander (1917– 2006). Er konnte 1936 als 19-Jähriger zu seinen schon vorher nach Großbritannien entkommenen Eltern fliehen.[83] Dort meldete er sich nach Kriegsausbruch freiwillig zur Armee. Nach dem Krieg wurde er als Dolmetscher in Deutschland eingesetzt und sah in Bergen-Belsen das Grauen der Konzentrationslager. Sein Großneffe, der Schriftsteller Thomas Harding (*1968), sollte viele Jahre später Alexanders Reaktion laut *Spiegel* wie folgt beschreiben: »Er war nicht länger der sorglose Mann von einst. Er war von einer kaum noch kontrollierbaren Wut erfasst.«[84] Von dieser Wut getrieben, so der *Spiegel* weiter, machte sich Alexander nach Kriegsende auf eigene Faust auf die Suche nach Nazi-Verbrechern. Nachdem er zwei eher kleine Fische aufgespürt hatte, machten ihn die Brit:innen zum offiziellen Fahnder. In der Folge gelang es ihm erst, den ehemaligen Gauleiter von Luxemburg, Gustav Simon, ausfindig zu machen, dann wurde er auf den Auschwitz-Kommandanten Rudolf Höß angesetzt. Höß sollte bei Flensburg leben, doch wo genau und unter welchem Namen, war nicht bekannt. Seine Frau wurde zwar überwacht, schwieg jedoch beharrlich. Alexander war es, der sie zum Reden brachte. Er drohte ihr damit, ihre Söhne nach Sibirien deportieren zu lassen. Der verzweifelten Frau blieb nichts anderes übrig, als Aufenthaltsort und Decknamen ihres Mannes preiszugeben. Kurz darauf wurde er verhaftet, was einen unschätzbaren Ermittlungserfolg darstellte: Höß lieferte erstmals genaue Einblicke in die deutsche Tötungsmaschinerie und wurde einer der wichtigsten Zeugen im Nürnberger Hauptkriegsverbrecherprozess. Nach der Auslieferung an Polen 1946 saß er dort ab dem 11. März 1947 auf der Anklagebank. Im April desselben Jahres wurde Höß auf dem Gelände des ehemaligen Konzentrationslagers Auschwitz gehenkt. Hanns Alexander, dem die Wut blieb, dass so viele Nazi-Verbrecher sich nie für ihre Taten verantworten mussten, betrat deutschen Boden nach seinem Einsatz nie wieder.[85]

Aus weiteren unzähligen Einzelaktionen des Widerstands seien nur einige herausgegriffen: Da war Erich Leyens, der während des Boykotts jüdischer Geschäfte am 1. April 1933 vor seinem Kaufhaus in Wesel Flugblätter verteilte.[86] Oder die jüdisch-deutsche Widerstandskämpferin Helga Beyer, die bereits im Alter von nur 13 bis 17 Jahren als Kurierin im Untergrund diente.[87] 1937 wurde sie bei einem Grenzübertritt verhaftet und 1941 (oder 1942) mit Anfang zwanzig im Konzentrationslager Ravensbrück ermordet.[88] Da war der jüdische Makler Adolf K. aus Duisburg, der am 6. August 1936 einen Brief an den US-amerikanischen Olympioniken Jesse Owens schrieb[89], in dem er – wie aus einem Gestapo-Bericht hervorgeht – Deutschland »als ein Land der Barbarenherrschaft und Schreckensherrschaft« bezeichnete, ein Land, in welchem Verbrecher am Ruder seien, zwei Millionen politische Gefangene schmachteten und deutsche Richter »willfährige Henkersknechte der Machthaber« seien. Er forderte Jesse Owens auf, »die Goldene Olympiamedaille dem Blutmenschen Adolf Hitler vor die Füße zu werfen und ostentativ abzureisen, um diesen Mördern und Barbaren für ihren Hochmutsdünkel eine Lektion zu geben«.[90] K. bezahlte den Brief mit 18 Monaten Gefängnis und wurde nach der Reichspogromnacht für weitere acht Monate im Konzentrationslager Dachau inhaftiert. Wieder in Freiheit, weigerte er sich im Herbst 1941, den Judenstern zu tragen, woraufhin er erneut verhaftet wurde. Das Letzte, was von ihm bekannt ist, ist die Deportation nach Riga im Januar 1942.[91]

Bewusst aus jüdischen Motiven handelte außerdem der 21-jährige Helmut Hirsch. Er schmuggelte Flugblätter von Prag nach Deutschland, wurde nach der Verwicklung in einen missglückten Sprengstoffanschlag in Nürnberg wegen Hochverrats zum Tode verurteilt und am 4. Juni 1937 in Plötzensee hingerichtet.[92] Man könnte diese Aufzählung noch lange fortsetzen. Und das war nicht das Ende, sondern erst der Anfang. Andere Jüdinnen und Juden schlugen noch viel machtvoller zu.

2. »Irgendjemand musste die Täter ja bestrafen« – Die *Jewish Infantry Brigade Group*

Bereits seit Kriegsbeginn hatten die Juden und Jüdinnen in Palästina eine eigene Einheit für den Kampf gegen die Nazis gefordert.[93] Die Befürchtung von britischen Kritiker:innen: Wenn man dies unterstütze, könnten die Juden und Jüdinnen eine Geheimarmee bilden, die sie letztlich in Palästina gegen die Briten einsetzen würden.[94] Winston Churchill dagegen hatte sich bereits früh für eine solche Einheit eingesetzt und schon 1940 in einer Rede im *House of Commons* wütend erklärt, es sei Unsinn, wenn Großbritannien das Angebot einer jüdischen Kampftruppe von 40.000 Männern und Frauen ablehne, während man gleichzeitig in schwersten Kämpfen mit den Achsenmächten stehe.[95] Er betonte später vor allem den Zusammenhang mit der Shoa[96] und schrieb 1943 in einem Brief: »Mir gefällt die Idee, dass Juden die Mörder ihrer Landsleute in Zentraleuropa zu fassen bekommen.«[97] In diesem Sinne äußerte er sich auch gegenüber US-Präsident Roosevelt, der ihm fünf Tage später antwortete, keine Einwände zu haben.[98] Als es später Überlegungen gab, die Brigade stattdessen im Fernen Osten einzusetzen, schrieb der britische Kriegsminister James Grigg an Churchill: »Poetische Gerechtigkeit lässt es erstrebenswert erscheinen, sie bei der Besetzung Deutschlands einzusetzen.«[99]

Die jüdische Brigade wurde schließlich, nicht zuletzt auch auf Druck jüdischer Gruppen in den USA,[100] eine Militäreinheit zur Verteidigung Palästinas zu schaffen, nach vielen Rückschlägen[101]

1944 durch die Churchill-Regierung aufgestellt.[102] Die Alliierten, besonders die USA, hatten sich zuletzt dafür starkgemacht, und auch die öffentliche Meinung in Großbritannien ging in diese Richtung. Dem jüdischen antifaschistischen Aktivisten und Schriftsteller Morris Beckman (1921–2015)[103] zufolge war es aber vor allem Churchill, der sich gegen die verbleibenden Bedenkenträger durchsetzte, voller Wut auch gegen den Vorschlag des *War Office*, zum wiederholten Male eine Kommission zur Entscheidungsfindung einzusetzen.[104] Offiziell verkündet wurde die Entscheidung für die Brigade am Abend des 19. September 1944, dem Beginn von *Rosh HaShana*, des jüdischen Neujahrs.[105] So kam es dann schließlich Ende Februar/Anfang März 1945[106] zur ersten in tödliche Kriegshandlungen verwickelten jüdischen Kampfeinheit seit der Niederlage Judäas gegen die Römer im Jahre 70 d. Z.[107] (oder in anderer Sichtweise zumindest seit dem Bar-Kochba-Aufstand gegen die Römer in den Jahren 132–136 d. Z.[108]). Morris Beckman betont, nach 2.000 Jahren hätten Juden einem Feind erstmals auf Augenhöhe gegenübergestanden und so zugleich ihre Rolle als unerwünschte Fremde und Opfer abgestreift.[109]

Entgegen zionistischen Wünschen nach einer echten internationalen Brigade setzte sich die von Ernest Frank Benjamin (1900–1969), ein kanadischstämmiger jüdischer Oberst in der britischen Armee,[110] geleitete *Jewish Infantery Brigade Group* im Ergebnis vornehmlich aus jüdisch-britischen Soldat:innen und solchen des *Palestine Regiment*, das aus einem arabischen und drei jüdischen Bataillonen bestand[111], zusammen. Zugelassen waren neben palästinensischen auch staatenlose Juden und Jüdinnen und solche aus verbündeten wie feindlichen Staaten. Anfragen von Rekrutierungswilligen kamen aus der ganzen Welt. So bewarben sich neben einer jüdisch-marokkanischen Gruppierung polnische, tschechische, österreichische und deutsche Juden und Jüdinnen, aber zum Beispiel auch siebzig jüdische

Soldat:innen aus Mauritius. Nur Letztere sollten zusammen mit Kämpfer:innen aus Großbritannien und Palästina letztlich die Brigade bilden. Alle Soldat:innen wurden vor der Aufnahme einer geheimdienstlichen Prüfung unterzogen.[112] Die Offiziere waren britische Juden – ein Abkömmling der Bankerdynastie Rothschild, Edmund de Rothschild, etwa war Hauptmann[113] –, die Ränge hingegen wurden mit den anderen jüdischen Freiwilligen besetzt.[114] Die Brigade trat unter einer jüdischen Flagge an, die später die des Staates Israel werden sollte[115] und die bei jedem Morgenappell gehisst wurde.[116] Gemeinsame Sprache war eher Hebräisch als Englisch.[117]

Für die Ausbildung der drei Infanteriebatallione wurde eine Wüstengegend zwischen Alexandria und El Alamein ausgewählt.[118] Im Februar 1945 stieß die schon länger bestehende jüdische 178. Kompanie zur jüdischen Brigade.[119] Geführt wurde die 178. Kompanie vom britischen Juden Aron Wellesley (1901– 1988), der 1929 die Gruppe *Habonim* (»Bauleute«)[120] gegründet hatte – später, nach Vereinigung mit *Dror* (»Freiheit«),[121] die weltweit größte zionistische Jugendorganisation.[122] Mit der späteren Unterstützung von jüdischen Flüchtlingen in Italien durch die jüdische Brigade im Schulterschluss mit der 178. Kompanie begann zugleich das Wirken der Organisation *Reshet* (»Netz«), die zunächst in Italien, später in Deutschland, Österreich und auf dem Balkan klandestin humanitäre Rettungsarbeit für Tausende Juden und Jüdinnen leistete und jüdische Bildungseinrichtungen und Synagogen (wieder-)aufbaute.[123] In der jüdischen Brigade trugen nun alle einheitliche Schulterstücke in Blau und Weiß mit der hebräischen und englischen Aufschrift »Jewish Brigade Group«.[124] Ab dem 3. April 1945 wehte die blauweiße Flagge mit goldenem Davidstern über dem Hauptquartier der Brigade in Norditalien.[125]

Die Mitglieder des Palästina-Regiments hofften schon lange, in Deutschland eingesetzt zu werden. Nachdem sie 1943 in

Nordafrika festsaßen – offenbar hatte die britische Strategie anfangs nicht darin bestanden, die jüdischen Soldat:innen näher an den Krieg zu bringen, sondern darin, sie vor allem außerhalb Palästinas zu halten –, harrten sie nun als Teil der jüdischen Brigade in Norditalien aus.[126] Wie der Großteil der Brigade bekamen sie Deutschland erst zu sehen, als ihre Einheiten am 29. Juli 1945[127] von Norditalien nach Belgien und in die Niederlande[128] verlegt wurden. Etwa 600 Fahrzeuge, 5.000 jüdische Soldat:innen unter jüdischer Flagge, voller Hass,[129] setzten sich in Bewegung – Hass, der sich wiederholt in gewaltsamen Übergriffen gegen die Zivilbevölkerung Bahn brach.[130] Die deutsche Journalistin Ursula von Kardorff (1911–1988) schrieb, als sie eines solchen Militärkonvois auf der Autobahn bei Augsburg ansichtig wurde, am 30. Juli 1945 in ihr Tagebuch: »Wir sahen eine Demonstration der göttlichen Gerechtigkeit.«[131]

In den vorangegangenen Monaten war die Brigade umfangreich und erfolgreich in den Kampf gegen die Deutschen eingebunden gewesen, wie Howard Blum in seinem Buch *The Brigade* ausführlich und detailreich schildert.[132] Dies gilt vor allem für die Kampfhandlungen im Gebiet des Flusses Senio bei Bologna.[133] Befehlsgemäß hielt die Brigade zunächst das Südufer des Senio frei von Deutschen.[134] Als sie endlich ab Ende März 1945 zur Attacke übergehen durften,[135] erfüllte sich für viele der Wunsch nach Rache.[136] Der mehrfach preisgekrönte israelische Schriftsteller Hanoch Bartov (1926–2016), der sowohl in Palästina als auch in Italien und den Niederlanden eingesetzt wurde, lässt dieses Gefühl in seinem Roman *The Brigade* literarisch aufscheinen: »Die Juden kommen, ihre dahingeschlachteten Brüder zu rächen. […] Warum sollten wir die Einzigen sein, die Auschwitz erinnerten? Lasst sie die eine Stadt erinnern, die wir schleifen.«[137] Nichts weniger als eine zerstörte deutsche Stadt wünschte er sich als Memento mori. Spiegelbildlich verhielt sich die Gefühlslage der gefangen genommenen Deutschen. Waren sie zunächst erleichtert gewesen, nicht in die Hände italienischer Partisan:innen, sondern in die der britischen Armee gefallen zu sein, so wurde selbst den Härtesten unter ihnen äußerst unwohl, als sie bemerkten, es mit jüdischen Kämpfer:innen zu tun zu haben.[138] Sowohl Hanoch Bartov als auch die Brigademitglieder Chaim Miller (1921 in Wien als Alfred Müller geboren),[139] Dov Shenkal (geboren 1924) und Schmuel »Olie« Giveon (geboren 1923) hatten bereits in der *Hagana* gekämpft.[140] Die *Hagana* (Hebräisch für »Verteidigung«)[141] war Arno Lustiger zufolge 1920 als Verteidigungsorganisation gegen arabische Terrorakte entstanden;[142] auch der Widerstandskämpfer und Autor Yitzhak »Antek« Zuckerman (1915–1981) spricht von einer Existenz von 1920 bis 1948.[143] Sie existierte während des britischen Mandats und ging nach Gründung Israels in dessen Armee ein. Nachdem Miller, Giveon und Zuckerman schon in Ägypten im Kampf gegen Rommels Wüstenfeldzug eingesetzt worden waren, gelang es ihnen, mit der jüdischen Brigade die deutschen Linien am Senio bei Bologna zu durchbrechen und die Wehrmacht an diesem Frontabschnitt zur Kapitulation zu zwingen.[144] Von britischer Seite war nun, im Mai 1945, geplant, die drei Regimenter starke jüdische Brigadeeinheit über Norditalien nach Deutschland zu verlegen.[145]

Am Vorabend des Abmarschs wurden beim Flaggenappell die »zwölf Gebote des jüdischen Soldaten auf deutschem Boden« verlesen, in denen es etwa hieß: »Erinnere dich deiner sechs Millionen ermordeten Brüder […] Betrage dich als ein Jude, der stolz ist auf sein Volk und seine Fahne. Beflecke nicht deine Ehre und mische dich nicht unter die Deutschen.«[146] Bartov erinnerte sich laut *Spiegel*: »Das Blut klopfte uns in den Adern. Wir würden unser Volk rächen, ohne Freude oder Geschmack daran zu finden. Aber wir würden es rächen!«[147] Doch am Folgetag wurde der Befehl widerrufen. Stattdessen wurden die Soldat:innen wieder nach Tarvisio in Norditalien, ins Grenzgebiet zwischen Italien, Österreich und Jugoslawien, verlegt,[148] das sie am 19. und 20. Mai 1945 erreichten.[149] Während sie damit begannen, jüdische Kinder in Hebräisch zu unterrichten, und sich zudem um die Vermittlung allgemeinen Grundlagenwissens kümmerten, gab es Ausschreitungen gegen die deutsche Minderheit vor Ort.[150] Israel Carmi (1917–2008), der nach seiner Ausbildung bei der *Hagana* 1944 in die jüdische Brigade eingetreten war und als Gründer der Rächergruppe *Tilhas Tizig Gesheften* (dt. etwa: »Leck-meinen-Arsch-Geschäft«) in der Folge selbst aktiv in der Jagd auf Nazi-Verbrecher und deren Exekution werden sollte,[151] missbilligte später diese Aktionen gegen die Zivilbevölkerung: »Solche Racheakte ehrten nicht unsere Ausbildung als jüdische Kämpfer und verstießen gegen das Gebot der Reinheit der jüdischen Waffen.«[152] Der schon erwähnte Leiter der Brigade, Ernest Frank Benjamin, hatte Derartiges vorhergesehen und in einem schriftlichen Befehl, obwohl er ausdrücklich Verständnis für den Wunsch nach persönlicher Rache äußerte, auf die Einhaltung geltender völkerrechtlicher Konventionen bestanden.[153]

Schließlich sollte die Brigade dann doch nach Deutschland verlegt werden. Wieder ergingen detailreiche Anweisungen: Die erste war, die Schlächter des jüdischen Volkes für alle Generationen zu hassen. Aber ebenso erging der Befehl, sich zu verhalten, wie es einer Besatzungsarmee vorgegeben ist. Ja, das gemeinsame Ziel war Rache, aber die Rache sollte darin liegen, dass sie als jüdische Soldat:innen ihre Flagge in der Heimat des deutschen Volkes aufrichteten.[154] So brachen sie auf, an den Lastwagen der Davidstern in leuchtendem Gelb auf dem Kotflügel und an den Seiten und auf dem Dach in Kalkfarbe auf Deutsch Sprüche wie »Die Juden kommen!« und »Kein Reich, kein Volk, kein Führer!«.[155] Doch alle Anweisungen halfen nichts. Noch in den italienischen Alpen kam es zu einem gewaltsamen Übergriff auf einen britischen Konvoi mit gefangenen Wehrmachtssoldaten.[156] Und so bliesen die Briten die Verlegung ab; die jüdischen Soldaten hatten weiter in Tarvisio zu bleiben.[157] Dennoch gelang es etlichen Brigadesoldat:innen, gegen die Deutschen Vergeltung zu üben.[158] Chaim Miller betonte jedoch später, ihm und den seinen sei es nicht um Schläge gegen die Zivilbevölkerung gegangen, sondern darum, der wirklich Schuldigen habhaft zu werden. Da allerdings sei er zu hundert Prozent auf Rache aus gewesen:[159] »Die Nazis haben Millionen Juden misshandelt, gedemütigt, geschlagen, erschossen und vergast. Meine Mutter zum Beispiel wurde nach Riga deportiert und in irgendeinem gottverdammten Wald erschossen. Dafür habe ich mich gerächt. Irgendjemand musste die Täter ja bestrafen.«[160] In Norditalien verschafften sich die Mitglieder der Brigade Listen ehemaliger SS-Angehöriger und unternahmen, teils getarnt als britische Soldat:innen, gezielte Tötungsaktionen.[161] Eine der sich dort konstituierenden Vergeltungsorganisationen wurde von Chaim Laskov (1919–1982) und Meir »Zarro« Zorea (1923–1995) geleitet. Beide blieben dem Militär treu: Laskov, damals Kommandant in der jüdischen Brigade,[162] wurde später erster Generalstabschef der israelischen Armee. Zorea, geboren als Meyer Zarodinski im heutigen Moldawien, stieg in den Generalsrang auf und wurde Knessetabgeordneter für *Dash*, eine in der Mitte des politischen Spektrums angesiedelte säkulare Partei.[163] Laskov berichtete später: »Das waren keine ›netten‹ Aktionen. Das waren Racheakte. Am Ende des Tages verloren wir den Krieg. Wir verloren sechs Millionen Juden. […] Weil wir schwach waren und kein eigenes Land hatten, nahmen wir Rache. Das war nicht nett.« Er sagte auch: »Es tut mir leid, sagen zu müssen, dass wir nicht sehr viele liquidierten.«[164]

Die Angaben zur Größe der einzelnen Rächer:innengruppen variieren, was Zeichen deren klandestiner und dezentraler Aufstellung sein dürfte. Nach einer Quelle waren sie jeweils fünf bis acht Personen stark, arbeiteten streng konspirativ und verwendeten auch untereinander nur Decknamen.[165] Morris Beckman geht für die von ihm angenommenen mehreren Dutzend Gruppen von einer Gruppengröße von drei bis vier Personen aus, die in jeweils einem Fahrzeug auf tödlicher Mission durch die Lande fuhren.[166] Joseph Harmatz (1925–2016), ebenfalls Mitglied der Brigade, berichtet von zwei bis drei Mann großen Gruppen, die zu Fuß oder in Autos unterwegs waren und unabhängig voneinander operierten. Später in Deutschland, so Harmatz, hätten die Gruppen, etwa in Weimar, Berlin, Hamburg und Nürnberg, ihre Arbeit fortgesetzt – jeweils nahe ehemaliger Konzentrationslager oder an Orten, welche symbolisch für das Naziregime standen. Er sei für die Nürnberger Gruppe zuständig gewesen – Nürnberg als Stadt der Reichsparteitage und der Nürnberger Gesetze.[167]

Im Rahmen dieser Aktionen gelang es Israel Carmi, unter anderem durch Hinweise eines deutschen Arztes, der SS-Leute versteckt hatte,[168] einen Gestapo-Offizier und seine Frau aufzuspüren.[169] Die Gruppe unter Carmi brachte den ehemaligen Gestapo-Mann, der mit seiner Frau für den staatlichen Raub jüdischen Eigentums zuständig gewesen war, dazu, Adressen anderer Nazis zu liefern.[170] Unter Todesdrohung presste ihm Carmi 18 in fünf Stunden zu Papier gebrachte Seiten mit Namen, Adressen, Personenbeschreibungen und Hintergrundinformationen zu SS- und Gestapo-Offizieren ab – ein enormer Aufklärungserfolg.[171] Die Informationen zu den kleinen Fischen gab er auf dem Dienstweg weiter, die anderen behielt er für sich.[172] »Jede Adresse war ein Treffer«, freute sich Israel Carmi noch Jahrzehnte später.[173] Hernach liquidierte die Gruppe den Gestapo-Mann und seine Frau außerhalb der Stadt mit Pistolenschüssen, wie Zorea später in einem Vortrag mitteilte.[174] Anders als andere Rächer dies erzählten, berichtete er für seine Aktionen, nie sei jemand »im Namen des jüdischen Volkes« getötet worden. »Keine Ansprachen, keine Vorträge, kein Blablabla. Wir haben die Nazis getötet, wie man eine Laus zerquetscht.«[175] Zusammen mit anderen Mitgliedern der jüdischen Brigade zog Carmi aus, die Personen auf der Liste aufzuspüren und diejenigen unter ihnen zu töten, deren Schuld durch Beweise »definitiv feststand«.[176] Zuständig für die Beschaffung von Detailinformationen zu den Täter:innen – etwa eines Bewegungsprofils einer Zielperson oder einer detaillierten Zeichnung des Hauses, in dem sie gefasst werden sollte – war auch aufgrund seiner deutschen Muttersprache Mordechai Gichon (1922–2016).[177] Gichon, geboren in Berlin, war aus Palästina, wohin seine Familie 1933 ausgewandert war, als Soldat der jüdischen Brigade nach Europa zurückgekehrt, um Rache an seinem Volk zu nehmen.[178] Später schloss er sich der Rächergruppe *Nakam* an, von der noch die Rede sein wird. Bezüglich der Vorgehensweise der Nazi-Jäger äußerte sich Israel Carmi später wie folgt: »Wenn wir bei der Wohnung eines Verdächtigen ankamen, setzten wir die Militärpolizeihelme mit den weißen Binden auf und legten die weißen Armbinden an. Wir betraten dann die Wohnung und nahmen den Verdächtigen mit. Wir sagten ihm, dass wir ihn vernehmen wollten. Normalerweise leisteten sie keinerlei Widerstand. Sobald wir im Auto waren, sagten wir dem Gefangenen, wer wir waren und warum wir ihn mitgenommen hatten. Einige gaben ihre Schuld zu. Andere blieben stumm. Wir machten unseren Job.«[179] Zur Vermeidung von Blutspuren erfolgten die Hinrichtungen durch diese Gruppe in den meisten Fällen durch Strangulieren und – zumindest laut Carmi – typischerweise nach Ausspruch der Urteilsformel »Im Namen des jüdischen Volkes verurteile ich dich zum Tode«.[180] Mosh Tavor, ein weiterer Rächer in der Gruppe um Carmi, berichtet, dass er bis zuletzt kein Missbehagen und keine Schuld fühlte: »Glaub mir, meine Hände zitterten nicht.«[181] Anderthalb Jahrzehnte später war er an der Gefangennahme Eichmanns in Argentinien beteiligt.[182] Diesen grundsätzlichen Modus Operandi, das Aufspüren unter Tarnung, den improvisierten Prozess, die notdürftige Urteilsverkündung und die anschließende Vollstreckung, bestätigte auch der Rächer Schmuel »Olie« Giveon für die Aktionen, an denen er beteiligt war. Etwa zwanzig Hinrichtungen habe er beigewohnt.[183] Giveon berichtete von Verfahrensdauern von bis zu drei Stunden; zwei Männer habe man nach dem Verhör laufen lassen – es seien nur die liquidiert worden, deren Schuld zweifelsfrei festgestellt werden konnte.[184] Über ein Zusammentreffen seiner Gruppe mit SSlern bei einer Autofahrt durch die österreichischen Alpen[185] berichtet er: »Ich habe ihnen gleich das Hemd heruntergerissen. Unter der Achsel trugen sie das tätowierte Zeichen der SS. Nachdem wir einen gewissen Druck ausgeübt hatten, stellte sich heraus, wer sie waren, wo sie gekämpft hatten und daß sie an der Vernichtung der Juden beteiligt gewesen waren. Das war nicht einfach aus ihnen herauszubekommen, sie logen. Ich habe sie dann zu einem Gletscher gebracht und in eine vielleicht achtzig Meter tiefe Spalte gestoßen. Damit war die Sache erledigt. Wenn ich nicht hundertprozentig überzeugt gewesen wäre – ich bin sicher, ich hätte das nicht gemacht. Ich muß sagen, ich habe gestaunt, daß sie sich wie Menschen benommen haben. Es waren doch SS-Offiziere.«[186]

Manchmal kann man auch von gänzlich spontanen Gewaltaktionen, selbst ohne vorheriges Verhör, lesen. So berichtet Israel Carmi in seinen Memoiren, manche jüdischen Soldat:innen hätten vereinzelt SSler sogleich erschossen, nachdem sie ihre SS-Tätowierung gefunden hätten.[187] Auch überfuhren noch viel später jüdische (Ex-)Partisanen den hochrangigen SSler Fritz Hartenstein schlicht mit seinem eigenen Auto, nachdem sie ihn im Dezember 1952 in einem Pariser Café am Nachbartisch gesehen hatten.[188] Auch Mitglieder der US-Armee sowie jüdische

Verbindungsleute bei den alliierten Geheimdiensten waren den Rächer:innen behilflich: Den Hinweis etwa, nach der Blutgruppentätowierung in der Armbeuge zu suchen, erhielt Carmi laut eigener Aussage von den US-Amerikaner:innen.[189] Die Geheimdienste wiederum gaben Namenslisten weiter. Um die Täter:innen zu ermitteln und aufzuspüren, wurden außerdem Aussagen Überlebender ausgewertet und protokolliert oder Dokumente gesichtet, die Brigademitgliedern in die Hände gefallen waren. Einen Informationsaustausch habe es laut Giveon auch mit jugoslawischen Partisan:innen gegeben. Einige Nazis spürten sie so in *Displaced-Persons*-Lagern auf, wo diese sich als Geflüchtete und Vertriebene ausgaben.[190] Chaim Miller berichtete später: »Sie waren alle verblüfft und geschockt, wie genau wir über ihre Morde Bescheid wussten. Von den Erschossenen hat nicht ein Einziger geleugnet.«[191]

Gleichzeitig hatte die Flucht von möglichen Zielpersonen, darunter Tausende führende SS-Leute, über eigens aufgebaute Netzwerke nach Spanien und Lateinamerika bereits begonnen.[192] Die Rächer:innen setzten alles daran, möglichst rasch die Fluchtrouten der NS-Täter nach Übersee zu ermitteln, deren Fluchtpläne zu durchkreuzen und ihnen den Prozess zu machen.[193] Eine Liste vollstreckter Todesurteile gab es nicht, da es galt, die Aktionen vor den Alliierten möglichst geheim zu halten. Die präzisen Zahlen werden wir also nie erfahren. Dokumentiert sind jedoch etwa 700 Täter:innennamen, die durch die Ermittlungsarbeit der Brigademitglieder einzelnen Vernichtungsaktionen zugeordnet werden.[194] Eine gewaltige Anzahl, bedenkt man, dass den Rächer:innen keinerlei justizielle Infrastruktur zur Verfügung stand. Zum Vergleich: Ende 1949 saßen erst (bzw. wegen Freilassungen teilweise: noch) 300 Nazis in (west-)deutschen Gefängnissen.[195] Es ist gut nachvollziehbar, dass Schmuel Giveon und seine Mitstreiter:innen von diesem bisschen Strafverfolgung nicht überzeugt waren: »Wenn bereits ein Staat Israel existiert hätte, wäre den Schuldigen dort der Prozess gemacht worden, doch es gab noch keinen Staat, und die Täter machten sich aus dem Staub. Hätten wir gesehen, dass die Nazis hinter Gitter gewandert wären, dann hätten wir nicht handeln müssen.«[196] Bis in die letzten Kriegstage hatten Waffen-SS und Gestapo im schnell schrumpfenden deutschen Einflussgebiet Jagd auf Juden und Jüdinnen gemacht.[197] Aus Sicht der Brigademitglieder waren nach Kriegsende Tausende Massenmörder auf freiem Fuß.[198]

In der ersten Juniwoche 1946 wurde die jüdische Brigade aufgelöst.[199] Nicht ein Mitglied wurde für die geschilderten Aktionen im Nachhinein zur Verantwortung gezogen.[200] Chaim Miller wurde ohne Strafe in die Niederlande versetzt.[201] Israel Carmi bekam nach der Gründung Israels den Posten des Kommandanten der Militärpolizei der israelischen Armee.[202] Mordechai Gichon schloss sich der radikalen Organisation *Nakam* an und wurde später einer der Gründerväter des israelischen Militärgeheimdienstes.[203]

3. Eineinhalb Millionen – Juden und Jüdinnen mit der Waffe in der Hand

Auf 1,5 Millionen schätzte der Shoa-Überlebende und Historiker Arno Lustiger die Gesamtzahl der im Zweiten Weltkrieg kämpfenden Juden und Jüdinnen.[204] Andere sehen allein die Zahl der jüdischen Soldat:innen bei 1,5 Millionen oder auch 1,2 Millionen, davon 500.000 in der Sowjetarmee und 700.000 in den Armeen der USA und Großbritanniens.[205] Morris Beckman geht außerdem von 150.000 Jüdinnen und Juden in der regulären polnischen Armee aus (von denen 35.000 im Kampf fielen und 61.000 in Kriegsgefangenschaft kamen)[206] und von 15.000 in polnischen freien Verbänden. Dies, obwohl Juden außer für Arztstellen nicht zu polnischen Offiziersschulen zugelassen wurden, wie Yitzhak Zuckerman, der selbst nicht einmal als einfacher Soldat akzeptiert wurde, berichtet.[207] Umso mehr konnte er sich darüber ärgern, dass dieser militärische Teil des jüdischen Widerstands so unbeachtet blieb: »Zwischen 1,4 und 1,5 Millionen Juden kämpften im Zweiten Weltkrieg in den alliierten Armeen [...] Und was bleibt von dieser Geschichte? Der Aufstand im Warschauer Getto! Weil er unter einem jüdischen Banner durchgeführt wurde.«[208]

In der US-Armee bekleideten 36.000 jüdische Soldat:innen Offiziersränge bis hoch zum General, und von den jüdisch-US-amerikanischen Ärzt:innen unter 45 dienten 60 % während des Zweiten Weltkriegs.[209] 11.000 von ihnen starben oder wurden als vermisst gemeldet, was 4,4 % der gesamten Verluste der US-Armee ausmacht[210], bei 3,6–3,75 % der Gesamtbevölkerung.[211]

In der Sowjetarmee fielen 180.000 der jüdischen Soldat:innen im Kampf, und von den 80.000, die in Kriegsgefangenschaft gerieten, wurden die meisten sofort nach Gefangennahme erschossen.[212] Die Gefallenen machten etwa 2,9 % der gesamten Gefallenen aus, bei etwa drei Millionen Juden und Jüdinnen[213] zu etwa 182 Millionen Sowjetbürger:innen (1939)[214]. Ein überrepräsentativer Blutzoll also – wohlgemerkt neben den NS-Mordmaßnahmen. Die litauische Division der Sowjetarmee, formiert 1942, bestand, nachdem sich eine enorme Zahl an jüdischen Freiwilligen gemeldet hatte, zu 12.000 von 15.000 Frauen und Männern aus Jüdinnen und Juden.[215]

Zusammen mit den Tausenden, die in freien Verbänden in besetzten Ländern kämpften, den Tausenden, die den Nazis entkommen waren und sich Partisan:innenverbänden anschlossen, und schließlich 35.000 palästinensischen Juden und Jüdinnen, die als Freiwillige in unterschiedlichen Einheiten – unter anderem in der jüdischen Brigade – in Europa und im Nahen Osten kämpften[216], waren bald zehn Prozent der damals etwa 16 Millionen weltweit lebenden Jüdinnen und Juden im Kampf gegen Deutschland aktiv.[217] Dabei muss man bedenken, dass ein Teil der waffenfähigen Personen gleichzeitig zur Verteidigung des *Yishuvs*, der jüdischen Einwohner:innen im damaligen Palästina[218], im Einsatz war.[219] In Deutschland wurden zum Vergleich im Laufe des Krieges etwa 18 Millionen Soldaten eingezogen, davon etwa 900.000 nicht deutsche Soldaten.[220] Bei gut 79 Millionen Einwohner:innen im Deutschen Reich 1939[221] waren das gut 21 %. Aber: Etwa 9,5 Millionen[222] von 16 Millionen Juden und Jüdinnen weltweit lebten in Europa (8,35 Millionen in Osteuropa und auf dem Balkan und 1,35 Millionen in Westeuropa[223]) und waren dort von Verfolgung bedroht,[224] sechs Millionen wurden dann tatsächlich ermordet. Dazu kommen die, welche sich versteckten. Der jüdische Mobilisierungsgrad ist daher, bezogen auf den Anteil unter ihnen, der überhaupt so frei war, zur Waffe greifen zu können, allemal mit dem deutschen zu vergleichen. Und das ohne zentrale Kriegsmaschinerie und »totalen Krieg«.

Deutlich sprach Arnold Paucker aus, was realistisch betrachtet Sache war, dass nämlich bei allem sonst vorhandenen Widerstand ein solcher aus zwingenden Gründen in Deutschland kaum Platz greifen konnte: »Es gab in Deutschland nie irgendeinen bewaffneten Widerstand, weder von jüdischer noch von nicht-jüdischer Seite. Nur ein Irrsinniger kann nachträglich den Juden Vorhaltungen darüber machen, dass sie sich zu allem anderen in der NS-Diktatur nicht auch noch in militärische Abenteuer gestürzt hätten.«[225] Dazu auch Eike Geisel: Es habe in Deutschland nicht »eine anderen Ländern vergleichbare Widerstandsbewegung gegeben«.[226] Bewaffneten Widerstand deutscher Juden und Jüdinnen habe es, so Paucker und Lustiger, gegeben, wo dies möglich und militärisch sinnvoll war, nämlich im Ausland, etwa ab 1936 im Spanischen Bürgerkrieg.[227] Dort hätten, so Paucker, die jüdischen Kontingente in den internationalen Brigaden mit 7.000 Kämpfer:innen sogar die zahlenmäßig stärkste Gruppe ausgemacht.[228] Darunter der amerikanische Jude Irving Goff, reales Vorbild des Robert Jordan aus Ernest Hemingways *Wem die Stunde schlägt*, der als einer der ersten amerikanischen Freiwilligen in Spanien kämpfte.[229] Oder der deutsche Jude Georg Hornstein, Veteran des Ersten Weltkriegs, der später, bei einem Verhör der SS in Düsseldorf am 24. Januar 1942, trotzig zu Protokoll geben sollte, sich als Mensch und Jude, nicht aber mehr als Deutscher zu fühlen. Hernach wurde er nach Buchenwald deportiert und am 3. September 1942 von SS-Schergen ermordet.[230] »Eine ganze Generation deutscher Juden kämpfte an allen Fronten gegen den Faschismus«[231], so Paucker. Denn nicht nur in Spanien agierten deutsche Jüdinnen und Juden als Teil des europäischen Widerstands, sondern auch gegen die deutsche

Okkupation etwa in Frankreich, den Niederlanden oder Norditalien.[232] Richtung Osten schlugen sich deutsch-jüdische Kämpfende zu Partisan:innengruppen durch, und selbst in Shanghai agierten jüdische Emigrant:innen aus Deutschland gegen die japanische Besatzung.[233] Über 1.000, wenn nicht gar 2.000 Juden und Jüdinnen kämpften in den Reihen der italienischen Partisan:innen.[234] Fast 4.700 Juden und Jüdinnen, die in Jugoslawien unter Tito kämpften, sind namentlich bekannt.[235] Auch in Bulgarien waren Juden und Jüdinnen ab Beginn der Anwesenheit deutscher Truppen im Land Teil des Widerstands. In Rumänien schmuggelten zionistische Jugendliche ungarische Juden und Jüdinnen über die Grenze und retteten so Tausenden das Leben.[236] Maßnahmen zur Menschenrettung durch Wege der Intervention und Bestechung führten auch die slowakischen Juden und Jüdinnen durch; 10 % der zu diesem Zeitpunkt noch lebenden slowakischen Juden und Jüdinnen waren zudem ab Ende 1943 Teil des dortigen Aufstandes.[237] In Griechenland kämpften 12.989 Juden und Jüdinnen in der Armee. Darüber hinaus bildeten sich Anfang 1943 in Thessaloniki, Athen und Thessalien ganz oder zum Teil aus Jüdinnen und Juden zusammengesetzte Widerstandsorganisationen, die unter der Leitung griechischer oder britischer Offiziere kämpften. Jüdische Partisan:innen sprengten unter anderem zwei große deutsche Munitionsschiffe im Hafen von Piräus.[238] Zum jüdischen Widerstand in Frankreich hält Arno Lustiger fest: »Der Widerstand der Juden Frankreichs gehört zu den ruhmreichsten Kapiteln der jüdischen Geschichte. Sein Umfang ist noch kaum übersehbar.«[239] Hier nahmen Juden Offiziersränge im allgemeinen Widerstand ein,[240] wie etwa der Militärstratege Colonel Gilles (1911–1944), der unter seinem eigentlichen Namen Joseph Epstein zuvor schon in Spanien gekämpft hatte – und der später unter einem weiteren falschen Namen hingerichtet wurde.[241] Marc Haguenau (1904–1944), Rabbinersohn und ebenfalls eine Führungskraft in der Résistance[242], protestierte 1941 offen und deutlich beim zuständigen *commissaire aux questions Juives* gegen die Diskriminierungsmaßnahmen des Vichy-Regimes.[243] Auch der polnische Jude Dawid Szmulewski kämpfte als ehemaliger Spanienkämpfer vor seiner Deportierung nach Birkenau in einer kommunistischen Widerstandsorganisation in Frankreich.[244] Und der 1906 in Oberbayern geborene Jude Norbert Kugler war sogar Chef der südfranzösischen Résistance.[245] Der russisch-jüdische Dichter und Widerstandskämpfer in der Résistance David Knout sprach von einem Anteil an jüdischen Kämpfer:innen am französischen Widerstand zwischen 15 % und 30 %.[246] Wohlgemerkt: Der Anteil von Jüdinnen und Juden an der Bevölkerung betrug 1933 nur 0,6 %[247]; sie werden also sowohl deutlich überrepräsentiert wie auch von nicht französischen Jüdinnen und Juden unterstützt gewesen sein. Militärisch organisierten Jüdinnen und Juden gelang es sogar, ausgerechnet am 20. Juli 1944, eine zwölfstündige Großoffensive der Wehrmacht zu überstehen.[248] Zudem legt Lustiger dar, dass die Ausländer, welche sich freiwillig zur französischen Armee meldeten, in der Mehrheit jüdischen Glaubens gewesen seien.[249] Obwohl die französischen Juden und Jüdinnen, anders als die sonstige Bevölkerung, beständig gegen Gesetze verstoßen mussten, um überhaupt zu überleben, konnte der Widerstand erreichen, dass 73 % der französischen jüdischen Gemeinschaft überlebten, darunter 86 % aller jüdischen Kinder, insgesamt 73.000.[250] Leider wurde das Andenken an die jüdischen Kämpfer:innen in Frankreich nach dem Krieg aus unterschiedlichen Gründen zum Spielball einer das Jüdische marginalisierenden Erinnerungspolitik.[251]

Stärker als anderswo kämpften Juden und Jüdinnen in Belgien mit Unterstützung der übrigen Bevölkerung. Durch die Tätigkeit des jüdischen und des allgemeinen Widerstands konnte in einem Land, in dem die jüdische Gemeinschaft 1940 100.000

Mitglieder zählte, 20.000 von ihnen, darunter 4.000 Kindern, das Leben gerettet werden.[252] Auch gelang es den jüdischen Widerständler:innen, am 24. Juli 1943 einen Angriff auf das Büro durchzuführen, in dem die zentrale »Judenkartei« aufbewahrt wurde. In einer historischen Aktion griffen sie sogar einen Deportationszug an.[253]

Der sogenannte »Eisenbahnkrieg« oder »Schienenkrieg« hatte im östlichen Mitteleuropa bereits im Sommer 1943 begonnen.[254] Über seine Gefühle, »wenn die Waggons sich aufbäumten«, berichtet Abrascha Arluk-Lawit, der jüdische »Sprengmeister« bei den weißrussischen Partisan:innen: »Das war für mich ein Erlebnis, es war ein Gefühl der Rache: daß ich damit jetzt vergolten habe, was mir alles angetan worden war, im Getto, mir und meinen Eltern.«[255] 1944 zerstörten jüdische Partisan:innen in Litauen 51 Züge, Hunderte von Lastwagen und ein Dutzend Brücken.[256] Bereits seit 1942 hatten die Partisan:innen Anteil an den Erfolgen der Sowjetarmee.[257] Der Sommer 1944 brachte die militärisch wohl wichtigste Aktion auch jüdischer Partisan:innen. Für die Sommeroffensive, die »Operation Bagration« der Sowjetarmee, die »zur Befreiung weiter Gebiete der Sowjetunion führte«, kann Arno Lustiger zufolge »der Anteil der Partisanen, auch der jüdischen Kämpfer unter ihnen, am Sieg über die deutschen Armeeverbände nicht hoch genug eingeschätzt werden«.[258] Große Teile des Kampfgebietes, zunächst um Minsk, wurden bereits durch gut organisierte Partisanengruppen kontrolliert, denen sich auch viele der überlebenden weißrussischen Juden und Jüdinnen angeschlossen hatten.[259] Lustiger weiter: »Indirekt verdankten wir, die Überlebenden der deutschen KZs, unser Leben den tapferen Partisanen, denn die Lebenserwartung der meisten von uns wäre nur noch sehr kurz gewesen.«[260] Erstmals konnten in größerem Umfang Konzentrationslager befreit und so auch in Details deren Existenz der Weltöffentlichkeit bekannt werden.[261] Hören wir weiter Lustiger zu: »In der größten bekannten Kampfaktion der Militärgeschichte sprengten die Partisanen in der Nacht vom 19. zum 20. Juni 1944 sämtliche Straßen, Bahnstrecken und Querverbindungen der Heeresgruppe Mitte. Es gab 10.500 Sprengungen in dieser einzigen Nacht. Zwei Tage später rollte die größte je durch die Artillerie vorbereitete Offensive. […] Bereits am 2. Juli 1944 erreichten die sowjetischen Panzerspitzen die Bahnlinien Baranowicze-Minsk und Molodeczno-Wilna. Dies waren die von den jüdischen Partisanen beherrschten und umkämpften Gebiete.«[262] Die erwähnten 10.500 Sprengungen als umfangreichster Sabotageakt des ganzen Krieges unterbrachen für 48 Stunden den deutschen Nachschub.[263] Am Ende stand die größte Niederlage der deutschen Militärgeschichte, neben der die Landung in der Normandie sowie die Niederlage von Stalingrad, obwohl viel stärker im kollektiven Gedächtnis, eigentlich verblassen müssten.[264] Berthold Seewald hält zudem in der *Welt* fest: »Der drohende Zusammenbruch der Ostfront drängte endlich den militärischen Widerstand in der Wehrmacht zum Handeln. Vor allem Hitlers Inkompetenz und Zynismus gegenüber den Soldaten, die er mit seinen sinnlosen Haltebefehlen zum Tode verurteilte, schufen im Offizierskorps ein Klima, das den Verschwörern um Claus Schenk von Stauffenberg Zuspruch im Falle eines gelungenen Attentats versprach. Einen Monat nach Eröffnung der ›Operation Bagration‹ erfolgte der Putsch gegen Hitler.«[265]

Bezogen aber auf die, welche nicht kämpften: Ist es wirklich so schwer, sich vorzustellen, was in Menschen vorging, die unablässig sich steigernden Verfolgungsmaßnahmen ausgesetzt waren? Ja, der Widerstandskämpfer und Rächer Joseph Harmatz, von dem noch die Rede sein wird, bekannte, er und seine Mitstreiter seien zunächst enttäuscht über ausbleibenden Widerstand gewesen. Jedoch hätten sie bald verstanden, wie es dazu kam: »Später mussten wir aber erkennen, dass die deutsche Taktik darin bestand, die Juden vor der Tötung zu demoralisieren. Und wenn man erst einmal demoralisiert ist, schwach und hungrig, Nächte und Wochen lang nicht geschlafen, seine Kinder um sich versammelt hat, dann ist man fertig. Es kümmert einen nicht mehr. Lasst sie mit uns machen, was sie wollen. Da ist keine Kraft mehr, keine Stärke, kein Lebenswille. Und das gehört zu den Dingen, die uns dazu gebracht haben, die Deutschen so zu hassen, wie wir es taten.«[266] Eike Geisel schrieb dazu: »Es lag nicht an der Brutalität der SA oder am Terror der SS, es lag an der organisierten Macht der Volksgemeinschaft, welche die Juden schrittweise in ohnmächtige Parias verwandelte, bis sie schließlich im Inneren Deutschlands ausgebürgert, so rechtlos und wehrlos waren, daß sie jenen Zustand erreichten, den Jean Améry als Einbuße des ›Weltvertrauens‹ und Hannah Arendt als Verlust der ›Weltbezogenheit‹ bezeichnet haben.«[267] Diese Zerstörung des jüdischen Weltvertrauens setzten die Nazis schon früh auf ihre Agenda: Eine Denkschrift des Sicherheitsdienstes vom Januar 1937 beschwor zur Einschüchterung der jüdischen Gemeinschaft den »Volkszorn«, weil »der Jude durch Pogrome der letzten Jahrhunderte viel gelernt hat und nichts so sehr fürchtet als eine feindliche Stimmung, die sich jederzeit spontan gegen ihn wenden kann«.[268] In diesem Sinne spricht Geisel von »Massenverbrechen« nicht nur als »Verbrechen an Massen, sondern auch Verbrechen von Massen«.[269] Und was der Volkszorn in ihrer Zeit bedeutete, hatten die Juden und Jüdinnen spätestens bei den Novemberpogromen 1938 erfahren.

Eine europaweit einheitlich auftretende, große jüdische Kampforganisation, die in der Geschichte eine entsprechend breite Spur hinterlassen hätte, gab es nicht. Nachhaltig hält sich wohl auch deswegen das Denken, wonach die europäischen Juden nach 1938 sich »nicht gewehrt« hätten. Vor allem aber liegt das Erinnern an jüdischen Widerstand unter Schichten über Schichten einer deutschen Gedenkkultur begraben, die sich aus jüdischem Opfermythos zum einen und dem Fantasiegebilde eines nur nichtjüdischen Widerstands zum anderen zusammensetzt.

4. »Geht nicht wie Schafe zur Schlachtbank« – Widerstand in den Gettos

Spätestens mit der Verbringung der osteuropäischen Juden in Gettos begann der organisierte Widerstand in den betroffenen Städten wie Wilna, Warschau oder Bialystok. Laut dem jüdischen New Yorker Journalisten Michael Elkins, dessen Eltern selbst aus Osteuropa emigriert waren, gab es in mehr als der Hälfte der 55 Gettos Widerstandsgruppen.[270] Andrea Löw, stellvertretende Leiterin des Zentrums für Holocaust-Studien in München, zufolge gab es im deutsch besetzten Ost- und Ostmitteleuropa etwa 1.100 bis 1.200 Gettos.[271] Der Historiker Jens Hoppe berichtet, in mindestens 50 davon habe es bewaffneten Widerstand bzw. Ausbruchsaktionen unter Waffeneinsatz gegeben.[272]

Erstaunlich sind die unterschiedlichen Zahlen zu den Gettos, bedingt wahrscheinlich durch unterschiedliche definitorische Ansätze und die Quellenlage. Deutlich wird jedenfalls: Es gab massiven Widerstand. Die Bedingungen hierfür waren denkbar schlecht, weil die Gettos jeweils isoliert für sich kämpfen mussten.[273] Und dennoch, allein für Polen werden in Yitzhak Zuckermans *A Surplus of Memory – Chronicle of the Warsaw Ghetto Uprising* folgende im Widerstand tätige Organisationen, in denen Juden und Jüdinnen tätig waren, von politisch links nach politisch rechts aufgezählt:[274] die illegale *Kommunistische Partei*, der *Bund*, eine starke jüdisch-sozialdemokratische Partei, *Po'alei Zion Links*, eine kleine zionistisch-links-marxistische Partei, die mit der Sowjetunion sympathisierte, *He-Halutz*,

Dachorganisation verschiedener zionistischer Jugendbewegungen, nämlich: *HaShomer HaTza'ir*, eine marxistisch-freudianische zionistische Jugendbewegung, welche die Mehrheit der jüdischen Jugendbewegung in Wilna unter sich versammelte[275] und in Warschau die zweitgrößte Bewegung war, dort mit 500 Mitgliedern, *He-Halutz Ha-Tza'ir* und *Frayhayt (Dror)*, in Warschau die größte Bewegung mit 800 Mitgliedern. Letztere waren zionistisch-sozialistische Jugendbewegungen, die mit der sozialdemokratischen zionistischen Partei *Po'alei Zion* verbunden waren. Weiter *Gordonia*, in Warschau mit 100 bis 200 Mitgliedern, eine nicht marxistische sozialistische Jugendbewegung, die sich für die *Aliya*, also die Auswanderung nach Palästina einsetzte.[276] Zudem zwei allgemein zionistische Parteien, von denen eine liberal und eine konservativ ausgerichtet war, sowie die Jugendbewegung *Ha-Oved Ha-Tzioni* (»zionistische Arbeit«). Weiter die zionistische *Mizrakhi* und die antizionistische *Agudas Yisroel* sowie ihre jeweiligen Jugendorganisationen. Und schließlich die radikal rechtsgerichtete *Revisionistische Partei*, die sich von der Welt-Zionismusbewegung abgespalten hatte, und ihre paramilitärische Jugendbewegung *Betar* sowie die nationalkonservative Organisation *Akiba*[277] und andere Organisationen mit in Warschau jeweils 100 bis 200 Mitgliedern.[278]

Man kann an dieser Vielzahl und Vielfalt der Widerstandsorganisationen zum einen ablesen, wie heterogen der jüdische Widerstand aufgestellt war (da lasse ich gerne gelten: typisch jüdisch), und zum anderen, zu welchem hohen Grad sich insbesondere die jüdische Jugend engagierte. Gleichzeitig wird deutlich, welch entscheidende Rolle neben und für die Bereitschaft zum Kampf der Zionismus als einendes Element spielte – wir werden dasselbe aus den Konzentrationslagern hören. Wer den Zionismus per se verdammt oder antizionistische jüdische Stimmen (die historisch oft von rechts bis sehr rechts kamen, wie man an der Aufzählung eben sieht), auch noch ohne entsprechende Einordnung, als Zeugnisse dafür anführt, der Zionismus sei ja auch unter den Juden nie mehr als kontrovers diskutabel gewesen, der streicht da den allergrößten Teil des jüdischen Widerstands aus den Geschichtsbüchern.

Angesichts der Härte der Verfolgung wird man auch kleine Aktionen des Aufbegehrens zum Widerstand zählen müssen. Dabei muss die jeweilige lokale Situation berücksichtigt werden: Wie hoch war der jüdische Bevölkerungsanteil, wie hoch der Grad der Unterstützung durch Nichtjuden und -jüdinnen? Gab es Möglichkeiten zur Bewaffnung? Wie hoch oder niedrig war der bereits vorhandene Organisationsgrad der jüdischen Gemeinschaften? Wenig überraschend präsentiert sich eine ungeheure Spannbreite an Widerstandshandlungen.

Zunächst wird da etwa von einem »weißen Widerstand« gesprochen.[279] Dieser bezog sich niedrigschwellig darauf, die unmenschliche Behandlung von Juden und Jüdinnen durch die Nazis in den Gettos zu unterlaufen. Elkins berichtet, dass die Nahrungsversorgung, welche die Deutschen zuließen, sich auf eine Ration im Nahrungswert von 200 kcal am Tag pro Person belief.[280] Das hätte bedeutet, dass binnen etwa sechs Monaten die in den Gettos lebenden Jüdinnen und Juden an Hunger gestorben wären. So organisierte der Widerstand zunächst die Beschaffung von Lebensmitteln. In Särge eingelassene doppelte Böden ermöglichten nach Beerdigungen außerhalb den Schmuggel von Nahrung ins Innere des Gettos.[281] Sofern Särge überhaupt zur Verfügung standen. War dies nicht der Fall, wurden Lebensmittel auch im Leichentuch versteckt, nachdem Verstorbene entgegen jüdischem Ritus ohne dieses Tuch hatten bestattet werden müssen. Zur besonderen Absicherung verwendete man bevorzugt Leichentücher von Verstorbenen mit ansteckenden Krankheiten, was die deutschen Wachen von einer näheren Untersuchung abhielt. Im Fall, dass der Schmuggel aufflog, ließen sich Wachen durchaus auch bestechen, soweit es eben nur um Lebensmittel ging.[282] Neben dem Versorgungsnetz bauten die Juden und Jüdinnen ein umfangreiches soziales und medizinisches Netz auf. Aber auch ein kulturelles: Der omnipräsenten mörderischen Gewalt in den Gettos setzten sie Wort und Geist entgegen. In Wilna formierte sich der kulturelle Widerstand in Theatern, Jugendklubs, Sportvereinen, Literaturzirkeln, Religionsschulen. »An 200 Abenden«, lesen wir bei Eike Geisel, »[…] waren 70.000 Besucher im Theater, und die Bibliothek lieh täglich ungefähr 300 Bücher aus.«[283] Solche Maßnahmen liefen mit dem Übergang zum gewaltsamen Widerstand nicht aus: Yitzhak Zuckerman berichtet etwa, dass selbst im Warschauer Getto ab August 1944 die jüdischen Kämpfer jeden Tag eine Vorlesung zur »Hebung der Moral« stattfinden ließen, mit Teilnahmeverpflichtung wohlgemerkt, sei es zu Biologie, Recht und Gerechtigkeit, zur jüdischen Arbeiterbewegung und zu jüdischer Soziologie oder – durch Zuckerman selbst – zu jüdischer Literatur.[284] Und das Wort diente nicht nur dem Austausch – immer wieder richteten die Jüdinnen und Juden es direkt an die Nationalsozialist:innen. Der jüdische Künstler und Autor Marek Halter etwa beschreibt, wie kleine Gruppen deutschsprachiger Juden – zu denen auch sein Großvater gehörte – »vor die Henker traten und sie anredeten«.[285] Auch in der Sammlung von Dokumenten, also in Geschichtsschreibung, realisierte sich Widerstand.[286] Wir kennen das in Einzelfällen auch aus den Konzentrationslagern. Letztlich stand das in der jahrhundertealten Tradition der Memorbücher verfolgter Gemeinden: Sie dienten historisch dem Totengedenken einer Gemeinde, aber sollten auch die Erinnerung an Ausschreitungen gegen die Gemeinde wachhalten. Das Memorbuch der jüdischen Gemeinde in Nürnberg etwa wurde von 1296 bis 1392 kontinuierlich geführt. Es enthält Namenslisten und Gebetstexte in Hebräisch und Altfranzösisch, aber auch Märtyrergeschichten vom Ersten Kreuzzug 1096 bis zum »Schwarzen Tod« 1349.[287] In dieser Tradition muss man wohl auch die Chroniken und Archive sehen, wie sie während der Shoa in den Gettos erstellt wurden: etwa in Warschau[288], Wilna, Bialystok, Lodz/Litzmannstadt.[289] Diese Archivarbeit war allerdings ein gefährliches Unterfangen, wie Yitzhak Zuckerman betont.[290] Vieles ging auch verloren, so wie die autobiografischen Aufzeichnungen zahlloser Juden, die Zuckerman gesammelt hatte und die im polnischen Aufstand in Warschau zerstört wurden, ebenso wie der andere Teil des von seiner Gruppe errichteten Archivs, die geführte Korrespondenz – für Zuckerman ein Verlust nationalen und historischen Ausmaßes.[291]

Der offene Kampf blieb in der Anfangszeit die Ausnahme, wurde aber mit zunehmender Entrechtung, grausamerer Verfolgung und daraus erwachsender Hoffnungslosigkeit für immer größere Teile der Eingeschlossenen zum Normalfall. Dies galt vor allem, nachdem offenbar wurde, dass Juden, welche aus dem Getto abtransportiert wurden, keineswegs in Arbeitslager gebracht, sondern ermordet wurden. Man hatte sich zum Ziel gesetzt, sich nicht ohne blutigen Kampf zu ergeben. Im sogenannten »schwarzen Widerstand«[292] wurden nun auch Gruppen innerhalb der Gettos in Kampftechniken ausgebildet. Das militärische Wissen war zunächst teils so gering, dass etwa ein Widerstandskämpfer die Bibliotheken von Sosnowiec und Bedzin aufsuchte, um aus Lexika Artikel über Handfeuerwaffen herauszureißen.[293] Gleichzeitig begann man, sich auf verschiedenen Wegen Waffen zu beschaffen.[294] Ein Weg war Diebstahl, von Deutschen, aber auch von Juden und Jüdinnen. Ein anderer die Beschaffung von Waffen auf dem Schwarzmarkt. Dies hatte zu großen Teilen außerhalb des Gettos zu erfolgen.

Der Schmuggel in Särgen und Leichentüchern, an den Wachen vorbei, war dazu allerdings nicht mehr geeignet. Eine Entdeckung hätte nicht mehr mit Schmiergeld aus der Welt geschafft werden können. So begannen jüdische Widerstandskämpfer:innen beispielsweise in Wilna, Stück für Stück die Kanalisation zu erforschen und zu kartieren.[295] Oft verloren Gruppenmitglieder in den sauerstoffarmen, finsteren Tunneln ihr Bewusstsein.[296] Etliche auch ihr Leben, wenn sie etwa in einer engen Biegung der Kanalisation stecken blieben und dort ertranken oder erstickten. Unter großer Gefahr mussten sie von ihren Kameraden geborgen werden.[297] Doch die Anstrengungen zahlten sich aus: Mit der Zeit erschloss man sich Wege zwischen Getto und Außenwelt, auf denen Waffen geschmuggelt werden konnten. Gleichzeitig suchte man erfolgreich Kontakt auch zu nichtjüdischen Unterstützer:innen. Drei Ukrainer schmuggelten am 23. Mai 1942 in einem Pferdekadaver 150 Kilo Dynamit in das Getto von Dnepropetrovsk.[298] Und in Wilna halfen von der »arischen Seite« der zweigeteilten Stadt aus die Nonnen der Schwestern von St. Katharina.[299] Schon zuvor hatten die Nonnen acht Menschen des zionistischen Widerstands bei sich versteckt gehalten.[300] Nun, 1941, tauchte die Mutter Oberin des Klosters unter eigener Lebensgefahr im Getto auf, um Handgranaten an den jüdischen Widerstand zu übergeben.[301] Zu den Helfenden gehörte ebenfalls der Wehrmacht-Feldwebel Anton Schmidt. Nachdem es ihm unter größten Schwierigkeiten und größtem Misstrauen von Juden und Jüdinnen zum Trotz gelang, Kontakt zum Leiter des Widerstands im Wilnaer Getto, Abba Kovner, aufzunehmen, versorgte er den dortigen jüdischen Widerstand mit Material und Informationen.[302] Auch stand Schmidt in Kontakt mit Mordechai Tenenbaum[303], dem späteren Anführer des jüdischen Aufstandes 1943 in Bialystok. Schmidt war in Palästina gewesen, mit der zionistischen Bewegung vertraut und sympathisierte mit den *Halutzim*.[304] Einmal rettete er mit seinem Auto eine Gruppe Juden und Jüdinnen aus der Zwangsarbeit auf den Feldern; ein anderes Mal lud er eine Gruppe aus dem Widerstand zu einer Feier in seine Wohnung ein.[305] Vor allem aber übergab er Abba Kovner eine dokumentierte Liste der an der »Endlösung« Beteiligten – für deren spätere Bestrafung. Schmidt war es auch, der im Januar 1942 als Erster die Identität und Funktion Eichmanns aufdeckte, zu der Kovner so später als Zeuge im Eichmann-Prozess aussagen konnte.[306] Unter bis heute ungeklärten Umständen flog Anton Schmidts Tätigkeit auf, und er wurde im Februar 1942 erst gefoltert und dann in Pawiak durch Erschießen hingerichtet, was nicht zuletzt einen großen Rückschlag für den Widerstand bedeutete.[307]

Der bekannteste Akt des Widerstands in den Gettos ist der gewaltsame Warschauer Gettoaufstand ab dem 19. April 1943. Schlüsselfigur des Aufstandes, an dem 22 Gruppen zu je etwa dreißig Kämpfenden beteiligt waren[308], war Mordechai Anielewicz (1919–1943), Leiter des Warschauer Ablegers der Organisation *HaShomer HaTza'ir*.[309] In Israel und Polen sind heute Straßen nach ihm benannt, nicht aber in Deutschland. Anielewicz organisierte den bewaffneten Widerstand und kommandierte die am 28. Juli 1942 gegründete vereinigte Organisation *Żydowska Organizacja Bojowa* (»jüdische Kampforganisation«), kurz ŻOB.[310] Eine Schlüsselrolle in den Bemühungen, die ganz unterschiedlichen Gruppen in dieser Weise zusammenzubringen, spielte auch Yitzhak Zuckerman.[311] Im Inneren des Gettos bestand die Kommandoebene der ŻOB (zunächst) aus Zuckerman, Shmuel Braslaw, Yosef Kaplan und Zuckermans späterer Ehefrau Zivia Lubetkin (1914–1978).[312] Mordechai Tenenbaum gehörte auch dazu, habe, so Zuckerman, jedoch auf der »arischen Seite« operiert.[313] Diese habe grundsätzlich nur wenigen Juden Schutz geboten: im Wesentlichen den Reichen, die zahlen konnten, und den Intellektuellen, die Kontakte mit der guten polnischen Intelligenzija hatten.[314] Zuckerman war in der ŻOB für die Waffenbeschaffung verantwortlich und übernahm jeweils den Posten des Generalsekretärs in den politisch ausgerichteten Organisationen des Jüdischen Nationalkomitees und des Koordinationskomitees, beides Koordinationsplattformen zwischen unterschiedlichen jüdischen Organisationen[315], wobei Anielewicz als Leiter der ŻOB letztlich das Kommando auch über den politischen Arm hatte.[316] Zuckerman betont, sie hätten partnerschaftlich zusammengearbeitet, unter Einbeziehung auch von Zivia Lubetkin.[317] In verschiedenen Aktionen konnte die ŻOB den Zugriff der Deutschen auf das Getto für einige Zeit unterbinden. Bereits vom 18. bis 21. Januar 1943 erhoben sie sich erstmalig mit der Waffe in der Hand zum Widerstand, nachdem die SS das Getto umzingelt hatte.[318]

Am 19. April 1943, dem Vorabend von *Pessach*, rückten die Deutschen dann zur Liquidierung des Gettos an. Damit war, so Yitzhak Zuckerman, die Entscheidung für den Beginn des Aufstandes, für den er lieber auf eine günstigere Gelegenheit gewartet hätte, gefallen.[319] Über einen Monat dauerte der Aufstand an, mit einer aktiven Phase in den ersten Tagen vom 19. bis zum 23. oder 24. April. Mehr wäre über ihre Kräfte gegangen.[320] Der spätere *Nakam*-Kämpfer Simcha »Kazik« Rotem (1924–2018), ursprünglich Szymon Rathajzer, Überlebender der Warschauer Gettoaufständischen[321], erinnert sich in seinen Memoiren: »Sie marschierten, endlos. Nach ihnen kamen Panzer, Panzerwagen, leichte Artillerie und hunderte Männer der Waffen-SS auf Motorrädern. [...] Plötzlich spürte ich, wie schwach wir waren.« Und doch: »Endlich kam die Zeit mit ihnen abzurechnen.«[322] Gegenüber der israelischen Gedenk- und Dokumentationsstätte *Yad Vashem* berichtete Rotem über eine gelungene Sprengstoffattacke am zweiten Tag: »Ich war nach der massiven Explosion mit dem Anblick zerschlagener Gliedmaßen und deutscher Körper in der Luft geschockt. Dieses deutsche Volk, das Europa erobert und vor den Toren Moskaus geklopft hatte – dies war kein Schauspiel, an das wir gewöhnt waren, und sicherlich nicht in einem Ghetto. Juden töteten Deutsche. Es war etwas Außergewöhnliches […] Ich war tatsächlich einige Zeit gelähmt, als die Deutschen vor dem Chaos davonliefen. Bis zu diesem Zeitpunkt waren wir jahrelang daran gewöhnt, dass Juden um ihr Leben rannten [...] Es war das erste Mal seit dem Ausbruch des Krieges, dass die Deutschen flüchteten.«[323] Am 8. Mai 1943 griffen die Deutschen das ŻOB-Hauptquartier an. 100 Kämpfer:innen fielen oder verübten Suizid. Die Überreste der ŻOB kämpften nach manchen Quellen noch bis zum 16. Mai.[324]

Mit ihnen kämpfte ebenfalls heldenhaft der Jüdische Militärverband (in polnischer Abkürzung *ZZW*), zusammengesetzt aus ehemaligen Soldat:innen der polnischen Armee sowie Mitgliedern der rechtszionistischen Organisation *Betar*.[325] Da nur wenige von ihnen überlebten und sie zudem politisch nicht in das Schema der anderen Organisationen passten, sind ihre Taten heute nahezu vergessen.[326]

1942 bewohnten im Warschauer Getto 445.000 Menschen nur etwa 61.000 Zimmer;[327] 5.000 Menschen starben monatlich allein an Hunger.[328] Im Vorfeld der Aufstände, Anfang 1943, geht Zuckerman von nur noch 70.000 bis 80.000 Juden und Jüdinnen aus, die in Warschau auf beiden Seiten der Gettomauer lebten.[329] Elkins zufolge wurde der Warschauer Gettoaufstand durch 800[330] Kämpfende mit jeweils klar zugeteilten Aufgaben[331] betrieben. Nur einige Dutzend dieser Held:Innen sollten das Ende des Krieges erleben.[332]

Obgleich der Warschauer Aufstand als einziger ins kollektive Gedächtnis eingegangen ist – seinen Ausgang nahm er in Wilna.[333] Hier hatte sich eine Widerstandsgruppe gebildet, nachdem die Stadt im Juni 1941 von den Deutschen besetzt worden war. Bereits 1939 hatten Jüdinnen und Juden, darunter auch Yitzhak Zuckerman, über die Gründung einer Widerstandsgruppe nachgedacht – angesichts der bevorstehenden Übergabe der Stadt von Polen an Litauen durch die Sowjetunion am 10. Oktober 1939[334] befürchtete man Pogrome durch die ankommenden Litauer:innen.[335] Der Anführer der Wilnaer Gruppe ab 1941, Abba Kovner, hatte als Erster die Warschauer Juden und Jüdinnen zum Aufstand gedrängt. Bereits ein Jahr zuvor hatte er von Wilna aus eine Botin nach Warschau gesandt, die eine Rede von ihm verlas, in der er seine Kampfbereitschaft unmissverständlich zum Ausdruck brachte: »Es ist besser, als freie kämpfende Menschen zu sterben als in der Gnade von Mördern zu leben. Lasst uns uns selbst bis zum letzten Atemzug verteidigen.«[336] Seine bekannteste Aussage bleibt: »Geht nicht wie Schafe zur Schlachtbank.«[337]

Die Mitglieder der Wilnaer Gruppe, die sich wie so viele andere auf die zionistische Bewegung stützte, flohen zunächst vor der deutschen Besetzung aus Teilen Polens in die litauische Hauptstadt. Dort zählte man 1897 61.847 (oder ca. 64.000) Jüdinnen und Juden (40 % der Bevölkerung), 1916 57.516 (41,5 %) und 1931 54.600 (oder ca. 55.000), 27,8 %.[338] Wilna galt als Jerusalem des Nordens mit der damals größten *Jeschiwa* (der zentralen jüdischen Lerninstitution) der Welt und Studierenden selbst aus den USA und Australien. Die Juden und Jüdinnen hatten ihren eigenen Kulturbetrieb, eigene Schulen und eigene Zeitungen.[339] Nathan Gutwirth, 1936 von Amsterdam nach Wilna aufgebrochen, um dort an der *Jeschiwa* zu studieren, berichtet bei Marek Halter, nur wenige der 235.000 Juden in Litauen hätten sich nach dem Einmarsch der Nazis ins Exil retten können. Einige Hundert seien über Stockholm nach Palästina gelangt, andere hätten sich in die Türkei gerettet.[340] Viele der Verbliebenen kämpften – Wilna sollte ein Schlüsselort des jüdischen Widerstands weit über die Grenzen Litauens hinaus werden. Zunächst war ein Leben ohne unmittelbare Verfolgung im Wilnaer Getto noch möglich. Erstmals änderte sich das nach dem 15. Juni 1940 mit dem damaligen Einmarsch der Roten Armee; die zionistischen jüdischen Gruppen wurden verboten und mussten in den Untergrund gehen, weil sie von der Sowjetunion als Bedrohung ihrer Souveränität angesehen wurden.[341] Diese Situation verschlechterte sich noch über alle Maßen, als die Deutschen Wilna am 6. September 1941 besetzten. Jüdinnen und Juden mussten den Judenstern tragen und wurden im Getto zusammengetrieben.[342] Dieses kleine Gebiet, bestehend aus nur sechs Straßen, in denen früher 1.000 Juden und Jüdinnen gelebt hatten, musste nun zunächst 30.000 Juden und Jüdinnen aufnehmen,[343] deren Zahl sich durch die einsetzenden Verfolgungsmaßnahmen immer wieder verringerte: Nachdem der örtliche Judenrat mehrfach aufgefordert worden war, jeweils Tausende Jüdinnen und Juden an die Deutschen zu übergeben, hatte sich die Gettobevölkerung bereits im Dezember 1941 halbiert.[344] Durch zwangsweise Zuführungen im Jahr 1942 stieg die Zahl der Jüdinnen und Juden noch einmal auf 80.000 an und verringerte sich dann infolge der Deportationen bis 1943 auf 1.000.[345] Oft unterstützt von der örtlichen Polizei und einheimischen Freiwilligen, waren nun in den von Deutschland besetzten Gebieten Osteuropas auch 12.000 Angehörige der Einsatzgruppen unterwegs mit dem Auftrag, Jüdinnen und Juden zu ermorden.[346] »Unterstützt« wurden die Einsatzgruppen von SS-Brigaden, Waffen-SS-Einheiten, Polizisten und 170 mobilen Polizeibataillonen, in denen baltische, ukrainische und andere sowjetische Hilfswillige dienten.[347] Um sich die Bedeutung der Einsatzgruppen, von denen noch die Rede sein wird, vor Augen zu führen: Von den sechs Millionen ermordeten Juden starben etwa vier Millionen in den verschiedenen Vernichtungslagern, die restlichen zwei Millionen wurden im Wesentlichen durch die Einsatzgruppen während des Russlandfeldzuges ermordet.

Ab April 1943 wurden die Wilnaer Juden und Jüdinnen sukzessive in das Lager Ponar deportiert.[348] Als Teil der Täuschungsstrategie über den geplanten industriellen Massenmord setzten die Nazis Judenräte in den Gettos ein.[349] Diese beschwichtigten die Menschen eher als dass sie zum Widerstand aufriefen. Das ist insofern nachvollziehbar, als sie denknotwendig die Shoa noch nicht vor Augen haben konnten. Yitzhak Zuckerman etwa beschreibt, wie auch er zunächst davon ausging, es ginge den Deutschen nur um körperliche und geistige Schwächung, um Unterdrückung und Erniedrigung[350], bis er – für ihn völlig niederschmetternd[351] – im November 1941 von Ponar[352] und Chelmno hörte.[353] Hitlers *Mein Kampf* und seine Reichstagsrede habe man nicht ernst genommen.[354] Auch über den Leiter des Wilnaer Judenrates Jacob Gens kann man lesen, dass er als kultivierter Gentleman sich eine derartige Degeneration der deutschen Gesellschaft schlicht nicht hatte vorstellen können.[355] So war er nicht in der Lage, das Kommende vorauszusehen, und sagte seinen Leuten, das jüdische Volk hätte die spanische Inquisition und die Kosakenhorden überlebt und würde auch dies überstehen. Im Ergebnis stellten sich viele Jüdinnen und Juden im Wilnaer Getto in entscheidenden Situationen sogar gegen den Widerstand.[356] Der Aufstand der Partisan:innen im Wilnaer Getto am 1. September 1943 blieb so auch trotz aller flammenden Aufrufe und Flugblätter weitgehend erfolglos.[357] Der Leiter des Judenrates schwor in der Folge 200 neue jüdische Hilfspolizeikräfte ein.[358] Einige Zeit später wurde er festgenommen, weil er in der vorerst letzten von zahlreichen solcher Aktionen erstmals den Nazis nicht die geforderte Zahl an Juden übergeben hatte.[359]

Im September 1943 konnte Abba Kovner, der Anführer der Wilnaer Widerstandsgruppe, nur noch deren Flucht organisieren.[360] Gleichzeitig begannen die Deutschen mit der vollständigen Auflösung des Gettos. Wilna als ein jahrhundertealtes

Zentrum des Judentums war damit Geschichte.[361] Nachdem die Wilnaer Jüdinnen und Juden aus dem Getto deportiert wurden, zogen sich die Kämpfenden in die umgebenden Wälder zurück und versteckten sich, insgesamt 200 an der Zahl, in zwei größteils unterirdischen Baracken, die für die nächsten Monate ihr Zuhause werden sollten.[362] Zuvor schmuggelten sie noch etliche Jüdinnen und Juden in kleineren Gruppen aus den Gettos.[363] Sicher fühlten sie sich in ihrem Unterschlupf nicht – bei den meisten Frauen blieb in dieser Zeit die Menstruation aus.[364] Und tatsächlich boten die Wälder keinen Schutz: Zum einen stand die Bevölkerung ihnen ohnehin zu großen Teilen feindselig gegenüber, zum anderen war die Unterstützung von Juden und Jüdinnen lebensgefährlich. Darüber hinaus hatten die Deutschen der Landbevölkerung ein Kilo Zucker für jeden getöteten Juden und jede getötete Jüdin ausgelobt.[365]

5. »Seid stark und tapfer« – Widerstand in den Konzentrationslagern

Wer sich davon überzeugen will, dass Jüdinnen und Juden selbst in den Konzentrationslagern nicht wie Schafe zur Schlachtbank gingen, der kann das anhand von Hermann Langbeins Chronik ...... *nicht wie Schafe zur Schlachtbank. Widerstand in den nationalsozialistischen Konzentrationslagern 1938–1945* und Arno Lustigers *Zum Kampf auf Leben und Tod!* leicht tun. Langbein und Lustiger machen deutlich, dass es in praktisch allen Lagern jüdischen Widerstand gab.[366] Und dies trotz der Tatsache, dass von allen Opfergruppen neben den Sinti:zze und Rom:nja die Juden und Jüdinnen die ungünstigsten Bedingungen für die Vorbereitung und Ausübung von Widerstand zu gewärtigen hatten, standen sie doch als »Gelbe« in der Lagerhierarchie auf unterster Stufe, namentlich unter den »Roten« (»Politischen«) und »Grünen« (»Kriminellen«), sie waren so am stärksten abgeschnitten[367] von der Möglichkeit, in »privilegierte« Positionen zu gelangen[368], in denen höhere »Verantwortung« mit größerer Möglichkeit zu Widerstand[369] – bis hin etwa zur Beschaffung von Waffen[370] – einherging. So bezeichnete Himmler die Gruppe der »Roten« und vor allem »Grünen«, die vor allen anderen die »Kapos« stellten, einmal als sein »Unteroffiziercorps für diese ganze Gesellschaft«.[371] In die internen Machtkämpfe der Lagerselbstverwaltung[372] – Kampf auch darum, einen überhaupt nur im Kollektiv möglichen Widerstand zu organisieren[373] – konnten Juden und Jüdinnen also praktisch nicht eingreifen. Zudem waren sie immer wieder dem Antisemitismus der anderen Lagerinsass:innen ausgesetzt.[374] Im Gegensatz dazu konnten sich insbesondere die Kommunist:innen wirksam innerhalb der Lager organisieren.[375] Teils überschnitt sich das mit einer Formierung entlang »landsmannschaftlicher« Grenzen, wie bei den polnischen Sozialist:innen in Auschwitz und Mauthausen oder den polnischen Kommunist:innen in Auschwitz, Stutthof und Buchenwald.[376] Was Mauthausen angeht, so wurden – mit Ausnahme der Blockältesten, die deutsche Kriminelle waren – fast alle anderen Funktionsstellen mit polnischen Gefangenen besetzt.[377] Dort hatten sich zuvor als Erstes die spanischen Gegner:innen des Nationalsozialismus als Gruppe zusammenschließen können.[378] Die jüdische Kommunistin und Shoa-Überlebende Hanna Lévy-Hass beschrieb das Dilemma der Juden und Jüdinnen, das die Organisation einer Widerstandsbewegung verunmöglichte, wie folgt: »Menschen aus verschiedenen sozialen Schichten sind hier zusammengepfercht, aber der kleinbürgerliche Typus herrscht vor. […] Wenn man nur durch ein klar bestimmtes gemeinsames Bewußtsein miteinander verbunden wäre. Aber das ist nicht der Fall. […] Ein gemeinsames Elend vereint Wesen, die einander kaum ertragen.«[379] Aus Auschwitz wird berichtet, dass die polnischen Juden und Jüdinnen »jedermann hassten«, und zwar unter Einschluss ihrer »westlichen« Glaubensgeschwister.[380] Wenn den Juden und Jüdinnen ein einendes Element blieb, dann der Zionismus, wie Langbein das für Theresienstadt und Auschwitz beschreibt.[381]

Hinzu kam: Die Juden und Jüdinnen waren auf sich allein gestellt. Anders als etwa die Kommunist:innen[382] hatten sie außerhalb der Lager keine wirksam operierenden Unterstützer:innengruppen. Für die polnischen Internierten in Auschwitz etwa stellte Langbein heraus, dass das Lager von der *Armia Krajowa (AK)*, der polnischen Heimatarmee, erfasst und ein Kommandant für das Lager abgestellt wurde.[383] Führt man sich vor Augen, welche Spannungen zwischen *AK* und jüdischen Partisan:innen bestanden, so wird deutlich, dass eine solche Unterstützung nicht auf jüdische Opfer gerichtet sein konnte: Denn die *AK* sah in Juden und Jüdinnen kaum potenzielle Mitstreiter:innen, sondern in unseliger antisemitischer Tradition eine weitere Partei, der mit Gewalt zu begegnen war. Wo Juden und Jüdinnen in polnischen Verbänden kämpfen konnten, mussten sie ihre jüdische Identität verbergen[384] und gaben ihre Taten so bewusst dem Vergessen anheim.[385] Starben sie im Kampf, wurden sie sogar unter ihren christlich-polnischen Decknamen bestattet.[386] Doch auch sowjetischen Jüdinnen und Juden, die zahlreich etwa in der Partisan:innenbrigade *Kowpak* kämpften, war es oftmals zumindest unangenehm, ihre jüdische Identität zu offenbaren. So berichtet der Widerstandskämpfer Chaim Woczyn, dass er von der jüdischen Identität einiger seiner Mitkämpfer:innen erst nach dem Krieg erfahren habe.[387] Tatsächlich verschleierte die sowjetische Geschichtsschreibung den Anteil jüdischer Partisan:innen am Krieg gegen Deutschland bereits während des Krieges und mehr noch danach.[388]

Und dennoch, so stellt der Nichtjude Langbein fest, obwohl es »zweifellos die Juden am schwersten hatten«, brachten »so viele« die Kraft auf, »der Demoralisation zu widerstehen, an Widerstand zu denken und ihn unter ungünstigsten Voraussetzungen auch auszuüben«.[389] Lustiger konstatiert: »Dass trotzdem Widerstand geleistet wurde und es fast in jedem Vernichtungslager Ausbruchsversuche und Aufstände gegeben hat, widerlegt die These von der angeblich durch die Geschichte in die Seelen der Juden eingebrannten Passivität.«[390] Wie schon zuvor in den Gettos, wurden auch im Lager Kampforganisationen gebildet.[391] Durch sie konnten immer wieder Jüdinnen und Juden entkommen. Doch eine gelungene Flucht bedeutete noch nicht Überleben. Zuckerman berichtet: »[…] wir mussten den

Leuten auch eine Art Transitpunkt geben, zu dem ein Jude entkommen konnte, weil der erste Nichtjude ihn wieder ausliefern konnte.«[392]

Tausende Jüdinnen und Juden beteiligten sich Langbein zufolge in den unterschiedlichsten Lagern an unzähligen Aktionen der Gegenwehr.[393] Einige Beispiele: Als am 23. Oktober 1943 in Bergen-Belsen 1.700 Juden und Jüdinnen in die Gaskammern geschickt wurden, suchten – nachdem schon zwei Drittel in die Gaskammern gebracht worden waren – die verbliebenen den offenen Kampf. Am Abend des 7. Oktober 1944 bedachten dort etwa 300 vorwiegend griechische und ungarische Juden und Jüdinnen das SS-Wachpersonal mit einem Steinhagel und setzten das Krematorium in Brand. In Belzec weigerten sich Juden und Jüdinnen, die Waggons zu verlassen, ein anderes Mal setzte sich eine Jüdin mit einer Rasierklinge gegen die Nazis zur Wehr und wurde erschossen.[394] In Treblinka stürzte sich am 11. September 1942 Meir Berliner unter dem Ausruf »Ich kann nicht mehr anders« auf den SS-Unterscharführer Max Biala und erstach ihn.[395] Wenige Monate später widersetzten sich Juden und Jüdinnen dem Befehl, in die Gaskammern zu gehen.[396]

Am 2. August 1943, immer noch in Treblinka, kam es unter Gebrauch von zuvor beschafften Waffen[397] zu einer verzweifelten Revolte, die sich letztlich nur auf ein halbes Dutzend jüdische[398] Männer stützte.[399] Da es sich bei dem Lager um ein reines Vernichtungslager handelte, gab es nur eine geringe Zahl von jeweils etwa 700 Juden und Jüdinnen, welche mehr als einen Tag überlebten und daher zur Planung und Vorbereitung eines Aufstandes in der Lage waren;[400] nur 52 Internierte erlebten dort die Befreiung.[401] Anführer des Aufstandes war der jüdische Arzt Julian Chorazyski.[402] Obwohl dies natürlich überaus schwierig war, gelang es ihnen, ein erhebliches Waffenarsenal aufzubauen. Dieses bestand sogar zum Teil aus Waffen, welche aus den geschorenen Haaren der ermordeten jüdischen Frauen hergestellt worden waren. Hierfür war der von den Nazis mit der Gewinnung der Haare betraute Perückenmacher zuständig. Er stellte eine Reihe von Waffen her, die als Würgeinstrumente oder als Schleudern verwendet werden konnten. Man fand hierfür Verstecke.[403] Der Plan bestand nun darin, bei Eintreffen eines neuen Deportationszuges, wenn also das Wachpersonal zu einem großen Teil mit der Räumung des Zuges befasst war, möglichst schnell das Waffenlager der Nazis zu stürmen. Allerdings brach der Widerstand zu früh los, noch während der Deportationszug sich außerhalb des Lagers erst näherte. Zwar gelangten die Widerständler in die Nähe des deutschen Waffenlagers. Doch war ihrer Aufmerksamkeit entgangen, dass die Nazis direkt gegenüber dem Depot ein getarntes Maschinengewehr platziert hatten. Diejenigen, welche es bis zum Waffenlager schafften, wurden ausnahmslos sofort getötet.[404] Nach elf Minuten schon war der Aufstand niedergeschlagen. 117 SS-Leute waren tot oder verwundet, 1.100 Juden und Jüdinnen tot; 180 Juden und Jüdinnen konnten in die umliegenden Wälder entkommen.[405]

Am 23. August 1943 dann verschafften sich die Menschen im Widerstand in Treblinka aus der Waffenkammer ein ganzes Arsenal an Handgranaten, MPs, Pistolen und Munition. Sie erschossen 25 SSler und sechzig ukrainische Wachleute und steckten das Lager in Brand.[406] Ein großer Teil des Lagers wurde Opfer der Flammen, 500 bis 600 der damals noch 750 Lagerinsass:innen konnten entkommen.[407] Der aufständische Prager Jude Richard Glazar hat das Ereignis in seinem 1992 erschienenen Bericht *Die Falle mit dem grünen Zaun – Überleben in Treblinka* eindrucksvoll geschildert.[408]

Ebenfalls in Treblinka gelang es am 19. Januar 1945 dem Widerstandskämpfer Samuel Willenberg, einen Wehrmachts-Lkw mit Waffen zu erbeuten und, zugunsten des Vormarsches der sowjetischen Truppen, die Sprengung zweier strategisch wichtiger Brücken durch die Deutschen zu verhindern.[409] Wie auch anderswo war die Flucht aus dem Lager von Treblinka in allzu vielen Fällen nicht lebensrettend. Von den Hunderten, die entkamen, erreichten, so Zuckerman, nur ein paar Dutzend das siebzig Kilometer entfernte Warschau; der Rest sei auf dem Weg dorthin ermordet worden.[410]

In Buchenwald setzte sich der Jude Kurt Baum zur Wehr, als die SS einige Tage vor der Befreiung entschied, das Lager zu evakuieren. Er wurde erschossen.[411] Hingerichtet wurde in Buchenwald 1941 auch Edmund Hamber, der Bruder des jüdischen Wiener Filmunternehmers Philipp Hamber. Edmund hatte zuvor beim stellvertretenden Lagerkommandanten zur Anzeige gebracht, dass der SS-Scharführer Abraham seinen Bruder in ein Wasserloch geworfen und totgetrampelt hatte.[412]

Einen sorgfältig geplanten und durchgeführten jüdischen Aufstand, bei dem Messer und Äxte zum Einsatz kamen, erlebte am 14. Oktober 1943 das Lager Sobibór.[413] Möglich wurde dieser Aufstand nach der Ankunft jüdisch-sowjetischer Kriegsgefangener, von denen Leutnant Aleksandr-Sascha Petschorski das Kommando übernahm.[414] »Sie überwältigten die Wachmannschaften und bemächtigten sich der Waffenkammer«, so ein zeitgenössischer Bericht der Polizei in Lublin.[415] 600 Gefangene töteten im Kampf zwölf Leute des Wachpersonals.[416] Etwa 300 Jüdinnen und Juden konnten entkommen[417], von denen achtzig bei der Flucht erschossen und weitere dreißig bis vierzig wieder aufgegriffen wurden.[418] Das Lager wurde hernach liquidiert. Etwa fünfzig Insass:innen überlebten; die meisten von ihnen schlossen sich den Partisan:innen an.[419] Im Sommer 1943 hatte es sogar Pläne einer damals sehr erfolgreich operierenden 200-köpfigen jüdischen Partisan:innengruppe unter Chiel Grynszpan gegeben, das Lager Sobibór zu befreien. Nachdem man die Lage ausgekundschaftet hatte, ließ man den Plan allerdings angesichts der 300- bis 400-köpfigen Wachmannschaft, des elektrisch geladenen Stacheldrahtzauns und des Minengürtels wieder fallen.[420]

Dass es jüdischen Internierten in Treblinka, Sobibór und später auch in Auschwitz gelang, SS-Angehörige zu töten, hatte nach Einschätzung des im Untergrund tätigen jüdischen Nationalkomitees in Polen, wie in einem Bericht vom 15. November 1943 festgehalten, »große symbolische Bedeutung«.[421] Im Gesamtkomplex Auschwitz-Birkenau lebten 1943 etwa 250.000 Insass:innen; 8.000 wurden täglich ermordet. Nicht ein einziger Tag verging jedoch ohne kleine Handlungen des Widerstands gegen die unmenschliche Lagerordnung: improvisierte Krankenpflege, heimliche Religionsausübung, Schutzmaßnahmen zugunsten der geistig Kranken, Umverteilung von Nahrungsmitteln, heimliche schriftliche Kommunikation zwischen Männer- und Frauenlager.[422] Ende Oktober 1942 durchbrachen frisch Deportierte den Ring der Blockführer unter dem Ruf »Wir lassen uns nicht abschlachten! Wir wollen im Kampf sterben!«.[423]

Eine besondere Rolle spielte der 26. Oktober 1944.[424] Der große Aufstand in Auschwitz stützte sich ganz wesentlich auf Akteure des vorherigen Widerstands im Getto Wilna. Schon 1942 hatte sich der Widerstand außerhalb des Lagers entschlossen, junge und starke Freiwillige ins Lager zu senden, die dort möglichst lange überleben und den Widerstand organisieren sollten.[425] Ziel auch dieses Widerstands war, wie in Treblinka, nicht die von vornherein illusorische Befreiung der Insass:innen oder gar die vollständige Zerstörung des Lagers.[426] Vielmehr ging es darum, die menschliche Würde zu bewahren und wenn schon zu sterben, dann im Kampf. Es gelang dem jüdischen Widerstand in Auschwitz sogar, Explosionswaffen herzustellen: Gegenüber dem reinen Männerlager Auschwitz, in welchem der Aufstand stattfinden sollte, lag das Frauenlager

Auschwitz-Birkenau. Dort war eine kleine Zahl von Frauen in einem Hochsicherheitsbereich in der Produktion von Sprengstoff beschäftigt. Da einer der Männer aus der vorherigen gemeinsamen Partisan:innenzeit eine der Frauen namentlich kannte, gelang es, zwischen beiden Lagern Kontakt herzustellen. Durch Bestechung brachte man einen Wächter dazu, Briefe ins Frauenlager zu schmuggeln. Bald nähten die Frauen aus Stoffresten Mützen für ihre »Geliebten«. In diese Mützen waren jeweils kleine Sprengstoffmengen eingenäht, welche gesammelt und zur Herstellung von Sprengkörpern verwendet wurden.[427] Nach monatelangen Vorbereitungen besaß man zudem einige Revolver und ein leichtes Maschinengewehr.[428] Der jüdische[429] Widerstand, auch hier wie in Bergen-Belsen maßgeblich vorangetrieben durch die griechischen Juden unter Führung dreier ehemaliger Offiziere der griechischen Armee[430], sprengte am Tag des Aufstandes das Krematorium 4 zur Gänze[431] und die Krematorien 2 und 3 zum Teil.[432] Den wegen seiner Brutalität berüchtigten deutschen Kapo warfen die Aufständischen bei lebendigem Leib ins Feuer.[433] Wer im Widerstand kämpfte, wurde niedergemetzelt; 1.100 Insass:innen starben, aber auch dreißig SS-Leute. Etwa 100 Gefangene konnten dem Lager entkommen.[434] Die letzte auf einem Zettel festgehaltene Bitte der Widerständlerin Roza Robota an ihre Kamerad:innen, unterzeichnet mit dem hebräischen Gruß »Seid stark und tapfer« der *HaShomer HaTza'ir*: Falls einer von ihnen eines Tages in Freiheit käme, solle er Rache üben.[435]

Schon zuvor war Hermann Langbein zufolge immer wieder Menschen die Flucht aus Auschwitz gelungen: zwei Fluchtversuche 1940, davon einer erfolgreich, sechs erfolglose Fluchtversuche 1941, 120 im Jahre 1942, davon 65 ohne Erfolg, 1943 dann 310 Fluchtversuche, 156 davon erfolglos. Die (unvollständigen) Zahlen für das letzte Jahr lauten: 209 Fluchtversuche, 42 darunter gescheitert.[436] Einem neben dem Krematorium später ausgegrabenen Dokument, verfasst von Salmen Lewenthal, lässt sich entnehmen, dass stets über die Möglichkeit des Ausbruchs nachgedacht wurde.[437] Am Ende hatte sich der Widerstand auf die schon zu erwartende Auflösung des Lagers vorbereitet und zum Kampf geeignetes Material beiseitegeschafft, da sie befürchtet hätten, die Deutschen würden bei der Gelegenheit alle Lagerinsassen umbringen. Vom konkreten Ablauf zur Lagerräumung am 18. Januar 1945 schließlich durch den berüchtigten »Todesmarsch« allerdings sei der Widerstand völlig überrascht worden, wie Yehudah »Poldek« Maimon berichtet, der schon im Krakauer Widerstand aktiv gewesen war und sich auch in Auschwitz den Aufständischen angeschlossen hatte. Er konnte mit zwei weiteren Kameraden am dritten Tag des Todesmarschs entkommen.[438]

Was an Langbeins ...... nicht wie Schafe zur Schlachtbank ebenso wie an Lustigers *Zum Kampf auf Leben und Tod!* fasziniert: wie die Autoren die in armseligen Schwarz-Weiß-Fotos sich ausdrückende Ikonografie einer anonymen Opfermasse zerstören, indem sie ein ausdifferenziertes Bild der Zusammenarbeit von Individuen zeichnen. Der kommunistische Schauspieler und Schriftsteller Hermann Langbein (1912–1995)[439] war selbst Mitglied der Internationalen Brigaden in Spanien.[440] Nachdem er in Gefangenschaft geriet, war er in französischen Lagern interniert, bevor er 1941 nach Dachau und 1942 nach Auschwitz deportiert wurde. Dort fungierte er als Leitungsmitglied der internationalen Widerstandsorganisation *Kampfgruppe Auschwitz*.[441] Dieser Gruppe gelang es, aus dem Lager heraus Pläne von Bahnlinien und Krematorien an die Alliierten zu senden, verbunden mit der Forderung nach der Bombardierung des Lagers.[442] Der Bericht erreichte das *Foreign Office* in London, blieb jedoch folgenlos.[443] Arno Lustiger hielt später fest: »Dass die westlichen Alliierten trotz

Kenntnis der schrecklichen Tatsachen Auschwitz nicht durch Bomben zerstörten, wird ihre ewige Schuld bleiben.«[444] Nachdem die Existenz der Konzentrationslager der Weltöffentlichkeit bekannt geworden war, gab es erheblichen Druck jüdischer Organisationen auf die USA, die »Versorgungswege« zu den Konzentrationslagern oder auch die Konzentrationslager selbst durch Luftangriffe zu zerstören.[445] Auch hier blieb die Eingabe unbeachtet.[446] Das letzte Kriegsjahr verbrachte Hermann Langbein im Konzentrationslager Neuengamme. Nach der Befreiung wurde er Generalsekretär des Internationalen Auschwitz-Komitees.[447]

Langbein fasst unter den Begriff des Widerstands alle »Handlungen oder Vorbereitungen [...], die in der Absicht unternommen wurden, Pläne der Lagerleitung zu durchkreuzen oder abzuschwächen, die sich gegen die Häftlinge insgesamt oder gegen eine Gruppe von ihnen richteten«.[448] Natürlich sind so die Beschaffung[449], der Austausch und die Weitergabe von Informationen – Letztere sogar durch Telefonate zu Details der V-Waffen-Produktion, die in den Konzentrationslagern stattfand[450] – als Widerstandsakte einzustufen. Zum Widerstand wird man aber – wie schon in den Gettos – auch rechnen müssen, was Langbein »Abwehr der Demoralisation«[451] nennt: Musik, Theateraufführungen, G'ttesdienste, Unterricht in Jiddisch, Lesen, Schreiben und Geschichte. Die holländischen Juden feierten am 31. August 1941 gar den Geburtstag ihrer Königin.[452] In Auschwitz, und nicht nur dort, vergruben derweil Opfer Berichte über die Geschehnisse, die später ausgegraben werden konnten[453] – Akte jedenfalls gegen das Vergessen in der großen Tradition der Memorbücher und zugleich gegen die totale auch psychische Beherrschung im Lager.

Was an jahrelangem jüdischem Kampf gewesen war, ging oft nach der Befreiung weiter. Für viele Juden und Jüdinnen war der Krieg nicht zu Ende. Warum auch hätten sie sich an die zeitlichen Zäsuren der Kriegsparteien binden sollen, waren sie doch nie in die Position gekommen, eine solche zu sein? Der Weltkrieg um Territorien war nicht ihre Sache gewesen, sondern der Widerstand gegen die Shoa als Kampf um das schlichte Überleben von Zivilist:innen, als Kampf um die Selbstbehauptung von Juden und Jüdinnen in ihrer europäischen Heimat. Diesen Kampf führten sie zuvor gegen die deutschen Täter:innen und ihre Hilfstruppen. Mit der Befreiung war er lange nicht vorbei. Internierte erschlugen bis zu fünfzig SS-Leute im Rahmen der Befreiung des Konzentrationslagers Dachau, in Buchenwald wurden während der ersten Tage nach der Befreiung etwa achtzig Angehörige des ehemaligen Wachpersonals und Kapos getötet.[454] Fred Mercer vom XX. US-Corps erinnerte sich an folgende Szene bei der Befreiung Buchenwalds: Ein deutscher Soldat wollte sich den US-Amerikanern ergeben, doch ein Häftling trat mit einem großen Prügel dazwischen: »Er stand einfach da und schlug ihn tot. Das musste er tun – und wir haben ihn nicht davon abgehalten.«[455] Auch eingedenk des eingangs geschilderten Berichts von Ben Ferencz wird es noch viele vergleichbare Aktionen nach der Befreiung von Konzentrationslagern gegeben haben.

6. »Rache war mein Grundrecht« – Die Gruppe *Nakam*

Für die jüdischen Opfer war also die Situation des Kampfes nicht einfach zu Ende mit der Unterzeichnung einer Kapitulation, die sie nicht betraf. So gab es die gerade geschilderte spontane Rache im kleinen Maßstab, gespeist aus dem unstillbaren Bedürfnis nach Abrechnung für das persönlich Erlebte. Daneben die so weit als möglich in Justizform gefassten, bereits geschilderten Aktionen der durch die Lande fahrenden Rächer:innengruppen. Wie die Befreiten in den KZs verfolgten sie persönliche Motive, aber auch die Durchsetzung von Gerechtigkeit als Menschenrecht, die Wiedererlangung jüdischer Teilhabe und: Abschreckung für alle Zeiten. Juristen nennen das Generalprävention.

Noch einen – problematischen – Schritt weiter ging eine Rächer:innengruppe. Durch individuelle Erlebnisse bewegt waren auch sie, um ewige Abschreckung ging es auch ihnen. Für die Abrechnung aber reichten ihnen individuelle Täter als Ziel nicht aus. Ihnen ging es um Rache, um Vergeltung im historischen Maßstab – nicht zwischen Individuen, sondern zwischen dem jüdischen und dem deutschen Volk. Abschreckung um jeden Preis, hasse man die Juden doch ohnehin, so verstehe ich das. *Oderint, dum metuant,*[456] so das römische Diktum dazu: »Sie mögen hassen, wenn sie nur fürchten.«

In den ersten Nachkriegsjahren konstituierte sich die Rächer:innengruppe *Nakam*. Vorwiegend aus Partisan:innen und ehemaligen Mitgliedern der jüdischen Brigade hervorgegangen, plante sie unter der Führung von Abba Kovner nicht nur Giftattentate auf die Wasserversorgung deutscher Großstädte, sondern auch auf Gefangenenlager der Alliierten, in denen ehemalige Angehörige der SS einsaßen. Die *Nakam* ist nicht Teil der hergebrachten Schauseite der jüdischen und israelischen Geschichte. Und in der deutschen Gedenkkultur hat der Wunsch nach Rache von Überlebenden der Shoa bis heute ohnehin keinen Platz. Die überlebenden Mitglieder der Gruppe jedoch bekannten sich bis zuletzt zu diesem Wunsch, und zwar in ihrer eigenen radikalen Form. Abba Kovner war der Meinung, der Krieg dürfe für die Deutschen mit ihrer militärischen Niederlage nicht zu Ende sein, sie müssten mit ihren Leben für die Leben der ermordeten Juden und Jüdinnen bezahlen.[457] Kovner berief sich dabei auch auf Psalm 89, in dem G'tt als Zerstörer der Feinde Israels angerufen wird.[458] »Ich wollte Rache«, heißt es in der 2018 ausgestrahlten Dokumentation *Holocaust: The Revenge Plot*, in der ehemalige *Nakam*-Mitglieder zu Wort kommen.[459] Yehuda Maimon bekannte noch zuletzt: »Es war ein Vergnügen, die deutschen Städte in Ruinen liegen zu sehen.«[460] Michael Kovner, Abba Kovners Sohn, berichtet von einem Feuer, das in den Knochen seines Vaters gebrannt habe, und Leopold Wassermann, ebenfalls Kämpfer der Gruppe, bekundet: »Natürlich dachte ich an Rache. Rache war mein Grundrecht.«[461] Auch der ehemalige *Nakam*-Mann Simcha »Kazik« Rotem bekannte, nach der Befreiung zunächst in Europa geblieben zu sein, um Rache zu nehmen.[462] Den Auslöser für diesen Entschluss kann er noch genau benennen, während er letztlich erfolglos noch ein Dreivierteljahrhundert danach mit den Tränen kämpft: »Ich sah eine Frau, die ihr Baby hielt. Sie war tot. Was tust Du? Was tust Du?«[463] Und in einer Dokumentation des israelischen Fernsehsenders *Channel 2* sagte er 2005: »Ich sehe mich nicht als Mörder, damals nicht und heute nicht.«[464] Allein Hasia Warshawski bekundet im Rückblick:

»Wir waren verrückt.«[465] Auch ein anderer Mitstreiter zeigt sich heute noch bedrückt, aber aus ganz anderem Grund: »Ich bedaure, was wir nicht taten. Das war nicht die Rache, die wir uns vorgestellt hatten.«[466]

Hervorgegangen war die *Nakam* aus der Gruppe der *Nokmim*, »Rächer« oder »jüdische Rächer«, hebräisch הנוקמים.[467] Der ursprüngliche Name der Gruppe, die sich dem englischen Autor Morris Beckman zufolge etwa im April 1945 und damals schon fünfzig Personen stark formierte,[468] leitete sich zunächst von *Dam Jehudi Nakam*, »Jüdisches Blut wird gerächt werden«, ab.[469] Das Akronym daraus, *DIN*, hebräisch דין, wiederum bedeutet »Urteil« oder »Rechenschaft«. Die zentrale Bedeutung von *din* ist im *Midrasch*, der zunächst mündlichen Kommentierung der Tora aus rabbinischer Zeit nach der Zerstörung des Zweiten Tempels im Jahr 70 d. Z., festgehalten. Dort heißt es in *Bereshit Rabba* 12:15 in Auslegung der Genesis, G'tt habe unsere Welt mit gleichen Teilen an *Midat HaDin*, Herrschaft des Rechts, und *Midat HaRachamim*, Herrschaft der Gnade, geschaffen.[470] Gegenüber der anfänglichen Bezeichnung *DIN* setzte sich dann *Nakam* durch.[471]

Bevor ich mich der Geschichte des *Nakam* ausführlicher widme, möchte ich kurz erklären, warum ich »G'tt« schreibe, wie es viele Jüdinnen und Juden tun. Aus zwei Gründen: Zum einen wollen Jüdinnen und Juden den Namen des Herrn nicht aussprechen und benutzen daher Synonyme wie das hebräische *Hashem*, was »Herr« heißt, oder wählen eben eine bewusst veränderte Form wie »G'tt«. Das geht nach einer Erklärung zurück auf das Dritte Gebot: »Du sollst den Namen des HERRN, deines G'ttes, nicht missbrauchen.«[472] Daneben gibt es eine Fülle anderer Erklärungen. Eine verbreitete besteht darin, den G'ttesnamen nicht dort festzuhalten, wo er weggeworfen oder gelöscht werden kann.[473] Und dies kann bei einem Text, sei es im Computer oder auf Papier, natürlich immer passieren.

Die beiden vorgenannten Gründe sind zudem vor dem Hintergrund der grundlegenden jüdischen Regel zu sehen, einen »Zaun um die Tora zu bauen« (Sprüche der Väter I, 1).[474] Will heißen: sich Verboten nicht bis auf den letzten Meter zu nähern, sondern etwas Sicherheitsabstand zu lassen. Nach meiner Auffassung ist das auch eine kluge Haltung zur Beachtung anderer Normen wie der Forderung nach Respekt vor den Mitmenschen. Da ich einerseits bestimmt nicht immer alle Gebote des Judentums einhalte, es mir aber dennoch wichtig ist, das eher mehr als weniger zu tun, ist die Schreibweise G'tt ein Service für meine geneigten Leser:innen. Eine Ausnahme mache ich als Kompromiss dort, wo ich andere zitiere, die das anders halten.

Aufgebaut worden war die *Nakam* von Abba Kovner und seinen Unterstützerinnen in der Führung Vitka Kempner (Kovner und sie heirateten 1946[475]) und Rozka Korczak (1921–1988). Hervor ging sie aus der litauischen Vereinigten Partisan:innenorganisation.[476] Nach dem Krieg taten sich Teile der *Nokmim* mit Veteran:innen der jüdischen Brigade zusammen. Zunächst hatten sie sich in Lublin[477] Joseph Harmatz zufolge zu einer Gruppe von zwanzig Menschen zusammengefunden[478] und schon dort geplant, zu Teilen in Europa zu bleiben.[479] Von Bukarest aus, wo sie sich wohl um *Pessach* im Frühling 1945 endgültig konstituiert hatten[480], begaben sie sich nach Norditalien.[481] Ihr Ziel war wie erwähnt auch Generalprävention: Oleg Hirsch (Pseudonym) – »Finanzminister« der Gruppe[482] – berichtete, Kovner habe gefordert, man müsse der Welt zeigen, dass niemand so viel Blut vergießen könne, ohne dafür zu zahlen.[483] Rozka Korczak beschrieb die Stimmung nach Kriegsende mit den Worten: »Plötzlich waren wir von verfolgten Juden zu freien Kämpfern geworden, deren ganzes Sehnen dahin ging, sich für die ihnen angetane Schmach und die Mordtaten zu rächen.«[484] Man habe – so das *Nakam*-Mitglied Yossi Cohen (*1926; auch ein Pseudonym[485]) 2013 in einem Radiointerview – schon während des Krieges viel tun können, und sie hätten viel getan: Soldaten angreifen, Versorgungszüge sprengen, Brücken niederbrennen. Aber das Verlangen nach Rache sei nach dem Krieg nicht gewichen, sondern stärker geworden, als ihnen das wahre Ausmaß der Shoa bewusst geworden sei.[486] »Wir sahen, dass etwas getan werden musste […]. Wir konnten den Lauf der Geschichte nicht sich selbst überlassen.«[487] Es habe richtige Rache geben müssen. Normale Menschen hätten handeln müssen, um sicherzustellen, dass so etwas nie wieder geschehe.[488] Yehuda Maimon teilte diese Ansicht: »Ich sah, dass ich überlebt habe, um etwas zu tun«[489], bekannte er 2015 in einem Gespräch. »Ich hielt es für richtig. Ich sah es als Fortsetzung des Krieges an. Als Möglichkeit, als Juden die Deutschen zu bekämpfen. Jetzt hatten wir die Oberhand. Die Deutschen waren angeschlagen. Wir wollten sie bekämpfen. Wir wollten Vergeltung.«[490]

Ein anderer Akteur im Partisanenkampf während des Krieges, zugleich vor und nach 1945 vielfach in Opposition zu Kovner, war der bereits erwähnte Yitzhak Zuckerman.[491] Er und Kovner hatten dasselbe Gymnasium besucht.[492] In seiner Chronik des Warschauer Gettoaufstandes, *A Surplus of Memory,* charakterisiert er Kovner als außerordentlich einflussreich[493], aber auch als schillernde Figur mit äußerst kontroversen Vorstellungen, nicht nur, was die Aktionen der *Nakam* nach 1945 angeht. Zuckerman, in einer zionistischen und religiösen Familie aufgewachsen – sein Vater neigte der religiös-zionistischen *Mizrakhi*-Partei zu –,[494] sah bei der Gruppe um Kovner schon während der Zeit des Gettokampfes[495] »vorgetäuschten Romantizimus«, »falschen Messinanismus« und »Wahnsinn« am Werk.[496] Bezogen auf die *Nakam* schreibt er: »Was ›Rache‹ *[Nakam]* angeht, so hielt mich dieses Thema des Nachts wach, besonders seit sie gekommen waren, um mir die Führung von ›Rache‹ *[Nakam]* anzutragen. Aber meine Vorstellung von Rache war nicht deren Vorstellung. Ich wünschte Rache um alles in der Welt, aber ich war weit entfernt von deren Idee, welche an Wahnsinn grenzte.«[497] Zuckermans Vorstellung war nicht die einer Kollektivrache an der deutschen Bevölkerung, sondern die einer selektiven Verfolgung erwiesener Nazi-Verbrecher:innen.[498] Und Zuckerman war nicht irgendwer, sondern eine entscheidende Führungsfigur des Warschauer Gettoaufstandes; Zivia Lubetkin (1914–1978, spätere Ehefrau von Zuckerman)[499], die bereits in Warschau an seiner Seite gekämpft hatte, sagte über ihn: »Wenn Yitzhak nicht gewesen wäre, hätte es für uns Halutzim den Warschauer Gettoaufstand niemals gegeben. Wir wären ohne eine Spur von der Dunkelheit des Holocaust verschluckt worden.«[500] Umgekehrt betont Zuckerman, Zivia Lubetkin habe ihn in entscheidenden Momenten beraten und angetrieben.[501] Zuckerman und Kovner hatten auch sehr unterschiedliche Vorstellungen[502] vom Kampf und von der internen Struktur der Bewegungen *HaShomer HaTza'ir* und *Dror*, in denen sie tätig waren.[503] Während die Kovner-Gruppe, so Zuckerman, in Rumänien »fern der jüdischen Realität«[504] untätig herumgesessen habe, sei sie »degeneriert«.[505] Auch unter den Juden und Jüdinnen in Palästina sei, so der US-amerikanische Schriftsteller Rich Cohen, die Stimmung gegen Kovners radikale Pläne gewesen.[506] Wie umstritten Kovners Ansichten waren, zeigt ebenfalls die Aussage des Leiters der im Warschauer Getto aktiven linkszionistischen Gruppe *HaShomer HaTza'ir* Meir Jaari, mit Blick auf *Nakams* Pläne nach 1945: Sie hätten »parafaschistische Konzepte«.[507] Kovner, so Jaari, litte unter der Wahnvorstellung, »Geschichte umschreiben zu können«.[508] Die ehemalige Wilnaer Partisanin und führende Mitstreiterin der ersten Stunde Kovners, Rozka Korzcak, zu dieser Zeit bereits in Palästina, war ebenfalls geschockt von der Brutalität der Ideen Kovners.[509] Sie sah den eigentlichen Sieg der Juden und Jüdinnen im Aufbau eines Lebens in Israel.[510] Gleichzeitig konstatierte sie jedoch: »Wenn nicht Abba diese Idee verfolgt hätte, hätte es irgendein beliebiger Anderer getan.«[511]

Nakam verfolgte nach dem offiziellen Kriegsende vor allem das Ziel der massenhaften Ermordung Deutscher, verkörpert in *Tochnit Aluf*[512] – »Hauptplan«, Plan A –, Plan B und einem weiteren Plan, nennen wir ihn Plan C.[513] Für Israel Carmi und auch andere waren diese Pläne Kovners zu einer kollektiven Bestrafung der Deutschen unehrenhaft und unannehmbar. Als Kovner in Tarvisio/Norditalien vor Mitgliedern der jüdischen Brigade für seine Sache warb, wollten Carmi und seine Mitstreiter sich ihm nicht anschließen.[514] Ein anderer, unidentifizierter Zeuge – die Indizien sprechen am ehesten für Dov Shenkal – von Kovners Versuch, mit einer »große[n] pathetische[n] Rede« in Tarvisio Verbündete zu finden, zeigte sich gut 45 Jahre später noch nachgerade angewidert: Im Ton sei das so gewesen, wie »wir linken Sozialisten das schon von der sozialdemokratischen Arbeiterpartei gehört hatten. Vielen Dank.« Sein Plan, sich an den Deutschen so zu rächen, dass es am Ende »eine ausgeglichene Bilanz gäbe«, sei eine »verrückte Idee« gewesen; mehrfach habe er Kovner bedrängt, zur Vernunft zu kommen und sich auf die gezielte Tötung Einzelner zu konzentrieren.[515] »These bastards« nannte er die Gruppe Eike Geisel gegenüber.[516]

Plan A, für dessen Ausarbeitung neben Kovner Joseph Harmatz und Kovners rechte Hand Pasha Reichman (1917–2005, nach 1945: Jitzchak Avidov, zuletzt in führender Position im *Mossad* tätig[517]) zuständig waren,[518] bestand darin, die Trinkwasserversorgung in deutschen Städten zu vergiften. Millionen sollten sterben, genauer gesagt: sechs Millionen Deutsche, wie die sechs Millionen ermordeter Jüdinnen und Juden.[519] Abba Kovner sagte später dazu in einem Interview mit dem israelischen Historiker Levi Aria Sharid: »Die Tat sollte schockieren. Die Deutschen sollten wissen, dass es nach Auschwitz kein Zurück zur Normalität geben kann.«[520] Kovners Sohn fasste zusammen, es sei um einen Massenmord biblischen Ausmaßes gegangen.[521] Und Joseph Harmatz gab 1985 im Haus von Abba Kovner im Kibbuz *Ein HaChoresh* auf Tonband zu Protokoll, den Nichtjuden habe für alle Zeiten klargemacht werden sollen, dass das jüdische Volk zu Rache fähig sei.[522]

In Nürnberg war die Planumsetzung schon weit gediehen. Harmatz wählte für die Mission einen jungen Juden aus Krakau aus, gut Deutsch sprechend, blond, »ein richtig arischer Typ«.[523] Harmatz war voller Hass, wie seine spätere Schilderung der Situation aufgrund der Erlebnisse während einer Zugfahrt damals offenbart: »Die deutschen Frauen rauchten amerikanische Zigaretten, aßen amerikanische Schokolade und beschwerten sich, wie hart ihr Leben sei. Zu Hause hatten sie Kekse gebacken, aber hier beschwerten sie sich, sie hätten nicht genug zu essen. Die Deutschen hier erhielten Essensrationen: Wir waren vor Hunger gestorben während der deutschen Besatzung. Die Deutschen fuhren ihre Kinder in Kinderwagen aus, sie hatten Milch, um sie zu füttern – und doch beschwerten sich sich, dass der Fettgehalt der Milch nicht hoch genug sei. Sie, auf der anderen Seite, packten unsere Kinder und Babys an den Beinen oder an den Haaren und warfen sie an Telefonmasten und in die Öfen.«[524] Derweil habe seine Vermieterin noch und nöcher von Flugblättern in Berlin erzählt: »Bringt Hitler zurück, und wir haben Brot.« – »Keine fünf Monate nach dem Fall des Dritten Reichs«, so Harmatz, »und sie warten schon auf das Vierte. Sie brauchen Militarismus – sie brauchen Aggression – sie brauchen neue Opfer und das Blut neuer Millionen. [...] Wie sie ihre Arme hoben in Hingabe und Liebe zu ihrem Führer; es war echt, nicht nur Show. Er versprach, die Juden auszulöschen; er sagte es, sie akzeptierten es, und sie halfen, wie auch immer sie konnten bei dieser Mission. Wenn nur die Juden gehorcht hätten.«[525]

Harmatz berichtet, dass es der *Nakam* bald gelang, jemanden in die Filtrieranlage einzuschleusen. Sie fanden heraus, wie sie das Wasser so leiten konnten, dass es nur Deutsche treffen würde. Der Stadtteil, in dem sich die Alliierten aufhielten, konnte jederzeit abgetrennt werden. Einzig das Gift fehlte noch.[526] Ein Gift, wie es benötigt wurde, habe es, so Yehuda Maimon, bis dahin nicht gegeben.[527] Kovner habe sich deshalb in Tel Aviv mit Chaim Weizmann, seines Zeichens berühmter Chemiker und später, von 1949 bis 1952, erster Staatspräsident Israels[528], getroffen.[529] Der habe, so Harmatz, einen Wissenschaftler zur Herstellung des Gifts empfohlen.[530] Weizmann habe gesagt: »Wenn ich in Ihrem Alter wäre, würde ich es auch machen.«[531] Dabei ist allerdings zu bedenken, dass Harmatz darauf besteht, man habe Weizmann in die Details des Plans A nicht eingeweiht: Nach Aussage dieser neben Kovner, Kempner und Korczak anfangs wichtigsten Führungsperson war Chaim Weizmann lediglich über den weniger weitreichenden Plan B informiert. »Wir wollten ihn nicht erschrecken.«[532] Der israelische Historiker Tom Segev berichtet, Kovner habe behauptet, Weizmann habe ihn in einem Gespräch in Tel Aviv an den Chemiker David Bergmann verwiesen und Geldgeber vermittelt; Segev bezweifelt diese Schilderung aber, weil Weizmann sich zu dieser Zeit nicht in Palästina aufgehalten habe.[533] Laut Maimon verwies dagegen Weizmann für Plan A an Ephraim Katzir, später, von 1973 bis 1978, israelischer Staatspräsident.[534] Er beharrte darauf, der jüngere Bruder von Ephraim Katzir habe ihm später bestätigt, dass tatsächlich sein Bruder das Gift hergestellt hatte.[535] Nach Harmatz' Schilderung dagegen stellte das Gift ein Chemieprofessor am damaligen Sieff-Institut in Rehovot (heute Weizmann-Institut) in Palästina her.[536] Die beiden Schilderungen stehen nicht im Widerspruch zueinander, da Katzir tatsächlich in Rehovot wissenschaftlich tätig war. Ebenso darf man Nachfolgendes als Ergänzung ansehen: Nach Recherchen von Levi Arieh Sarid, dem Kovner seine Aufzeichnungen zur *Nakam* vor seinem Tod übergeben hatte[537], sollen junge Wissenschaftler des Sieff-Instituts unter Leitung des ursprünglich deutschen Professors Ernst David Bergman mit der Herstellung des Gifts befasst gewesen sein;[538] diese Vermutung referiert auch Eike Geisels anonymer Zeuge, als Gerücht wohlgemerkt.[539] Allerdings, so betont der israelische Historiker Tom Segev wohl zu Recht, bleibe Kovner letztlich die einzige (Primär-)Quelle für die Details der angeblichen Einbeziehung Weizmanns.[540] Was vordergründig politisch brisant ist, ist besser als Ausfluss des Ringens darum zu sehen, ob *Nakam* jedenfalls im Ansatz als Teil des *Mainstreams* der israelischen Politik zu deuten ist oder gänzlich isoliert agierte.

In Palästina war man für die Anschlagspläne der *Nakam* nicht zu gewinnen, wie Tom Segev berichtet: »Die jüdische Führung in Palästina hat Abba Kovner gefragt: ›Was soll diese obszöne Idee? Was haben wir davon, wenn wir sechs Millionen Deutsche vergiften?‹ Die Kluft zwischen den ehemaligen Partisanen, die gerade aus dem Wald gekommen waren, und den Juden in Palästina, die den Holocaust nicht mitgemacht haben, war riesengroß. Das tat weh, es war traumatisch für die jüdische Guerilla.«[541] Überhaupt hatte die Staatsräson im Vor-Israel nach 1945 und in den Anfangsjahren Israels keinen Platz für die Überlebenden der Shoa, die dem »heroischen Selbstbild der Söhne des Landes« nicht entsprachen.[542] Dabei fremdelte auch die *Hagana* nicht nur in wesentlichen Teilen mit der Gefühlswelt der Partisan:innen, sie war auch auf deren Überwachung aus. Die Organisation schickte das ehemalige Mitglied der jüdischen Brigade Dov Shenkal zur Unterstützung von Abba Kovners Gruppe, aber auch zu deren Kontrolle, nach München.[543] Er traf dort Pasha Reichman und weitere *Nakam*-Mitglieder.[544] Ein reines Gewissen hatte er wegen seiner Doppelrolle nicht, blieb jedoch überzeugt, dass die Verhinderung von Plan A, dem

Anschlag auf die Wasserwerke, richtig war.[545] Bei dem Gift, das verwendet werden sollte, handelte es sich nach Angaben von Harmatz um eine geruchs- und farblose Substanz, die in der Wasserversorgung nicht hätte gefunden werden können.[546] Es wurde von Abba Kovner an Bord eines britischen Schiffes in etwa zwanzig[547] Kondensmilchdosen (des israelischen Molkereiunternehmens *Tnuva*[548], bis heute Marktführer in Israel und weltweit strikt koscher produzierend) von Alexandria nach Frankreich transportiert.[549] Von dort aus sollte das Gift nach München gebracht werden, wo Pasha Reichman es entgegennehmen sollte.[550] Doch noch vor Erreichen der französischen Küste wurde Kovner an Bord über Lautsprecher ausgerufen.[551] Er selbst oder auch andere Gruppenmitglieder warfen die tödliche Fracht in die Toilette bzw. über Bord.[552] Jemand hatte die Aktion verraten. Zumindest nach eigener Aussage soll Kovner noch Gold in einigen Zahnpastatuben geschmuggelt haben, das unentdeckt blieb und später Pasha Reichman übergeben werden konnte.[553] Dass Kovner Gold mit sich führte, erzählte auch Eike Geisels anonymer Gesprächspartner (nach meiner Vermutung der »Doppelagent« Dov Shenkal).[554] Die britische Polizei, welche die ganze Zeit mit an Bord gewesen war, verhaftete Kovner und brachte ihn zurück nach Ägypten, wo er zunächst im Gefängnis landete.[555] Seine Mitstreiter waren, wie Avi Avidov, Pasha Reichmans Sohn, berichtet, ob des Verlustes des Giftes am Boden zerstört.[556] Joseph Harmatz war sich bis zuletzt nicht sicher, wer die Aktion verraten hatte.[557] Oliver Vrankovic behauptet, allerdings ohne weiteren Nachweis, es sei »historisch gesichert«, dass es die jüdische Untergrundarmee *Hagana* in Palästina gewesen sei, die den entscheidenden Hinweis an die Briten gegeben habe.[558] Diese These vertritt auch der israelische Historiker Benny Morris.[559] Dov Shenkal, der »Maulwurf« der *Hagana* bei der *Nakam*, behauptete, er habe Kovner an die Briten verraten.[560] Zur Belohnung, so Shenkal weiter, hätten die

Briten 5.000 Juden aus belgischen und französischen Sammellagern entlassen, mit Pässen ausgestattet und nach Palästina ausreisen lassen.[561] Einige Mitglieder der *Nakam* behaupteten, Kovner sei wegen der Rivalitäten unter verschiedenen zionistischen Organisationen verraten worden.[562] Die wahrscheinlichste Erklärung für die Enttarnung bleibt jedoch, dass jüdische Führungskräfte in Israel bis hoch zu Ben-Gurion[563] im letzten Moment eingriffen, um eine humanitäre Katastrophe und ein politisches Fiasko zu verhindern.[564] Ben-Gurions Idee von Rache, so Harmatz, seien die Reparationen gewesen, die Israel später Deutschland abverlangen sollte.[565]

Plan B sah vor, Tausende ehemalige SS-Mitglieder, die in Kriegsgefangenenlagern einsaßen, mit vergiftetem Brot zu töten. Warum Brot? Weil Brot als einziger Bestandteil der Lagerverpflegung nicht von den US-Amerikaner:innen zugeliefert, sondern lokal hergestellt wurde, so Michael Bar-Zohar, Autor des Buches *The Avengers* (1967).[566] Joseph Harmatz zufolge fasste man zunächst vier Lager ins Auge, darunter auch Dachau[567], wo inzwischen 33.000 SS-Leute interniert waren.[568] Der Rächer Yehuda »Idek« Friedman (*1919)[569] hatte dazu bereits die Bäckerei in Dachau infiltriert.[570] Die Umsetzung der Pläne für drei Lager scheiterte jedoch: Man befürchtete, dass Gerüchte über die Aktionen durchgesickert waren.[571] Pasha Reichman brach die Aktionen schließlich ab, um das letzte mögliche Ziel nicht zu gefährden:[572] das Stammlager 13 in Langwasser nahe Nürnberg.

Verantwortlich für die Durchführung von Plan B waren Joseph Harmatz und Leipke Distel.[573] Distel, geboren 1922 in Wilna, war dort 1941 bis 1943 im Gettowiderstand tätig und unter anderem an Sabotageakten gegen Züge der Wehrmacht beteiligt.[574] Nachdem er gehört hatte, dass sich in Italien eine Gruppe Wilnaer Juden und Jüdinnen aufhielt, schlug er sich dorthin durch. Hier traf er zum ersten Mal Abba Kovner – und schloss sich der *Nakam* an.[575] Beide, Harmatz und Distel, sollten viel später enttarnt werden. Distel wurde als Mitarbeiter der Konsum-Brotfabrik in Nürnberg platziert. Dort arbeitete er zwei Monate, nachdem man ihn mit der Tarnlegende eingeschleust hatte, sein Vater habe eine Bäckerei gehabt. In der Nacht auf den 13. April 1946 drangen er und zwei andere Mitglieder der *Nakam* vor Betriebsbeginn in die Bäckerei ein. Distel hatte das Gift, Arsen, in Thermosflaschen in seinen Hosen versteckt. Sie bestrichen die zur Auslieferung bestimmten Brote an der Unterseite mit einer Verbindung aus dem Arsen und Leim, damit es haften blieb. Das Gift hatte ein ebenfalls aus Wilna stammender Experte in Paris präpariert.[576] »Ich brachte der Gruppe im April 1946 aus Paris das Arsen in einem Rucksack mit«, so Dov Shenkal. »Den Rucksack erhielt ich von unserem Oberbefehlshaber Nachum Schadmi. […] Die Menge? Es war ein schwerer Rucksack, ein sehr schwerer Rucksack.«[577] Das Gift übergab er nach eigener Aussage an Pasha Reichman, der den Anschlag auf Stalag 13 organisiert habe.[578] Nachum Schadmi, Nummer eins der *Hagana* in Europa, soll bezüglich der Aktion zwei Bedingungen gestellt haben: Der Anschlag solle ausschließlich in einer Besatzungszone stattfinden und die Beteiligten hernach umgehend zwecks Rapport zur *Hagana* nach Palästina reisen.[579]

Um drei Uhr morgens hatten die Rächer etwa 2.200 Brotlaibe[580], andere sagen etwa 3.000[581], präpariert. Die durch ein Geräusch aufgeschreckten Wachen schauten zwar nach dem Rechten, bemerkten aber nichts.[582] Das Brot wurde ausgeliefert. Aufgrund der Berechnungen von Joseph Harmatz ging die Gruppe davon aus, 12.000 ehemalige SS-Mitglieder töten zu können.[583] Während Harmatz und Distel untertauchten, schickte Reichman von Paris aus die *Nakam*-Kämpferin Rachel Glicksman nach Nürnberg. Ihre Aufgabe war es, die Zahl der Opfer zu ermitteln.[584] Beim Anblick der Krankenwagen, die das Lager verließen, sei sie sehr glücklich gewesen.»[…] ich dachte, wir hätten Erfolg gehabt«[585], erinnerte sie sich später. Den Deutschen blieb die Aktion nicht verborgen. Der Monatsbericht des Nürnberger Oberbürgermeisters fasst zusammen: »Nach dem Einbruch in eine Großbäckerei wurden der Chemischen Untersuchungsanstalt Nürnberg überbracht: 1 Pinsel, 1 Gummihandschuh, ein vom Boden der Bäckerei abgeschabter, eingetrockneter weißer Spritzer, 1 Stück Brot und eine Probe Streumehl. Pinselhaare und Pinselstiel enthielten außergewöhnlich große Mengen von Arsenik. Der Gummihandschuh war mit weißem Arsenik dick bedeckt. Der Bodenspritzer erwies sich als reines Arsenik. Auf der Brotscheibe (Anschnitt eines sogenannten Kommißbrotes) befanden sich 0,3 Gramm Arsenik, eine unerhört große Menge!«[586]

Nach allem, was man heute weiß, hätte Plan B der *Nakam* tatsächlich Tausende ehemalige SS-Leute töten müssen. Doch wo der Ex-SSler Franz Suchomel einst stolz über das Lager Treblinka berichtet, es habe höchstens zwei oder zweieinhalb Stunden gedauert, einen ganzen Deportationszug voll mit dreitausend Juden zu vernichten – »Wir waren [...] mit 3.000 Menschen in zwei Stunden fertig [...]. Merken Se sich das: Treblinka war ein zwar primitives, aber gut funktionierendes Fließband des Todes«[587] –, da fehlte den *Nakam*-Leuten anscheinend schlicht die deutsche Begabung zum Massenmord. Oder den – nach unterschiedlichen Quellen – 8.000[588] bis 15.000 ehemaligen Mitgliedern der SS im Stalag 13 das Talent zum Sterben.[589] Es bleibt ein Mysterium, warum der Plan fehlschlug. Obwohl dies zunächst teilweise anders berichtet worden war,[590] der *Spiegel* sprach gar noch 1968 von 700 bis 800 Toten[591], wirkte das Gift in keinem einzigen Fall letal: Statt Tausender Toter zählte man einige Hundert Vergiftete, die in umliegenden US-Lazaretten behandelt wurden.[592] Die *Süddeutsche Zeitung*, die *Nürnberger Nachrichten* und die *New York Times* (am 20. und noch einmal am 23. April 1946[593]) berichteten von dem Anschlag, nicht jedoch von Todesfällen.[594] Und auch nach Aussage eines früheren SS-Mannes, der in Stalag 13 interniert gewesen war, gab es zwar Fälle vorübergehender Blindheit, jedoch keine Toten.[595]

Dov Shenkal erklärte später, den Auftrag gehabt zu haben, dafür zu sorgen, dass das Gift nicht tödlich wirke.[596] Doch inzwischen freigegebene Akten der *Counterintelligence*-Einheit des US-Militärs aus dem Jahre 1947 belegen, dass die damals festgestellte Gesamtmenge an Arsen 60.000 Menschen hätte umbringen können – zehn Kilogramm reines Arsen seien bei der Aktion zum Einsatz gekommen.[597] Auch die an noch vorhandenen Broten gefundene Menge von Arsen hätte eigentlich zum Tod führen müssen: Während 0,1 bis 0,3 Gramm »in den meisten Fällen tödlich« gewesen wären, fand die Untersuchung eine Dosis von 0,2 Gramm je Brotlaib.[598] Entweder – so die Erklärungsversuche – hatten die jüdischen Rächer die tatsächlich verzehrten Brote zu dünn bestrichen, oder die Lagerhäftlinge ahnten, dass etwas nicht in Ordnung war, und aßen nicht genug Brot. Es sei nicht verschwiegen, dass der israelische Historiker Michael Bar-Zohar zur Klärung dieses Mysteriums noch eine andere These anbietet: Seiner Auffassung nach kam es sehr wohl zu mehr als 100 Todesfällen. Allein zur Vermeidung von Panik (und man müsste dann wohl ergänzen: von erneuten Pogromen) sei das nicht in den Zeitungen veröffentlicht worden.[599]

Plan C[600] stand an Aberwitz nicht hinter den beiden anderen zurück: »Wir wollten die Angeklagten in Nürnberg töten. Wir waren äußerst ungehalten angesichts des Schauspiels, das sich dort bot, der Befragungen und der Überlegungen, ob sie nun schuldig seien oder nicht. Und während der ganzen Zeit das Gerede, den 15 Gefangenen Gerechtigkeit widerfahren zu lassen. Deshalb dachten wir, wir sollten das in die Hand nehmen.«[601] Man wollte mit Maschinengewehren den Gerichtssaal stürmen und ohne Rücksicht auf die Folgen die Angeklagten erschießen. »Wir hatten alles sorgfältig ausgearbeitet«, so

Harmatz, »um nur die Gefangenen auf den Anklagebänken zu töten. Sie wurden von der Ersten Division der Amerikaner bewacht. Ich suchte nach jüdischen Offizieren, die uns hätten helfen können. Mir war klar, dass wir es ohne einen Insider nicht schaffen würden. Ich machte drei ausfindig und fragte sie, ob sie mit uns kooperieren wollten. Aber keiner wollte uns helfen. Ich beschwere mich nicht darüber. Ein Offizier der amerikanischen Armee ist schließlich in erster Linie Offizier.«[602] Dies bestätigte im Ergebnis auch Leipke Distel.[603] So scheiterte auch dieser Plan.

Auch jetzt, siebzig Jahre später, bestehen die ehemaligen Rächer:innen darauf, das Richtige, ja: ihre Pflicht, getan oder jedenfalls gewollt zu haben. Man habe ein unmissverständliches Signal senden müssen, dass der Mord an Juden und Jüdinnen nicht ohne Konsequenzen bleibe. Selbst im letzten Interview vor seinem Tod, das er 2016 der *Associated Press* gab, ließ Joseph Harmatz keine Zweifel zu: »Wir verstanden nicht, warum das nicht zurückgezahlt werden sollte.« Auf die Frage, wie viele Deutsche sie hätten töten wollen, antwortete er: »So viele wie möglich.«[604]

Harmatz studierte nach Kriegsende Recht und Wirtschaft. Von Genf aus arbeitete er in den 1950er-Jahren mit anderen für die jüdische und israelische Sache, etwa in Aus- bzw. Einwanderungsfragen, aber auch durch die Gründung einer Selbstverteidigungsorganisation nordafrikanischer Juden.[605] In den 1960er-Jahren[606] arbeitete er für eine französisch-israelische Schifffahrtsgesellschaft[607] in Israel und war seit 1960 bei der 1880 in Russland gegründeten internationalen jüdischen Weiterbildungsorganisation, *ORT*, tätig.[608] Dafür lehnte er Angebote ab, Banken in Lugano oder in London zu leiten.[609] 1980 verließ er Israel, um die weltweite Leitung von *ORT* in London zu übernehmen. Neben einer parallelen Beratertätigkeit für die

UNESCO saß er in verschiedenen UN-Ausschüssen. Er vergaß nie diejenigen aus seiner Generation, die nicht an der Arbeit für *ORT* teilhaben konnten, und schrieb eingedenk seiner Dankbarkeit gegenüber G'tt, noch da zu sein: »In meinem Innersten möchte ich an all die denken, die nicht überlebt haben, deren Leben durch den Holocaust zu früh beendet wurden: Die Lehrer und die Schüler, ihre Familien, unsere Familien, die sechs Millionen. Wie viele von denen hätten gelebt haben können, Dinge geschaffen und erreicht haben können, für sich selbst und für die Menschheit. Möge ihr Andenken gesegnet und für immer mit uns sein!«[610]

Abba Kovner lebte hernach in Israel. Er war vor dem Krieg Bildhauer gewesen[611] und später zum vielfach preisgekrönten israelischen Großdichter geworden, am Ende ausgezeichnet mit etlichen Ehrendoktortiteln,[612] eher areligiös, Zionist[613], vollständig misstrauisch gegenüber der Sowjetunion und dem Kommunismus[614]. Seine Person sollte im Übrigen später einen erheblichen Einfluss auf die fiktionale Erschließung des Themas Shoa durch israelische Schriftsteller haben.[615] Er sagte als Zeuge im Eichmann-Prozess aus. Den Auftritt des *Nakam*-Führers dort empfand Hannah Arendt als »eine ausgesprochene Wohltat«, die das »Gespenst einer allseitigen Gefügigkeit« verjagt habe.[616] Mit seiner Ehefrau seit 1946, Vitka Kempner, wohnte er im Kibbuz *Ein HaChoresh* und starb dort am 25. September 1987.[617]

Nachdem die Taten der Gruppe um Harmatz und Kovner 1996 durch einen bundesweit ausgestrahlten israelischen Dokumentarfilm, Harmatz' Buch *From the Wings* (1998) und auch durch das Buch des *BBC*-Korrespondenten Michael Elkins öffentlich geworden waren,[618] blieb der Aufenthaltsort von Leipke Distel und Joseph Harmatz, die im Dokumentarfilm erstmals unter Klarnamen aufgetreten waren, zunächst unbekannt.[619] Das änderte sich 1999,[620] wohl auch durch einen Film der »Medienwerkstatt Franken«[621]. Zudem waren inzwischen auch Rechercheergebnisse aus dem Buch *Nakam – Jüdische Rache an NS-Tätern* von Jim G. Tobias und Peter Zinke vorab veröffentlicht worden.[622] So musste die zuständige Staatsanwaltschaft Nürnberg-Fürth zwingend aufgrund des sogenannten Amtsermittlungsgrundsatzes ein Ermittlungsverfahren gegen die bekannten Akteure einleiten. Ironischerweise war ja gerade durch die Aufhebung von Verjährungsvorschriften zum Zwecke der Verfolgung von Nazi-Tätern nun auch die vorliegende – nach altem Recht sonst schon verjährte – Tat des versuchten Mordes unverjährbar. Zu dieser Zeit befürchteten Tobias und Zinke sogar die Beschlagnahmung ihrer Rechercheergebnisse. Das Verfahren wurde jedoch vor Veröffentlichung ihres Buches beendet.[623] Distel (damals 77), so kam heraus, lebte in Israel, Harmatz (damals 74) war nach Großbritannien ausgewandert.

Tobias und Zinke zufolge gab es nicht zum ersten Mal behördliche Nachforschungen gegen ehemalige *Nakam*-Mitglieder; bereits 1946 und 1968 waren zum selben Sachverhalt Ermittlungsverfahren eingeleitet und dann wieder eingestellt worden.[624] Diesmal allerdings stellte die Staatsanwaltschaft die Ermittlungen wegen versuchten Mordes am 8. Mai 2000, dem 55. Jahrestag der Befreiung, nicht gänzlich unverhofft, aber doch überraschend, endgültig ein.[625] Nicht jedoch etwa wegen Fehlens einer Straftat – sondern wegen »Verjährung aufgrund außergewöhnlicher Umstände«.[626] Die vergleichsweise ausführliche Pressemitteilung dazu, die auch auf die historischen Hintergründe eingeht, ist ein einzigartiges Dokument der deutschen Justizgeschichte. Was da als scheinbar zwingende Anwendung von Bundesgerichtshofsrechtsprechung dargestellt wird, ist tatsächlich eine im Ergebnis sehr akzeptable, aber streng juristisch doch diskutable Argumentation. Die noch lebenden Verletzten, die Ex-SSler, hatten zudem keine Möglichkeit, ein sogenanntes Klageerzwingungsverfahren anzustrengen. Zum einen hätten sie dafür zuvor Strafanzeige stellen müssen – was interessanterweise trotz Tausender Betroffener nie passiert war, es war jeweils die Behörde von Amts wegen tätig geworden. Zum anderen war die Staatsanwaltschaft zwar zu dem Schluss gekommen, der Sachverhalt sei »anhand der nur noch spärlich vorhandenen Unterlagen«[627] schwer zu überprüfen. Aber sie hatte die Einstellung gerade nicht auf eine unzureichende Tatsachengrundlage gestützt. Nur für diesen Fall aber – in Verbindung mit dem Vorliegen einer Strafanzeige – wäre ein Klageerzwingungsverfahren möglich gewesen. Ob das so beabsichtigt war – um ganz sicher eine spektakuläre juristische Auseinandersetzung in aller Öffentlichkeit bei diesem sensiblen Thema zu vermeiden –, bleibt Spekulation. Jedenfalls war so die Einstellung der Verfahren für alle Zeiten »wasserdicht«. Die Justizpressestelle des Oberlandesgerichts Nürnberg referierte als Grund der Einstellungsentscheidung der Staatsanwaltschaft: »Angesichts der ›außergewöhnlichen Umstände‹, unter denen sich die Beschuldigten möglicherweise zu ihrer Tat hinreißen ließen, liege vielmehr ein Sonderfall vor, der nach Abwägung aller Gesichtspunkte eine Ausnahme von der gesetzlichen Regel-Strafandrohung für versuchten Mord (lebenslange Freiheitsstrafe) und damit vom Grundsatz der Unverjährbarkeit rechtfertige. Insbesondere würdigte die Staatsanwaltschaft hierbei den besonderen historischen Hintergrund des Geschehens sowie das persönliche Verfolgungs-Schicksal der beiden Betroffenen und ihrer Angehörigen, das letztlich Auslöser des Anschlags war.«[628] Und weiter: »›Außergewöhnliche Umstände‹ können nach der Rechtsprechung des Bundesgerichtshofs über eine bloße Strafmilderung hinaus zu einer Herabsetzung der gesetzlichen Regel-Strafandrohung für versuchten Mord […] führen. Das wiederum kann sich unter bestimmten Voraussetzungen auf die

Dauer der Verjährungsfrist auswirken. Von einer solchen – in der Praxis sehr seltenen – Konstellation geht die Staatsanwaltschaft im konkreten Fall aus.«[629]

Zugegebenermaßen vereinfachend könnte man sagen: Das im Recht als enthalten gedachte Gerechtigkeitselement hatte sich gegenüber dem strikten Recht durchgesetzt. Die Gefahr für die Rechtssicherheit, die von solch (scheinbar) »weicher« Rechtsprechung ausgeht, war hier zu vernachlässigen: Aufgrund der Einmaligkeit des Falles war keine Ausstrahlungswirkung auf andere Fälle zu erwarten. Allgemein tut sich die deutsche Justiz schon mangels entsprechender Ausbildung der meisten Jurist:innen schwer, sich auf ein solch rechtsphilosophisches Terrain zu begeben. Das Ergebnis gab der Vorgehensweise in diesem Fall jedoch recht – es scheint anstandslos öffentlich akzeptiert worden sein.

Ähnlich sah man das auch andernorts. Lord Janner, langjährig aktiv in einer Reihe jüdischer Institutionen[630] und ehemals Ermittler zu Kriegsverbrechen, hatte schon zuvor, wohl 1998, gesagt: »Die Leute, die diese Aktion starteten, wussten 1945 selber, dass sie nicht das Recht dazu hatten. Es steht mir als königlichem Anklagevertreter nicht zu, Menschen zu verteidigen, die das Gesetz in die eigene Hand nahmen, aber in diesem Fall hatten sie recht.«[631]

Wenn auch für *Nakam* der Verlauf der Pläne A, B und C ein Misserfolg war – für den erstrebten Staat Israel und die in Europa lebenden Jüdinnen und Juden war das Scheitern der Aktionen ein Glücksfall. Nicht nur wären die diplomatischen Bemühungen zur Schaffung Israels weit zurückgeworfen worden. Man wird auch nicht ausschließen können, dass derart massiver Terror neuerliche Pogrome ausgelöst hätte. Der damals 79-jährige jüdische Schriftsteller und ehemalige Partisan Stefan Heym wurde in einem Kölner Restaurant schon allein deswegen zusammengeschlagen, weil er einem Gast, der ihn als

»Drecksau« und »Verbrecher«, dem man »den Schädel einschlagen« solle, beschimpfte, erwidert hatte: »Im Krieg gegen die Faschisten hätte ich auch Ihren Vater vors Gewehr kriegen können. Das wäre schlimm gewesen. Aber dann hätte ich jetzt mit Ihnen keinen Ärger.«[632]

TEIL II

Das Versagen der
deutschen Politik und
Justiz nach 1945

1. »Schwarzhändler, Schieber, Wucherer« – Antisemitische Stimmung nach 1945

Im selben Jahr 1946 der *Nakam*-Aktionen kam es am 4. Juli im polnischen Kielce zu einem Pogrom, bei dem 42[633] Juden und Jüdinnen ermordet und 80 schwer verletzt wurden.[634] Als Anlass dafür reichte bereits das Gerücht, Juden hätten christliche Kinder entführt und ermordet.[635] Es hieß, sie hätten aus dem Blut der Kinder Matzen für *Pessach* gebacken.[636] Millionen Menschen jüdischen Glaubens hatten seit mehr als einem Jahrtausend[637] friedfertig in Polen gelebt – und ein erstmals im England des Jahres 1144 aufgetauchter Verschwörungsmythos des christlichen Antisemitismus[638] war lebendig wie eh und je. Noch 2012 glaubten einer Umfrage zufolge knapp 10 % der Polen an jüdische Ritualmorde.[639] Die Beteiligung staatlicher Stellen an den Pogromen ist bis heute ungeklärt. Immerhin neun Täter wurden einige Tage später zum Tode verurteilt und hingerichtet.[640] Weitere derartige Pogrome gab es ab 1945 unter anderem auch in Krakau, Chelm, Rzeszów,[641] Tschenstochau, Radom, Ostrowiec,[642] Lublin und Warschau.[643] In Rzeszów war es 1945 zu einem antisemitischen Vorfall gekommen, bei dem – nach Verbreitung des Gerüchts, Juden hätten ein christliches Mädchen ermordet – die Polizei die 500 verbliebenen von ursprünglich 14.000 Juden und Jüdinnen zusammentrieb und sie unter gewaltsamen Angriffen der Bevölkerung auf die Polizeistation brachte. Währenddessen wurden viele jüdische Wohnungen geplündert. Die Juden und Jüdinnen wurden am nächsten Tag freigelassen und verließen sofort die Stadt.[644] Auch in

103

Krakau waren Ritualmordgerüchte Auslöser der Verfolgung. Die Bevölkerung attackierte zunächst die Synagoge und steckte sie dann in Brand. Zwischen fünf und zehn Menschen starben bei dem Pogrom, an dem sich auch fünf Soldaten und sechs Milizionäre beteiligten; über vierzig wurden verletzt.[645] In Radom wurden Jüdinnen und Juden in Flugblättern aufgefordert, die Stadt bis zum 15. August 1945 zu verlassen – am 10. August aber brach schon ein Pogrom los, bei dem vier Juden ermordet wurden.[646] Auch hier und in der Umgebung verließen daraufhin massenhaft jüdische Menschen ihre Heimat. Allein von Ende 1944 bis Ende 1945 wurden nach polnischen Regierungsunterlagen 351 Juden und Jüdinnen aufgrund innerpolnischer, also keineswegs deutscher, Aktivitäten teils brutal ermordet: fünf davon etwa 1945 in Nowy Targ und sieben jüdische Rückkehrer aus der Sowjetunion in Stettin.[647]

Schon während des Krieges hatte es in mindestens 23 polnischen Orten Pogrome gegen Juden und Jüdinnen gegeben, allein 340 starben dabei 1941 in Jedwabne, weitere etwa 300 in den umliegenden Orten.[648] Ähnliches ereignete sich in Lemberg in der Ukraine und in Kaunas in Litauen.[649] Den jüdischen Partisanen Abram Bocian erschossen antisemitische Polen in seinem Heimatdorf Parczew. Einer der beiden Anführer des Lageraufstandes in Sobibór, Leon Freihendler, wurde in Lublin ermordet. Chiel Grynszpan, Leiter einer jüdischen Partisan:innengruppe, entging nur knapp einem Attentat der polnischen Heimatarmee, die eine Bombe in einem Blumenpaket versteckt hatte.[650] Nach Kriegsende bis 1947 gab es 600, nach Angaben mancher Historiker gar 1.500 bis 2.000 jüdische Opfer in Polen. Von gerade einmal 200.000[651] Jüdinnen und Juden, die direkt nach der Shoa wieder in Polen lebten, ermordeten die Polen und Polinnen bis zu 1% also sogleich. Die allermeisten Übrigen verließen das Land – traurigerweise war so am Ende wohl die Flucht der Opfer und nicht die Einsicht der

Täter:innen der Hauptfaktor für die nach 1947 zurückgehenden Pogrome und Morde.

Auch in der deutschen Öffentlichkeit waren Jüdinnen und Juden gleich nach Ende des Kriegs wieder mit antisemitischen Klischees belegt, so Hans-Peter Föhrding und Heinz Verführt in ihrem Buch *Als die Juden nach Deutschland flohen:* »Sie erschienen nicht als Opfer und Überlebende, sondern als Schwarzhändler, Schieber, Wucherer, die sich am miesen Nachkriegsschicksal der Deutschen schadlos [hielten]. [...] Was auffällt, ist [...] die Tatsache, dass einzig die Juden als Akteure dieser florierenden Geschäfte benannt und diffamiert [wurden], als hätten die Deutschen, oft auch *GIs,* amerikanische Soldaten, nicht ebenfalls an diesem illegalen Güteraustausch kräftig mitgewirkt.«[652]

In der Tat war der mörderische Judenhass noch frisch. Das *Wuppertaler Gemeindeblatt* schätzte die Situation unter der Überschrift »Es hat sich nichts geändert« wie folgt ein: »Stellen wir uns vor, Deutschland wäre nicht besetzt, dann wären Pogrome an der Tagesordnung.«[653] So unwahrscheinlich mutet das nicht an, betrachtet man folgende Zahlen: Nach einer Umfrage der US-Militärregierung in ihrer Zone 1946 fanden sich unter den befragten Deutschen 18 % radikale Antisemit:innen, 21 % Antisemit:innen, 22 % Rassist:innen und 19 % Nationalist:innen. Nur die verbleibenden 20 % gaben an, keine Ressentiments zu haben. In den Folgejahren verbesserte sich das Klima nicht. Noch 1951 ermittelte das Frankfurter Institut für Sozialforschung für die bundesdeutsche Bevölkerung: 37 % seien als extrem antisemitisch einzuschätzen, 25 % als bedingt antisemitisch, 28 % als nicht antisemitisch und 10 % als »projüdisch«.[654] 37 % wollten danach auch sechs Jahre nach Kriegsende die Juden und Jüdinnen außer Landes sehen, 44 % waren indifferent, nur 19 % befürworteten eine Anwesenheit der jüdischen Überlebenden.[655] Diese dokumentierte brutale Ablehnung deckt sich mit der Erinnerung des Leiters der Buchenwald-Stiftung, Volkhard Knigge: »Wenn ich an meine Jugend denke: Da lebten wir in einem Deutschland, das sich mit der Erinnerung dieser Menschen nicht beschäftigen wollte. Diese Menschen waren lästige Zeugen vor Gericht – wenn überhaupt. Wir haben alle noch die Bilder des Auschwitz-Prozesses vor Augen, wie zum Teil Verteidiger der Angeklagten über Überlebende von Auschwitz herfallen und sie es geradezu darauf anlegen, dass sie psychisch zerbrechen.«[656] Und die Ablehnung schlägt sich auch in Taten des Hasses nieder: Zwischen 1945 und 1950 wurde nach Föhrding und Verführt die Hälfte von 400 jüdischen Friedhöfen in der amerikanischen Zone der Bundesrepublik geschändet, sodass die polizeiliche Überwachung intensiviert werden musste und sich etwa der Bayerische Landtag am 13. Juni 1950 gehalten sah, die Strafen für »verbrecherische Friedhofsschändungen« zu verschärfen.[657] Und dort, wo in Deutschland und Österreich in den »gemischten Lagern« für *Displaced Persons* nichtjüdische und jüdische Menschen hatten zusammenleben müssen, war es aufgrund der antisemitischen Einstellung der Nichtjüdinnen und -juden in mehreren Lagern zu heftigen Zusammenstößen gekommen.[658] Auch später flammte der Antisemitismus immer wieder auf: In der Nacht vom 24. zum 25. Dezember 1959 etwa beschmierten zwei Rechtsradikale die frisch restaurierte Kölner Synagoge in weißer Farbe mit »Deutsche fordern Juden raus« [sic!] sowie mit roten Hakenkreuzen[659] und lösten eine Flut von Nachahmungstaten aus: Allein im Folgemonat registrierte der Verfassungsschutz 685 antijüdische »Vorkommnisse«,[660] davon fast 500 ähnliche Anschläge, unter anderem auf das Wohnhaus eines jüdischen Ehepaars und auf ein Café eines jüdischen Inhabers.[661] Eine enorme Zahl angesichts der wenigen Juden und Jüdinnen und jüdischen Einrichtungen in Deutschland. Erschütterderweise waren die Täter:innen jung: Dem Verfassungsschutz zufolge waren drei Viertel höchstens dreißig, die Hälfte war nicht einmal volljährig. In London gingen derweil 20.000 Menschen, jüdische Kriegsveteran:innen, protestierend auf die Straße[662] – wohlgemerkt nicht in Deutschland. Die Stimmung hier war alles andere als juden- und jüdinnenfreundlich. In Ungarn kam es zwischen 1945 und 1948 zu 250 Ausschreitungen und Hetzjagden gegen jüdische Menschen.[663] Während zur selben Zeit 30.000 Juden und Jüdinnen in die Slowakei zurückkehrten, plünderten nach dem absurden Vorwurf, ein jüdischer Arzt habe Kinder mit Gift geimpft, Bevölkerung und Militär jüdisches Eigentum.[664] Wobei ich auch hier – wie eigentlich seit Anbeginn der Pogrome in der Esther-Geschichte – die Kausalkette aus Vorwurf und Gewalt für beschönigend halte. Vielmehr dürfte der Antisemitismus schon vor der Erfindung des jeweiligen »Skandals« vorhanden gewesen sein. Man muss immer wieder und bis heute deutlich festhalten: Gemeinhin wird Antisemitismus verstanden als eine Ablehnung der Jüdinnen und Juden aus Gründen, wobei die Gründe die geistige Seite des Antisemitismus ausmachen. Aus den Gründen komme es zu Gewalt, zum Antisemitismus der Tat. Ich halte dieses Modell für falsch. Primär sind vielmehr der Hass und der Wunsch nach Gewalt an Jüdinnen und Juden als eine Gruppe, die sich als die ewig Fremden, stets leidend unter mangelnder Einbettung in die Gesellschaft und mangelndem Rückhalt von dort, nun einmal außerordentlich gut für oftmals sanktionslosen Hass und Mord eignet. Jean-Paul Sartre sprach vom Juden als dem »Anderen« schlechthin[665], und die liberale französische Rabbinerin Delphine Horvilleur (*1974) analysiert den Antisemitismus allein als Problem des Nichtjuden[666]. Das bedeutet: Antisemitismus geht niemals von jüdischem Verhalten aus. Der Antisemit sei, so Sartre, »ein Mensch, der Angst hat«. Angst vor vielem, »vor Allem, außer den Juden«.[667] Der so das ideale Opfer darstellt. Primärer Hass und Gewalt werden da hinter dem geistigen Antisemitismus versteckt. Der ist nicht Grund, nur Begründung. Daher kann eine intellektuelle Widerlegung der »Gründe« den Antisemitismus nicht stoppen. Lernen die Menschen, dass die Juden und Jüdinnen nicht aus dem Blut christlicher Kinder Matzen backen, dann sind sie halt Gottesmörder. Verliert dies in einer sich säkularisierenden Gesellschaft an Tragfähigkeit, dann muss eben der Sozialneid oder das Konstrukt der »Rasse« herhalten. Hat sich das überlebt, dann werden die Weltherrschaft und Israel als Teufel unter den Staaten ins Feld geführt. Und würden Juden und Jüdinnen keinerlei herausgehobene Positionen in Wirtschaft, Politik und Kultur mehr einnehmen und Israel aufhören zu existieren, dann wäre es wieder etwas anderes. Das zeigt die eingeschränkte Wirksamkeit von mehr Bildung, so notwendig sie ist. Und wie wichtig Klarheit ist, dass Judenhass nicht ohne wirksame Sanktionen bleibt. Die Nazis wussten, dass Juden und Jüdinnen nicht die Pest brachten, aber das hielt sie von nichts ab. Und genau weil der Hass den Begründungen vorausgeht, verwandelte sich auch im Deutschland nach 1945 dieser Hass allzu oft nicht einfach über Einsicht und Scham in eine Jüdinnen und Juden als gleichwertig und berechtigt anerkennende Haltung, sondern: Der sich oft aggressiv auslebende Hass blieb einfach und begab sich auf die Suche nach neuen Gründen, die er alsbald und bis heute finden sollte.

Vor dem Hintergrund der damaligen antijüdischen Stimmung in Deutschland und seinen Nachbarländern und der machtlosen Lage der verschwindend wenigen Jüdinnen und Juden ist unschwer zu begreifen, dass im nun beginnenden größten Resozialisierungsprojekt der Geschichte jüdische Rufe nach Gerechtigkeit nicht lauter waren: Wo gewaltfreie Diskursräume hätten sein müssen, hörte zwar das staatliche Morden auf, doch die prekäre Situation von Juden und Jüdinnen als Individuen, denen gleiche Rechte und Würde nicht zugebilligt wurden, wie auch ihre kollektive Situation als Gruppe, die sich der Mehrheit um der schieren Existenz willen unterzuordnen hatte, sie blieben – zwar in verbesserter Version, aber deutlich spürbar und wirksam. Ein drohendes Pogrom, auch nur eine drohende aggressive Marginalisierung und Abwertung töten angemessene Meinungs- und politische Handlungsfreiheit.

2. »Ein Toter gleich zehn Minuten Gefängnis« – Die Täter:innen vor Gericht

Aus naheliegenden Gründen sind in jedem zivilisierten Rechtsstaat die Bemühungen zur Aufklärung eines Mordes und die Aburteilungsquote von Morden allgemein so hoch wie bei keinem anderen Delikt. Die große Ausnahme? Die massenhaften Morde an den europäischen Juden und Jüdinnen. Seriöse Schätzungen gehen nachvollziehbar davon aus, dass an ihrer Ermordung mindestens 200.000 bis 250.000[668], wenn nicht gar 500.000 Deutsche (einschließlich Österreicher) aktiv beteiligt waren. So schätzt der Überlebende, Nazi-Jäger, Leiter einer Dokumentationsstelle für NS-Verbrechen in Haifa[669] und polnisch-israelische Autor Tuvia Friedman (1922–2011)[670] die Zahl allein der aktiven Schlächter und Folterer auf 500.000, während der deutsche Publizist und Autor Jörg Friedrich von 200.000 bis 300.000 unmittelbar Beteiligten ausgeht.[671] Der Historiker Golo Mann hatte die gewaltigen Dimensionen schon 1964 deutlich markiert, indem er – bewusst überzeichnend – bemerkte: »Nähme man es mit der Schuld am Dritten Reich und im Dritten Reich genau, so müsste ungefähr die Hälfte der Nation über die andere Hälfte zu Gericht sitzen.«[672]

Allein der SS gehörten eine Million Personen an. Davon die SS-Totenkopfverbände mit 30.000 Mann, 240.000 in der allgemeinen SS und 560.000 bis 800.000 Soldaten in der Waffen-SS. Dazu kommen gut 240.000 Deutsche, die im SD – dem Sicherheitsdienst des Reichsführers SS und NSDAP-Nachrichtendienst – maßgeblich an der »Endlösung« beteiligt waren, 32.000 bis 40.000 Gestapo-Leute, die gesamte SA sowie über 70.000 Angestellte des Reichssicherheitshauptamts (RSHA).[673] Und dann noch die zahlreich am Massenmord beteiligten Eisenbahner:innen, Mediziner:innen, Jurist:innen, Angestellten der Zivilverwaltung, Denunziant:innen und Polizist:innen.[674] Diese kommen also noch zu den zahlenmäßig aufgeführten rund 1,35 Millionen Personen hinzu. Wo die Schätzung auf 200.000 bis 500.000 lautet, unterstellt man also nur einem Bruchteil der vorgenannten Personen überhaupt ein Tötungsdelikt, sei es als Täter, Anstifter oder Beihelfer.

Ende 1946 wurden noch 480.000 Deutsche in Erwartung justizieller Bearbeitung gefangen gehalten; weitere 3.445.100 waren in Listen erfasst, um wegen erheblicher krimineller Beteiligung angeklagt zu werden.[675] Die UN-Kommission zu Kriegsverbrechen führte 1946 allein 36.529 individuell benannte Personen als schwere Kriegsverbrecher auf, die als Massenmörder zu verfolgen seien.[676] Doch dazu kam es nie.

Nur etwa 6.500 bis maximal 7.000 Deutsche wurden in der Bundesrepublik für ihre Taten während des Nationalsozialismus rechtskräftig verurteilt.[677] Bezogen auf das Konzentrationslager Auschwitz, in dem allein 1,1 Millionen Menschen ermordet wurden, lautet das Fazit: Von 7.200 Täter:innen, auf die also rechnerisch pro Kopf 152 Morde entfielen, wurden nur 700 verurteilt.[678] Der Vollständigkeit halber sei der Erklärung, wie es zu diesem beispiellosen juristischen Desaster kommen konnte, vorangestellt, dass etliche Strafverfahren deswegen unmöglich wurden, weil nach 1945, so der Historiker Christian Goeschel, »die Selbstmordzahlen innerhalb der oberen Ränge von Partei und SS schier unglaublich« waren. Und das betraf nicht nur Hitler, Goebbels und Himmler, den Reichsminister für Erziehung Bernhard Rust, den Reichsjustizminister Otto Georg Thierack oder Generalfeldmarschall Walter Model.[679] »Acht von einundvierzig regionalen Parteileitern, die ihr Amt von 1926 bis 1945 versahen, dazu sieben von siebenundvierzig höheren SS- und Polizeiführern brachten sich um, gefolgt von einer unbekannten Zahl niederer NS-Funktionäre. [...] Auch in den obersten Rängen der Wehrmacht kam es zu vielen Suiziden, möglicherweise wegen Beteiligung an den NS-Verbrechen. Nach einer Statistik von 1950 haben sich dreiundfünfzig von 554 Heeresgenerälen, vierzehn von 98 Luftwaffengenerälen und elf von 53 Admiralen selbst getötet.«[680] Der ehemalige SSler und lokal leitende Polizist Karl Pütz etwa, der im Juni 1942 in Rowno 5.000 Juden und Jüdinnen erschießen ließ, im Oktober 1942 noch einmal 1.700 und 1943 weitere Massenerschießungen im Konzentrationslager Majdanek leitete, suizidierte sich nach Kriegsende bei St. Märgen im Schwarzwald.[681] Und auch die »Kleinen« flüchteten sich in den Suizid. So berichtet zum Beispiel der *Spiegel* 1979: »Ein Gelsenkirchener Stadtdirektor erhängte sich, noch bevor ihn Ermittlungsbeamte aufsuchen konnten; ein Mainzer Kriminalmeister vergiftete sich einen Tag nach seiner Festnahme im Zeugenstand; ein Stuttgarter Kripo-Kollege erhängte sich eine Woche nach seiner Aussage.«[682] Möglicherweise reden wir also von einer einstelligen, wenn nicht gar (auch wegen Kriegsverlusten) niedrigen zweistelligen Prozentzahl an Verfahren, die wegen Todes der potenziellen Beschuldigten erst gar nicht in Gang kommen konnten.

Das ändert aber nichts an den justiziellen Unterlassungen im Übrigen. Vielmehr wird deutlich werden, dass der Suizid ein erheblich gerechterer Richter war als sein deutscher Beamtenkollege. Wer weiß, wie viele vom Suizid Abstand genommen hätten, hätten sie gewusst, dass sie mit hoher Wahrscheinlichkeit eine von vielen alten Kameraden unterstützte nette Karriere im neuen Deutschland zu erwarten gehabt hätten statt – wie wohl mancher im naiven Vertrauen auf das Recht annahm – Gefängnisstrafen und soziale Ächtung. Wenn sie gewusst hätten, dass die wenigen, die überhaupt verurteilt werden sollten, in der

Bundesrepublik mit lächerlich geringen Strafen davonkommen würden, wie Geldstrafen oder der zeitweiligen Aberkennung bürgerlicher Rechte – nach damaliger Fassung des Strafgesetzbuches etwa die Unmöglichkeit, Wahlämter auszuführen oder Ehrenzeichen, Orden und Titel zu tragen. Das Risiko für Müller, zum Tode oder zu lebenslanger Gefängnisstrafe verurteilt zu werden, wenn er 1942 Meier ermordet hatte? Nahe hundert Prozent. Das Risiko für Müller, zum Tode oder zu lebenslanger Gefängnisstrafe verurteilt zu werden, wenn er 1942 Familie Goldstein ermordet hatte? Verschwindend gering. Wie anders soll man das analysieren denn als komplette Nichterfüllung der Kehrseite des staatlichen Gewaltmonopols? Nämlich des Schutzes aller Bürger:innen, den der Staat diesen aufgrund seiner alleinigen Macht schuldet. Wo ein Individuum gesellschaftsvertraglich von eigener Gewaltausübung absieht, um sie dem Staat zu überantworten, und das ist seit Thomas Hobbes' über 300 Jahre altem *Leviathan*[683] das Modell, funktioniert das nur, ist das nur dann legitim und legal, wenn der Staat forthin den Schutz des:der Einzelnen übernimmt. Man muss es so klar sagen: Die europäischen Juden und Jüdinnen kamen auch nach 1945 nicht in den Genuss dieses ihnen wie allen anderen Bürger:innen geschuldeten Schutzes durch den Staat. Der Journalist und Historiker Joachim Käppner schreibt mit Blick auf die skandalöse Rechtsprechung, die sich erst mit dem Demjanjuk-Urteil des Landgerichts München am 12. Mai 2011 änderte, ja »normalisierte«: »[...] hätte man vor fünfzig Jahren jene Kriterien angelegt, die nun aus guten Gründen im Fall des Angeklagten John Demjanjuk gelten – die Justiz hätte viele Hunderttausende vor Gericht stellen müssen, nämlich alle, die Teil des großen Räderwerks waren, das die Maschinerie des Mordens am Laufen hielt.«[684] Zur Erklärung: Erst mit dem Demjanjuk-Urteil hatte die Justiz zunehmend damit begonnen, nicht mehr nur die Top-Nazis als alleinige Täter anzusehen.

250.000 bis 500.000 Täter bei 7.000, vielleicht 9.000 Urteilen einschließlich DDR bedeutet im »besten« Fall eine Aburteilungsquote von 3,6 %. Und das im Deliktsbereich der mit den schwersten gesetzlich vorgegebenen und folgerichtig eigentlich auch faktisch höchsten Strafen bedrohten Taten. Der umfassende staatliche Rassismus und Antisemitismus der Nazizeit, er setzte sich in der Bundesrepublik als institutioneller Rassismus und Antisemitismus immer noch gigantischen Ausmaßes fort. Der jüdische Schriftsteller Ralph Giordano sprach 2007 überaus treffend von der »Zweiten Schuld«[685] und vom größten »Wiedereingliederungswerk für Täter [...], das es je gegeben hat«.[686] Schon 1979 analysierte der *Spiegel* aufgrund damaliger kriminologischer Untersuchungen: »Debatten über die Verjährung von NS-Verbrechen und makabre Spätprozesse wären heute womöglich längst überflüssig, hätte sich die Justiz nach dem Krieg von Anfang an systematisch an die Sache gemacht. [...] Tatverdächtige wurden oft zu spät und zufällig ausgemacht, Morde nicht selten mit Milde geahndet.«[687] In der Woche zuvor hatte der Bundestag – nach zuvor äußerst kontroverser Debatte[688] – mit 255 gegen 222 Stimmen die Verjährung für Mord, also die zeitliche Grenze für dessen Verfolgung, gänzlich aufgehoben.[689] Der judizielle Schlussstrich wurde also vordergründig kassiert – aber nicht ohne dass dies trickreich durch geneigte Alt-NS-Kreise wieder unterlaufen wurde, wie wir noch lesen werden. Zuvor hatte eine Verjährungsfrist von zwanzig Jahren gegolten.[690] Vor allem in den USA, die bei Kapitalverbrechen keine Verjährung kennen, schaute man kritisch auf diese Debatte.[691] So warnte unter anderem die *Washington Post* vor gravierenden Folgen für den Rechtsfrieden, sollte die Verjährung nicht aufgehoben werden: Fehle der Weg vor die ordentlichen Gerichte, so würden die übrig gebliebenen »Mörder und Folterknechte gejagt, entführt und bestraft werden wie Eichmann«.[692] Keine allzu gewagte Prognose, schaut man sich den ungebrochenen und allzu verständlichen jüdischen Willen nach Bestrafung an: nicht erst seit Eichmann, sondern, wie wir jetzt wissen, bereits vorangetrieben von den Gruppen der Rächer in – nennen wir sie angelehnt an moderne Terminologie so – *Targeted Killings*. Die Diskussionslage in den Jahrzehnten zuvor gibt ein langes Interview im *Spiegel* vom 10. März 1965 des damaligen Herausgebers Rudolf Augstein (1923–2002) mit dem Philosophen Karl Jaspers (1883–1969) wieder: Während Augstein sich in allerlei Relativierungen und Ausflüchten hinsichtlich der NS-Verbrechen ergeht, benennt Jaspers klar deren Besonderheit, Erkennbarkeit und Strafwürdigkeit – und spricht sich gegen eine Verjährung aus.[693] Bei alledem ging es in der Verjährungsdebatte nicht nur um eine Technizität, sondern darum, die Frage nach der Schuld der Deutschen auf diese Weise zu beerdigen, darum, das »Risiko« einer justiziellen Klärung gar nicht erst zuzulassen für das, was man aus irregeleitetem Gerechtigkeitsgefühl elegant vom Tisch haben wollte. So zeigte etwa der FDP-Bundesjustizminister Ewald Bucher in der Verjährungsdebatte neben dem Verständnis für die Befürworter einer Verjährung, die ihre Position angeblich nicht vertraten, um sich schützend vor Nazi-Mordgesellen zu stellen (wozu denn bitte im absehbaren Ergebnis sonst?), auch leicht paternalistisch klingende Regungen für die Betroffenen und Opfer: »Man muss Verständnis dafür haben, dass sie Sühne für die Gräueltaten verlangen und sich mit einer Verjährung der Untaten nicht abfinden wollen.«[694] In der Sache setzte er sich gegen den Zwischenschritt ein, der in der 1965er-Debatte zur Nichtverjährbarkeit verhandelt wurde – der Verjährungsbeginn bei allerdings weiter geltender Verjährung selbst sollte zunächst von 1945 auf 1949 verschoben[695] werden –, und trat zurück, als die FDP in der Abstimmung gegen die CDU (180 von 217 Abgeordneten) und die SPD (alle Abgeordneten) unterlag.[696] Nachdem die Verjährung also zunächst um vier Jahre auf den 31.12.1969 (1949 plus zwanzig Jahre) verschoben war, konnten zwischen 1965 und 1969 wenigstens 120 weitere Fälle verhandelt werden.[697] Gerhart Baum, zu diesem Zeitpunkt noch nicht FDP-Bundestagsabgeordneter oder gar Bundesinnenminister, analysiert im Rückblick, dass hinter der ganzen rechtspolitischen Diskussion schon damals letztlich die »Schlussstrich«-Debatte stand – als Frage danach, wie Deutschland mit seiner Vergangenheit umgehen oder eben nicht mehr umgehen wollte.[698] Die Antwort darauf hieß proaktives Vergessen: Am Ende der gewonnenen vier Jahre stand eine aus dem Justizministerium heraus eingefädelte skandalöse kalte Amnestie (von der noch die Rede sein wird) eines großen Teils derer, die bis dahin wenigstens grundsätzlich hätten belangt werden können. Immerhin galt schließlich in Bezug auf den verbleibenden Rest derjenigen, die danach noch verfolgt werden konnten: 1969 verlängerte der Bundestag nach zehnstündiger Debatte und mit 279 gegen 126 Stimmen bei vier Enthaltungen die Verjährung um weitere zehn Jahre. Und die »Schlussstrich«-Forderer erlitten am 3. Juli 1979 zumindest auf dem Papier des Strafgesetzbuches eine endgültige Niederlage, als die Verjährung mit 255 gegen 222 Stimmen ganz aufgehoben wurde. Angesichts des zunehmend knapper werdenden Abstimmungsergebnisses war es vielleicht nicht ganz ohne Bedeutung, dass just im Frühjahr 1979 die dann breit diskutierte US-Fernsehserie *Holocaust* auch über die bundesdeutschen Bildschirme geflimmert war.[699] International saß der Schock angesichts der deutschen Debatte tief – als direkte Reaktion erließ die UN eine Konvention zur Nichtanwendbarkeit von Verjährungsregeln bei Kriegsverbrechen und Verbrechen gegen die Menschlichkeit, die Europäische Konvention mit gleichem Tenor stand ab 1974 zur Unterzeichnung bereit, und in jüngerer Zeit findet sich eine entsprechende Regelung zu Völkermorden im Römischen Statut des Internationalen Strafgerichtshofs von 1998.[700]

Für die westlichen Besatzungszonen sprechen der Historiker Manfred Görtemaker und der Jurist Christoph Safferling von 5.025 verurteilten NS-Täter:innen[701], über alle Delikte hinweg. Beachtenswert, eigentlich erschreckend daran ist, dass die Arbeit der deutschen Justizbehörden zwischen 1949 und heute eine nicht wesentlich höhere Zahl an Verurteilungen wegen Mordes brachte als die der nur wenige Jahre andauernden und mit äußerst dürftigen Mitteln durchgeführten westalliierten Strafverfolgung. Der britische Journalist und Buchautor Jonathan Freedland zitiert zur Erklärung der geringen Aburteilungsquote zunächst durch die Alliierten den britischen Historiker David Cesarani. Ihm zufolge zeigten sich die Alliierten mit der Situation schlicht überfordert. Allein der britische Prozess nur zu Bergen-Belsen habe neun Monate gedauert und die Briten erschöpft zurückgelassen. Und das war nur eines von etwa siebzig Lagern mit jeweils Hunderten Verantwortlichen – die Täter in den Gestapo-Einsatzgruppen nicht eingerechnet.[702] In den zwölf Nürnberger Kriegsverbrecherprozessen zwischen 1946 und 1949 verurteilten die US-Amerikaner:innen 177 Personen der NS-Führungsspitze, bei 185 Anklagen.[703] Den Ehrgeiz, diese Zahl rasch namhaft zu erhöhen, zeigte die deutsche Justiz im Anschluss nicht. Dabei standen ihr, anders als der sehr dünn besetzten und extraterritorial operierenden alliierten Justiz, Zehntausende Beamt:innen zur Verfügung, die offenbar genügend Zeit fanden, weiter Klein- und Kleinstkriminalität zu verfolgen. Auch hatten Details wie die Tatsache, dass Marginalien auf deutschen Dokumenten in Sütterlinschrift verfasst waren, US-Sachbearbeiter:innen an ihrer Arbeit gehindert.[704] Vor allem aber hatte die deutsche Justiz viel mehr Zeit als nur neun Monate, um beim Beispiel des britischen Prozesses zu Bergen-Belsen zu bleiben. Selbst wenn die Deutschen in der Geschwindigkeit der Brit:innen weitergearbeitet hätten – vier Lager in drei Jahren –, wären siebzig Lager in 52,5 Jahren zu bewältigen gewesen, also bis etwa zum Jahre

2000. Und wäre, was sicher nicht zu viel verlangt gewesen wäre, je Bundesland ein Schwerpunktgericht eingesetzt worden (selbst für Markenrechtsstreitigkeiten gibt es solche Schwerpunktgerichte in den Bundesländern), hätte – sogar bei jeweils doppelter Verfahrensdauer wie zu Bergen-Belsen – die Aburteilung der Verbrechen in den Lagern in zehneinhalb Jahren, so etwa bis 1960, abgeschlossen sein können. Beim gleichen Aufwand für Gestapo und Einsatzgruppen dann 1970. War sie aber nicht. Warum klotzen, wenn man auch kleckern kann, ohne dass dies auf der Straße, in der Presse oder an der Wahlurne ein negatives Echo provoziert? Noch heute finden – einzelne – Shoa-Prozesse statt, während die überwältigende Mehrheit der Täter:innen nie vor Gericht stand. Bei allen anderen Tötungsdelikten sind solche unfassbaren Zeitabstände zwischen Tat und Verfahren – gegen auch noch bekannte Täter:innen, schließlich hatten die Nazis ihr Morden fleißig dokumentiert – weder derart gehäuft zu beobachten, noch würden sie von Presse und Öffentlichkeit akzeptiert. Sie würden natürlich zu Recht sofort zum Justizskandal gemacht.

Ende 1949 verbüßten gerade noch 300 Personen von Hunderttausenden Verantwortlichen eine Strafe. Ein Bild, das sich auch bei den in Westdeutschland schon im Frühjahr 1951 abgeschlossenen[705] Entnazifizierungsverfahren wiederfindet: Nur in einem halben Prozent (nach Görtemaker und Safferling 1,4 %)[706] der sechs Millionen in den drei Westzonen untersuchten Fälle befand man die Verdächtigen für »hauptschuldig« oder »schuldig«[707] bzw. »belastet«, was Ralph Giordano zu der Bemerkung veranlasste, die Entnazifizierung habe die »scham- und hemmungsloseste Massenlüge, die es je in der deutschen Geschichte gegeben hat«, produziert.[708] In der Entnazifizierung wie in der Strafverfolgung lösten sich jeweils also die Täter:innen bis auf ein paar Prozent oder Promille in Luft auf. Eine Entwicklung, welche die US-amerikanische Militärregierung nur noch als »zunehmend alarmierend« und als »Anlass zu ernsthafter Sorge« empfinden konnte.⁷⁰⁹

Wie begründet diese Sorge war, zeigt sich beispielhaft an den von den Alliierten angestrengten Einsatzgruppenprozessen – und daran, was in der Bundesrepublik aus den während der Besatzung angeklagten Tätern wurde. Etwa zwei Millionen Morde gingen auf das Konto der insgesamt etwa 3.000 Mitglieder zählenden vier Verbände A, B, C und D der Gruppen, die in den durch die Wehrmacht eroberten Gebieten Massenerschießungen und andere grausame Morde durchführten. Im Nachhinein stellte der an führender Stelle tätige Ermittler und Ankläger Ben Ferencz desillusioniert fest: 22 Täter aus den Einsatzgruppen (allesamt von Ferencz selbst angeklagt) seien verurteilt, die anderen etwa 3.000 nie belangt worden.

Nachdem Ferencz – eine Jahrhundertfigur, Nestor des Völkerstrafrechts, geht doch auch die Schaffung des Internationalen Strafgerichtshofs in Den Haag wesentlich auf ihn zurück⁷¹⁰ – als Infanterist an den Kampfhandlungen in Frankreich und auch Deutschland beteiligt war, hatte er sich eigentlich geschworen, niemals nach Deutschland zurückzukehren. Die Erlebnisse bei der Befreiung einer Reihe von Konzentrationslagern, unter anderem Buchenwald, bei denen er Beweise für die Kriegsverbrechen der Deutschen sammelte, hatten ihn erschüttert zurückgelassen. In den USA eröffnete man Ferencz jedoch, dass er nach Deutschland zurückkehren müsse. Nun nicht als einfacher Gefreiter, sondern als Ermittler und Hauptankläger in den Kriegsverbrecherprozessen.⁷¹¹ Die USA hätten diese Prozesse, so Ferencz, »nur als Momentaufnahme, als kleine Musterverfahren« (»just a camera shot of a small sampling«) angesehen.⁷¹² Die berechtigte Erwartung war gewesen, dass Deutschland nach Rückgewinnung seiner Souveränität und damit auch des staatlichen Gewaltmonopols weiter ermitteln, weiter anklagen würde. Für sechs Konzentrationslager hatte Ferencz bereits umfangreiche Beweise zusammengetragen, als seinen Ermittlern kurz vor Schluss seiner Mission durch einen Zufall ein minutiös geführter Aktenband der SS-Einsatzgruppen in die Hände fiel.[713] Unter der Leitung welchen Offiziers wann, wo, wie viele Juden »eliminiert« worden waren, war da genauestens aufgezeichnet und an unzählige weitere Behörden gemeldet worden. Stolz, Begeisterung und Mordlust waren so groß gewesen, dass die Berichterstatter die Zahlen immer wieder sogar aufgebauscht hatten. Aufgabe der Einsatzgruppen war es gewesen, im Windschatten der vorrückenden Wehrmacht die in den eroberten Gebieten lebenden Sinti:zze und Rom:nja, vor allem aber Juden und Jüdinnen aufzugreifen und zu ermorden. Knapp zwei Millionen Morde an Juden und Jüdinnen konnten wie gesagt am Ende den 3.000 Einsatzgruppenleuten zugeordnet werden. Ferencz überzeugte seine Vorgesetzten, hier einen letzten Prozess durchzuführen, den Einsatzgruppenprozess *(United States of America vs. Otto Ohlendorf et al.)* als neunten der zwölf Nachfolgeprozesse zum Nürnberger Kriegsverbrecherprozess. So begann er, den »größten Mordprozess in der Geschichte der Menschheit«[714] vorzubereiten.

Angesichts der knappen Ressourcen (schon ganz praktisch: Auf der Anklagebank war nur für 22 Menschen Platz) musste sich Ferencz mit wenigen Angeklagten bescheiden. Das erste Auswahlkriterium: nur solche Personen, über die zum einen aussagekräftige Unterlagen vorhanden waren und die zum anderen bereits gefasst waren.[715] Sodann beschloss er – quasi aus symbolischen Gründen –, möglichst hoch gebildete und zivil möglichst hoch qualifizierte Personen zum Gegenstand des Verfahrens zu machen.[716] Wenn es gelänge, so der bildungsbürgerliche Gedanke Ferencz', zu zeigen, dass diese hochkultivierten Menschen kaltblütig gemordet hatten, dann sollte das für den Rest der Schuldigen umso eher denkbar und nachweisbar sein.

Die größte Gruppe unter den Angeklagten bildeten Juristen.[717] Hauptangeklagter im Einsatzgruppenprozess war Dr. Dr. Otto Ohlendorf, Jurist, hoher Beamter, Vater von fünf Kindern, unter dessen Leitung nach den Feststellungen des Gerichts 90.000 Morde begangen worden waren.[718] Er erteilte seinen Einsatzgruppenchefs den ausdrücklichen, am 1. August 1941 noch einmal bestätigten Befehl, »dass in Zukunft alle Juden aus rassischen Gründen zu erschießen seien«.[719] Auf die Frage, ob unter seinem Kommando 90.000 Juden ermordet worden waren, habe Ohlendorf, so Ferencz, mit »Ich weiß es nicht« geantwortet, und auf weitere Nachfrage, ob es 60.000 gewesen seien: »Vielleicht. Aber es war Notwehr. Die Russen griffen zuerst an, und die Juden unterstützen die Bolschewiken.«

»Aber warum dann die Kinder?«

»Wenn man ihre Eltern umbrachte, dann würden sie unsere Feinde werden. Nur so war ein langfristiger Frieden zu sichern.«

»Würden Sie es wieder tun?«

»Ja.«[720]

Der Vorwand für die Morde an Kindern, sie mögen heranwachsen nicht nur in Feindschaft zum Nationalsozialismus, sondern auch mit dem Verlangen, sich an den Schlächtern ihrer Eltern zu rächen, war im Übrigen keineswegs Teil des beständig vorgeschobenen Führerbefehls. Vielmehr war er vom Leiter des Reichssicherheitshauptamts Reinhard Heydrich aufgebracht und später noch einmal gegenüber einer Anzahl von Einsatzgruppen-Führungskräften bekräftigt worden.[721] Niemals, so Ferencz, habe er bei den Angeklagten ein Zeichen von Reue gefunden. Keinen Deutschen habe er getroffen, der Bedauern geäußert habe. Im Gegenteil habe er sich einmal sogar zurückhalten müssen, einen »Hurensohn« nicht zu schlagen. Der Angeklagte war aufgestanden und hatte auf Deutsch verkündet: »Was? Die Juden wurden erschossen? Das höre ich hier zum ersten Mal.«[722] Ansonsten seien die Gesichter sämtlicher

Angeklagten leer gewesen, vollkommen leer – als ob sie auf den Bus warten würden.[723] Er, Ferencz, hingegen habe den Schmerz kaum ertragen können. Auch die US-amerikanische Professorin für Jüdische Geschichte Deborah Lippstadt (*1947) teilt mit, nie einen Täter getroffen zu haben, der tatsächlich um Vergebung gebeten hätte.[724] Der jüdische Schriftsteller und Shoa-Überlebende Simon Wiesenthal (1908–2005) berichtete vom Lemberg-Prozess in Stuttgart (1966–1968), nur einer der Männer auf der Anklagebank habe Reue gezeigt und sogar Taten gestanden, für die es keine Zeugen gab.[725] Und auch Ralph Giordano konnte als Beobachter der NS-Prozesse ab 1958 und für fast 15 Jahre nur von einem einzigen geständigen Täter berichten: Gustav Sorge in seinem Prozess vor dem Bonner Landgericht 1958/59.[726] Giordano hat ihm später nach einem Interview die Hand gegeben.[727]

Etliche der Angeklagten äußerten sich gar nicht oder schlossen sich dem Schlusswort der Verteidigung an. Otto Ohlendorf kam in seinem Schlusswort nicht auf persönliche Verantwortung zu sprechen, sondern sprach wieder und wieder von seiner Generation als Ganzes[728] – als ob es da nicht auch ganz andere Haltungen gegeben hätte! Seine Äußerungen leitete er ein mit der abenteuerlichen Behauptung, der Nationalsozialismus sei nicht Ursache, sondern lediglich Folge einer »spirituellen Krise« gewesen.[729] Einer Krise, die sich einerseits als religiös-spirituelle und andererseits als politisch-soziale gezeigt habe; eine Krise vor allem des Christentums.[730] So sagte er nach recht unverhüllten Vorwürfen einer Siegerjustiz,[731] eine Nation sei nicht allein für ihre Taten schuldig, sondern »die Ideen und das Gewicht der konkreten Bedingungen unter Nationen, die für ihr Überleben kämpften«.[732] Das also hatte er zu seinen massenhaften Morden an Juden und Jüdinnen und anderen zu sagen. Noch weiter kann man individuelle Verantwortung und Reue nicht von sich schieben als mit der Behauptung, man sei doch quasi nur in den Strudel längst vorwirkender und alles erfassender Geschichte geraten, nicht nur als Individuum, nein, als ganze Nation hilflos den daraus akut werdenden Spannungen zwischen Religion und Moral einerseits und deren Anwendung auf das reale Leben andererseits ausgesetzt.[733] Ohlendorf wurde zum Tode verurteilt.[734]

Heinz Jost, zeitweilig Kommandant der Einsatzgruppe A, machte es kurz, berief sich auf Befehl[735] und schloss: »Ich glaube, dass [...] ich gerecht gehandelt habe. Ich kann meine Handlungen vor mir selbst und vor jedem Tribunal der Welt mit einem reinen Gewissen rechtfertigen.«[736] Als Leiter der Einsatzgruppe A machte das Gericht Jost für die Ermordung von 1.272 Menschen, darunter 983 Jüdinnen und Juden, im Jahre 1942 verantwortlich.[737] Jost wurde zu lebenslanger Haft verurteilt.[738]

SS-Brigadeführer Erwin Schulz, Anführer des Einsatzkommandos 5 als Teil der Einsatzgruppe C[739], erklärte, dass die ihm gemachten Vorwürfe jeder Grundlage entbehren, und betonte sogleich, dass ihm Menschenleben stets heilig gewesen seien, ebenso wie es ihm selbst stets ein Anliegen gewesen sei, die Reinheit seiner Ehre zu bewahren.[740] Er war tatsächlich insbesondere in führender Position an den Judenmorden in Lemberg beteiligt gewesen. Allerdings hatte er sich wohl – freilich unter Beibehaltung seiner Kommandantenposition – nach Berlin zurückversetzen lassen[741], als, so bekundete er, Vorgesetzte die Einsatzgruppen angewiesen hätten, »schärfer gegen die Juden« vorzugehen.[742] Zwar warfen ihm seine Kameraden Weichheit vor wegen seiner Weigerung, Frauen und Kinder zu erschießen. Dem Versetzungsgesuch wurde jedoch ohne Sanktion stattgegeben; Schulz wurde danach sogar noch befördert. Er wurde zu zwanzig Jahren Gefängnis verurteilt.[743]

Walter Blume, Leiter des Sonderkommandos 7a, betonte in seinem kurzen Statement, ihm sei es einzig um die Bekämpfung des Bolschewismus und die Verteidigung »unserer westlichen kulturellen Werte« gegangen.[744] Sein ganzes Leben beruhe auf dem Glauben an die inneren Werte des Menschen und dem Glauben an Ideale, denen er stets in seiner persönlichen Lebensführung wie in seinem Beruf zu folgen gesucht habe.[745] Auf die Frage des Gerichts, ob ihm die Regeln der Kriegsführung bekannt seien, antwortete er geradezu provokativ kurz angebunden, sein Kriegsrecht sei der Führerbefehl gewesen.[746] Blume war in der Zusammenstellung der Mordkommandos der Einsatzgruppen und auch selbst an den Erschießungsgräben tätig, später dann an der Deportation griechischer Juden und Jüdinnen nach Auschwitz beteiligt.[747] Sein Weihnachtsgeschenk 1943 an die ihm Untergebenen waren ausgesuchte Kleidungsstücke aus dem Eigentum der ermordeten griechischen Juden und Jüdinnen. Blume wurde zum Tode verurteilt.[748]

Nur Selbstmitleid zeigte Eugen Steimle, der sich einige Jahre später als Lehrer am evangelischen Gymnasium im oberschwäbischen Wilhelmsdorf wiederfand,[749] nachdem er im Einsatzgruppenprozess eigentlich zum Tode verurteilt worden war.[750] Was für ein Quereinstieg in den Lehrerberuf! Der studierte Historiker, Philologe und Philosoph hatte im Wesentlichen nur mitzuteilen, seine Generation habe sich am Ende des Krieges einem gewaltigen Abgrund gegenübergesehen.[751] Wo sie von Wohlstand und Frieden geträumt hätten, da hätten sie stattdessen Ruinen und Not vorgefunden: »So wurde ich selbst und andere verstrickt in die Schuld unserer Zeit. Sicher aber ist diese Schuld keine kriminelle, sondern eine politische. Sicher will ich mich dem als aufrechter Mann stellen.«[752] Steimle hatte als Chef des Sonderkommandos 4a der Einsatzgruppe C[753] ein etwa 100 Mann starkes Einsatzkommando geführt, das zwischen 1941 und 1943 während insgesamt neun Monaten Einsatzzeit Juden und Jüdinnen, aber auch vermeintliche und tatsächliche Partisan:innen, psychisch Kranke und Menschen mit Behinderung ermordet hatte.[754] Drei Mädchen ließ er erschießen, weil sie angeblich vorgehabt hatten, eine Partisan:innengruppe zu bilden; religiösen Beistand im Angesicht des Todes verweigerte er ihnen, da sie als (angebliche) Kommunistinnen keine religiöse Überzeugung haben konnten.[755]

Eine sadistische (oder zynisch: größenwahnsinnige) Regung, die sich auch beim mitangeklagten Ernst Biberstein, ziviler Beruf Pastor, beobachten ließ: Den unter seiner Verantwortung und in seiner Gegenwart Ermordeten religiösen Trost zuzugestehen, wäre, so sagte er vor Gericht aus, »Perlen vor die Säue« gewesen.[756] Wenn es eine Hölle gibt, dann zählt zu den offiziellen Amtssprachen dort in jedem Falle Deutsch. Biberstein wurde zum Tode verurteilt.[757]

Aus dem ebenfalls knappen Schlusswort des Angeklagten Walter Haensch sticht der Satz heraus: »Es ist nur einer Kette unglücklicher Umstände geschuldet, für die ich nicht verantwortlich bin, dass ich heute hier sitze.«[758] Haensch war als Kommandeur des Sonderkommandos 4b der Einsatzgruppe C führend an der Ermordung ukrainischer Jüdinnen und Juden beteiligt.[759] Auch er wurde zum Tode verurteilt.[760]

Adolf Ott behauptete dreist, 200 Menschen durch deren Internierung das Leben gerettet zu haben. Auch habe der Feind seine Frau erschossen, als diese aus einem Schutzraum kam.[761] Als Anführer des Sonderkommandos 7b[762] der Einsatzgruppe B war Ott verantwortlich für zahlreiche Massenmordaktionen (wohl 80 bis 100 gemäß seiner eigenen Aussage im Ermittlungsverfahren[763]) in Russland und Weißrussland.[764] Ott wurde zum Tode verurteilt.[765] Soweit die Verurteilten einen grundsätzlich zulässigen Antrag auf Überprüfung des Strafmaßes stellten, wurde dieser vom *US Supreme Court* abgewiesen.[766]

Es sei ihm, so betonte Ferencz, um gerechte Urteile, nicht um blinde Vergeltung gegangen[767]: Man muss ihm zustimmen, arbeitet man sich nur ansatzweise in die umfangreichen Verfahrensprotokolle ein. Allzu reißerisch und falsch ist daher bereits der erste Kommentarsatz im *Wochenschau*-Bericht »Welt im Film« über die Schlussverhandlung vom 1. Oktober 1946: »Nürnberg, einst die Stadt der Parteitage, wird heute zur Stadt der Vergeltung.«[768] Noch während sie geschrieben wurde, wurde Geschichte schon wieder gefälscht. Und wo die Angeklagten fast nichts zu äußern hatten als offensichtliche Lügen und dumme Ausreden, ihre Verteidiger offenbar kaum etwas taten, das zu bremsen, da hätte die deutsche Öffentlichkeit ob dieses Unfugs in bitteres kollektives Gelächter ausbrechen müssen. Doch weit gefehlt: Man nahm dieses Angebot zur moralischen und intellektuellen Selbstverstümmelung geradezu dankbar an.

Jeder, so Ferencz, habe es klar seinem Soldatenhandbuch entnehmen können, dass die von ihm angeordneten und durchgeführten Tötungen illegal waren. Die »miese Ausrede«, man habe aus einem Befehlsnotstand gehandelt, empörte Ferencz noch Jahrzehnte später.[769] Die beiden Hauptausreden waren: Befehl und Verteidigung in einer Notwehr- bzw. Nothilfesituation.[770] Flankiert wurden diese von den geradezu lächerlichen Versuchen, die eigene Rolle herunterzuspielen, etwa in der Verteidigung Ohlendorfs: Zu einem reinen Befehlsempfänger degradiert, zu seinem Tun gezwungen, ja »in Opposition zu den schrecklichen Ereignissen im Osten«, habe man – ja, allen Ernstes – den Befehl so eingeschränkt wie möglich interpretiert, um durch seine Männer – ja, auch das allen Ernstes – »zuallererst die Interessen der Opfer zu schützen«.[771] Zur Befehlsausrede ist nicht in einem Fall dokumentiert, dass die Weigerung zur Ausführung eines Mordbefehls mit Erschießung geahndet worden wäre.[772] Im oben genannten Fall von Erwin Schulz folgte einem Versetzungsgesuch ja sogar eine Beförderung. Die Behauptung Ohlendorfs, man hätte sich dem Befehl nur durch das »sinnlose Martyrium« eines Suizids entziehen können, ist ganz das, was die Juristen eine »Schutzbehauptung« nennen – wie in seinen weiteren Einlassungen offensichtlich wird: Er musste einräumen, dass er dreimal aufgefordert wurde, den Einsatzgruppen beizutreten, die ersten beiden Male aber folgenlos ablehnen konnte, obwohl der Befehl von Heydrich selbst kam.[773] Ohnehin ist überliefert, dass Vorgesetzte die Mitwirkung bei Mordaktionen oft der Entscheidung des Individuums überließen; viele beteiligten sich gerade nicht. Ja, das war möglich. Denn mit »dem Befehl« war der mündliche Führerbefehl zur Vernichtung der Juden und Jüdinnen gemeint. Typisch für die »informelle und unstrukturierte Entscheidungsfindung im Dritten Reich«[774] eröffnete der mündliche Befehl individuelle Entscheidungsspielräume.[775] Zur Absurdität der Ausrede, es habe eine Notwehrsituation geherrscht, ist in dem oben wiedergegebenen Wortwechsel zwischen Ferencz und Ohlendorf alles Nötige gesagt.

Man kommt nicht umhin, mit Fassungslosigkeit zu konstatieren, dass Ferencz' Plan, einen Prozess zu führen, an dem sich spätere Ankläger hätten orientieren können, nahezu vollkommen fehlschlug. Von den restlichen 2.978 der 3.000 Täter verbüßten nach Abzug der Alliierten einige wenige kurze Gefängnisstrafen; der Rest blieb unbestraft.[776] Millionen vorsätzliche und teils bestialisch ausgeführte Morde blieben ungesühnt. Die Mörder:innen kamen leichter davon als jeder Autofahrer, der ein paar Minuten im Parkverbot steht. Und das lag nicht an Unfähigkeit oder mangelnden Beweisen. Es war vom Nachkriegsdeutschland genau so beabsichtigt. Eine Agenda der massenhaften Verschonung entfaltete sich auf den unterschiedlichsten Ebenen, nicht zuletzt durch offene finanzielle, diplomatische und moralische Unterstützung der Massenmörder:innen. Unterstützung wogegen? Vorgeblich gegen Fantasmen wie den Kollektivschuldwahn ausländischer Mächte – faktisch ganz schlicht gegen die Rechte der Opfer, »wir« gegen »die«. Silver Bullet, das alles übertrumpfende Argument, war dabei oft die von den Westalliierten heiß ersehnte Westanbindung der Bundesrepublik.

Keine zwei Jahre nach Gründung der Bundesrepublik nahm der spätere Bundesjustizminister (1965–1966) Richard Jaeger (CSU) im Januar 1951 an einer »Protestkundgebung gegen die Unmenschlichkeit« vor der JVA Landsberg teil, mit dem Ziel der Begnadigung aller zum Tode verurteilten NS-Verbrecher – was ihn allerdings nicht davon abhielt, sich später als Bundesjustizminister (»Kopf-ab-Jaeger«) für die Wiedereinführung der Todesstrafe starkzumachen.[777] Auch Adenauers Vizekanzler Franz Blücher (FDP) hatte in einem Protestschreiben die geplanten Hinrichtungen als »Ungerechtigkeit« bezeichnet.[778] Wir sprechen hier immerhin von Leuten wie dem schon erwähnten Hauptangeklagten im Einsatzgruppenprozess Otto Ohlendorf, Paul Blobel, Chef des Sonderkommandos 4a, der unter anderem den Massenmord an 30.000 Juden und Jüdinnen von Babij Jar geleitet hatte,[779] oder dem SS-Führer Erich Naumann, unter dessen Kommando in Litauen monatelang bis zu 500 jüdische Menschen am Tag ermordet wurden.[780] Einige der neben diversen Freiheitsstrafen nach dem Abzug der Alliierten noch ausstehenden Todesurteile wurden zwar vollstreckt. Doch Ralph Giordano kommentiert das zu Recht so: »Dennoch waren die fünf Hinrichtungen nichts als ein Feigenblatt – hatte derselbe Hochkommissar doch vorher alle von amerikanischen Gerichten mit Strafen unter fünfzehn Jahren Haft Verurteilten amnestiert.«[781] Auch der Stellvertreter Ohlendorfs, Willi Seibert – stolz hatte er einst offiziell verkündet: »Die Krim ist judenfrei« –, kam trotz Verurteilung zum Tode im alliierten Einsatzgruppenprozess schon 1954 wieder frei.[782] Hermann Giesler, 1947 von den Alliierten wegen Tötungsdeliktes zu »lebenslänglich« verurteilt, kam 1952 vorzeitig aus der Haft und blieb bis an sein Lebensende (1987) überzeugter Nationalsozialist.[783]

Auch schwerste Verbrecher aus der Privatindustrie – drei führende Direktoren der IG Farben – wurden zwar 1949 zu sechs oder auch acht Jahren Gefängnis verurteilt, kamen aber bereits 1950 wieder frei – und bekleideten schon 1955 wieder hohe Positionen in der Wirtschaft. Alfred Krupp wurde 1949 in Nürnberg zu zwölf Jahren Gefängnis und Einziehung seines Vermögens verurteilt – im Januar 1951 kam er frei und erhielt durch die Bundesrepublik sein Vermögen zurück.[784]

1963 teilte die 1958 in Ludwigsburg eingerichtete *Zentrale Stelle der Landesjustizverwaltungen zur Aufklärung nationalsozialistischer Verbrechen* mit, 12.846 Personen seien für Kriegsverbrechen vor Gericht gestellt worden. Doch: Nur 5.246 waren verurteilt, nur 155 davon für schuldig des Mordes befunden und nur 72 mit Strafen von mehr als zehn Jahren Gefängnis belegt worden.[785] Eine typische Strafe für hundert- bis tausendfachen Mord an Jüdinnen und Juden, Sinti:zze und Rom:nja, Homosexuellen und Menschen mit Behinderung in der Bundesrepublik bis dahin: drei Jahre Haft.[786] Generalbundesanwalt Adalbert Rückerl hielt – was wohl noch deutlich untertrieben war – im April 1967 fest, noch nicht einmal 10 % der Nazi-Verbrecher:innen seien vor Gericht gelandet.[787] Und der Journalist und Autor Malte Herwig fasst bezüglich einer Stellungnahme der sozialliberalen Regierung von 1978 zusammen: »Zwischen 1945 und dem 1. Januar 1978 waren [...] 82.667 Ermittlungen gegen Personen geführt worden, die der Beteiligung an NS-Straftaten verdächtigt wurden. Lediglich 6.425 Personen waren rechtskräftig verurteilt worden, während die Betroffenen in 71.554 Fällen straffrei ausgingen und 4.688 Verfahren noch anhängig waren.«[788] 2018 berichtet der *Südkurier* über die Zentralstelle in Ludwigsburg: »Gegen rund 170.000 Beschuldigte haben deutsche Staatsanwaltschaften seit 1945 wegen NS-Verbrechen ermittelt. In knapp 17.000 Fällen kam es zur Anklage, in rund 7.000 zu einer Verurteilung. Die Zahl der Urteile wegen

Tötungsdelikten: 1.417.«[789] Görtemaker und Safferling sprechen für die Zeit bis 2008 von 36.000 Ermittlungsverfahren gegen über 170.000 Beschuldigte und 6.656 Verurteilungen aufgrund der Ludwigsburger Aktivitäten, darunter 1.147 wegen Tötungsdelikten, davon 172 wegen Mordes.[790]

Ein im Einzelnen schwer entwirrbarer Zahlensalat, doch über die Jahre wird deutlich: Die Bewertung des Historikers Ulrich Herbert, mit der »Wiederaufnahme der juristischen Verfolgung von NS-Verbrechen, vor allem durch die Einrichtung der Ludwigsburger Zentralstelle«, habe eine »breit angelegte, nahezu flächendeckende Untersuchung der großen NS-Verbrechen« begonnen, ist allzu unkritisch.[791] Das Verhältnis von 200.000 bis 500.000 Täter:innen zu maximal 100.000 (Vor-)Ermittlungsverfahren, zu 1.417 Urteilen wegen Tötungsdelikten ist alles andere als normal in einem Rechtsstaat, und schon gar nicht »nahezu flächendeckend«. Zumal die Beweislage wie bereits angedeutet exzeptionell gut war: Es gab, da es sich ja gerade zum Großteil um verwaltungsförmiges Morden gehandelt hatte, umfangreiche Akten. Zudem fanden praktisch alle Morde unter Zeugen statt, wobei die Überlebenden unter ihnen ebenfalls in hohem Umfang über Akten zu ermitteln waren. Nicht zuletzt Ben Ferencz hatte das vorexerziert. Und doch fand bis 1958 vor deutschen Schwurgerichten (die für die schwersten Straftaten – versuchte und vollendete Tötungsdelikte – zuständig sind) noch kein einziger Prozess zum NS-Massenmord statt.[792] Das erste ernsthafte Verfahren, der Ulmer Einsatzgruppenprozess vom 28. April bis zum 29. August 1958 gegen zehn Angeklagte[793], kam nur durch einen Zufall in Gang: Im Verlauf eines Arbeitsgerichtsprozesses[794] um den im Ulmer Einsatzgruppenprozess späteren Hauptangeklagten, den ehemaligen SS-Oberführer und Polizeichef von Memel, Bernhard Fischer-Schweder, bekannte dieser sich öffentlich als »Freund der Juden und Polen« und rief damit einen Zeugen auf den Plan. Der hatte zu berichten, Fischer-Schweder habe 1941 ganz im Gegenteil die Erschießung von Juden und Jüdinnen befohlen.[795] Selbst auf diesen Hinweis hin weigerten sich die zuständigen Staatsanwälte noch, ihrer Pflicht nachzukommen.[796] Erst auf Druck der Generalstaatsanwälte von Baden-Württemberg, Richard Schmid und danach Erich Nellmann, sowie deren hessischem Kollegen Fritz Bauer kam das Verfahren in Gang und endete schließlich für die zehn Angeklagten statt mit »lebenslänglich« für Mord mit Freiheitsstrafen zwischen drei und fünfzehn Jahren wegen Beihilfe.[797] Die Staatsanwaltschaft hatte aufgrund der großen Eigeninitiative bei den Morden »lebenslänglich« gefordert, aber den Gerichten galten eben damals nur Hitler, Himmler, Heydrich als Täter.[798]

So kam es auch, dass der erste Frankfurter Auschwitz-Prozess mit 22 Angeklagten ab dem 20. Dezember 1963 erst das dritte Verfahren war, in dem es um den organisierten Massenmord an den Juden und Jüdinnen ging, nach dem Ulmer Einsatzgruppenprozess 1958 und dem Eichmann-Verfahren in Israel 1961.[799] Dem ersten Auschwitz-Prozess folgten von Dezember 1965 bis Juni 1966 der zweite Frankfurter Auschwitz-Prozess gegen drei Angeklagte und von August 1967 bis Juni 1968 der dritte, gegen zwei Angeklagte. Dazu kam ein Verfahren in Erfurt. Danach nahm auf deutschem Boden die Angelegenheit in Sachen Auschwitz erst 2011 wieder etwas Fahrt auf – fünfzig neue Ermittlungsverfahren wurden eingeleitet –, nachdem sich mit dem Münchner Verfahren um John Demjanjuk die Rechtsprechung zu Täter:innenschaft und Beihilfe geändert hatte.[800] Dazwischen galt offenbar: Auschwitz – war da was?

Kaum oder nicht bestraft, fragwürdig sozialisiert und nicht demokratisch resozialisiert, führte die samtene Entnazifizierung die Tausendschaften an Massenmördern schon bald wieder zurück ins hergebrachte zivile Leben, gerne auch an die politischen und institutionellen Schaltstellen. Spätestens seit man »Versöhnung« als gesetzlich verankerte »Wiedereingliederung« qua positiver Diskriminierung buchstabieren wollte, sollte sich eine zünftige NS-Vergangenheit sogar als veritables Karriere-Doping erweisen.

Heinrich Rindfleisch, SS-Arzt und in der Selektion vor der Gaskammer von Majdanek tätig, konnte bis zu seinem Lebensende 1969 unbehelligt als Leiter der Chirurgie am Krankenhaus in Rheinhausen arbeiten. Ernst Lerch, Adjutant von Odilo Globocnik und damit an zentraler Stelle in der Logistik der Shoa tätig, kam 1969 in Wiesbaden für zwei Jahre in Untersuchungshaft; der Prozess wegen Mordes an 1,8 Millionen Juden in Ostpolen wurde 1971 aber nach zwei Tagen eingestellt. Immerhin Kurt Franz, Lagerkommandant von Treblinka, 1965 zu »lebenslänglich« verurteilt, musste seine Strafe – in den letzten Jahren als Freigänger – bis 1993 verbüßen.[801] Der führende Gaswagenspezialist und Chemiker August Becker, engagiert tätig in der Perfektionierung der Vergasung (und gleichzeitig hochbesorgt über die seelischen und körperlichen Schäden, welche »diese Arbeit auf die Männer« haben könne), wurde nach 1945 zunächst aufgrund seiner SS-Zugehörigkeit zu drei Jahren Arbeitslager verurteilt. 1959 leitete die Staatsanwaltschaft Stuttgart ein Strafverfahren gegen ihn ein, und er wurde zu zehn Jahren Haft verurteilt. Aufgrund seines Gesundheitszustandes kam er jedoch schon Mitte 1960 – nach eineinhalb Jahren Gefängnis – wieder frei und starb 1967.[802] Als Zeuge trat Becker in einem Verfahren gegen den ärztlichen Leiter der Aktion T 4, Werner Heyde, auf, wobei er auch die Tätigkeit von Albert Widmann während einer »Probevergasung« beschrieb. Jener Albert Widmann, seit 1939 in der SS, war zentral eingebunden in die Ermordung von »Behinderten« im Rahmen der Aktion T 4 und später auch in die »Unterstützung« der Einsatzgruppen bei deren Morden an Kranken in Mogilew und Minsk. Nach 1945 wurde der Massenmörder Widmann von der Spruchkammer Leonberg zunächst als Mitläufer eingestuft – mit der Folge einer »Sühnezahlung« von 100 Reichsmark. Erst 1959, inzwischen zum Chefchemiker bei der Lackfabrik Votteler nahe Stuttgart geworden, wurde er verhaftet und vor dem Landgericht Düsseldorf angeklagt. Sein Haftbefehl wurde nach einiger Zeit aufgehoben, und er arbeitete wieder als wissenschaftlicher Mitarbeiter im Lesonal-Werk in Stuttgart-Feuerbach. Das Landgericht verurteilte ihn zunächst zu fünf Jahren Zuchthaus und nach »erfolgreicher« Revision am Bundesgerichtshof schließlich zu drei Jahren und sechs Monaten.[803] Das bezog sich auf seine Tätigkeit in grausamen Menschenversuchen im Konzentrationslager Sachsenhausen. Wegen der erst später bekannt gewordenen Aktionen im Osten – Widmann hatte neben den Gaswagen unterschiedliche Methoden zur Tötung behinderter Menschen entwickelt und grauenvoll getestet: Tötung durch Gas, durch Giftspritzen, durch Zusammentreiben von 25 Menschen in einem Unterstand und Sprengung mit 250 kg Sprengstoff – musste das Landgericht Stuttgart erneut entscheiden. Es urteilte auf sechs Jahre und sechs Monate Gefängnis – im Wege der Anrechnung der früheren Haft und der Untersuchungshaft löste sich die Haftstrafe aber in eine Zahlung von 4.000 DM an eine Einrichtung für Menschen mit Behinderung auf. Alles in allem für die Beihilfe zum Mord an fünf Menschen in Mogilew, 24 und 4.000 im Rahmen der Herstellung der Gaswagen.[804] 99 Pfennig pro Mordopfer.

Der SA-Standartenführer Fritz Klein und weitere 15 SAler aus Heilbronn brachten schon am 25. März 1933 in Creglingen in Württemberg 15 Juden mit Gewalt ins Rathaus und misshandelten sie vor den versammelten Nazis. Hermann Stern wurde dabei so schwer verletzt, dass er noch am selben Tag verstarb und damit wohl das erste Todesopfer der NS-Judenverfolgungen wurde.[805] Arnold Rosenberg, ein weiteres Opfer, erlag seinen Verletzungen zwei Tage nach dem Angriff. Auf Intervention des zuständigen Gauleiters gab es damals kein Strafverfahren. Die Strafe hierfür nach 1945? Per Urteil vom 18. Oktober 1952 fünf Jahre Gefängnis für 16 Körperverletzungen im Amt, davon zwei mit Todesfolge.[806] Ein Jahr davon saß Klein ab, da ihm nicht nur die Untersuchungshaft, sondern sogar die Kriegsgefangenschaft auf die Haft angerechnet und der Rest auf Bewährung erlassen wurde. Ein Jahr Gefängnis für zwei jüdische Menschenleben – und das nicht unter Hitler, sondern in der angeblich nazifreien Bundesrepublik von 1952. Ein Jahr für den Kopf eines verdammten Lynchmobs.

Auch der Prozess gegen die Eichmann-Gehilfen in Frankfurt, angestrengt durch Fritz Bauer[807] und parallel laufend zum Auschwitz-Prozess dort, endete im Februar 1965 mit einer – wiederum durch die Untersuchungshaft fast verbüßten – Freiheitsstrafe gegen Hermann Krumey für Beihilfe zum Mord (an 300.000 ungarischen Juden und Jüdinnen) und Freispruch für Otto Hunsche. Die bundesrepublikanische Spruchpraxis und Handhabung der vorzeitigen Haftentlassung ist nicht nur in höchstem Maße beschämend, sie ist auch irrsinnig in ihrer Uneinheitlichkeit.

Wo in der heutigen Strafpraxis ein Straftäter mit Glück den Erlass von einem Drittel seiner Strafe oder im für ihn günstigsten Fall eine Halbstrafenregelung erwarten darf, verbüßten viele Nazis geradezu sensationell kurze Haftstrafen. Nun mag eine Halbstrafenregelung unter Resozialisierungsgesichtspunkten in manchen Fällen gut und richtig sein. Wenn man jedoch noch weit dahinter zurückfällt, wird der ursprünglichen Verurteilung und dem Recht der Opfer auf Vergeltung Hohn gesprochen. Tatsächlich veranlassten die Urteile zu Krumey und Hunsche damals sogar Bundeskanzler Ludwig Erhard (CDU), auf seiner Geburtstagsfeier den ehemaligen Bundesjustizminister

Thomas Dehler (FDP) zu fragen: »Was sagen Sie zu diesem unerhörten Urteil in Frankfurt?«[808] Fritz Bauer bezeichnete diese Gehilfenrechtsprechung als eine »beliebte Annahme«, hinter der »die nachträgliche Wunschvorstellung« stehe, »im totalitären Staat der Nazizeit habe es nur wenige Verantwortliche gegeben, es seien nur Hitler und ein paar seiner Allernächsten gewesen, während alle übrigen lediglich vergewaltigte, terrorisierte Mitläufer oder depersonalisierte und dehumanisierte Existenzen waren, die veranlaßt wurden, Dinge zu tun, die ihnen völlig wesensfremd gewesen sind«. Weiter kritisierte er »den Versuch, das totale Geschehen, z. B. den Massenmord an Millionen in den Vernichtungslagern, in Episoden aufzulösen«, als eine »Atomisierung und Parzellierung« des kollektiven Geschehens entgegen der historischen Wirklichkeit.[809] Immerhin ist die Spruchpraxis der Gerichte Bauers damaligen Auffassungen inzwischen deutlich entgegengekommen. Jedoch: Das »Risiko«, noch harte Urteile aussprechen zu müssen, liegt angesichts des Alters der letzten potenziellen Angeklagten bei nahe null. Ein Sinneswandel also zur rechten Zeit, samtene Entnazifizierung eben.

Andere Verbrechen blieben – ganz in diesem Geist des Vergessens – gänzlich ungesühnt, so zum Beispiel das Massaker der Waffen-SS an der Zivilbevölkerung von Sant'Anna di Stazzema am 12. August 1944: Die italienische Justiz verurteilte 2007 in letzter Instanz zehn Täter zu »lebenslänglich«. Deutschland lieferte die Verbrecher jedoch nicht aus und vollstreckte die Urteile auch nicht selbst. Gegen neun der zehn hatte die Staatsanwaltschaft Stuttgart seit 2002 ermittelt, die Ermittlungen aber – ohne überhaupt Anklage erhoben zu haben – am 1. Oktober 2012 eingestellt, weil eine Tat nicht nachzuweisen sei. Man fragt sich, was verrutscht war, wenn italienische Gerichte in drei Instanzen in voller Überzeugung eine Straftat verurteilten, die Staatsanwaltschaft Stuttgart nach zehn Jahren aber noch nicht einmal »genügenden Anlass« zu einer Anklageerhebung sah – wofür ein hinreichender Tatverdacht bereits ausgereicht hätte. Den Einstellungsbeschluss gegen einen der Täter, Gerhard Sommer, hob das Oberlandesgericht Stuttgart am 5. August 2014 immerhin auf, zwölf Jahre nach Beginn der Ermittlungen in Deutschland, neun Jahre seit dem erstinstanzlichen Urteil in Italien. Gegen Sommer eröffnete dann die inzwischen zuständige Staatsanwaltschaft Hamburg ein Ermittlungsverfahren, stellte dies im Mai 2015 jedoch wieder ein, da Sommer zwar »mit hoher Wahrscheinlichkeit« wegen Mordes in 342 Fällen anzuklagen wäre, er aber aufgrund von Demenz dauerhaft verhandlungsunfähig sei.[810] Da hätten die Italiener einem aufrechten deutschen Massenmörder 2007 doch beinahe die letzten guten Jahre vor der Demenz versaut.

Noch aberwitziger war der Umgang Deutschlands mit der italienischen Justiz im Fall Herbert Kapplers. Als ehemaliger SSler und Leiter des SD in Rom hatte er im Oktober 1943 die Verhaftung von 1.259 Juden veranlasst, damit sie nach Auschwitz deportiert werden konnten. Zudem hatte er den Mord an 335 italienischen Zivilist:innen, darunter 75 Jüdinnen und Juden, in den Ardeatinischen Höhlen im Süden Roms zu verantworten, von denen er eine Reihe eigenhändig durch Genickschuss ermordete. Italien verurteilte ihn 1948 als Kriegsverbrecher.[811] Die Bundesrepublik hatte ihm für den Prozess dort drei Verteidiger finanziert und überwies ihm ein monatliches Taschengeld.[812] Bundespräsident Lübke setzte sich 1966 für die Freilassung Kapplers ein, weiter die Deutsche Bischofskonferenz, der Rat der Evangelischen Kirche Deutschlands und 1974 gar 200.000 deutsche Bürger:innen in einer Unterschriftensammlung. Auch Willy Brandt, Bundeskanzler von 1969 bis 1974, machte sich im Zuge einer Politik der »inneren Versöhnung« für Kappler stark. Diese Politik – so analysiert es der Historiker und Journalist Felix Bohr – baute darauf, ehemalige NSDAP-Mitglieder über das Kriegsverbrecherthema zu SPD-Wähler:innen zu machen, auf dass die SPD zur Volkspartei würde.[813] Schließlich ließ sich in einem Brief vom 2. März 1976 an den italienischen Ministerpräsidenten auch der Nachfolger Brandts, Helmut Schmidt, der sich schon in den 1950er- und -60er-Jahren für ehemalige SS-Angehörige starkgemacht hatte, zur Sache vernehmen: Eine weitere Inhaftierung Kapplers würde »auch bei wohlmeinenden Kreisen der deutschen Öffentlichkeit zu starker Beunruhigung führen«.[814] Letztlich verhalf Kapplers Ehefrau, deren Besuchsflüge mit 21.954 DM für 19 Reisen aus einem sprachlich umständlichen und in der Sache unerhörten Sondertitel der Bundeskasse, »Unterstützung zum Besuch von im Zusammenhang mit den Kriegsereignissen inhaftierten deutschen Gefangenen«, bezahlt worden waren, diesem 1977 während eines Krankenhausaufenthalts zur Flucht nach Deutschland. Dort starb er 1978; 800 Personen wohnten seiner Beerdigung bei. Es wurde der Hitlergruß gezeigt.[815] Wohlmeinende Kreise halt.

Der »Schlächter von Genua«, Friedrich Wilhelm Konrad Siegfried Engel, unter dem beim »Massaker am Turchino-Pass« am 19. Mai 1944 59 Menschen erschossen wurden, kam straffrei davon. Erst verschwanden auf Betreiben der italienischen Verteidigungs- und Außenminister 1956 seine Akten für Jahrzehnte in einem später »Schrank der Schande« genannten Archivmöbel, weil man beschlossen hatte, den seit 1955 neuen NATO-Partner Deutschland nicht verstimmen zu wollen. Dann wurde Engel 1999 in Italien in Abwesenheit zu »lebenslänglich« verurteilt. Das daraufhin auch in Deutschland angestrengte Strafverfahren endete 2004 vor dem BGH jedoch mit der letztinstanzlichen Aufhebung der Urteile der Vorinstanzen und wurde durch den BGH endgültig eingestellt.[816]

Neben die Untätigkeit und die vorzeitigen Haftentlassungen trat die Bagatellisierung. Der ehemalige Ministerialrat Ulrich-

Dieter Oppitz kam schon 1979 zu dem Schluss, Gerichte und Justizbehörden hätten bei NS-Täter:innen nicht nur in der Strafvollstreckung, sondern auch schon in der Strafzumessung zu auffälliger Milde geneigt.[817] Hierfür griff man teils zu abenteuerlichen Begründungen. Der ehemalige SA-Mann Wilhelm Strysio erhielt für das Erstechen eines Juden in dessen Wohnung eine Gefängnisstrafe für Totschlag von gerade einmal fünf Jahren – sonst durchaus auch der »Preis« für schwere Vermögens- oder Eigentumsdelikte –, weil er von seinen Anführern »aufgeputscht« und zudem »alkoholisiert« gewesen sei.[818] Drei Jahre und drei Monate Gefängnis hielt das Gießener Schwurgericht beim ehemaligen SS-Obertruppenführer Theodor Pillich für angemessen. Pillich war zwar in einem Exekutionskommando bei der Erschießung von 162 jüdischen Frauen, Männern und Kindern aktiv gewesen und hatte das Ganze auch noch fotografiert, aber: Angeblich habe er »sich nicht mit der Tat identifiziert und das Geschehen aus tiefstem Herzen abgelehnt«.[819] Dem ehemaligen SS-Sturmbannführer und Kommandeur in den Einsatzgruppen Otto Bradfisch hielt das Gericht in München unter anderem zugute, er habe nach 1945 straffrei und »als ordentliches Mitglied der Gesellschaft« gelebt – was auch immer man darunter in dem Zusammenhang zu verstehen hat. Für den von ihm verantworteten Mord an 15.000 Jüdinnen und Juden sollten daher laut Urteil des Landgerichts München von 1961 zehn Jahre Freiheitsstrafe ausreichen.[820] Nach einer weiteren Verurteilung 1963 in Hannover wurden die beiden Haftstrafen zu 13 Jahren zusammengefasst; 1969 kam Bradfisch nach Hafterleichterung seit 1965 endgültig frei.[821] Heinz Villain kam im Düsseldorfer Majdanek-Prozess für die Beteiligung am Mord an mindestens 17.002 Menschen – sie hatten sich in der »Operation Erntefest« vor der Erschießung dachziegelförmig hinlegen müssen – mit sechs Jahren Freiheitsstrafe davon. Das Gericht hatte ihm zugutegehalten, er habe möglicherweise »aus falsch verstandener Pflichterfüllung« so gehandelt.[822]

Nebenbei: Auch wenn nach außen selbstverständlich die grundrechts- und strafprozessrechtskonforme Fiktion aufrechterhalten wird, die Strafe eines Verbrechers werde jeweils ganz individuell ermittelt: Schon in der Ausbildung habe ich gelernt, dass bei Staatsanwaltschaften sogenannte »Preislisten« existieren, um die Strafforderungen für vergleichbare Delikte zu vereinheitlichen. Zumindest in der Staatsanwaltschaft existiert zudem eine Befehlskette bis hoch zum Minister – Staatsanwält:innen sind in Deutschland im Gegensatz zu Richter:innen nicht unabhängig. Und bei Richter:innen wird es sich zumindest als Karrierehindernis auswirken, wenn Strafen dauernd auffällig zu hart oder zu mild ausfallen. Und dennoch: Bei Nazi-Tätern konnte sich zwanglos eine nahezu unglaubliche Milde durchsetzen, die man also nicht je individuell, sondern systemisch zu deuten hat.

Wo die US-Ankläger und -Richter – wie deutlich etwa aus den Protokollen der Nürnberger Prozesse hervorgeht und auch Manfred Görtemaker und Christoph Safferling betonen[823] – den Angeklagten angebliches Unwissen kaum einmal abkauften (»Ein Mann kann ein Geheimnis bewahren, zwei vielleicht noch, aber Tausende – niemals«[824]), waren die deutschen Strafverfolger ganz anders geneigt. 1970 etwa kam das Verfahren gegen Heinrich Ebersberg, später Ministerialrat im Bundesjustizministerium, zur Einstellung: Er habe in seiner Funktion, in der er Verurteilte der Gestapo zustellte, nicht nachweisbar gewusst, dass »Vernichtung durch Arbeit« eben dies bedeutete, nämlich physische Vernichtung.[825] Insgesamt kam man bei der Zentralstelle in Ludwigsburg auf die erschütternde Faustformel: »Ein Toter gleich zehn Minuten Gefängnis.«[826]

Diese versöhnliche Spruchpraxis machte, wie nicht anders zu erwarten, auch vor der Aburteilung der NS-Justiz selbst durch die »neuen« Richter:innen nicht halt: 32.000 aktenkundige politische Todesurteile in der Nazizeit (und womöglich eine noch um ein Vielfaches höhere Dunkelziffer) zogen – so Ralph Giordano – nicht eine einzige Verurteilung der beteiligten Richter und Staatsanwälte nach sich.[827] Ganz stimmt das nicht: Auch wenn schon die US-Gerichte im Juristenprozess 1947 in Nürnberg diese Tätergruppe vergleichsweise besonders milde davonkommen ließen und die Verurteilten zwischen 1950 und 1957 ihre Freiheit wiedererlangen sollten, gab es doch einzelne Sanktionen durch die Strafgerichte.[828] So wurden der Ex-SS-Richter Otto Thorbeck und der Ex-Ankläger SS-Standartenführer Walter Huppenkothen wegen des SS-Standgerichtsverfahrens vom 8. April 1945 – unter anderem gegen die Widerstandskämpfer Wilhelm Canaris und Dietrich Bonhoeffer – vom Augsburger Schwurgericht 1955 wegen Beihilfe zum Mord zu mehrjährigen Haftstrafen verurteilt. Schon im Folgejahr jedoch sprach der Bundesgerichtshof Thorbeck frei, und Huppenkothen musste nur drei Jahre seiner ursprünglich sechsjährigen Haftstrafe verbüßen.[829] Im Ergebnis, so Manfred Görtemaker und Christoph Safferling, wurde Thorbeck vom BGH »seriöses juristisches Handeln im Rahmen einer als gerecht erachteten Justiz attestiert, während die Akteure des Widerstandes nachträglich ein weiteres Mal zu Verbrechern erklärt wurden«.[830] Auch der Justizmörder Oswald Rothaug wurde 1947 zunächst zu lebenslanger Haft verurteilt, kam aber im Dezember 1956 schon wieder frei.[831] Und Ernst Lautz, einer der »Vorzeigejuristen des Dritten Reiches«[832], wurde nach seiner Verurteilung 1947 in Nürnberg zu zehn Jahren Freiheitsstrafe nicht nur 1951 bereits wieder auf freien Fuß gesetzt, sondern erhielt auch noch eine Pension als Oberreichsanwalt a. D.[833]

Die Justiz und mit ihr oft auch die Jurisprudenz im Sinne der legitimierend agierenden Rechtswissenschaft sind so das größte Denkmal institutionellen Versagens der Bundesrepublik. Nicht zufällig begann eine historische Aufarbeitung der Rolle der Jurisprudenz mit der größten Verzögerung – erst in den späten 1980er-Jahren, konkret mit Ingo Müllers viel beachtetem Buch *Furchtbare Juristen* (1987). Und erst mit vier Jahrzehnten Verzögerung konnte sich der Bundesgerichtshof für die Gerichtsbarkeit dazu durchringen, den »tausendfachen Missbrauch der Todesstrafe« beim Namen zu nennen.[834] Die Gruppe innerhalb der NS-Tötungsmaschinerie[835], die sich selbst am besten decken konnte, saß – Täter, Gesetzgeber und Richter zugleich – in der Bundesrepublik jahrelang an den Schalthebeln von Legislative (als Entwerfer von Gesetzen und zugleich überdurchschnittlich in der Politik repräsentierte Gruppe), Exekutive (als Verwaltungsspitzen – zu denen öfter noch als heute nur die »Befähigung zum Richteramt« Zugang gab) und natürlich Judikative (als Richter und Staatsanwälte). Dazu kam eine ebenso wenig und ebenso spät hinterfragte Rechtswissenschaft, die doch eigentlich Innovator und Kontrollinstanz für die vorgenannten Staatsgewalten sein sollte, aber ebenfalls mit Alt-Nazis durchsetzt war.

So wurden aus dem Justizministerium heraus immer wieder politisch eigentlich erwünschte Reformprojekte sabotiert. Die Reform des Strafrechts verzögerte sich und verzögert sich zum Teil bis heute: Vor allem die einzelnen Strafbestimmungen atmen teils immer noch den atavistischen Geist einer fragwürdigen Ausrichtung am christlich-naturrechtlichen Sittengesetz.[836] Insbesondere der Mordparagraf geht in seiner Formulierung trotz auch jüngerer Reformabsichten immer noch auf die Fassung zurück, die ihm einst der spätere Präsident des Volksgerichtshofs Roland Freisler gegeben hat.[837] Selbst über die Wiedereinführung der Todesstrafe glaubte man im Bundesjustizministerium nachdenken zu dürfen – trotz der eindeutigen

Abschaffung derselben durch Artikel 102 des Grundgesetzes.[838] Ja, man nahm gar bereits Bewerbungen auf einen zukünftig einzurichtenden Scharfrichterposten entgegen.[839] Unverständlich nicht nur im Rückblick, sondern im wahrsten Sinne des Wortes enttäuschend für die, welche den Nationalsozialismus bereits als Zeitgenossen ablehnten. So führte Friedrich Kellner, kleiner Justizbeamter in der hessischen Provinz von 1933 bis 1945, ein am Ende 900 Seiten umfassendes Tagebuch.[840] Dieses belegt nicht nur, was man damals schon wusste – nämlich sehr wohl die Ermordung zunächst von Menschen mit Behinderung im Deutschen Reich und dann von Jüdinnen und Juden im Osten, und zwar bereits 1941 und 1942.[841] Sondern das Tagebuch formuliert auch, was nach Kellner später einmal zu geschehen habe: Anklage der NS-Verbrecher:innen, sofortige »Sühneleistungen«, Wiedergutmachung und der Übergang der Verwaltungsführung auf unbescholtene Bürger:innen, vornehmlich rückkehrende Geflüchtete.[842] Eigentlich selbstverständlich, doch bekanntermaßen in allen Teilen nur beschämend rudimentär Wirklichkeit geworden.

Stattdessen gelang es Eduard Dreher, im Nationalsozialismus Erster Staatsanwalt am Sondergericht Innsbruck, später dann Leiter des Generalreferats für Strafrechtsreform im Bundesjustizministerium, im Verjährungsskandal von 1968 den gesamten Bundestag hinters Licht zu führen[843] und so – auch im eigenen Interesse und im Interesse seiner engen Freunde – eine kalte Amnestie von Nazi-Tätern durchzusetzen:[844] Ausgangspunkt war die eigentlich ganz harmlos und nicht besonders gewichtig anmutende Reform des Ordnungswidrigkeitsrechtes.[845] In diesem Zuge kamen aber einerseits ein neuer Täter:innenbegriff in das Ordnungswidrigkeitsrecht und das Strafrecht und andererseits neue Verjährungsvorschriften. In der Praxis führte das Gesetzespaket zu einer Differenzierung von gemeinsam oder arbeitsteilig begangenen NS-Morden. In vollem Sinne

Täter:innen waren den neuen Gesetzen zufolge nur diejenigen, deren Mordtaten bestimmte Mordmerkmale wie die Grausamkeit der Begehungsweise nachgewiesen werden konnten. Also diejenigen, welche vor Ort in den Konzentrationslagern die Morde ausführten. Die letzten Rädchen im Getriebe. Zwischen diesen Täter:innen vor Ort und jenen, die das Morden befehligten, wurde nun also eine neue Differenzierung eingeführt. Wer »nur« im Hintergrund tätig gewesen war, konnte allenfalls als Totschläger bestraft werden. Und die Verjährung für Totschlag war zum Zeitpunkt dieses Gesetzespaketes erledigt. Gerade die mächtigsten und wirkungsmächtigsten Täter:innen des Völkermordes, die Planer:innen und die Treiber:innen am oberen Ende der Befehlskette, waren nicht mehr zu bestrafen. So durfte der 5. Strafsenat des Bundesgerichtshofs ein gutes Jahr nach der beschriebenen Gesetzesänderung erklären, hierdurch verkürze sich zwingend die Verjährungsfrist in bestimmten Fällen der Beihilfe zum Mord – und eine kaum überschaubare Zahl an NS-Verbrechen war auf einen Schlag verjährt.[846] »Tausende von Tätern, gegen die bereits Strafverfahren eingeleitet waren«, so Görtemaker und Safferling, »gingen damit straffrei aus.«[847]

Am 19. Dezember 1968 machten die *Süddeutsche Zeitung* und die *Welt*, am 6. Januar 1969 noch einmal vertiefend der *Spiegel* die »Panne« öffentlich.[848] Doch auch der letzte verzweifelte Versuch, die Sache auf der Ebene der gerichtlichen Rechtsanwendung zu retten, nämlich durch Bemühungen des Generalbundesanwaltes Ludwig Martin den BGH von seiner Rechtsauffassung zur nun vielfach eingetretenen Verjährung abzubringen, blieb ohne Erfolg.[849] Die Empörung in nationaler und internationaler Presse ebenso wie unter etlichen deutschen Jurist:innen war groß, die internationalen Reaktionen der Politik, auch bei jüdischen Organisationen in den USA[850], verheerend.[851] Dreher und ein paar Helfer hatten, ohne dass es dazu irgendeine demokratische Entscheidung gegeben hätte, schlicht durch die geschickte Kombination und Formulierung von Gesetzesvorlagen, und ohne im Vorfeld der parlamentarischen Entscheidung auf die prekären Folgen hinzuweisen, die 10.000-fache Amnestie von Mördern bewirkt. Ausgerechnet in einer Zeit, in der eigentlich angesichts des schleppenden Fortgangs der Verfolgung von NS-Straftaten die Verlängerung der Verjährungsfristen im Bundestag diskutiert wurde.[852] Eine gewaltige Blamage für den Rechtsstaat. Und warum das alles? Weil Dreher und Konsorten eben nicht resozialisiert waren. Man hätte sie nie wieder als Juristen arbeiten lassen dürfen.

Von diesen Fällen hat es Tausende und Abertausende gegeben: Verwaltungs- und Ministerialbeamt:innen, die ihre Nazi-Denke noch mit sich herumtrugen, Politiker:innen, die in Teilen ihres Denkens übel noch wie früher tickten, Wissenschaftler:innen, die nie verurteilt wurden, deren ehemaliges Wirken geheim bleiben sollte und die sich daher nie davon distanzierten, und viele mehr. Ich habe selbst erfahren müssen, dass Generationen von Studierenden der Rechtswissenschaften schlicht verschwiegen wurde, welche Rolle Personen wie Dreher gespielt hatten. Dreißig Jahre lang war Dreher für mich nur der erste Name des von 1961 bis 2006[853] unter dieser Bezeichnung erschienenen maßgeblichen Strafrechtskommentars *Dreher/Tröndle*. Erst durch die Studie von Görtemaker und Safferling erfuhr ich,[854] wen man da vor sich hatte. Gerade die Kommentierungen zu politisch sensiblen Paragrafen hätte ich damals doch mit der Information im Kopf lesen wollen, dass es sich beim Verfasser um einen in der Schwergewichtsklasse weiter wirkenden Alt-Nazi handelte. Menschen, die übrigens auch sonst eine namhafte Schneise der Verwüstung im nagelneuen Verfassungsstaat hinterließen. Aktiv stellten sich etwa ein Referatsleiter im Bundesjustizministerium und ein BGH-Zivilsenatsvorsitzender, beide profilierte Alt-Nazis, gegen den eindeutigen Wortlaut des Grundgesetzes, »Männer und Frauen sind gleichberechtigt«.

Noch bis Anfang der 1960er-Jahre kämpften sie in Ausübung ihres Berufes dummdreist für die »uralte Ehe- und Familienordnung der Völker«.[855]

Es gab keine Stunde null. Ein Teil des Nazi-Uhrwerks lief einfach weiter. Der Preis dafür ist die über Jahrzehnte verschleppte Gleichberechtigung von Frauen, die über Jahrzehnte verschleppte Gleichberechtigung von Homosexuellen, die über Jahrzehnte verschleppte Anerkennung bestimmter Opfergruppen, die Verweigerung des Anspruchs auf justizielle Genugtuung der Shoa-Überlebenden und der weiter fruchtbare Boden für strukturellen Rassismus und Antisemitismus. Unschuldige wurden erneut zu Opfern. Das alles, damit ein paar 100.000, die es eigentlich anders verdient hätten, die schuldig waren, straflos oder mit geringen Strafen davonkommen konnten.

Weil Fritz Bauer, der Generalstaatsanwalt von Hessen zwischen 1956 und 1968, heute so sehr als Leuchtturm heraussticht: Jeder einzelne Generalstaatsanwalt der anderen zehn Länder in der alten Bundesrepublik wäre in der Position, ja in der Pflicht gewesen, für das Recht ebenso kämpferisch zu arbeiten. Denn Staatsanwälte werden nicht nach Lust und Laune tätig. Sie sind von Amts wegen verpflichtet, wenn sie von einem möglichen Verbrechen auch nur im Sinne eines sogenannten Anfangsverdachts erfahren, zwingend tätig zu werden. Wie anders als durch unter anderem weiter wirkenden Rassismus und Antisemitismus ist es zu erklären, wenn erkennbar der Wert jüdischer Leben oder natürlich auch der Leben von Sinti:zze und Rom:nja, Menschen mit Behinderung, Homosexuellen so viel geringer als der von »Normdeutschen« eingeschätzt wurde? Auch die in Teilen damals (und in geringerem Umfang bis heute) vorhandene historische und politische »Meinung«, wonach es sich bei den zahllosen Mörder:innen nur um Verführte, die sich zudem in einem Befehlsnotstand befanden, gehandelt haben soll, ändert daran nichts. Diese These konnte nie den Anfangsverdacht beseitigen, weil eben in jedem Einzelfall Tatumstände und Tatmotivation ermittelt werden müssen. Ganz klar: Selbst wenn eine Staatsanwaltschaft der Fantasie eines häufigen Befehlsnotstandes anhing, hätte sie nicht die Hände in den Schoß legen dürfen, sondern Fall für Fall ermitteln müssen. Ohne juristisches Erkenntnisverfahren geht es nicht; über den sprichwörtlichen breiten Daumen lassen sich Schuld und auch Unschuld nicht feststellen. Eine Regel, wonach Staatsanwält:innen und Richter:innen an eine verbreitete und sei es gar mehrheitlich gehaltene öffentliche Meinung gebunden wären, gab und gibt es nicht. Im Gegenteil: Für Richter:innen ist ein Grundpfeiler der richterlichen Unabhängigkeit, notfalls auch gegen (partei-)politische Strömungsverhältnisse anzustehen. Dass etwa heute ein großer Teil der Politik und Öffentlichkeit eine viel liberalere Haltung zum Thema Cannabis hat als im Strafgesetzbuch festgeschrieben, bringt keine Offiziellen dazu, bei diesem Bagatellthema von Strafverfolgung oder Verurteilung mir nichts, dir nichts abzusehen. Bei dem unendlich schwereren und klar strafwürdigen Delikt des Mordes hätte es sich nie anders verhalten dürfen.

Dass es doch so gekommen ist, kann letztlich nur als ein gigantisches Aufbäumen des auch schon zuvor begeistert betriebenen Antisemitismus, Antiziganismus, der Homophobie und der Verachtung für Menschen mit Behinderung bezeichnet werden: Sie waren Opfer, deren Täter:innen zu verfolgen keine Anstrengung wert war. Mehr noch: Die Täter:innen, gute deutsche Volksgenoss:innen, galt es zu schützen, zu warnen, zu schonen und dann wieder in ihre alten Positionen zu befördern – wenn nötig mit sogenannten Persilscheinen, durch die ein Alt-Nazi dem anderen bestätigte, kein Nazi gewesen zu sein. Zum nahezu völligen Versagen im wenigstens nachfolgenden Schutz seiner jüdischen und vielen anderen verfolgten Bürger:innen tritt damit ein gewaltiges historisches Versagen des auf anderen Gebieten umso besserwisserischer auftretenden Deutschlands: Es erbrachte der Welt den Beweis, dass man mit Völkermord selbst in einem ansonsten wie geschmiert laufenden Rechtsstaat weitestgehend davonkommt. Wenn man sich nur die richtigen Opfer aussucht.

3. »Bin ich Hitler oder was?« – Die Mörder Demjanjuk, Zafke und Diess

Die beschriebene Amnestiekonstellation endete nach der 1979 aufgehobenen Verjährung für Mord tatsächlich ernsthaft erst mit dem sogenannten Demjanjuk-Urteil des Landgerichts München vom 12. Mai 2011[856], wonach alle diejenigen, die individuell unerlässliche Arbeiten in Konzentrationslagern verrichteten (»funktionelle Mittäterschaft«[857]), für die dort begangenen Morde strafrechtlich mitverantwortlich waren[858]. Demjanjuk übrigens sprach während des zwischen 2009 und 2011 eineinhalb Jahre dauernden Prozesses nur einen Satz, wie der damalige führende Ermittler Thomas Walther mitteilte: »Bin ich Hitler oder was?«[859] Das genannte Urteil brach endlich mit der – wohl auch aufgrund dessen personeller NS-Belastung zustande gekommenen[860] – unseligen BGH-Rechtsprechung, die für die Verurteilung solcher Täter:innen besonders hohe Hürden aufgestellt hatte, indem sie übertriebene Anforderungen an den Beleg einer Mittäter:innenschaft und Beihilfe stellte:[861] Nicht nur musste das Mitwirken an konkreten Morden im Einzelfall, sondern auch die jeweilige aktive und individuelle Tatbeteiligung nachgewiesen werden.[862] Das Mitwirken an der Mordmaschinerie als solcher sollte nicht ausreichen. Im Düsseldorfer Majdanek-Prozess etwa, die Ermittlungen dazu hatten 1962 begonnen, der Prozess 1975, wurden von den 14 noch lebenden der ursprünglich 15 Angeklagten im April 1979 schließlich vier freigesprochen: ein früherer SS-Hauptsturmführer und drei ehemalige SS-Aufseherinnen.[863] Die Aussagen der über 300 Zeug:innen hielten, so der Vorsitzende Richter, »dem vom Gericht angelegten [...] scharfen Maßstab nicht stand«.⁸⁶⁴ Im nächsten Denkschritt nach der Demjanjuk-Entscheidung war das Landgericht Hamburg im Stutthof-Prozess 2020 bereit, gegen den ehemaligen Wachmann Bruno Diess während dessen Tätigkeit als Wachmann von August 1944 bis April 1945 auf die vorsätzliche Mitwirkung bei der Ermordung von 5.230 Menschen insgesamt abzustellen.⁸⁶⁵ Schon in ihrem Plädoyer hatte die Staatsanwaltschaft diese noch stärkere Gesamtschau gegenüber der Demjanjuk-Rechtsprechung eingefordert.⁸⁶⁶ Über die von Eduard Dreher erschlichene kalte Amnestie kam man übrigens jeweils hinweg, indem man von Mord, nicht Totschlag ausging. In der historisch korrekten Würdigung eines arbeitsteiligen Vorgehens schloss man sich letztlich der mindestens 53 Jahre alten Argumentation Fritz Bauers an. Damals, 1969, hatte der Bundesgerichtshof auf die unter Bauer eingelegten Revisionen gegen eine Reihe von Urteilen im ersten Frankfurter Auschwitz-Prozess das noch in Bausch und Bogen verworfen:⁸⁶⁷ »Die Revision kommt [...] zu der Annahme eines Massenverbrechens, die in der Rechtsprechung des *BGH* immer abgelehnt worden ist«, heißt es da, völlig geschichtsvergessen. Endlich blickt man heute also auch juristisch in historisch korrekter Weise auf das Gesamtgeschehen – statt nur einigen wenigen den großen Plan zuzuschreiben, dem die arbeitsteilig vor Ort Tätigen mehr oder weniger als zufällig anwesende Dritte widerstrebend folgten. Endlich anerkennt man, 52 Jahre nach seinem Tod, Fritz Bauers juristische Analyse der bereits erwähnten Frankfurter Auschwitz-Rechtsprechung als völlige Abweichung von dem, »was sonst in unseren Strafprozessen üblich, ja selbstverständlich ist«.⁸⁶⁸

Wie schwer sich die Gerichte noch heute mit NS-Prozessen tun können, illustriert der skurrile Prozessverlauf des ab 2016 vor dem Landgericht Neubrandenburg geführten Verfahrens gegen den früheren SSler Hubert Zafke, dem wegen seiner Tätigkeit in Auschwitz Beihilfe zu Mord in mindestens 3.681 Fällen vorgeworfen wurde.[869] Nachdem die drei Richter von Beginn an das Verfahren verschleppt und boykottiert, sich in Zwistigkeiten mit Staatsanwaltschaft und Nebenklage verstrickt und dabei teils unhaltbare Formulierungen gewählt hatten, wurde die ganze Kammer auch auf Anträge der Staatsanwaltschaft hin wegen Besorgnis der Befangenheit von ihrer Aufgabe entbunden.[870] Ganze vier Verhandlungstage konnten in zweieinhalb Jahren stattfinden. Der Prozess gegen den inzwischen verhandlungsunfähig gewordenen Hubert Zafke musste 2017 eingestellt werden.[871]

4. Das größte Resozialisierungsprojekt der Geschichte – Wie die Deutschen sich mit den Deutschen versöhnten

Aus Sicht des Strafrechts und der Rechtspolitik hatte es den Nationalsozialismus und die Vernichtung der Jüdinnen und Juden als Massenphänomen nicht gegeben. Sechs Millionen und noch viel mehr Menschen waren von 1.500 Mörder:innen und einigen Totschläger:innen umgebracht worden. Die Opfer versuchter vorsätzlicher Tötungsdelikte sind da noch nicht eingerechnet – wir reden von den Überlebenden, noch einmal etwa eine Viertelmillion. Dazu 90.000 bis 150.000 Sinti:zze und Rom:nja, Tausende Homosexuelle, 200.000 Menschen mit Behinderung,[872] viele Tausend ermordete Christ:innen[873], eine unbekannte Zahl ermordeter Politischer, sicher aber etliche Tausend, Millionen von Zivilist:innen in der Sowjetunion und Polen – und das sind noch nicht alle. Über 75 Jahre verteilt liegen die Verurteiltenzahlen demgegenüber also im Schnitt bei gut zwanzig Täter:innen pro Jahr, anfangs auch wegen Totschlags, später nur noch wegen Mordes. Nehmen wir zum Vergleich die Jahre der gesamtdeutschen Statistiken zu Verurteilungen wegen Mordes und Totschlag: etwa 500 bis 700 pro Jahr in den letzten zwanzig Jahren; früher war das noch mehr: 1976 allein in der Bundesrepublik 774.[874] 5 % und weniger entfielen da auf die, welche weit über zehn Millionen vorsätzliche Tötungsdelikte begangen hatten. Ein Deliktfeld von offenbar nur randständiger Bedeutung, so als sei im Nationalsozialismus nichts vorgefallen, was aus dem üblichen Gang der Dinge herausstäche.

Ein inakzeptables Ergebnis nicht nur für all jene, die an Rechtsstaat und schuldadäquate Verurteilung glauben. Ein inakzeptables Ergebnis umso mehr für die Opfer und die Überlebenden, gerade im Bereich systematischer staatlicher Verfolgung: für alle Juden und Jüdinnen, Sinti:zze, Rom:nja, Homosexuellen, Menschen mit Behinderung, die nicht nur nur das angeborene und unveräußerliche Recht hatten, Gleiche unter Gleichen zu sein, sondern im Speziellen auch Gesetzesunterworfene mit umgekehrt gleichem Anspruch auf Schutz vor tödlicher Gewalt wie alle anderen. Im Gegensatz dazu begann die deutsche Gesellschaft bald nach dem 8. Mai 1945, sich wieder selbstbewusst als dezidiert nichtjüdisch geprägte Gesellschaft zu formieren. Man muss wohl sagen: Jüdische Emanzipation, jüdische Teilhabe, eine angemessene Integration der Jüdinnen und Juden und des Judentums in die Gesellschaft – das alles war, trotz aller Chancen, die das auch für die Gesamtgesellschaft geboten hätte, nicht gewünscht. Stattdessen deutet bis auf den heutigen Tag – und sei es auch mit abnehmender Tendenz – vieles darauf hin, dass es hinnehmbar oder sogar vorzugswürdig erscheint, Juden in Deutschland in einer vielfältig prekären Sonderrolle zu halten: weniger persönliche Sicherheit, keine Erkennbarkeit jüdischer Feste im Kalender, kleinere Renten für aus der ehemaligen Sowjetunion zugewanderte Jüdinnen und Juden im Gegensatz zu zugewanderten nichtjüdischen Deutschen, eine teils nur marginale Rolle bei der Gestaltung der Erinnerungskultur. Der gerade eben aufgebaute Rechtsstaat war sogleich unter politischem Druck und moralischer Verwahrlosung zu einer Karikatur von Justiz degeneriert. Eine Karikatur, die nicht einmal das höchste aller Rechtsgüter – das menschliche Leben – achtete. Die Kehrseite des staatlichen Gewaltmonopols, die unbedingte Verpflichtung zum Schutze aller Bürger:innen, sie trat nicht wieder in Kraft.[875] Bezahlt haben die, die keine Stimme mehr hatten oder zu schwach waren, sie zu erheben.

Die Weigerung der Justiz, NS-Täter:innen zu bestrafen, traf dabei den Zeitgeist der Mehrheitsbevölkerung: Schon 1949 hatten sich bis zu 70 % der Deutschen für ein Ende der als Vorstufe zur strafrechtlichen Aufarbeitung angelegten »Entnazifizierung« ausgesprochen. Während die Prozesse der Siegermächte als »Siegerjustiz« diffamiert wurden, machten sich nicht nur deutsche Politiker:innen[876], sondern auch Prominente und Kirchenvertreter:innen für eine Amnestie der Täter:innen stark. Die dahinterstehende deutsche »Schlussstrich«-Mentalität der späten 1940er- und frühen 1950er-Jahre ist dokumentiert: 1950 sprachen sich in einer Umfrage nur noch 38 % der Bevölkerung – nach fast 80 % im zeitlichen Zusammenhang mit den Nürnberger Kriegsverbrecherprozessen – für eine Verfolgung der NS-Taten aus, gerade zu dem Zeitpunkt also, als es in Verantwortung der deutschen Justiz hätte losgehen müssen mit der massenhaften Strafverfolgung.[877] Derweil erbrachte eine Befragung durch die US-Besatzungsmacht vom Dezember 1952, dass im Vergleich zu den Zahlen 18 Monate zuvor die Sympathie zum Nationalsozialismus wieder zugenommen hatte: 44 %, gegenüber zuvor 34 %, der Deutschen waren der Meinung, der Nationalsozialismus habe Deutschland mehr Gutes als Schlechtes gebracht.[878]

Mit dem »Schlussstrich« ließ sich auch Wahlkampf machen. Gleich in seiner ersten Regierungserklärung am 20. September 1949 propagierte Konrad Adenauer, »Vergangenes vergangen sein zu lassen«, und redete einer baldigen Beendigung der von ihm so genannten »Denazifizierung«, durch die »viel Unglück und Unheil angerichtet worden« sei, das Wort. Man dürfe »nicht mehr zwei Klassen von Menschen in Deutschland unterscheiden: die politisch Einwandfreien und die Nichteinwandfreien«.[879] Er wolle sich für Amnestie einsetzen.[880] Kein Ton zu Schuld und Verantwortung für die Shoa und das dadurch angerichtete Unglück und Unheil. Kein Ton zu den zwei Klassen von Menschen, zwischen denen tatsächlich unterschieden wurde – nämlich zwischen angepasst christlich geprägten, heterosexuellen, nicht geistig oder körperlich behinderten, nicht kommunistischen, sprich »echten« weißen Deutschen und allen anderen.[881]

Hämmerte ein laufendes Verfahren den Deutschen das Ungeheuerliche ins Kurzzeitgedächtnis, dann war man zwar zufrieden. Um alsbald aber wieder in den »Schlussstrich«-Trott zu verfallen, war der doch auch der Weg des allseits geringsten Widerstands: Nach dem Abfall der Zustimmungsrate für Kriegsverbrecher:innenprozesse in den ersten fünf Jahren nach Kriegsende hielten es in der Folge der Ulmer Einsatzgruppenprozesse 1958 zwar plötzlich wieder 54 % der Deutschen für richtig, NS-Verbrecher:innen für ihre Taten zur Rechenschaft zu ziehen. Schon 1963 war die Zustimmungsrate aber wieder auf 34 % gefallen. Als Begründung führten die Befragten an, andere Kriegsverbrechen blieben auch ungesühnt. Man verwies auf Hiroshima und Nagasaki und wandte sich zugleich mehrheitlich (57 %) gegen »Nestbeschmutzung«.[882] Dem aus dem Spätmittelalter stammenden Bild zufolge reichte da der Wert justizieller Gerechtigkeit für Juden nicht über den des auch jüngst wieder beschworenen Vogelschisses hinaus. 1965 ergab eine staatliche Umfrage, dass 67 % der Männer und 78 % der Frauen für ein Ende der Verfolgung von Nazi-Verbrechen seien.[883] Fast ein ebenso hoher Anteil an Befragten in einer anderen Umfrage war übrigens damals für die Todesstrafe bei »Taxifahrermördern« und »Sittenstrolchen«.[884] Es beschleicht einen das Gefühl, im Zuge des fortwirkenden »Wir-und-die«-Denkens hätte ein großer Teil der deutschen Bürger:innen unüberwindliche Schwierigkeiten gehabt, sich mit gleichem Schutz durch das Recht für Juden und Jüdinnen wie für Taxifahrer:innen anzufreunden. Wie soll jedoch eine Versöhnung gelingen, eine immer wieder neue Entfremdung vermieden werden, wenn in diesem »Wir-

und-die«-Spiel die Gefühle der Gruppe, aus der die Täter:innen kamen, gravierenden Schwankungen unterworfen sind – die Überlebenden und die Nachkommen aller Opfer die aus ihrem Schicksal resultierenden Emotionen aber nicht je nach Stimmungslage abstreifen können?

Doch wie der Wind sich auch drehte, Antisemitismus hörte nie auf. 1951 hatte eine Umfrage ergeben, dass 42 % der Befragten meinten, Deutschland sei es im 20. Jahrhundert von 1933 bis 1938 am besten ergangen, und 70 %, die schlechtesten Jahre seien 1945 bis 1948 gewesen.[885] Damit korrespondierte eine weitverbreitete Ablehnung der Opfer: Anfang der 1950er-Jahre meinte ein gutes Drittel der Bundesbürger:innen, es sei »besser, keine Juden im Land zu haben«.[886] Zehn Jahre später war diese Zahl immerhin auf jedoch weiterhin unangenehme 18 % gesunken.[887] Dennoch ergab 1964 eine Umfrage des DIVO-Instituts Frankfurt, 39 % der Befragten seien der Meinung, Prozesse wie der Auschwitz-Prozess sollten nicht mehr durchgeführt werden, »weil man nach so vielen Jahren diese Dinge nicht mehr aufrühren soll«.[888] Vor diesem Hintergrund ist es nicht verwunderlich, dass die rechtliche Abarbeitung der Nazizeit jahrzehntelang nicht nur durch Untätigkeit der Staatsanwaltschaften und Gerichte, sondern auch durch die ein oder andere »schützende Hand« im Ministerium blockiert wurde.[889] Selbst wenn die Justiz hätte tätig werden wollen – es mangelte an Unterstützung im Hintergrund.

Schon kurz nach Wiedererlangung der staatlichen Souveränität drängte die Bundesregierung bei den US-Amerikaner:innen auf Amnestierung selbst der schwersten Kriminellen. Und die Bitte wurde zu größten Teilen erhört. Da waren die Häftlinge in Landsberg, »die erste Garnitur der Angeklagten nach dem Nürnberger Hauptprozess [...], die großen Schreibtisch- und Massenmörder, der innere Kreis des Vernichtungsapparats«.[890]

Am 9. Januar 1951 erhielt John McCloy, der US-amerikanische Hochkommissar, ihretwegen Besuch von einer Delegation des Deutschen Bundestages, darunter dessen Präsident, konservative Abgeordnete, der Sozialdemokrat Carlo Schmid und der Staatssekretär im Justizministerium Walter Strauß. Sie forderten die Freilassung aller Landsberger Häftlinge, unverhohlen drohend, deren weitere Bestrafung würde »eine schwere Belastung des Wiederbewaffnungsproblems« darstellen.[891] Zudem hatten der CDU-Bundestagsabgeordnete und Zivilrechtsprofessor in Heidelberg Eduard Wahl sowie Hodo von Hodenberg, ab 1945 Präsident des Oberlandesgerichts Celle, einen »Kreis von Gleichgesinnten« um sich geschart, mit dem Ziel, den verurteilten Kriegsverbrecher:innen und sonstigen NS-Täter:innen Freiheit zu verschaffen und sie zu rehabilitieren. Eine weitere Gruppe, zusammengesetzt aus FDP- sowie CDU-Politiker:innen, Kirchenleuten und Unternehmer:innen, schrieb sich ab Oktober 1951 ebenfalls eine »Generalamnestie« auf die Fahnen.[892] Als die NS-Justizgeschichte erstmals im Rahmen der Wanderausstellung »Ungesühnte Nazijustiz« – in der Darstellung von etwa 100 Fällen – dokumentiert und auf diesem Wege ab dem 27. November 1959 zur öffentlichen Debatte gestellt wurde, wandten sich Rechtspolitiker:innen aller Parteien gegen den empfundenen Tabubruch.[893] Für die Macher der Ausstellung, sämtlichst SPD-Mitglieder, folgte der Parteiausschluss.[894] Anfang der 1960er-Jahre beklagte Karl S. Bader, erst bei einer deutschen Justizbehörde beschäftigt, später Juraprofessor in Zürich: »Es ist vieles unterlassen worden, weil die neu in die Politik einsteigenden Abgeordneten, Minister und hohen Staatsbeamten weder Lust noch Eifer zeigten, die Justiz […] zu unterstützen.«[895] Zur selben Zeit nahm der SPD-Abgeordnete Walter Menzel »nur mit Schrecken und nicht ohne innere Erregung« zur Kenntnis, was ein Beamter des Bundesjustizministeriums dem Rechtsausschuss des Bundestages zur

NS-Strafverfolgung vortrug: Die (für die Justiz zuständigen) Bundesländer hätten »an eine Art Trend in der Öffentlichkeit geglaubt, auf die Verfolgung jener Delikte nicht mehr so Wert legen zu müssen«.[896] Übelster Populismus, würde man heute sagen. Von den beiden der bundesdeutschen Gesellschaft zuteilgewordenen Geschenken Demokratie und Rechtsstaat nahm diese sogleich Erstere, um damit unter Missachtung der beigelegten Gebrauchsanweisung (Kapitel »Gewaltenteilung«) Letzteren denkbar schwer zu beschädigen. Günther Feld, in Köln lange für NS-Verbrechen zuständiger Oberstaatsanwalt, hernach als Rechtsanwalt Vertreter von Nebenklägern, sieht es so: »Natürlich hätten noch Hunderte oder Tausende Verfahren gegen Auschwitz-Täter geführt werden müssen. Warum es nicht mehr Verfahren gab? Es war politisch wohl nicht gewünscht.«[897]

Das Bundesjustizministerium, das sich, so der deutsche Historiker Norbert Frei, »unter Berufung auf die Unabhängigkeit der Justiz und die Zuständigkeit der Länder […] jahrelang so desinteressiert wie nur möglich« an der NS-Belastung von Bundesrichtern gezeigt hatte,[898] wurde jedoch in ganz anderer Weise aktiv. 1950 hatte mit 17 Personen die *Zentrale Rechtsschutzstelle (ZRS)* ihre Arbeit begonnen: Bis Ende der 1960er-Jahre unterstützte sie im Ausland vor die lokale Justiz gelangte NS-Verbrecher:innen »wegen Handlungen oder Unterlassungen im Zuge der Besetzungen der fremden Länder« – nach unangenehm überhöhter Einschätzung von Justizminister Thomas Dehler »ein Stück praktischen Kampfes gegen die Legende von einer deutschen Kollektivschuld«.[899] Bald konzentrierte sich die Arbeit der ZRS aber unverhohlen auf die durch einen Sonderfonds finanzierte Unterstützung der Verteidigung insbesondere in Frankreich gesuchter und inhaftierter Kriegsverbrecher:innen.[900] Die ursprünglich zur Betreuung Kriegsgefangener geschaffene ZRS »entwickelte sich auf diese Weise«, so Görtemaker und Safferling, »zu einer Organisation, die systematisch verhinderte, dass Funktionsträger des Dritten Reiches, die schwerste Verbrechen begangen hatten, ihre gerechte Strafe erhielten«.[901] In ihrem Besitz befindliches ermittlungsrelevantes Archivmaterial hielt die ZRS gegenüber der mit der Verfolgung von NS-Straftäter:innen betrauten Zentralstelle in Ludwigsburg zurück.[902] 280 auf einer Fahndungsliste stehende Personen warnte die ZRS sogar Anfang bis Mitte der 1960er-Jahre aktiv vor der drohenden Strafverfolgung[903] mit der abenteuerlichen Ausrede, bei der Strafverfolgung von NS-Täter:innen sei »Siegerjustiz« am Werk, und die Taten vor 1945 seien durch das »Unrecht« an Deutschen während der Besatzung mehr als ausgeglichen.[904] Verbal und ideologisch wurde das Gerede von Siegerjustiz flankiert von Dehler, der den französischen Behörden schon Ende 1949 »Kollektivhaftung« vorgeworfen hatte.[905] In Bezug auf das von Angehörigen der 2. SS-Panzerdivision am 10. Juni 1944 angerichtete Massaker in Oradour-sur-Glane mit 642 ermordeten Männern, Frauen und Kindern erklärte Dehler, hier »seien Dinge geschehen […], die über das menschlich Erträgliche hinausgehen«[906] – allerdings nicht mit Blick auf die Opfer, sondern in Bezug auf die nach Dehlers Ansicht unschuldig inhaftierten Deutschen. Die Strafverfolgung deswegen wurde vom inzwischen für die ZRS zuständigen – besonders stark mit ehemaligen Mitgliedern der NSDAP durchsetzten[907] – Auswärtigen Amt durch die Mitteilung an die Staatsanwaltschaft, man erteile hierzu keine Ermächtigung, brüsk unterbunden.[908] Ende der 1950er-Jahre setzte sich das Bundesjustizministerium in erstaunlicher Weise für den dort schon 1952 aus dem Dienst ausgeschiedenen Max Merten ein. Der hatte sich 1942 als Leiter der dortigen Abteilung »Verwaltung und Wirtschaft« an Zwangsmaßnahmen gegen griechische Jüdinnen und Juden in Thessaloniki beteiligt, die mit dem Abtransport von 45.000 bis 50.000 Menschen nach Auschwitz und Bergen-Belsen endeten. 1957 wurde er in

Griechenland verhaftet und dort zwei Jahre später zu 25 Jahren Haft verurteilt. Das Bundesjustizministerium bekam ihn mit hohem Engagement frei, nach acht Monaten Haft wurde er nach Deutschland überstellt und dort nach wenigen Tagen aus der Haft entlassen.[909] Erschütternd auch, dass am Bundesarbeitsgericht Porträts belasteter Richter immer noch zwischen denen ihrer honorigen Kollegen in der »Ahnengalerie« hängen. Die aktuelle Gerichtspräsidentin, hiermit konfrontiert, vertröstet darauf, es sei wichtiger, das Problem zukünftig öffentlich in einer Publikation zu behandeln, statt »im Internum des BAG auf so etwas, auf diese Verstrickungen in NS-Unrecht hinzuweisen«.[910] Da mag man vertreten können, dass Ersteres »wichtiger« ist – warum dies aber das Letztere, leicht sofort umzusetzen, überflüssig machen sollte, bleibt schleierhaft.

Nicht nur die Justiz blieb von Alt-Nazis durchsetzt. Von Adenauer bis Kohl gehörten jeder Regierung ehemalige NSDAP-Mitglieder als Minister:innen an; unfassbare zwölf gar der Regierung unter Kanzler Willy Brandt.[911] In den 1960er-Jahren noch, so Malte Herwig, hätten die ehemaligen NSDAP-Mitglieder – hätten sie sich zusammengeschlossen – im Deutschen Bundestag die größte Fraktion gebildet.[912] Die Leidtragenden waren die Opfer des Nationalsozialismus und deren Nachkommen, deren Mitsprache und Interessen (zum Beispiel das Interesse, nicht von Ex-Nazis regiert zu werden) auf der Strecke blieben. Versöhnen hieß nicht, den Opfern, soweit dies möglich war, Gerechtigkeit widerfahren zu lassen. Versöhnen hieß die Täter:innen schonen. Zum Beispiel in Schleswig-Holstein: Der zwischenzeitliche Bürgermeister von Westerland auf Sylt und nachmalige Landtagsabgeordnete Heinz Reinefarth hatte bei der Niederschlagung des Warschauer Aufstandes von 1944 schwerste Kriegsverbrechen begangen. Mehrere Zehntausend Tote gingen auf das Konto der von ihm befehligten Einheiten.[913] Juristisch wurde er in Deutschland nie belangt;

einem Auslieferungsgesuch Polens erteilte die Hamburger Justiz eine Absage. Und so zog er denn letztlich auf einer rechtsextremen Liste in den Landtag ein.[914]

Besonders engagiert in dieser deutsch-deutschen »Versöhnung« zeigte sich die FDP, die schon zur Bundestagswahl 1949 mit Plakaten wie »Schlußstrich drunter« oder »Wer staatsbürgerliche Gleichberechtigung will, wählt FDP« warb und auf ihrem Bundesparteitag 1951 in München die Freilassung aller »sogenannten Kriegsverbrecher« forderte.[915] Noch 1964 verkündete der vormalige Parteichef Thomas Dehler auf einem Parteitag: »Wer an der formalen Mitgliedschaft bei der NSDAP Anstoß nimmt, der will einer Generation von jungen Menschen, die unter bestimmten Verhältnissen leben musste, die Lebensmöglichkeit, auf jeden Fall die politische Wirkungsmöglichkeit abschneiden.«[916] Ein völlig unnötiges Plädoyer für pauschale Blankoentlastung: Erst einmal gab es keine »formale Mitgliedschaft« – im Gegensatz zu was? Einer »nicht formalen Mitgliedschaft«? –, sondern nur eine Mitgliedschaft in der NSDAP, und die war nach allem, was wir aus den Geschichtswissenschaften wissen, freiwillig. Und dann ist es eine merkwürdige Täter:innen-Opfer-Umkehr, denen, die sich erlaubten, eine NSDAP-Mitgliedschaft kritisch zu sehen – was in mehr als Einzelfällen nur allzu berechtigt gewesen sein dürfte –, einen Angriff gar auf die »Lebensmöglichkeit« der Ex-Nazis vorzuwerfen. Ging es vielleicht auch etwas kleiner? Und was die »politische Wirkungsmöglichkeit« angeht: Warum sollte die nicht infrage gestanden haben? Samtene Entnazifizierung stattdessen, Übernahme geschichtlicher Verantwortung nach kosmetischem Pflegefaktor *besonders mild* – selbst in kleinen Packungsgrößen für den Umgang mit Karrieristen ohne moralischen Kompass leider völlig fehl am Platz. Warum sollte a priori davon auszugehen sein, dass Ex-Nazis als demokratische Politiker:innen ebenso geeignet wären wie seit jeher aufrechte Demokrat:innen oder gar ehemals am Widerstand Beteiligte? Im bayerischen Landtagswahlkampf schwadronierte Dehler dann vom verfehlten Kampf der Alliierten gegen den Nazismus, habe es den doch seit 1945 gar nicht mehr gegeben.[917] Folgerichtig fremdelte Dehler, milde ausgedrückt, umgekehrt mit der Aufhebung von NS-Unrechtsurteilen: Am 16. März 1950 erklärte er im Bundestag, durch eine nachträgliche Legalisierung von Widerstandshandlungen »werde das ganze Gefüge unserer Rechtsordnung [...] in gewissem Maße gefährdet«.[918] Wenn das »unsere« Rechtsordnung sein soll, möchte ich mich nicht zum dazugehörigen »Wir« zählen!

Angesichts solcher Äußerungen enttäuscht es, aber es überrascht nicht, dass Dehler (obwohl zur Zeit des Nationalsozialismus mit einer Jüdin verheiratet und Anwalt für Regimegegner:innen sowie Juden und Jüdinnen und selbst Diskriminierung ausgesetzt[919]) bereits im April 1946 dem als Sonderrichter und Ankläger NS-Justiz-belasteten Hans Winners ein Leumundszeugnis – »unbedingte Gegnerschaft zum NS« – ausstellte und ihn bereits Mitte 1950 ins Bundesjustizministerium holte.[920] Erst 1964 erfuhr das Bundeskanzleramt durch einen anonymen Brief von der NS-Belastung Winners. Und das war nicht der einzige Fall: Auch sonst umgab sich Dehler bald nach 1945 mit Mitarbeiter:innen, die in der NS-Zeit wichtige Positionen bekleidet hatten.[921] Görtemaker und Safferling vermuten für all das teils persönliche, vor allem aber politische Motive: Dehler habe mit der Wiedereingliederung NS-belasteter Jurist:innen ein Zeichen setzen wollen, um sich für seine Karriere die Unterstützung des Justizapparats zu sichern.[922]

Wenn auch von Dehler immer wieder mit Personalknappheit argumentiert wurde[923] und in Teilen der Gesellschaft bis heute wird, insoweit es um die Einstellung von Belasteten ging: Die damalige Situation kann so katastrophal nicht gewesen sein. Für die Anfangszeit des Bundesjustizministeriums jedenfalls konnte man den geografischen Rekrutierungskorridor äußerst schmal halten: »Frankfurter, Hamburger, Bamberger« seien es gewesen, teilt ein Mitarbeiter der ersten Stunde in einem Erinnerungsband mit.[924] In der Folge setzte sich knapp die Hälfte des Mitarbeiter:innenstabs in den Anfangsjahren des Bundesjustizministeriums aus ehemaligen NSDAP-Mitgliedern zusammen.[925] Dabei betonen Görtemaker und Safferling, deren Mitgliedschaften seien allzu oft nicht nur biografische Randnotizen gewesen: Für die Abteilung I des Ministeriums und dessen ehemalige Mitarbeiter:innen des Reichsjustizministeriums etwa stellten sie fest, dass diese sämtlichst »eine über die rein sachliche Tätigkeit im RJM hinausgehende Anbindung an die NS-Ideologie aufwiesen«. Dies sei »durch entsprechende Publikationen oder Mitwirkung an Projekten der Akademie für Deutsches Recht sowie in vier Fällen auch durch eine dienstliche Tätigkeit im Zusammenhang mit der Verwaltung der besetzten Gebiete belegt«.[926] Was die Abteilung II des Ministeriums anging, so betrug 1957 der Anteil der NS-Belasteten dort satte 76,9 % unter den Abteilungs- und Referatsleiter:innen, darunter wie bereits beschrieben so illustre Figuren wie Eduard Dreher und Karl Lackner.[927] In der Abteilung III war der Spitzenwert ehemaliger Nationalsozialist:innen zu verzeichnen: 77,8 % im Jahre 1957.[928] Besonders erschreckend fällt die NS-Belastung aber für die Abteilung IV, die Abteilung für Öffentliches Recht, aus.[929] Dort arbeiteten in besonderem Maße Verfassungsjurist:innen – der harte Kern derer also, die auf ministerieller Ebene das neue Grundgesetz zu wahren und zu schützen hatten. Auch hier waren ehemalige NSDAP-Mitglieder von Anfang an zahlreich vertreten, ansteigend auf bis zu 52,6 % im Jahr 1957.

Das für die neue Verfassung wie für die Gesellschaft desaströse und auch infektiöse »Wir«-Denken in NS-Seilschaften führte unter anderem dazu, dass ausgerechnet Walter Roemer für die ersten zwei Jahrzehnte nach Schaffung der Abteilung zu einer prägenden Figur derselben werden sollte. Roemer war im nationalsozialistischen Deutschland Erster Staatsanwalt des Landgerichts München I und Leiter der Vollstreckungsabteilung gewesen. Natürlich behauptete er später, es sei vornehmlich um Schwerstkriminelle gegangen, doch war er eben auch für die Vollstreckung der politischen Urteile des Volksgerichtshofs zuständig gewesen, die auch zahlreiche Widerstandskämpfer:innen trafen.[930] Die prominentesten darunter: die Geschwister Scholl. Wo es der Wunsch der Weißen Rose in ihrem vierten Flugblatt war: »Vergesst auch nicht die kleinen Schurken dieses Systems, merkt euch die Namen, auf dass keiner entkomme!«[931] – da konnte nicht nur ein kleiner Schurke, sondern sogar ein zentrales Rad im Getriebe ihrer Ermordung in feinster Weise wieder in Amt und Würden gelangen. Darüber kann kein symbolischer Akt wie die Benennung einer Straße oder Schule nach den Scholls hinwegtrösten. Denen, die, vielleicht aus Unwissen, bis heute argumentieren, man hätte doch nun mal die Leute gebraucht, sei gesagt: Von 28 leitenden Mitarbeitern im Bundesjustizministerium hatten nur vier ministerielle Vorerfahrung.[932]

Auch der Bundesgerichtshof war in »großer Mehrzahl« mit NS-belasteten Richtern besetzt.[933] 1953 waren 72 % der BGH-Richter bereits in der NS-Zeit als Richter tätig gewesen, 1956 sogar 79 %. Erst 1964 sank die Zahl wieder, auf immer noch erschreckende 70 %.[934] Höher noch war die Zahl in den Strafsenaten: in der Spitze 80 % im Jahr 1962[935] – mit der Folge, dass, so Görtemaker und Safferling, die BGH-Strafsenate »ein geradezu unheimliches Verständnis für die NS-Terrorjustiz offenbarten«.[936] Umgekehrt konnten nur 5 % der BGH-Richter:innen auf ein Schicksal der Entfernung aus dem Dienst oder des Exils in der NS-Zeit zurückblicken.[937] Auch die unselige Gehilfenrechtsprechung des BGH, die massenhaft zu kalter justizieller Amnestie führte, ordnen Görtemaker und Safferling in diese Zusammenhänge ein und betonen, erst Mitte der 1990er-Jahre habe der BGH »deutliche Selbstkritik« geübt.[938] Den Vorsitz des III. Strafsenats des Bundesgerichtshofs, ausgerechnet des Senats, der für politische Straftaten zuständig war, übernahm zum Beispiel am 10. Februar 1958 bis zu seinem vorzeitigen Ruhestand am 30. September 1959 Ernst Kanter.[939] Zuvor aufgekommene Vorwürfe bezüglich einer NS-Belastung gegen ihn hatte Justizminister Thomas Dehler in den Wind geschlagen. Kanter hatte seit 1943 im besetzten Dänemark als Generalrichter beim Oberbefehlshaber an mindestens 103 NS-Todesurteilen gegen Widerstandsleute und Wehrmachtsangehörige mitgewirkt.[940] Der zeitweilige Generalbundesanwalt (März bis Juli 1962[941]) Wolfgang Immerwahr Fränkel hatte, so der *Spiegel* 1965, »im Krieg in der Reichsanwaltschaft zeitweilig sogar den Blutrichter Freisler an Härte übertroffen«.[942] Immerhin wurde er wegen seiner NS-Vergangenheit schließlich doch in den einstweiligen Ruhestand versetzt.[943] Neben Thomas Dehler ermöglichte auch der bereits erwähnte Präsident des Oberlandesgerichts Celle, Hodo von Hodenberg, »schwer belasteten Nazis in unvorstellbarer Zahl die Rückkehr in die Justiz«.[944] So diente in Celle etwa der Richter Otto Wöhrmann, der sich in der NS-Zeit versuchter Justizmorde schuldig gemacht hatte – zweimal hatte er wegen Bagatellen zum Tode verurteilt, nur durch glückliche Zufälle kamen die Verurteilten mit dem Leben davon. Belangt wurde er deswegen nie.

Nur einmal kam es zu einer Zurückstufung in der Karriereleiter: im Fall Heinrich Ebersberg.[945] Das gegen ihn gerichtete Strafverfahren musste jedoch 1970 infolge der von seinem Ministeriumskollegen Eduard Dreher herbeigeführten Verjährung eingestellt werden.[946] Erst 1986 fiel die Zahl der NS-belasteten leitenden Mitarbeiter des Bundesjustizministeriums mit der Pensionierung von Abteilungsleiter Günther Schmidt-Räntsch auf null.⁹⁴⁷ Dessen Renteneintritt garnierte man übrigens noch mit dem Großen Verdienstkreuz des Verdienstordens der Bundesrepublik Deutschland, obwohl er vorsätzlich hinsichtlich seiner Mitgliedschaft in der NSDAP betrogen hatte.⁹⁴⁸

Auch anderswo im öffentlichen Dienst wurden massenhaft ehemalige Nazis rasch wieder eingestellt: die »Minderbelasteten«, sogenannte »131er«.⁹⁴⁹ Die Bezeichnung »131er« geht auf ein 1951 beschlossenes Gesetz zu Artikel 131 Grundgesetz zurück, welches die Wiederverbeamtung dieser Personen in ihren alten Positionen nicht nur erlaubte,⁹⁵⁰ sondern als Anrecht ausgestaltete.⁹⁵¹ Wo die Militärgouverneure der Westalliierten den Wunsch gehabt hatten, das Berufsbeamtentum generell abzuschaffen, fand sich nun insbesondere auf Druck der Deutschen Partei im Parlamentarischen Rat ein Artikel im Grundgesetz, der darauf abzielte, möglichst viele Verbeamtete wieder einzustellen. In Artikel 33 Absatz 5 wurde zudem das Berufsbeamtentum in Verfassungsrang erhoben. Ausgerechnet die Berufsgruppe, die strukturell am stärksten belastet war – immerhin war der Nationalsozialismus eine Form staatlich organisierten Terrors –, war nun als einzige gleich in zwei Artikeln des Grundgesetzes ausdrücklich geschützt. Irrlichternde Resozialisierungspolitik gewann in parlamentarischen Beratungen und der Öffentlichkeit die Oberhand über Schuldfragen.⁹⁵² Damit war, so der Historiker Ulrich Herbert, »in weniger als fünf Jahren der überwiegende Teil der alliierten Säuberungsmaßnahmen aus den Nachkriegsjahren rückgängig gemacht und das Gros der nationalsozialistischen Funktionsträger amnestiert und weitgehend reintegriert worden«.⁹⁵³ Bereits im Zusammenhang mit der Debatte über ein schon 1949 auf den Weg gebrachtes Amnestiegesetz⁹⁵⁴, welches vordergründig auf kleinere Nachkriegsdelikte wie Schwarzschlachten oder Schiebertum gerichtet war, aber bereits damals SS-Täter:innen im KZ mit umfassen konnte, ließ sich Adenauer wie folgt vernehmen:

»Wir haben so verwirrte Zeitverhältnisse hinter uns, dass es sich empfiehlt, generell Tabula rasa zu machen.«[955] Und der Staatsrechtler und Chefjurist der SPD-Fraktion im Bundestag, Adolf Arndt, sekundierte: »Was in Deutschland aufhören soll«, sei »die Menschenjagd«.[956]

Es wurde also ein Ziel ins Gegenteil verkehrt, das doch eigentlich mit Kapitulation der Wehrmacht und Übernahme der Regierungsgewalt durch die Alliierten gesetzt schien: der Austausch der Funktionseliten.[957] Dadurch bestanden schließlich 77,4 % der Besetzungen im Verteidigungsministerium aus »131ern«, 68,3 % im Wirtschaftsministerium und 58,1 % im Presse- und Informationsamt der Bundesregierung.[958] Auch in das relativ kleine Bundesjustizministerium rückten insgesamt 36 »131er« ein; 1957 hatten so 33 % der Referatsleitungen diesen Hintergrund.[959] Zur selben Zeit waren zwei Drittel der Leitungsposten im Auswärtigen Amt mit Ex-NSDAPler:innen besetzt – mehr, als in der NS-Zeit selbst Parteileute dort vergleichbare Ämter innehatten![960] Wer hätte sich erträumen können, dass das NSDAP-Parteibuch einen solchen zweiten Frühling als Karriere-*Booster* erleben würde? Die Folgen dieser »Rehabilitationspolitik« waren so absehbar wie katastrophal: Zuletzt förderte eine Dissertation von Remko Leemhuis zur historischen Haltung des Auswärtigen Amts zu Israel eine auch nach den diplomatischen Annäherungen ab 1966 von schlimmen Antisemitismen durchsetzte Agenda im Haus zutage.[961] Laut *Tagesspiegel* fand Leemhuis zahlreiche Belege zum Glauben an die jüdische Weltverschwörung, dazu Warnungen vor der »Holocaust-Karte« und die an kalter Arroganz kaum zu übertreffende Bemerkung des ersten Botschafters in Israel, Rolf F. Pauls, Israel müsse »einsehen lernen [...], dass Außenpolitik [...] den Blick nach vorne zu richten« habe.[962]

Wie wenig dieser »nach vorne gerichtete« Blick auch innenpolitisch einer deutsch-jüdischen Versöhnung galt, wird nicht zuletzt dadurch deutlich, dass die Anstrengungen zur Gewinnung notwendigen Personals für ein neues, demokratisches Deutschland noch nicht einmal am Rande den Versuch einschlossen, überlebenden jüdischen Jurist:innen Stellen anzubieten und ihnen so zu zeigen, dass ihre Mitarbeit und Teilhabe erwünscht wären – ein Schritt, der im Sinne der nötigen Entnazifizierung überaus nützlich gewesen wäre, führte doch gerade die Durchsetzung der Institutionen mit Alt-Nazis dazu, dass diese umgekehrt die Funktionsunfähigkeit des Staates in der Abarbeitung von NS-Verbrechen umso machtvoller sicherstellen konnten. Doch »Rehabilitation« bedeutete eben nicht, verfemte und aus dem Amt gedrängte Juden und Jüdinnen zu rehabilitieren und systematisch in die alten Stellen, zum Beispiel in Justiz und Wissenschaft, wieder einzusetzen. Nein· Wer rehabilitiert werden sollte, waren die Alt-Nazis.

Auch mit Blick auf den Polizeiapparat gilt: Nur wenige der Verbeamteten mussten sich nach 1945 vor Gericht verantworten, viele konnten in der Bundesrepublik ihre Karrieren fortsetzen.[963] Ehemalige, vor allem mittlere, Gestapo- und SS-Leute rückten in der Bundesrepublik teils in hohe Polizeiränge ein und bekleideten Mitte der 1950er-Jahre in nicht wenigen größeren Städten den Posten des Polizeipräsidenten.[964] Befördert durch die Einstellungspolitik des damaligen Verwaltungschefs des Bundeskriminalamts, Eduard Michael, der in Polen selbst an NS-Verbrechen beteiligt gewesen war, bildeten ehemalige SSler schließlich einen Großteil der leitenden Beamten des BKA.[965] Teile der Presse unterstützten das: Der *Spiegel*-Herausgeber Rudolf Augstein forderte 1950 dazu auf, Kriminalbeamte mit SS-Rang, welche ins Reichssicherheitshauptamt übernommen worden waren, nun in den Polizeidienst aufzunehmen.[966] 1958 waren 33 von 47 leitenden Beamten des BKA teils schwer belastete ehemalige SSler, wie eine Studie der Universität Halle unter Leitung des Historikers Patrick Wagner (*1961) herausgearbeitet hat. Erst 1960 begann eine durch das Bundesinnenministerium angeschobene Untersuchung, deren Konsequenzen – elf Versetzungen – jedoch nicht gerade rigoros waren.[967]

Kein Wunder, denn auch im Innenministerium gaben Alt-Nazis den Ton an: Die Theologin und Religionshistorikerin Uta Ranke-Heinemann (1927–2021), Tochter des ersten Innenministers der Bundesrepublik Gustav Heinemann (1899–1976), seines Zeichens einmal ein wirklich lupenreiner Anti-Nazi, schreibt: »Mein Vater als erster Innenminister nach dem Krieg verzweifelte an der Integration der Nazis und SS-Offiziere, allein 400 hohe SS-Offiziere bildeten den neuen deutschen Geheimdienst. Das war einer der Gründe, warum mein Vater 1950 als Innenminister zurücktrat. Das brachte ihm die ewige Feindschaft von Konrad Adenauer ein.«[968] In der Tat belegt eine Studie des Instituts für Zeitgeschichte von 2015, dass von 1949 bis 1970 die Hälfte der leitenden Beamten des Bundesinnenministeriums NSDAP-Mitglieder gewesen waren und 25 % in der SA sowie 9 % in der SS.[969] Görtemaker und Safferling betonen, Gustav Heinemann sei der einzige Minister gewesen, der geklärt wissen wollte, ob diese »Schlussstrich«-Personalpolitik vertretbar sei.[970]

Insgesamt hält Ulrich Herbert, bis 2019 Professor für Neuere und Neueste Geschichte an der Universität Freiburg, fest: dass angesichts Millionen Ermordeter die NS-Eliten »zu einem so großen Teil ungeschoren davonkommen und sogar für lange Jahre als angesehene Bürger in zum Teil hohen Positionen leben sollten, war ein allen Vorstellungen von politischer Moral so grundlegend widersprechender Skandal, dass dies unmöglich ohne schwerwiegende und langwirkende Folgen für diese Gesellschaft, ihre innere Struktur wie ihr außenpolitisches Ansehen, bleiben konnte«.[971] Eine verbesserte Partizipation für ehemals Verfolgte am politischen Leben? Fehlanzeige. Bis heute hat es keine:n jüdische:n Bundesminister:in gegeben. Und für 1994 berichtete Eike Geisel – Ignatz Bubis (1927–1999) war da von einer Zeitung als Bundespräsident ins Gespräch gebracht worden[972] –, fast ein Drittel der Deutschen lehne einen Juden oder eine Jüdin als Bundespräsident oder Bundespräsidentin ab.[973] Gab es irgendwann zum Beispiel eine Einführung jüdischer Feiertage als gesetzliche Feiertage? Auch nur einen Tag, als wirkmächtige Geste? Natürlich nicht. In der Tat hat nach 1945 kaum ein:e noch gar sich offensiv zu seinem:ihrem Judentum bekennende:r Jude oder Jüdin eine wirklich zentrale Führungsposition in Wirtschaft, Politik oder Gesellschaft eingenommen. Das heißt, außerhalb des Postens des:der Vorsitzenden des Zentralrats der Juden in Deutschland – eine Position, die ohnehin Juden und Jüdinnen vorbehalten ist. Selbst die Antisemitismusbeauftragten in Bund und Ländern sind – nach dem Motto: Das oder nichts? – bis heute ausschließlich Nichtjuden und -jüdinnen. Fairerweise muss man sagen: weil auch die jüdischen Repräsentant:innen nicht stark genug darauf dringen, sich an dieser wichtigen Stelle selbst zu repräsentieren und vor allem fachlich einzubringen.

Auf die durchaus nicht abwegige Idee, der Gruppe der anfangs noch in größerer Zahl in Deutschland lebenden jüdischen Staatenlosen die deutsche Staatsangehörigkeit anzubieten, kam nie jemand. In der Folge gaben auf den Registerkarten für *Displaced Persons* als gewünschtes Zielland die meisten Jüdinnen und Juden Palästina an. Eine Umfrage der Hilfsorganisation *United Nations Relief and Rehabilitation Administration (UNRRA)* von 1946 ergab, dass 18.702 von 19.311 für *Eretz Israel* votierten. Der Historiker und ehemalige Direktor des Moses Mendelssohn Zentrums für europäisch-jüdische Studien Julius H. Schoeps bemerkte dazu: »Zur Remigration hätten sich gewiss mehr entschlossen, wenn ein Bundespräsident oder Bundeskanzler in den ersten Nachkriegsjahren die aus dem Land gejagten deutschen Juden expressis verbis zur Rückkehr eingeladen hätte. Eine solche Aufforderung hat es jedoch nicht gegeben.«

Eine derartige Willkommenshaltung kam erst mehr als vier Jahrzehnte später, 1991, auf – mit der Einladung an Jüdinnen und Juden in der ehemaligen Sowjetunion, als Kontingentflüchtlinge nach Deutschland einzuwandern und Deutsche zu werden. Sie wurden nach dem sogenannten Königsteiner Schlüssel (der gesamtstaatliche Pflichten föderal zuweist) auf die Bundesländer verteilt, hatten Anspruch auf einen Sprachkurs und eine sofortige Arbeitserlaubnis. Das Ganze war allerdings weniger eine Idee, die aus der Mitte der Gesellschaft an die Politik herangetragen wurde, als eher eine fast private Aktion des damaligen Bundeskanzlers Helmut Kohl zusammen mit dem damaligen Vorsitzenden des Zentralrats der Juden in Deutschland, Heinz Galinski. Eine Aktion, gegen die es durchaus Widerstände gab. So forderten etwa Stimmen aus Bayern und dem Bundesinnenministerium, diese Zuwanderung auf lächerliche 1.000 Personen im Jahr zu beschränken. Hätten sich diese Stimmen durchgesetzt, dann wäre das Judentum außerhalb einer Handvoll Großstädte in Deutschland heute unsichtbar. Meine Gemeinde in Göttingen würde es wie viele andere de facto nicht geben.

Die unselige Tradition, Juden und Jüdinnen auch nach 1945 aus Deutschland fernzuhalten, war in den 1990er-Jahren aber auch damit nicht am Ende. Erst mit Entscheidung des Bundesverfassungsgerichts vom 20. Mai 2020[974] ist eine jahrzehntelange Praxis des Bundesverwaltungsamts und des Bundesverwaltungsgerichts beendet worden: nämlich die Einschränkung des an sich in Artikel 116 Absatz 2 Grundgesetz lückenlos verbrieften Rechts auf die deutsche Staatsbürgerschaft für Abkömmlinge von Juden, denen unter den Nazis die Staatsangehörigkeit entzogen wurde. Die Verfassungsbeschwerde gegen die genannte Spruchpraxis erwies sich als offensichtlich begründet. Jahrzehntelang hatte man Juden verfassungswidrig schlechter als Vertriebene behandelt: Hatten dort nicht eheliche Kinder von deutschen Vätern das Recht auf Einbürgerung, verweigerte man es bis 2020 den nicht ehelichen Kindern deutscher Juden.

Auch andere überlebende Opfer des nationalsozialistischen Erbgesundheits- und Rassenwahns erhielten kaum einmal ein Fußbänkchen am Verhandlungstisch von Nachkriegsdeutschland. Bestrebungen, Sinti:zze und Rom:nja umfassend zu entschädigen, sie so weit wie möglich in ihre Lebenssituation vor der Nazizeit wieder einzusetzen, gab es, wenn überhaupt, viel zu wenig. Die Hatz auf Homosexuelle, insbesondere Schwule, ging weiter. Umfassende Entschädigungen und juristische Rehabilitierung gab es jahrzehntelang nicht. Auch hier liegt der Verdacht nahe, dass aus dem Bundesjustizministerium heraus die Aufhebung von NS-Erbgesundheitsurteilen hintertrieben wurde.[975] Als endlich über Rehabilitierung etwa von Homosexuellen gesprochen wurde, kam sie für die inzwischen hochbetagten oder verstorbenen Opfer und ihre Familien zu spät. Nicht nur war ihre Liebe kriminalisiert worden und hatte so manche Karriere nur unter einem Damoklesschwert stattfinden können; es war ihnen auch jede Möglichkeit verwehrt geblieben, Partnerschaft und Familie mit gleichen Rechten leben zu können wie Heterosexuelle. Spätestens mit der Entkriminalisierung der männlichen Homosexualität durch die Aufhebung des sogenannten Schwulenparagrafen, des § 175 StGB, der vom 1. Januar 1872 bis zum 11. Juni 1994 bestand, hätte umgehend eine lückenlose Rehabilitierung und Entschädigung stattfinden müssen. Dies passierte aber nicht. Umso bestürzender, als Homosexuelle lange Jahre noch weniger als andere Opfergruppen über ihre Verfolgung sprechen konnten – hätten sie damit doch quasi immer noch einräumen müssen, »kriminell« zu sein, besonders gemessen an der Fassung des § 175 StGB bis 1969, die Sex zwischen Männern ohne Einschränkung unter Strafe stellte. Der Sachsenhausen-Überlebende Horst Hönig litt, so seine Tochter Petra, lebenslang unter Depressionen und war ihr zufolge dazu verdammt, die Traumata auf seine Kinder zu übertragen. Heinz Hönig suizidierte sich 1961, seine beiden unter der Verdrängung des Vaters leidenden Söhne suizidierten sich 1979 und 1983. Petra Hönigs Entschädigungsantrag wurde 2015 abgelehnt: Sie gehöre nicht zur Opfergruppe.[976]

Auch die aus Gründen der sogenannten Erbgesundheit Gequälten, Verstümmelten und Getöteten wurden noch Jahrzehnte nach 1945 mit Nichtachtung bestraft, ganz nach der englischsprachigen Redewendung »adding insult to injury«, also »einer Verletzung noch eine Beleidigung hinzufügen«. Die Akteur:innen aus Wissenschaft und Medizin verteidigten sich gerne mit der Behauptung, das alles sei eben damals eine zeitgemäße, auch im Ausland übliche Denkweise und Praxis gewesen – die schwedischen Sozialdemokrat:innen zum Beispiel hätten Ähnliches diskutiert. Das ist aber nicht vergleichbar. Zwar galt in Schweden von 1935 bis 1976 ein Sterilisationsgesetz, das zu insgesamt 63.000 Sterilisierungen führte. 1999 immerhin bewilligte das schwedische Parlament aber Entschädigungszahlungen. Und systematische Tötungen, wie in Deutschland vor allem in der Aktion T 4 – der massenhaften Ermordung von Menschen mit Behinderung oder psychischen Erkrankungen –, hatte es in Schweden nicht gegeben. Ebenso wenig waren die Entwicklungen anderswo von einer umfassenden Erbgesundheits- und Rassenideologie wie im nationalsozialistischen Deutschland geprägt. Demgegenüber erfolgte in Deutschland eine Anerkennung der Opfer des nationalsozialistischen Erbgesundheitswahns spät und in zeitlich weit auseinanderliegenden Schritten. Das »Gesetz zur Verhütung erbkranken Nachwuchses« vom 14. Juli 1933 wurde in der Bundesrepublik erst 1974 gänzlich außer Kraft gesetzt, und erst am 5. Mai 1988 wurden die aufgrund dieses Gesetzes durchgeführten Zwangssterilisationen als Unrecht benannt. Am 24. Mai 2007 schließlich wurde das Gesetz vom Deutschen Bundestag als mit dem Grundgesetz unvereinbar geächtet.[977] Die Entschädigungen hingegen waren nicht ernst zu nehmen: im Jahre 1980 eine Einmalzahlung von 5.000 DM, ab 1988 eine monatliche Rente von 100 DM, die 2011 auf 291 Euro erhöht wurde.[978]

Die Opfer, sie scheren die große Politik nicht. Wo statt justizieller und gesellschaftlicher Abarbeitung eine »Wiedereingliederung« der Täter im Fokus stand, da trat man die Rechte der Überlebenden und der Angehörigen der Opfer mit Füßen. Der SPD-Parteichef und ehemalige Bundeskanzler Willy Brandt soll 1978 auf einer Fraktionssitzung »gepoltert« haben: »Wir wären von allen guten Geistern verlassen, wenn wir [...] jetzt anfangen würden, das was vor 35 [sic!] Jahren ein gewisses Ende gefunden hat, nochmals aufrollen zu wollen. Das bringt uns innenpolitisch auch nicht einen Millimeter weiter voran.«[979]
Nirgendwo gab es massenhafte Proteste oder gar Ohrfeigen (man langte früher ja doch gerne einmal zu) wegen der nicht belangten, sogar weiter erfolgreichen Täter:innen. Die berühmteste Ausnahme konnte auch deshalb so berühmt werden, weil sie eben die fast singuläre Besonderheit blieb: die Ohrfeige der im Aufspüren von Nazi-Tätern erfolgreich engagierten deutschstämmigen französischen Journalistin Beate Klarsfeld (*1939). Zusammen mit ihrem jüdischen Mann Serge (*1935) brachte sie mindestens zehn Kriegsverbrecher und französische Kollaborateure vor Gericht.[980] Sie rief dem ehemaligen hohen NS-Funktionär und damaligen Bundeskanzler Kurt Georg Kiesinger am 2. April 1968 von der Besuchertribüne des Deutschen Bundes-

tages »Nazi, tritt zurück!« zu, bevor sie wegen dieser völlig legalen Meinungsäußerung abgeführt wurde. Am 9. Mai 1968 kündigte sie während einer Podiumsdiskussion in der Technischen Universität Berlin unter dem ungläubigen Gelächter des Publikums an, Kiesinger öffentlich ohrfeigen zu wollen. Indes, am 7. November desselben Jahres, bestieg Klarsfeld tatsächlich das Podium des CDU-Parteitags in der Berliner Kongresshalle und ohrfeigte Kiesinger unter dem Ruf »Nazi, Nazi, Nazi!«. Keine sieben Stunden später (!) wurde sie in einem zwei Stunden dauernden Schnellverfahren[981] zu einem Jahr Gefängnis verurteilt – ohne Bewährung! Auf ihr Rechtsmittel wurde die Haftstrafe auf vier Monate reduziert und zur Bewährung ausgesetzt.[982] Der ehemalige Bundesminister für Vertriebene, Flüchtlinge und Kriegsgeschädigte, Ernst Lemmer, entblödete sich nicht, Klarsfeld als »unbefriedigte junge Frau« zu bezeichnen.[983] Eine Verbindung von äußerster Shoa-Verharmlosung und übelstem Sexismus, die man erst einmal hinbekommen muss.

Eine weitere Aktion vom 22. März 1971 brachte den Klarsfelds 1974 eine Verurteilung zu zwei Monaten Gefängnis ohne Bewährung ein.[984] Sie waren verhaftet worden, als sie letztlich erfolglos versuchten, den ehemaligen SS-Obersturmbandführer[985] und promovierten Juristen[986] Kurt Lischka (1909–1989)[987] in den Kofferraum ihres Autos zu verfrachten, um ihn nach Frankreich zu bringen. Dort war er 1950 zu lebenslanger Zwangsarbeit verurteilt worden, entging jedoch der Strafe, da Deutschland damals nicht an Frankreich auslieferte. Infolge eines Freispruchs in Bielefeld lebte er jahrzehntelang unbehelligt. Die deutsche Presse reagierte erst, als sich die Klarsfelds am 1. April 1971 der Justiz gestellt hatten, sprach teils in Anlehnung an die »Baader-Meinhof-Bande« von der »Klarsfeld-Bande«[988], thematisierte aber auch Lischkas Vergangenheit. Bei einer weiteren Aktion auf dem Gelände des ehemaligen Konzentrationslagers Dachau wurde Beate Klarsfeld am 17. April 1974 festgenommen. Der Prozess, der den Klarsfelds wegen der versuchten Lischka-Entführung gemacht wurde, rief vor allem in Israel und Frankreich Empörung hervor. Unter anderem François Mitterand, Jean-Paul Sartre sowie zahlreiche ehemalige Résistance-Leute forderten die Freilassung. Das Urteil wurde letztlich nicht vollstreckt.[989]

Lischka war zunächst Leiter der Abteilung für jüdische Angelegenheiten der Gestapo gewesen und verantwortlich für die ersten Massenverhaftungen von 2.000 bis 3.000 Jüdinnen und Juden am 16. Juni 1938. Am 28. Oktober 1938 leitete er die Deportation von 20.000 Jüdinnen und Juden an der deutsch-polnischen Grenze und war dann aktiv an den Verhaftungen jüdischer Bürger:innen nach der Reichspogromnacht am 9. November 1938 beteiligt.[990] 1940 nach Paris versetzt, war er dort mitverantwortlich für die Deportation von 75.000 französischen Jüdinnen und Juden.[991] Immerhin wurde er am 11. Februar 1980 nach nur vier Monaten Prozessdauer, da auch hier einmal mehr umfangreiche schriftliche Beweise vorlagen,[992] vom Landgericht Köln zu zehn Jahren Haft verurteilt, von denen er zwei Drittel absitzen sollte.[993] Das Urteil beruhte wesentlich auf den akribischen Vorarbeiten der Klarsfelds. Der Richterspruch wurde als eine Art Musterurteil in Deutschland, aber auch in Frankreich und Israel positiv aufgenommen.[994]

Eine andere spektakuläre Aktion, an der das sozialdemokratische Urgestein Herbert Wehner maßgeblich beteiligt war, darf man hier nicht unterschlagen – schon weil man fruchtbar diskutieren kann, ob sie gänzlich unangebracht oder couragiert und bitter nötig oder etwas zwischen diesen Polen war. Nachdem zuvor der DP-Bundestagsabgeordnete Wolfgang Hedler in unsäglicher Weise über die Juden hergezogen war (er schwadronierte, man könne geteilter Meinung sein, »ob das Mittel, die Juden zu vergasen, das gegebene gewesen ist«, und es hätte vielleicht auch andere Wege zu ihrer »Entledigung« gegeben[995]), trieben am

10. März 1950 die SPD-Abgeordneten Rudolf Ernst Heiland und Herbert Wehner ihn während eines Interviews mit einem US-amerikanischen Journalisten im Bundes-Ruhesalon »Nur für Abgeordnete« auf. Unter dem Ruf »Raus, du Nazi-Lump« verabreichten sie ihm eine anständige Tracht Prügel; acht weitere SPD-Abgeordnete standen Spalier. Hedler trug eine Schädelwunde, ein tiefblaues Auge, eine mittelschwere Gehirnerschütterung und eine angebrochene 13. Rippe davon.[996] Immerhin wurde er, der sich auch abfällig über die Widerständler des 20. Juli 1944 geäußert hatte, nach einem Freispruch in der Zeit vor der Aktion der SPDler im Nachgang dazu wegen »öffentlicher Beleidigung in Tateinheit mit öffentlicher Verunglimpfung des Andenkens Verstorbener« zu neun Monaten Gefängnis verurteilt.[997] Wehner und Heiland schloss der Bundestag für mehrere Tage von seinen Sitzungen aus, und ein Zivilgericht verurteilte sie zur Zahlung von Schmerzensgeld an Hedler.[998]

Neun Jahre lang setzten sich die Klarsfelds für das ein, was sie heute ihre größte Errungenschaft nennen: die Änderung der deutschen Regeln zur (erneuten) Strafverfolgung bereits in alliierten Verfahren erfasster Täter:innen, gerade auch mit Blick auf Frankreich.[999] Relevant war das vor allem, wenn sich nachträglich zusätzliche Nachweismöglichkeiten der Schuld ergaben.[1000] Bereits 1971 wurde dazu ein Zusatzabkommen zum sogenannten Überleitungsvertrag vereinbart, das Artikel 16 des Grundgesetzes insoweit ergänzte.[1001] Es verstaubte dann allerdings vier Jahre im Auswärtigen Ausschuss des Bundestages, was den im erwähnten Verfahren tätigen Kölner Richter Heinz Faßbender im Rückblick zu der Bemerkung veranlasste, im Bundestag sei »dumm herumgeredet« worden.[1002] Erst am 30. Januar 1975 ratifizierte der Deutsche Bundestag das Abkommen; bis dahin hatten seit 1971 die Klarsfelds, um Druck auszuüben, zusammen mit jüdischen Überlebenden und anderen Unterstützer:innen mehr als zehn (Protest-)Aktionen durchgeführt.[1003]

Ansonsten: Nicht ein einziges Mal gab es aus der Mitte der Mehrheitsgesellschaft Massenproteste vor den Gerichten, wo man doch Täter:innen und ihren allzu milden Richter:innen ganz nahe gewesen wäre. Im Kölner Prozess gegen Lischka und zwei weitere Täter demonstrierten jüdische Überlebende und ihre Kinder auf den Straßen der Stadt. Eine Gruppe französischer Jüdinnen und Juden, die sich im Vorfeld des Prozesses organisiert hatte, war sogar eigens aus Paris mit Sonderzügen angereist und erhob, auf der Straße und gegenüber der Presse, die Forderung nach Bestrafung der Täter.[1004] War das im Rahmen von »Versöhnung« und »Wiedergutmachung« ihre Aufgabe? Natürlich nicht. An ihrer statt hätten eigentlich die nichtjüdischen Kölner Bürger:innen Druck machen müssen. Doch statt Protesten gab es um der deutsch-deutschen Versöhnung willen eher Jubel von nichtjüdischen Deutschen – etwa beim zweiten Freispruch des Regisseurs des antisemitischen Propagandafilms *Jud Süß*, Veit Harlan (angeblich habe er sich in einem »Befehlsnotstand« befunden), der auf den Schultern seiner Landsleute aus dem Gerichtssaal getragen wurde.[1005] Ihr Engagement hätten die Klarsfelds übrigens fast mit dem Leben bezahlt. Im Juli 1979 explodierte nahe ihrer Wohnung in ihrem Wagen eine Autobombe. Glücklicherweise war der Wagen leer. Mitglieder der Nazi-Organisation *Odessa* bekannten sich zu dem Anschlag, der jedoch nie aufgeklärt wurde.[1006]

Man kann und muss von massenhafter Verschonung der Täter:innen sprechen. Zu erklären ist das nicht ausschließlich mit dem Versagen der Dritten Staatsgewalt. Vielmehr waren auch mächtige Kräfte der Ersten und Zweiten Staatsgewalten (die Parlamente, die Ministerien) am Werk sowie schließlich die Rechtswissenschaften – wo bis heute eine universitär je ganz unterschiedliche Kultur der Transparenz und des sensiblen Umgangs mit der Vergangenheit herrscht, wie ich selbst wiederholt erfahren durfte. Zudem: Für jeden Politiker, gleich welcher Partei, der gewählt werden wollte, wäre eine Wahlkampagne mit dem Inhalt, die Täter:innen umfassend ihrer gerechten Strafe zuzuführen, schlicht politischer Selbstmord gewesen. Gerade weil die Zahl der Täter:innen so groß war, machte sie zusammen mit deren Freund:innen und Angehörigen ein gewaltiges Wähler:innenpotenzial aus. Das bedeutet nicht, dass es nicht anders hätte laufen können. Der natürliche Ort, unpopuläre Dinge fachlich sauber abzuarbeiten, ihnen das nötige Gewicht zu geben, unbehelligt vom Getöse des parteipolitischen Betriebes und der Aufgeregtheit der medialen Berichterstattung, ist die Fachverwaltung. So unpopulär deren Maßnahmen manchmal auch sein mögen – Parkticket, Steuernachzahlung, Anordnung, eine Schulklasse zu wiederholen –, so wenig lassen sich solche Maßnahmen und Eingriffe einfach abwählen oder durch öffentlichen Druck ungeschehen machen. Was hätte dagegen gesprochen, auf Bundes-, Landes- und Kommunalebene jeweils eine personell und rechtlich angemessen ausgestattete Person zur Vertretung jüdischer Belange zu installieren – in Bund und Land wenigstens auf Staatssekretärsebene – und dabei gleichermaßen jüdische wie nichtjüdische Menschen zu berücksichtigen? Wenn man schon unfähig war und bis heute ist, eine internationalen Standards genügende Wahrheits- und Versöhnungskommission einzurichten? Das Amt hätte zum Inhalt die Unterstützung individueller Jüdinnen und Juden in sozialen und rechtlichen Fragen haben können, ebenso wie eine Berichtsfunktion und das Recht zu politischen Eingaben und Initiativen. Zugleich wäre ein kleines Gegengewicht geschaffen worden zu der ansonsten herrschenden massiven Durchsetzung der Verwaltung mit Alt-Nazis. Für die Gruppe der Vertriebenen gab es wohlgemerkt von 1949 bis 1969 sogar ein eigenes Bundesministerium.[1007] Und auch heute noch gibt es, neben einem Beauftragten auf Bundesebene, in

Bayern, Niedersachsen, Hessen, Nordrhein-Westfalen, Baden-Württemberg und Sachsen innerhalb der Landesregierungen eigene Beauftragte für Aussiedler:innen- und Vertriebenenfragen.[1008] Sind diese Stellen vergleichbar mit den zuletzt auf Bundesebene und in einigen Ländern entstandenen Positionen der Antisemitismusbeauftragten? Nein, denn die Vertretung von Vertriebeneninteressen ist genau das: Interessenvertretung, »proaktive Lobbyarbeit«. Der Kampf gegen Antisemitismus jedoch ist insoweit lediglich defensiv auf die Mehrheitsgesellschaft gerichtete Aufgabe und eben per se keine Förderung jüdischer Belange, was deutlich mehr zum Inhalt haben müsste als lediglich den selbstverständlichen Versuch der Zurückdrängung von Antisemitismus. Wenig überraschend gingen der politische Druck und damit auch einzelne Wahlkampagnen also genau in die falsche Richtung. »Versöhnung« war nicht Wiedergutmachung gegenüber den Opfern, sondern Verschonung der Täter:innen.

Dem größten in dieser Perfektion organisierten Massenmord aller Zeiten folgte das größte Justiz- und Politikversagen der Geschichte. Der israelische Soziologe der Shoa, Natan Sznaider, in der Bundesrepublik und unter Nazi-Lehrer:innen aufgewachsen, Kind von *Displaced Persons* aus Polen, entgegnete auf den Hinweis seines Interviewers, »Deutsche hätten gern Versöhnung, Frieden mit den Juden«: »Kann ich gut verstehen. Würde ich als Deutscher auch wollen. Für uns Juden ist das nicht relevant.«[1009] Was wäre die sachlich und fachlich richtige Vorgehensweise gewesen? Natürlich die Sicherstellung angemessener Berücksichtigung der Opferbelange nebst umfangreicher Teilhabe auf allen Ebenen. Und da man schon rasch hätte zu dem Schluss kommen können, dass das politische Tagesgeschäft, die Ministerialverwaltung und die Justiz zwar engagiert zur Sache gingen, aber in die völlig entgegengesetzte Richtung: eine Instanz, die unabhängig, mit Muskeln und Zähnen ausgestattet (gewesen) wäre. Anderswo lief und läuft das auch – wir werden zu internationalen Best Practices, Stichwort »Wahrheits- und Versöhnungskommissionen«, noch hören. Leider macht all das und was noch folgt den Pokal für weltbeste Vergangenheitsbewältigung und Versöhnung, den sich Deutschland selbst verliehen hat, zur billigen Fälschung.

5. Deutsche Raketen für Ägypten – Der BND auf Abwegen und jüdische Selbstverteidigung

Die alten Nazis blieben nicht nur verschont, sie machten sogar einfach weiter mit Maßnahmen zur Vernichtung der Jüdinnen und Juden, etwa durch die Entwicklung von Raketen zur Zerstörung Israels. Merke: Stumpfe Verschonung resozialisiert nicht. Initiiert worden war das Projekt, bei dem deutsche Kaufleute, Techniker und Ingenieure in der Nazizeit erlangtes Know-how über Raketen Ägypten quasi bis zu deren Schlüsselfertigkeit verschaffen wollten, von den beiden deutschen Wissenschaftlern Eugen Sänger und Wolfgang Pilz. Sänger, NSDAP-Mitglied seit 1932, SS-Mann seit spätestens 1933, war in der Bundesrepublik Direktor des Instituts für Physik der Strahltriebwerke an der Universität Stuttgart, Wolfgang Pilz sein Mitarbeiter am selben Institut.[1010] Nach Sänger sind in Köln, Munster, Faßberg und Brunnthal bei München bis heute Straßen benannt. Wirklich einmal Denkmale der Schande. Zu der Gruppe gehörten auch noch Paul Goercke, ebenfalls Mitarbeiter am vorgenannten Institut, und Hans Krug[1011], Geschäftsführer des Institutes[1012]. Sie alle, in der Nazizeit profilierte Raketenwissenschaftler in Peenemünde und Stuttgart, fühlten sich nun in der Nachkriegszeit hinsichtlich der Entwicklung von Massenvernichtungswaffen offenbar unterbeschäftigt. Und so präsentierten sie dem ägyptischen Regime 1959 den Vorschlag, eine Gruppe von Wissenschaftlern zu rekrutieren und anzuleiten, die langstreckentaugliche Boden-Boden-Raketen entwickeln sollte.[1013] Keine 15 Jahre nach dem Ende der Shoa standen schon wieder Deutsche, Ex-Nazis, gar Staatsbedienstete, im Zentrum eines Plans mit dem Ziel, Zehntausende Juden und Jüdinnen zu ermorden. Legal war das nicht, hatte doch Deutschland, nachdem sich Ex-Nazis schon im arabisch-israelischen Krieg 1948 bis 1949 und in den Folgejahren in Ägypten verdingt hatten, ein Gesetz erlassen, das Deutschen verbot, sich in den Dienst fremder Armeen zu stellen.[1014] Dennoch zogen Ende des Jahres 1961 Sänger, Pilz und Goercke nach Ägypten, wo sie ein Team aus etwa 35 in Wissenschaft und Technik erfahrenen Personen zusammenstellten.[1015] Nachdem am 21. Juli 1962 ägyptische Zeitungen über den erfolgreichen Teststart von vier Boden-Boden-Raketen zweier unterschiedlicher Typen berichtet hatten und nachdem die öffentliche Beunruhigung in Israel nur noch gestiegen war, als einige Wochen später bekannt wurde, bei der Raketenentwicklung hätten deutsche Wissenschaftler eine zentrale Rolle gespielt, musste der israelische Auslandsgeheimdienst *Mossad* handeln.[1016] Dies galt umso mehr, als aus einem abgefangenen Schreiben von Pilz die schockierende Tatsache hervorging, dass man die Beschaffung europäischen Materials für den Bau von 900 Raketen plante.[1017] Die *Mossad*-Aktion würde »Operation Damokles« heißen. Erfolglos wandte sich die damalige Außenministerin Golda Meir am 30. August 1962 indirekt und dann noch einmal direkt an die Adenauer-Regierung. Warum man nicht handelte, wurde postwendend mit der Ausrede à la mode der damaligen Zeit begründet, mundgerecht auch für die ehemaligen Westalliierten: Abwehr des Kommunismus. Besser deutsche als sowjetische Raketenwissenschaftler, hieß es da.

Der Plan des israelischen Geheimdienstes war es nun, die deutschen Wissenschaftler zu entführen oder auszuschalten.[1018] Unterstützung hatte der *Mossad* vom Leiter des Inlandsgeheimdienstes *Shin Bet,* Avraham Shalom.[1019] Mitten in München entführte der *Mossad* 1962 den erwähnten deutschen Kaufmann Heinz Krug.[1020] Ein *Mossad*-Agent hatte sich mit Krug in den Räumen der von den deutschen Wissenschaftlern betriebenen Gesellschaft *Intra* getroffen. Der *Mossad* ergriff Krug, brachte ihn nach Israel und verhörte ihn zunächst. Nachfolgend erschoss man Krug an einer verlassenen Stelle nördlich von Tel Aviv und verbrachte ihn in ein Flugzeug der Luftwaffe, von dem aus er schließlich ins Meer geworfen wurde.[1021] Dieser Erfolg aus israelischer Sicht brachte Ben-Gurion dazu, in der Angelegenheit weitere *Targeted Killings* freizugeben.[1022] Briefbombenanschläge auf Wolfgang Pilz und andere scheiterten; eine für Pilz bestimmte Briefbombe verletzte aber dessen Sekretärin schwer.[1023] Man versuchte, weitere Informationen zu sammeln, durch Einbrüche in ägyptische diplomatische Einrichtungen in Deutschland, in ein Büro der erwähnten *Intra* in München und nicht zuletzt durch 56 Einbrüche in das Büro der *Egypt Air* in Frankfurt, das als Umschlagplatz für den Briefverkehr des Raketenprojektes diente, zwischen August 1964 und Dezember 1966.[1024] Die Sicherstellung von Dokumenten sowie die Annäherungen an beteiligte Personen in Deutschland, der Schweiz und Ägypten brachten jedoch keinen durchschlagenden Erfolg. Zu geschickt wurde das Projekt durch ägyptische Sicherheitskräfte und durch den Sicherheitsleiter des Raketenprojektes Hermann Vallentin, ein Ex-SSler, abgeschirmt.[1025]

Umfassende Informationen über das Projekt erlangte der *Mossad* erst, als er seine neueste Top-Rekrutierung unter anderem auf Hermann Vallentin ansetzte[1026]: den nach vormaliger Auffassung der alliierten Geheimdienste »gefährlichsten Mann Europas«, Ex-SS-Sturmbannführer Otto Skorzeny. Skorzeny war Hitlers Kommandant für Spezialoperationen, etwa die Zerstörung iranischer Ölpipelines oder die Ausarbeitung von Mordplänen an Churchill, Stalin, Roosevelt und General Eisenhower, gewesen.[1027] Mithilfe seiner Frau, Gräfin Ilse von

Finckenstein, gelang es dem israelischen Geheimdienst, ihn »umzudrehen«.[1028] Erst durch seine Spionage wurde offenbar, dass Ägypten ganze Einheiten von zu dieser Zeit vor ihrer Entlassung stehenden Mitarbeitern einer Flugzeug- und Raketenfabrik in Freiburg im Breisgau anwerben wollte. Der spätere Präsident, zweimalige Premierminister Israels sowie Friedensnobelpreisträger Shimon Peres, damals stellvertretender Verteidigungsminister, traf sich schließlich am 9. Dezember 1964 zu einem sechsstündigen biergeschwängerten Gespräch mit dem vormaligen Verteidigungsminister und späteren bayerischen Ministerpräsidenten Franz Josef Strauß. Strauß versprach, zu intervenieren.[1029] Er setzte sich in Verbindung mit dem damaligen Luftfahrtmagnaten Ludwig Bölkow. Bölkow schickte Mitarbeiter nach Freiburg, um die dortigen, von Ägypten begehrten Mitarbeiter zu guten Konditionen in seinen eigenen Werken anzustellen. Da sie in Ägypten dringend gebraucht worden wären, versetzte das dem dortigen Projekt einen schweren Schlag.[1030] Der Todesstoß für das Projekt war, dass es Bölkows Emissären in Ägypten gelang, einen deutschen Wissenschaftler nach dem anderen zur Rückkehr nach Deutschland zu bewegen. Selbst Wolfgang Pilz verließ Ägypten im Juli 1965, um die Leitung einer der bölkowschen Einheiten zur Produktion von Flugzeugkomponenten zu übernehmen.[1031] Der *Mossad* blieb jedoch überzeugt, dass ohne die Drohkulisse von Gewalt auch das Geld die deutschen Wissenschaftler nicht zur Aufgabe des Projekts bewegt hätte.[1032]

Laut *Süddeutscher Zeitung* berichtete der *Spiegel* damals zu Heinz Krugs Entführung die offizielle deutsche Nachrichtenlage wie folgt: »Deutsche und israelische Kriminalisten halten es für wahrscheinlich, dass der ägyptische Geheimdienst den Raketenkaufmann eingefangen hat.«[1033] Doch wusste der Bundesnachrichtendienst spätestens Anfang 1963 aus US-Regierungskreisen ganz genau, was Sache war.[1034] Zumal auch Golda Meir, inzwischen als israelische Ministerpräsidentin, zu Recht im März 1963 vor der Knesset erneut die Tatsache geißelte, dass ausgerechnet von Deutschland aus Ägypten, das mit der Vernichtung Israels drohte, mit der dazu benötigten Raketentechnologie versorgt wurde: »Die Söhne jener Nation [gemeint war Deutschland] beabsichtigten mit ihren Taten die Vernichtung des Staates Israel.«[1035] Noch Jahrzehnte später empörte sich Shimon Peres darüber: »Stellen Sie sich vor, was das heißt: Deutschland hilft Ägypten, Israel auszulöschen! Nach dem Holocaust! Das ist monströs.«[1036] Die letztlich fruchtbar gemachten Bande zwischen Peres und Strauß reichten da bereits länger zurück, wie Godel Rosenberg, Journalist und ehemaliger Pressesprecher der CSU und von Strauß,[1037] jüngst erklärte. Schon 1957 hatte Peres den damaligen Bundesverteidigungsminister Strauß an seinem Wohnsitz in Rott am Inn besucht und um Hilfe für den bedrohten jüdischen Staat gebeten. Der gewährte sie, diskret und nach deutschen Gesetzen illegal. Im späteren Sechstagekrieg war die Unterstützung allerdings von großer Bedeutung.[1038] Nicht nur sorgte Strauß für umfangreiche Waffenlieferungen an den jüdischen Staat zwischen 1958 und 1962/63 im Wert von etwa 200 Millionen DM. Er stand auch hinter den dazugehörigen Ausbildungsleistungen, welche 19 israelische Soldaten und ihr Offizier 1963 während sechs Monaten vor der Öffentlichkeit verborgen in der Bundeswehrkaserne Rendsburg erhielten.[1039] Unterbrochen wurde das Training damals nur von einem Untertauchen der Israelis in Bayern: Während sich eingeladene Journalist:innen in der Kaserne Rendsburg davon überzeugen konnten, dass an den Gerüchten, dort würden Israelis ausgebildet, nichts dran sei, weilten die Soldaten wohlgemut am Brauort des sie doch sehr fordernden Bieres der Marke Weihenstephan, dem ehemaligen Benediktinerkloster Freising.[1040]

Wie sehr Deutschland insgesamt aber ohne historisch-moralischen Kompass agierte, verkörpert exemplarisch die Figur des

Reinhard Gehlen. Als Alt-Nazi, wie er im Buche steht, als ehemaliger Generalmajor der Wehrmacht und Leiter der Abteilung »Fremde Heere Ost« leitete er von 1956 bis 1968 den aus dem Auslandsnachrichtendienst »Organisation Gehlen« hervorgegangenen Bundesnachrichtendienst. Lässig pflegte man hier sowohl die Zusammenarbeit mit Israel als auch die mit Ägypten. Der BND war im Übrigen lange Zeit mit zahlreichen Alt-Nazis durchsetzt; danach gefragt, log die Bundesregierung die Zahl 1960 laut *Spiegel* erst einmal auf weniger als ein Prozent herunter.[1041] Tatsächlich wies der BND Ende der 1960er-Jahre 2.000 bis 3.000 Planstellen[1042] auf (zehn Jahre vorher waren es sicher noch weniger) und beschäftigte in der Nachkriegszeit 200 Alt-Nazis[1043] – etwa zehnmal so viele also, wie die Bundesregierung zugab. Darunter auch Heinrich Himmlers Tochter Gudrun Burwitz, bis zuletzt überzeugte Nationalsozialistin und Bewunderin ihres Vaters, verheiratet mit einem NPD-Funktionär, die von 1961 bis 1963 im BND als Sekretärin arbeitete.[1044] Und noch eine unangenehme Anekdote aus dem ewigen Reich der Ex-NS-Personalia: Ausgerechnet Karl Josef Silberbauer, der, direkt Adolf Eichmann unterstellt, Anne Frank und ihre Familie festgenommen und in die Deportation überführt hatte, wurde vom BND für mehr als ein Jahrzehnt als Agent beschäftigt.[1045] Erst Anfang der 1960er-Jahre begannen die noch Jahrzehnte streng geheim gehaltenen internen Ermittlungen, die schließlich zu 71 Entlassungen führten.[1046] Mit Blick auf Nahost sagte BND-Chef Gehlen 1971, man hätte sich auf Bitten der *CIA* bemüht, dem ägyptischen Geheimdienst das Handwerk zum Bau der Raketen beizubringen. Gleichzeitig stellte der BND Personal zur Ausbildung israelischer Agenten ab.[1047]

Die deutschen Raketenbauer waren wohlgemerkt nicht nur in Ägypten selbst tätig. Vielmehr fanden Produktion und Entwicklung ganz ungeniert in Deutschland statt. Wenn man die Schilderungen der israelischen Einsätze liest, so gibt es den großen sprichwörtlichen Elefanten im Raum, den jeder sah und auf den niemand hinweisen wollte: Warum mussten die Israelis überhaupt tätig werden? Warum konnten deutsche Staatsbürger:innen, gar Staatsbedienstete, unbehelligt von der deutschen Polizei, dem deutschen Geheimdienst und der deutschen Justiz die Fortsetzung des Völkermordes an den Juden und Jüdinnen in der Entwicklung von bis zu 900 Raketen für Ägypten vorbereiten? Raketen, die – nach Befürchtungen israelischer Expert:innen – sogar mit atomaren und chemischen Sprengköpfen hätten versehen werden können?[1048] Erst ganz am Ende wurde Deutschland tätig, vielmehr Franz Josef Strauß, im Alleingang und auf völlig inoffiziellen Wegen, durch die Beendigung der Aktion auf rein faktischer Ebene. Alles andere blieb den Israelis und damit übrigens in hohem Maße Shoa-Überlebenden überlassen.

Wie oftmals geradezu dumm (oder bösartig?) die deutsche Nahostpolitik im Hinblick auf die Bedrohung Israels durch Ägypten war, belegt auch das Verhalten der Regierung Brandt/Scheel, Scheel seines Zeichens Ex-NSDAP-Mitglied.[1049] Immer wieder bat die damalige israelische Ministerpräsidentin Golda Meir Anfang der 1970er-Jahre Willy Brandt, eine aktive Vermittlerrolle im Nahostkonflikt zu übernehmen. Tatsächlich legen Rechercheergebnisse von Hagai Tsoref und Michael Wolffsohn nahe, dass Brandt die Möglichkeit sowohl zur Verhinderung des Yom-Kippur-Kriegs 1973 als auch der nachfolgenden Ölkrise 1973/74 gehabt hätte:[1050] Brandt galt nicht nur Golda Meir als guter Vermittler und Verhandler. Er hatte zudem einen Friedensnobelpreis im Rücken und Deutschland gute Kontakte zu den arabischen Staaten. Brandt hatte aber aus innenpolitischen Gründen kein besonderes Interesse an guten Beziehungen zu Israel, hatte doch die SPD seit 1968 einen Zustrom aus der antizionistischen neulinken APO erlebt. Vor allem zogen sich Brandt und Scheel auf die Position zurück, sich angeblicher israelischer Erpressung nicht beugen und die alte Freundschaft zur arabischen Welt nicht gefährden zu wollen. Dies sogar, nachdem der jugoslawische Staatspräsident Josip Tito, der über gute Kontakte nach Kairo verfügte, Brandt völlig zutreffend über einen drohenden arabischen Waffengang unterrichtet hatte. Er warnte: »Die bereiten sich auf den totalen Krieg vor. [...] Sie sind bereit, Israel zu vernichten, und sie haben auch die Mittel dazu.«[1051]

Golda Meir hatte sich verschätzt. Sie hatte das deutsche Versagen bei der Geiselnahme 1972 während der Olympischen Spiele in München hingenommen und auch die Tatsache, dass Brandt zur Empörung der israelischen Öffentlichkeit weniger als zwei Monate später auf eine Flugzeugentführung durch die *Palästinensische Befreiungsorganisation (PLO)* hin deren Forderung zur Freilassung der drei in Bayern einsitzenden überlebenden Olympia-Attentäter erfüllte.[1052] Trotzdem hatte sie mit der Unterstützung der Bundesrepublik gerechnet. Brandt und Scheel enttäuschten Golda Meir und verpassten sehenden Auges eine historische Chance zur Unterstützung Israels. Und wer weiß, ob Brandt in seinem neuerlichen Zurückweichen Ägypten in seinem Willen zum Waffengang nicht sogar bestärkte?

6. »Auf einmal hatten wir so tolle Möbel« – Zur finanziellen Nicht-Wiedergutmachung

Wir müssen auch über Geld reden. Weil das im Erinnerungskontext Gegenstand antisemitischer Legendenbildung ist. Und weil wir hier wie bei der juristischen Abarbeitung einen handfest quantifizierbaren Lackmustest haben: für die Fähigkeit deutscher Politik, Verantwortung zu erkennen und die Konsequenzen daraus zu ziehen.

Nur, leider: Wie jüdisches Leben galt auch jüdisches Eigentum in Deutschland nach 1945 weniger als das der Mehrheitsbevölkerung. In der Tat ergab eine Umfrage im Jahr 1952 in der Bundesrepublik, dass nur ein Bruchteil der Deutschen überhaupt bereit war, den Juden und Jüdinnen eine finanzielle Entschädigung zuzubilligen: Nur 5 % sahen sich wegen der Shoa in der Schuld, nur 29 % befürworteten finanzielle Restitution. Etwa zwei Fünftel der Befragten waren der Meinung, dass nur die zahlen sollten, die entsprechende Taten begangen hätten – wohlgemerkt eine viel kleinere Gruppe als die der Profiteure –, und 21 % äußerten sich dahingehend, dass die Juden doch teilweise selbst verantwortlich für das gewesen seien, was ihnen widerfahren sei.[1053]

Eine Großnichte des Ober-Nazis Hermann Göring, Bettina Göring, die sich an anderer Stelle durchaus kritisch mit ihrer Familiengeschichte auseinandergesetzt hatte, plauderte noch 2017 im *Magazin* der *Süddeutschen Zeitung* ganz unbefangen von den antiken Möbeln im Haushalt ihres sozialdemokratischen Vaters, die jener über seine Mutter von Göring erhalten hatte und die er 1980 zur Begleichung von Schulden verkaufen musste[1054] – ohne auch nur am Rande von Versuchen der Rückgabe zu berichten oder von einem Unwohlsein, zwischen diesen blutbefleckten Objekten aufgewachsen zu sein. Auf die Frage, wann die Mutter des Vaters zu ihnen gezogen sei, antwortete sie: »1967, auf einmal hatten wir so tolle Möbel: Ich erinnere mich an so einen flämischen Schrank mit sicher 150 verschiedenen geschnitzten Figuren darauf. Hermann hatte meiner Großmutter Ilse im Krieg eine ganze Waggonladung in Holland an den Zug hängen lassen, das habe ich erst spät herausgefunden. Wir sind wie die Raubritter, hat mir Papa als Kind irgendwann ganz stolz erzählt. Das fand er also gut.« Und weiter: »Ein Schreibtisch ist aber immer noch da, ich weiß nicht, was ich damit machen soll. Louis-Quatorze, der ist bestimmt aus irgendeinem Güterwaggon, meine Mutter hat ihn weiß lackiert.« Aus »irgendeinem Güterwaggon« – so kann man es auch sagen. Immerhin stammten die Sachen aus Lieferungen aus den Niederlanden während des Krieges. Man muss nur eins und eins zusammenzählen, um klar benennen zu können: Die »tollen Möbel« wurden mit höchster Wahrscheinlichkeit ermordeten Juden und Jüdinnen geraubt.

Das Interview zeigt das Ausmaß der moralischen Verwahrlosung, welches eine erstarrte Erinnerungskultur bewirken kann, die »den Juden« als Opfer und Foto im Geschichtsbuch letztlich über Jahrzehnte entmenschlicht hat. Man mag der Göring-Großnichte zugutehalten, dass sie von Anfang an in einem teils antimoralischen Referenzrahmen aufgewachsen ist. Uronkel und auch die Großmutter Ilse, ihres Zeichens eine prominente und überzeugte Nationalsozialistin vor und nach 1945, kommen in ihren Erzählungen allzu sympathisch weg. Bettina Göring berichtet, ihrem Vater sowieso, aber auch ihrer Großmutter verziehen zu haben – mit welcher Legitimation allerdings, war sie doch nicht deren Opfer? Aber auch die Fragen des *SZ*-Journalisten Lars Reichardt rühren nicht an dem Status der Jüdinnen und Juden als entmenschlichte Opfermasse. Hätte die Großnichte des notorischen Sexualmörders an Jungen, Fritz Haarmann, berichtet, der Familienmensch Fritz habe immer wieder einmal so schöne Jungenschuhe mitgebracht, die in der Familie über mehrere Generationen getragen worden seien – wäre vielleicht doch noch mal nachgefragt worden. Nicht jedoch bei niederländischen Jüdinnen und Juden; da hätte schon ein Namensschild von Anne Frank am Louis-quatorze-Tisch kleben müssen, um spontan und wenigstens unbewusst zu begreifen, dass die Sachen echten Menschen gehörten.

Kommen wir vom kleinen zum großen Bild. Die Schieflage bei der finanziellen »Wiedergutmachung« zeigt eine Gegenüberstellung der Zahlungen an die jüdische Gemeinschaft nach 1945 mit den bis 1945 durch die Nazis von Jüdinnen und Juden erbeuteten Summen. Da sind erst einmal die Milliarden, die den Profiteuren durch die »Arisierung« von Betrieben und sonstigem jüdischem Eigentum zuflossen. Dann sieben Milliarden Reichsmark, die deutsche Juden bei der Auswanderung zurücklassen mussten. Dazu allein 1,2 Milliarden Reichsmark an »Sühneleistungen« nach dem Novemberpogrom 1938; daneben die einbehaltenen Versicherungsleistungen für die Schäden an jüdischem Eigentum infolge der Pogrome.[1055] Die Nazis selbst schätzten die jüdischen Vermögen in Deutschland und Österreich auf insgesamt acht Milliarden Reichsmark, nimmt man zur Grundlage, dass die zunächst begonnene Einziehung von 20 % dieser Vermögen einen Betrag von 1,6 Milliarden Reichsmark erbringen sollte.[1056] Die »Arisierung« ging in Österreich übrigens unglaublich schnell vor sich: Nur neun Monate nach dem »Anschluss« waren 75 % des davon betroffenen jüdischen Vermögens geraubt.[1057] Welch enormes Vermögen etwa die österreichischen Juden und Jüdinnen zur Zeit des »Anschlusses«

hatten, aber eben auch infolge der Nutzung wirtschaftlicher Chancen im Zuge der vorangegangenen Emanzipation noch zu erwarten hatten, zeigt sich schon darin, dass 10 % der Jüdinnen und Juden, die kommunale Steuern zahlten, allein von ihren Kapitalerträgen leben konnten.[1058]

Wenig überzeugend ist da die ohne nähere Begründung aufgestellte Behauptung des Historikers Frank Bajohr und der Historikerin Andrea Löw, der »materielle Ertrag von Raub und Enteignung« solle »nicht überschätzt werden«.[1059] Diese Sichtweise ist deshalb grob falsch, weil sie – bezeichnenderweise – die Perspektive der Täter:innen einnimmt. Mithin ungefähr: Welchen eingestandenen Gewinn haben Nazis unter den damaligen, Juden und Jüdinnen extrem übervorteilenden Sonderbedingungen beim Verkauf ehemals jüdischen Eigentums an andere Nazis erwirtschaftet? Gerade da in diesem Zusammenhang vieles »unter der Hand« oder eigenmächtig[1060] zu Schleuderpreisen oder gänzlich ohne Bezahlung den/die Eigentümer:in wechselte, erreichte der »materielle Ertrag« bei Weitem nicht den Wert des bei Jüdinnen und Juden tatsächlich entstandenen Schadens. Zu betrachten, da typischer- und richtigerweise zu ersetzen, ist aber nun einmal genau dieser Schaden. Das entspricht nicht nur historisch der einzig vertretbaren Perspektive, nämlich der der Opfer, sondern ist auch moralisch und juristisch richtig. Die »Erlöse« waren ja gerade typischerweise und fast immer deutlich niedriger als der reale Wert, was im Rahmen späterer Restitution deshalb eine bedeutende Rolle spielte: Zu fragen war da immer, so etwa nach Frank Bajohr: »1) Wäre das Geschäft auch ohne die Herrschaft des Nationalsozialismus zustande gekommen? 2) Wurde ein angemessener Kaufpreis gezahlt? 3) Konnte der jüdische Verkäufer über den Kaufpreis frei verfügen?«[1061] Am Raub änderte auch eine Teilzahlung nichts. Das änderte nichts an der mangelnden Freiwilligkeit. Wenn mir der Straßenräuber aus meinem Portemonnaie noch den Euro für die Parkuhr überlässt, bleibt das doch Raub. Es ist ein Denkfehler, den nach politisch bestimmten Preisen bemessenen Zufluss für auf diese Weise beglückte arische Volksgenoss:innen gleichzusetzen mit dem realen Vermögensverlust auf jüdischer Seite. Erinnern wir uns an Görings Großnichte: Hätte ihre Familie die ausgeraubte, wahrscheinlich jüdisch-niederländische Familie zu entschädigen gehabt (eigentlich zwingend, doch passierte es nie), dann doch nicht ernsthaft zu null, weil man sich die Möbel ohne Zahlung unter den Nagel gerissen hatte, sondern natürlich zum vollen, wahren Wert, zuzüglich Zinsen. Zu Recht hat auch der Bundesgerichtshof in einem Urteil zu § 849 BGB (der die Verzinsung bei der Wegnahme einer Sache – zu der auch Geld gehört[1062] – regelt) festgehalten, dass bei der Wegnahme einer Sache nicht nur auf den Sachverlust abzustellen ist, sondern auf den gesamten Schaden durch den Verlust der Nutzbarkeit der Sache.[1063] Verallgemeinert man das, so ist eben nicht auf irgendeinen gegriffenen Wert damals abzustellen, sondern auf den realen Wert, auch mit Blick auf die weitere Nutzungsmöglichkeit.

Den Nazis selbst war diese Diskrepanz völlig klar. Im Rahmen des Raubzuges an jüdischen Geschäftsbetrieben in Österreich zeigte sich Berlin bald beunruhigt: Indem diese Betriebe nämlich sogleich massenhaft und unkontrolliert in den Besitz irgendwelcher Österreicher:innen übergingen, befürchtete man, ihr (echter) wirtschaftlicher Wert werde verschwendet. Insbesondere ging die Sorge um, der stark jüdisch dominierte Exportsektor werde leiden – und so liefen sowohl offizielle Berichte von Wien nach Berlin wie auch parallele Artikel in der Nazi-Presse auf die Forderung hinaus, der privaten Plünderung jüdischen Vermögens (gemeint war da wohl: der wild zerschlagenden statt kontrolliert erhaltenden Plünderung) sei Einhalt zu gebieten.[1064] Zudem legte man in der Folge der ersten wilden Enteignungen großen Wert darauf, den enteigneten Juden zwar einen Minimalpreis zukommen zu lassen, den Übernehmer aber den wahren Marktpreis zahlen zu lassen, wobei die Differenz, die »Arisierungssteuer«, an das Reich ging.[1065] Wenn angesichts von Vetternwirtschaft doch weniger als die erwarteten Beträge beim Reich eingingen,[1066] kann das kein Maßstab für die Bewertung des bei den geschädigten Juden und Jüdinnen entstandenen Schadens sein.

Welche Unterschiede sich zwischen NS-Wertansätzen und dem wahren, bei den Juden und Jüdinnen abgeflossenen Wert ergeben konnten, zeigt plastisch der Kunstsektor. In Österreich war das Kunstauktionshaus Dorotheum in Wien für die Wertansätze zuständig: Dieses nahm immer wieder starke Unterbewertungen wichtiger Kunst vor, angeblich, um nicht das Interesse von Görings und Himmlers *Scouts* zu wecken.[1067] Das galt auch für die sogenannte entartete Kunst, wie etwa für Werke Kokoschkas, die mit 25 RM veranschlagt wurden. Ein lächerlicher Betrag angesichts Kokoschkas bereits damals vorhandener internationaler Reputation.[1068] Systematische Unterbewertungen gab es aber auch für »arisierte« Betriebe in den Niederlanden.[1069] Auch dort wurden die Werte von Unternehmen zunehmend zerstört, indem sie nach Übernahme durch die neuen Besitzer wesentlicher Güter des Anlagevermögens beraubt wurden, während die neuen »Unternehmer« sich gleichzeitig hübsche Gehälter zahlten.[1070]

Bei der Bewertung des Entzugs von jüdischem Vermögen unterscheidet der Historiker Ingo Loose zwischen »Eigentum« und »Arbeitsleistung«[1071] – eine Differenzierung, die mindestens problematisch ist. Zum Eigentum mögen Ländereien (bei Juden damals schon lange sehr untypisch[1072]), Grundbesitz oder persönliche Gegenstände gehört haben. Das erfasst aber bei Weitem nicht den Umfang der finanziellen Entziehung, umso mehr als aufgrund höherer Qualifikation als in der Durchschnittsbevölkerung in Deutschland und Österreich, aber auch anderswo, die Juden sich bereits an vielen Orten mitten im Dienstleistungssektor etabliert hatten. Zu entschädigen wäre daher nicht der »Eigentumsverlust« auf der einen und der damalige Preis oder auch Wert der Zwangsarbeit auf der anderen Seite, sondern der gesamte Vermögensverlust durch die Verfolgung: der wahre Wert des sächlichen Vermögens (des Eigentums), dazu der wahre Wert des nicht sächlichen Vermögens (zum Beispiel Rechte, Unternehmenswerte) und der wahre Wert der entgangenen Arbeitskraft (eben nicht die nach Nazi-Maßstäben gelenkte und bewertete konkrete »Arbeitsleistung«), wie sie das Opfer ohne Zwang eingesetzt hätte. Warum sollte mit Nazi-Raub und Nazi-Freiheitsberaubung anders als mit anderen Fällen derselben Delikte umgegangen werden, wo durchaus anerkannt wird, dass das Opfer nicht nur ausgeraubt wird, sondern auch so verletzt und der Freiheit beraubt wird, dass es seinen Betrieb und seine Arbeitskraft nicht mehr nutzen kann? Und doch lief es in großen Teilen so ab und wird so sogar noch von Historiker:innen gerechtfertigt. Der Wert der Arbeitskraft und Qualifikation, der sich nicht im Eigentum, wohl aber im Vermögen ausdrückt, hätte auch im Falle der Jüdinnen und Juden der entscheidende Faktor bei der Bewertung der finanziellen Entrechtung sein müssen. Vieles dazu ist noch nicht erforscht und wird wahrscheinlich auch nicht mehr erforscht werden. Wir wissen aber ziemlich genau, was wir nicht wissen. Der Wert einer verlorenen Professur beispielsweise, eingetauscht gegen Zwangsarbeit, darf sich doch nicht ernsthaft an ein paar zurückgelassenen Büchern orientieren, sondern muss an dem bemessen werden, was an staatlichen Bezügen, Buch-, Vortrags-, Patienten-, Gutachterhonoraren verloren geht. Eine laufende Anwaltskanzlei mag in heutigem Geld, und prinzipiell war das damals nicht anders, zum Beispiel 200.000 Euro wert sein, die Möbel und Bücher darin jedoch allenfalls ein paar Tausend Euro.

Eine Betrachtung also allein anhand »anfassbarer« Eigentumsgegenstände wird der komplexen Struktur des damaligen jüdischen Vermögens bei Weitem nicht gerecht. Und schließlich liegt in der vorschnellen Herabwürdigung der Juden und Jüdinnen auf ihre (Zwangs-)Arbeitskraft ein unschöner Reduktionismus, wo es doch um eine Beraubung der Juden und Jüdinnen im allerweitesten Sinne ging. So betonte der französische Historiker Léon Poliakov (1910–1997): »Die Beraubung der Juden war total: man profitierte von den Gütern des Juden, der Arbeitskraft, derer man sich bedienen konnte, seinem Wissen, man trieb die Verfeinerung bis dahin, die wiederverwendbaren Bestandteile seiner fleischlichen Hülle zu nutzen, Fette oder Phosphate.«[1073]

Auch wurden in enormem Umfang jüdische Urheber:innenrechte »arisiert«, ganz augenfällig – Autor:in oder Ideengeber:in ein und desselben Werks oder ein und derselben verlegerischen Konzeption war plötzlich keine Jüdin mehr, sondern ein Arier.[1074] Weg war das Recht auf Urheber:innennennung, weg waren die Tantiemen bzw. der Marktwert des Werks. Und wir reden nicht von Kleinigkeiten: Da jüdische Autor:innen – die Historikerin Karina Urbach nennt hier die historisch besondere Affinität der Jüdinnen und Juden zu Bildung und zum Buch an sich als Grund – nach allem, was man plausibel annehmen kann, auf dem Buchmarkt deutlich überrepräsentiert waren, sprechen wir in einer hoch entwickelten Gesellschaft mit dem Buch als damals bestimmendem Wissensspeicher von enormen geistigen und materiellen Werten. So nahm zum Beispiel die bis heute erfolgreichste juristische Kommentarreihe in Deutschland und darin der erfolgreichste Kommentar, der *Palandt* zum BGB, inzwischen in der 80. Auflage, ihren Ausgang wesentlich von Arbeiten jüdischer Rechtswissenschaftler:innen. Belastbare Forschung zum Umfang der betroffenen Autor:innen, Werke, Werte gibt es bis heute nicht – nur Kenntnis von Einzelfällen.[1075]

Was die Zwangsarbeit betrifft, ist der Wert der geleisteten Arbeit das eine, die bedrückende Wirklichkeit bei deren Entschädigung das andere. Eine generelle Regelung dazu gab es nach 1945 nicht und wurde infolge des Londoner Schuldenabkommens von 1953 sogar ausgeschlossen. Die Betroffenen waren so auf einen insgesamt jahrzehntelangen jeweils individuellen Kampf vor den deutschen Gerichten angewiesen. Siebzig Klagen gegen 35 Unternehmen hat der Historiker Thomas Irmer zwischen Ende der 1940er- bis in die 1980er-Jahre ausgemacht.[1076] Dabei habe man die Kläger:innen zum Teil bereits bei der Frage des zuständigen Zweiges der Zivilgerichtsbarkeit (allgemeine Zivilgerichte oder Arbeitsgerichte?) ins sprichwörtliche Messer laufen lassen. Das erste Gerichtsurteil überhaupt erging seitens des Arbeitsgerichts Mannheim 1947. Ebenso wie das Arbeitsgericht Berlin 1949 ließ Mannheim die Klage – in beiden Fällen gegen damalige Gesellschaften des Siemens-Konzerns gerichtet – schon an der Zulässigkeit scheitern: Es habe kein wirksamer Arbeitsvertrag bestanden.[1077] Was, außer Arbeit, aber soll es denn gewesen sein? Gingen die Kläger:innen in der Zwangsarbeit einer Freizeitbeschäftigung nach? Ohne die Akten zu kennen, erlaube ich mir an dieser Stelle zu sagen, dass die Beurteilung durch die Arbeitsgerichte Mannheim und Berlin nach zutreffender und auch heutiger Arbeitsrechtsdogmatik völliger Unsinn war; ein Arbeitsverhältnis besteht, wenn eine Person im Rahmen einer Weisungsgebundenheit für eine andere Person produktiv tätig ist – was auch und gerade im Rahmen von Zwangsarbeit unzweifelhaft der Fall ist.

Anfang der 1950er-Jahre klagte dann der jüdische ehemalige KZ-Internierte Norbert Wollheim vor dem Landgericht Frankfurt, nicht also vor dem Arbeitsgericht, gegen die IG Farben.[1078] Im Sommer 1953 sprach ihm das Gericht zwar nicht Arbeitslohn zu, aber immerhin 10.000 DM Schadensersatz und Schmerzensgeld wegen »Verletzung der Fürsorgepflicht« durch die IG Farben. In dieser Zeit, 1956, begannen auch Verhandlungen zwischen der *Jewish Claims Conference (JCC)* und der IG Farben i. L. (»in Liquidation«).[1079] Die *JCC*, mit vollem Namen *Conference on Jewish Material Claims against Germany*, US-amerikanisch dominiert, handelte und handelt zentral jüdische Ansprüche mit Deutschland aus, auch von Verstorbenen und leider auch im Konflikt mit den wahren Erben, wie wir als betroffene Familie lernen mussten. Für Deutschland jedoch bedeutete und bedeutet die Einsetzung der *JCC* als Verhandlungspartner eine enorme Vereinfachung der Verhandlungsführung. Die IG Farben erklärte sich 1957 zur Zahlung von 27 Millionen DM an jüdische und drei Millionen DM an nichtjüdische Zwangsarbeiter:innen bereit: Das bedeutete für 5.800 Menschen eine Einmalzahlung zwischen 2.500 und 5.000 DM. Nominell also in bitterer Ironie derselbe Betrag, oberhalb dessen Juden und Jüdinnen ab 1938 zu einer Vermögensabgabe verpflichtet gewesen waren – bis auf die nominale Mark genau beließ also selbst die Höchstentschädigung die Opfer symbolträchtig nach altem Maßstab »vermögenslos«. Damit war man angesichts des zwar nicht rechtskräftigen, aber wie ein Damoklesschwert über allem schwebenden Urteils des Landgerichts Frankfurt im Fall Wollheim (das ja noch nicht einmal Arbeitslohn beinhaltete) billig davongekommen. In einem geheim gehaltenen Abkommen zwischen der *Jewish Claims Conference* und der AEG wurden gar nur Einmalzahlungen von 2.000 DM je Zwangsarbeiter:in erreicht. Und für 1.778 geleistete Arbeitsstunden – also ein gutes Jahr Vollzeitarbeit – in den Büssing Automobilwerken sprach das Amtsgericht Braunschweig 1965 einem Kläger einen Betrag von 177,80 DM zu.[1080] Inflationsausgleich oder Zinsen waren offenbar schon gar nicht vorgesehen. Bei einem Mietniveau von 2,38 DM/m² für nicht öffentlich geförderte Wohnungen im Jahre 1965[1081] hätte der »Entschädigte« da von seinem Jahreslohn also eine 75-m²-Wohnung für einen Monat kalt mieten können.

Und wie erging es Norbert Wollheim, der nach einem lang andauernden Zug durch die Instanzen mit seinem Frankfurter 10.000-DM-Urteil von 1953 schließlich im Jahre 1967 vom Bundesgerichtshof abschließend beschieden wurde? Der BGH befand, Wollheim habe nicht 10.000 DM, sondern gar nichts zu bekommen, die Sache sei bei Klageeinreichung bereits verjährt gewesen. Denn es seien auf sein Zwangsarbeitsverhältnis die Verjährungsfristen für Arbeitsverhältnisse anwendbar.[1082] Auf einmal ging es also doch um Arbeitsrecht. Dies sogar, obwohl nicht einmal Arbeitslohn im Raum stand, sondern Schadensersatz und Schmerzensgeld – durchaus vertretbar, ist ja die Zwangsarbeit eine Kombination aus Arbeit und mindestens Freiheitsberaubung. Und dafür galt damals noch eine dreißigjährige Verjährungsfrist. Durch die Anwendung der Verjährungsfristen für Arbeitslohn hätte Wollheim aber binnen zwei Jahren nach Ende der Zwangsarbeit klagen müssen – und damit in das Chaos der unmittelbaren Nachkriegszeit hinein. Die Verfahrenskosten bis zum BGH dürften die lumpige Pauschalentschädigung, die stattdessen zwischenzeitlich an anderer Stelle ausgehandelt worden war, mehr oder weniger aufgefressen haben.

Allein wenn man die Berichte von Opfern zu den Novemberpogromen 1938 in dem von Uta Gerhardt und Thomas Karlauf 2009 herausgegebenen Erinnerungsband *Nie mehr zurück in dieses Land* liest, entstanden aus einem Aufsatzwettbewerb der Harvard University zu den Novemberpogromen zum Thema »Mein Leben vor und nach dem 30. Januar 1933«, wird klar, wie sehr von Anfang an materielle und physische Verfolgung, beide jeweils von gewaltigem Umfang, zusammengehörten.[1083] Die aufwendig durchgeführten materiellen Entrechtungsmaßnahmen – Enteignungen, Abschaffung gleicher Rechte im Zivilrecht, Berufsverbote, Forderungen nach »Schadensersatz«

für von den Nazis selbst angerichtete Schäden, Zwangsarbeit – waren die jahrelange bitterböse Ouvertüre und dann noch bösere Begleitmusik zum 9. November und allem, was danach kam. Der Historiker und Schriftsteller Götz Aly betont da ganz richtig die zentrale Stellung des »Massenraubmordes«, in seiner Interpretation einerseits durchgeführt zu staatlichen Finanzierungszwecken und andererseits zur Schaffung einer loyalen nichtjüdischen Bevölkerung.[1084] Ingo Loose stellt in dem Zusammenhang immerhin fest, diese Seite der Shoa habe in der Nachkriegszeit jedenfalls eine zu geringe Rolle gespielt.[1085] Was wurde also insgesamt genommen und demgegenüber gezahlt?

Die »Wiedergutmachungsleistungen« betrugen in D-Mark gemessen insgesamt lediglich 12 Milliarden DM, wie der israelische Historiker Tom Segev 2007 schätzte, wobei er betonte, genau habe das niemand je ausgerechnet.[1086] Wie schwierig die Berechnungen sind, zeigt sich schon darin, dass Segev selbst noch 1991 auf wesentlich höhere Zahlen gekommen war, basierend allerdings auf Annahmen für die Zukunft (wie: die Deutschen würden insgesamt 75 Jahre lang erhebliche und gleichbleibende Beträge zahlen), die offenbar nicht eintraten.[1087] Drei Milliarden DM jedenfalls war die Summe, so der *Spiegel*, auf die sich die Bundesrepublik mit Israel und der *Jewish Claims Conference* 1952 geeinigt hatte. Davon seien 450 Millionen DM an die *Claims Conference* gegangen. Tatsächlich muss man den meisten Quellen zufolge die Beträge addieren, und darin sind zusätzliche individuelle Entschädigungen noch nicht enthalten. Die DDR lehnte derweil jegliche derartigen Zahlungen unter Hinweis auf ihren »antifaschistischen Charakter« ab.[1088] Es darf allerdings nicht verschwiegen werden, dass individuell jüdischen DDR-Bürger:innen, die verfolgt worden waren, als VdN (Verfolgte des Nationalsozialismus) Leistungen zuflossen. Meine Großmutter erhielt nicht zuletzt eine sehr gute Rente und bevorzugte Krankenversorgung. 1988 schickte die DDR den ehemaligen kommunistischen, jüdischstämmigen Widerstandskämpfer und später hochrangigen Außenpolitiker Hermann Axen (1916–1992), der sich allerdings bereits 1932 bewusst vom Judentum abgewandt hatte,[1089] nach Washington. Man hegte seit 1974 die Hoffnung, über Entschädigungszahlungen – auch wenn man später noch »humanitäre Gründe« nachschob – Vergünstigungen im Außenhandel erreichen zu können. Die *Jewish Claims Conference* stützte seit 1978 sogar dieses Junktim, hatte aber von Anfang an eine Zahlung von 100 Millionen US-Dollar in den Raum gestellt.[1090] Die eine Million US-Dollar, die Honecker 1976 ungefragt hatte überweisen lassen, schickte die *Claims Conference* postwendend zurück.[1091] Die auch in den Details stümperhaft durchgeführte[1092] Mission von Axen – der vor allem wie ein typischer sozialistischer Apparatschik auftrat – blieb ohne greifbares Ergebnis. Erst 1992 einigte sich dann das inzwischen wiedervereinigte Deutschland mit der *Claims Conference*.[1093]

Da die Leistungen an Israel für alle europäischen Juden gelten sollten, wäre ein Multiplikator der deutschen und österreichischen Werte für die viel zahlreicheren europäischen Juden und Jüdinnen anzusetzen, die ebenfalls im Rahmen ihrer – wenn auch oft ärmeren – Gesellschaften in überdurchschnittlichem Maße dem tendenziell wohlhabenderen städtischen Bürgertum angehörten. Schon allein einzelne, zahlenmäßig detailliert erfasste deutsche Raubaktionen erbrachten erhebliche Beträge. Durch die »Aktion Reinhardt« – die Ermordung von zwei Millionen Jüdinnen und Juden und 50.000 Rom:nja – im besetzten Polen kamen für das Deutsche Reich Vermögenswerte im Umfang von 18 Millionen Reichsmark,[1094] nach anderen Quellen bis 1945 sogar über 178 Millionen Reichsmark[1095] zusammen. Zahlen, denen nach dem hier vertretenen Maßstab noch der wahre Wert von enteignetem Hausrat und sonstigen Wertgegenständen, verlorenen Versicherungsguthaben und Unternehmenswerten, Gehältern und Altersversorgung von Professor:innen und anderen Staatsbediensteten und vieles andere hinzuzurechnen wäre.

Wie hoch also hätten die Wiedergutmachungszahlungen eigentlich sein müssen? Rudolf Bing, Toni Lessler und Fritz Rodeck berichteten, dass den Juden und Jüdinnen in Deutschland und dem angeschlossenen Österreich Ende 1938 in ihrer Gesamtheit die Zahlung von einer Milliarde RM auferlegt wurde,[1096] sofern sie, so Rodeck, mehr als 5.000 RM an Vermögen besessen hatten.[1097] In Österreich etwa betraf das – anhand der Definition von Juden und Jüdinnen nach den Nürnberger Gesetzen – 30,6 % von ihnen.[1098] Dazu mussten die Jüdinnen und Juden zunächst innerhalb eines halben Jahres in vier Raten ein Fünftel ihres Vermögens abliefern. Für den Fall, dass eine Milliarde Mark nicht erreicht würde, war bereits eine höhere Quote in Aussicht gestellt.[1099] Die bereits durch erzwungene Grundstücksabtretungen nach dem 9. November 1938 erlangten Beträge wurden dabei noch nicht einmal berücksichtigt. So hatte der Rechtsanwalt Rudolf Bing auf ein Grundstück im Wert von 40.000 RM eine Abgabe in Höhe eines Fünftels, also 8.000 RM, zu zahlen, obwohl er durch die erzwungene Grundstücksabtretung an die NSDAP nur einen Anspruch in Höhe eines Zehntels des Wertes, 4.000 RM, erworben hatte, bei dem er sich keine Illusionen machte, dass dieser jemals zur Auszahlung käme. Wir erinnern uns an die typischerweise zu findende Differenz zwischen der Zahlung seitens der Nazis (hier null oder sogar minus 8.000 Mark) und dem korrespondieren Vermögensabfluss beim Opfer: hier 40.000 Mark. So hatte Bing neben allem anderen ein Grundstück im Wert von 40.000 Mark verloren und dafür noch 8.000 Mark zu zahlen. Als Nächstes war die Reichsfluchtsteuer in Höhe eines Viertels seines Vermögens fällig. Und zwar nicht nur für ihn selbst, sondern zusätzlich auch in Höhe eines Viertels dessen, was er früher seinen beiden Töchtern zugewandt hatte, um ihnen die Auswanderung nach Palästina zu ermöglichen. Und es ging weiter. Bing hatte Schmuck und Silber im städtischen Leihhaus abzuliefern. Großzügig wurden ihm und seiner Frau je ein silberner Löffel, eine silberne Gabel und ein silbernes Messer belassen. Der Schätzwert von einigen Tausend Reichsmark floss ihm nicht mehr zu, er musste abreisen. Noch einmal: Die »Zahlung« seitens Nazideutschland betrug: ein Löffel, eine Gabel, ein Messer. Der Vermögensabfluss bei Rudolf Bing fand aber selbst an dieser Stelle in Höhe des wahren Wertes von einigen Tausend RM statt. Und immer weiter: Selbst wenn er gegen die angerichteten Zerstörungen versichert gewesen wäre – auch die Regulierung durch die Versicherung wäre eingezogen worden.[1100] Sodann hatte er für das Hab und Gut, das mit ins Exil gehen sollte und das etwa 4.000 RM wert war, eine »Abfindung« von fast 10.000 RM zu zahlen. Schließlich musste er noch Steuern nachzahlen, weil die erzwungene Auflösung seiner Anwaltskanzlei Honorareingänge beschert hatte, die sonst erst später angefallen wären.[1101] Der Zufluss bei Nazideutschland für die geschlossene Kanzlei betrug also null, der Vermögensschaden bei Rudolf Bing den Wert der Kanzlei zuzüglich der Gewinne, die er bis zum normalen Verkaufszeitpunkt (Ruhestand) erzielt hätte, abzüglich dessen, was er anderweitig bis dahin verdienen konnte. Der Unterschied also zwischen dem Wert des Lebenswerkes eines Freiberuflers und – nichts. Opferperspektive das Erste, Täterperspektive das Zweite – wer aus Tätersicht rechnet, rechnet falsch.

Helen B. Junz macht unter Berufung auf Helmut Genschel[1102] folgende typische Rechnung für Deutschland auf: Von einem Vermögen von 100 hatte ein Jude 97 oder 98 zurückzulassen – zwanzig als »Sühneabgabe«, 25 als »Reichsfluchtsteuer«[1103], fünf als Beitrag zu einem Fonds für die Emigration bedürftiger Juden und Jüdinnen und zwei bis fünf als weitere Steuern; die verbleibenden 45 bis 50 konnten zu einem Tauschkurs von 6 % ins Ausland transferiert werden, sodass zwei bis drei übrig blieben.[1104]

Das Opfer der Novemberpogrome Carl Hecht berichtete: »Von meinem erpressten Haus, das heißt von dem Kaufpreis, der direkt lächerlich war, sah ich nie einen Pfennig. Trotz allem wären nach Abzug aller Kosten noch ca. RM 5000 übriggeblieben; diesen Betrag pfändete der Staat für ›Judenabgabe‹.«[1105] Und die Jüdin Hertha Nathorff lässt uns wissen, dass sie am 15. Dezember 1938 Tausende Mark als »Sühneabgabe« für die Tat von Herschel Grynszpan in Paris entrichten musste.[1106] Der Zeitzeuge Karl E. Schwabe erinnert sich, dass am Morgen des 10. November 1938 zwei städtische Beamte vor der Familienwohnung mit einem Pfändungsbeschluss über 7.000 Mark aufgetaucht seien. Das Geld wäre für die im »Volkszorn« zerstörten Ladenfenster zu entrichten.[1107] Und Georg Abraham teilt mit, dass die örtliche Parteileitung dem Sohn eines ermordeten Unternehmers, dessen Geschäftshaus und Waren im Wert von 70.000 Mark der deutsche Mob niedergebrannt hatte, eine Rechnung über 46,50 RM vorgelegt habe – für das dabei verwendete Benzin.[1108] Auch hier bleibt unberücksichtigt: der erheblich höhere immaterielle Unternehmenswert, der die zukünftige Ertragsfähigkeit aufgrund auch des erworbenen Rufs, der Marktstellung und des Kundenstammes zum Inhalt hat.

Als Wirtschaftsrechtler – und daher permanent mit Unternehmensbewertungen befasst – kann ich nur mühsam meine Wut unterdrücken, wenn ich sehe, wie das in der Betrachtung durch Historiker:innen immer wieder unter den Tisch fällt. Man stelle sich vor, die Nazis hätten einen Mark Zuckerberg ermordet und die Unternehmenszentrale von Facebook in Flammen aufgehen lassen. Worauf ein gut vernetzter »Arier« unter Nutzung einer anderen Immobilie schlicht eins zu eins in das Geschäftsmodell eingestiegen wäre. Und dann würde man nur den Immobilienwert des Firmensitzes als »Eigentumsverlust« ansetzen, den hundertfach höheren Unternehmenswert aber unter den Tisch fallen lassen! Auch das Bild vom »Raubmord« an den Juden ist da eigentlich nicht hilfreich. Denn Raub richtet sich gegen sächliches Eigentum; die Maßnahmen Deutschlands hingegen richteten sich gegen das Vermögen. Die Orientierung am wahren Marktwert hat zudem den Vorteil, sowohl diachronisch – »Was war damals der Wert?« – als auch synchronisch – »Was war zum Zeitpunkt der Entschädigung bzw. was ist heute der Wert?« – objektivierbar zu sein.

Schon vor dem 9. November brachten Deutsche und Deutschland seit März 1938 enorme Vermögenswerte an sich, nämlich, so Fritz Rodeck, »durch Beschlagnahmen, Diebstahl, Erpressung, durch ›kommissarische Leiter‹, Zwangsliquidationen und entschädigungslose Enteignungen von Geschäften, Nichtbezahlung von jüdischen Forderungen, Nichtigerklärung jeder gesetzlichen [Lücke im Text, gemeint ist: Ansprüche, A. D.] von Juden, besondere oder übermäßige Steuern, Gebühren und Abgaben und verschiedenartige andere Maßnahmen«.[1109] Dürftig getarnt durch ganz unterschiedliche und spezifische Rechtsvorschriften, wurde so nicht nur beim Rechtsanwalt Rudolf Bing das gesamte Vermögen eingezogen. Der Schriftsteller, Rechtsanwalt und Notar Martin Beradt (1881–1949) hatte durch seine Praxistätigkeit 300.000 Mark angespart. Man teilte ihm mit, er habe das alles den Deutschen gestohlen, und verbot ihm die weitere Ausübung seines Berufs. Wenn man ihm 3 % seines Vermögens belasse, sei auch das eigentlich zu viel.[1110]

Obwohl ein überaus kritischer und heller Geist, hatte Beradt diese Entwicklungen nicht voraussagen können. Mit *Der deutsche Richter* hatte er schon 1930 ein klug analysierendes und hellsichtiges Buch vorgelegt, in dem er unter anderem die mangelnde Reflektiertheit des Richterstandes beklagte, aber auch: die Blindheit der deutschen Justiz nach 1918 auf dem rechten

Auge (präzise von ihm belegt[1111]) – eine Blindheit, die nach 1945 in ungebrochener Tradition fortwirken sollte. Wo man paradox verharmlosend von einer Perversion des Rechtsbegriffs zu reden geneigt ist, herrschte das Gegenteil: Konstanz, Stringenz, Folgerichtigkeit.

Bedenkt man, dass allein in Deutschland wahrscheinlich fast alle auch nur bescheiden wohlhabenden der 560.000 dort 1933 lebenden Juden und Jüdinnen vollständig enteignet wurden (abzüglich der schwer zu schätzenden Beträge, die sie ausnahmsweise ins Ausland verbringen und dort tatsächlich behalten konnten[1112]) und dass diese Menschen zum größten Teil der säkular ausgebildeten städtischen Bevölkerung angehörten, so wird man, was den Vermögensverlust der Juden und Jüdinnen betrifft, sehr namhafte Beträge ansetzen müssen. Für Österreich macht die in Deutschland geborene Ökonomin und Historikerin Helen B. Junz für den Anteil der von Enteignungen betroffenen Juden und Jüdinnen folgende Rechnung auf: Beim »Anschluss« 1938 gab es dort – nach Nazi-Definition – etwa 217.500 Juden und Jüdinnen, bei einer durchschnittlichen Haushaltsgröße von zwei bis drei Personen bedeutete das 94.565 Familieneinheiten.[1113] Junz nimmt an, dass die 47.768 abgegebenen Vermögenserklärungen 41.797 Familieneinheiten bedeuteten (da ein Achtel der Erklärungen solche betroffen habe, bei denen Eheleute separate Erklärungen abgaben).[1114] Über 44 % der Familieneinheiten gaben also solche Erklärungen ab, mit einem nach Junz geschätzten Durchschnittswert von 38.532 RM. Analog zu bekannten Zahlen bei den per Konfession erfassten Juden (dort 63 % nennenswert wohlhabend) korrigiert sie diesen Anteil hinsichtlich der Juden nach Nazi-Definition auf dieselbe Quote: um damit bei 63 % von 94.565 Familieneinheiten, insgesamt 59.576 Familieneinheiten, nennenswerten Wohlstand zu konstatieren.[1115] Über diesen Rechenweg kommt sie auf ein Gesamtvermögen von 2,3 Milliarden Reichsmark (59.576 multipliziert mit 38.532 RM). Weiter nimmt Junz an, dass die abgegebenen Erklärungen nicht immer vollständig waren, und geht daher von einem jüdischen Gesamtvermögen zum Zeitpunkt des Anschlusses von mindestens 2,9 bis 3,3 Milliarden RM aus.[1116] Für Deutschland referiert sie die von Raul Hilberg für das jüdische Vermögen 1933 ermittelte Zahl von zehn bis zwölf Milliarden RM, verweist allerdings darauf, dass angesichts der immer noch beachtlichen Zahlen des Zensus von 1938 die Zahlen für 1933 höher gewesen sein müssen.[1117] Sie kommt bei 550.000 Jüdinnen und Juden, die 1933 in Deutschland lebten, auf 324.000 Familieneinheiten, davon wiederum 204.000 begütert. Bei einem durchschnittlichen Vermögen je Familieneinheit von 78.416 RM errechnet sie für die deutschen Jüdinnen und Juden per 1933 ein Gesamtvermögen von 16 Milliarden RM.[1118]

Man beachte noch einmal, dass in Deutschland aufgrund des »quantitativen und qualitativen Bildungsvorsprungs« schon im 19. Jahrhundert immer mehr Jüdinnen und Juden sich »gut bezahlter Kopfarbeit« zuwandten oder »die unternehmerische Initiative ergriffen«, wie Götz Aly betont.[1119] Im Frankfurt am Main des frühen 20. Jahrhunderts zahlten Juden und Jüdinnen im Durchschnitt viermal so viel Steuern wie Protestant:innen und das Achtfache im Vergleich zu Katholik:innen. Legt man die schon damals geltende grundlegende steuerrechtliche Doktrin zugrunde, nach der Steuern sich an der individuellen Leistungsfähigkeit zu orientieren haben, so spricht das Bände mit Blick auf die hart erarbeitete durchschnittliche Einkommens- und Vermögenssituation der jüdischen Bevölkerung. Aly berichtet, dass in Berlin die jüdischen Zahlungen 30 % des städtischen Steueraufkommens ausmachten, obwohl die Jüdinnen und Juden nur einen Anteil von 15 % der Steuerzahler:innen und 5 % der Bevölkerung bildeten. Dreimal so hoch also war der Anteil der Steuern zahlenden Juden und Jüdinnen an allen

Juden und Jüdinnen im Vergleich zum Bevölkerungsdurchschnitt, sie zahlten jeweils doppelt so viel Steuern wie andere Steuerzahlende, sodass sie insgesamt sechsmal so viele Abgaben leisteten wie der:die Durchschnittsberliner:in. Ähnliche Verhältnisse fanden sich Aly zufolge in Posen, Beuthen, Gleiwitz, Magdeburg, Breslau und Bromberg, im Großherzogtum Baden, in Dänemark, Ungarn und Italien.[1120] Aly schließt aus den zugänglichen Zahlen weiter, dass vor dem Ersten Weltkrieg das Durchschnittseinkommen von Juden und Jüdinnen in Europa beim Fünffachen im Vergleich zum Einkommen von Christ:innen lag.[1121]

Das alles muss zu überdurchschnittlichem Vermögen in den folgenden Jahrzehnten geführt haben. Und umgekehrt dazu, dass wir bei dessen Raub nicht nur analog zum Anteil der Juden und Jüdinnen an der Bevölkerung von ein paar Promille des gesamten Privatvermögens der Volkswirtschaft reden, sondern von einem Anteil noch deutlich über dem Faktor fünf beim Einkommen: Allein die Sparquote als ein Faktor der Vermögensbildung steigt schließlich mit zunehmendem Einkommen rasant an. In Zahlen aus dem Jahr 2013 drückt sich das so aus: Die Sparquote betrug in diesem Jahr minus 10 % (also Verschuldung) bei den untersten 10 % der Einkommen, etwa 3 % beim Median der Einkommen und zwischen 13 % und schließlich 35 % bei den oberen 10 % bis zum obersten 1 %.[1122] Die Sparquote bei den Juden und Jüdinnen muss also im Vergleich zur Gesamtbevölkerung um ein Mehrfaches höher gewesen sein: deutlich über dem Faktor fünf beim Einkommen. Nehmen wir einen weiteren wichtigen Faktor der privaten Vermögensbildung, nämlich den selbst gehaltenen Anteil am Produktivkapital. Da wäre zum einen der Anteil am eher schwerer finanziell zu fassenden Humankapital (als Summe aller Kenntnisse, Fähigkeiten und Erfahrungen)[1123]: Dieser wird aufgrund des überdurchschnittlichen jüdischen Bildungsstatus und der Tätigkeit in überdurchschnittlich qualifizierten Berufen klar über dem deutschen Durchschnitt gelegen haben. Aber auch das sachliche Produktivvermögen dürfte sich wegen des signifikant höheren Anteils an Selbstständigen, denen also das Unternehmen, in dem sie arbeiteten, selbst gehörte, überdurchschnittlich gestaltet haben. Betrachten wir noch den dritten großen Faktor der privaten Vermögensbildung: den Grundbesitz. Gesamtdeutsche Zahlen liegen zwar nicht vor, aufgrund der verschwindend geringen landwirtschaftlichen Tätigkeit von Jüdinnen und Juden wird ihr Anteil an land- und forstwirtschaftlich genutztem Boden jedoch gering gewesen sein. Es spricht aber einiges dafür, dass sich dies bei urbanen Immobilien umgekehrt verhielt, sodass die Jüdinnen und Juden als Grundbesitzer:innen insgesamt jedenfalls nicht unterrepräsentiert gewesen sein dürften. Für Hamburg etwa findet sich bezogen sogar noch auf 1938 (nachdem den Juden und Jüdinnen ja bereits beträchtliches Vermögen entzogen worden war) ein doppelt so hoher Anteil der Juden und Jüdinnen am Grundbesitz wie es ihrem Anteil an der Bevölkerung entsprach.[1124] Das ist nicht überraschend, spiegelt der hohe Anteil, den die Jüdinnen und Juden am Hamburger Grundbesitz hielten, doch eine naheliegende Strategie zur Investition ihres überdurchschnittlichen Einkommens wider. Aufgrund unzureichenden Zahlenmaterials wird man diesen Bereich für die Berechnung, um wie viel das individuelle jüdische Vermögen höher war als das deutsche, aber unberücksichtigt lassen müssen.

Nehmen wir nach alledem zum Beispiel an, seit Beginn des 20. Jahrhunderts sei die Vermögensbildung der Jüdinnen und Juden zehnfach überproportional zum Bevölkerungsanteil erfolgt, dann würden wir bei einem Anteil der Juden an der Gesamtbevölkerung für 1933 von 0,8 %[1125] schon von 8 % des gesamten deutschen Privatvermögens reden. In Vergleichszahlen zum heutigen gesamten Privatvermögen: 8 % von heute

1.540 Milliarden Euro an kumuliertem Geld- und Sachvermögen nur der privaten Haushalte[1126] (Unternehmenswerte sind da noch nicht berücksichtigt) wären 123,2 Milliarden Euro. Und den historischen Vergleichsbetrag entzogen Staat und begünstigte nichtjüdische Bürger:innen damals nahezu vollständig den Jüdinnen und Juden.

Nehmen wir wieder Junz' Zahl von 16 Milliarden RM hinsichtlich der staatlichen und auch (massenhaften, millionenfachen[1127]) privaten[1128] Entziehung in Deutschland und addieren ein von ihr referiertes vorhandenes jüdisches Gesamtvermögen von bis zu 3 bis 3,5 Milliarden RM für Österreich[1129], so kommen wir auf bis zu 19,5 Milliarden RM (abzüglich der fraglichen, jedenfalls schwer als maßgeblich zu bestimmenden Transfers ins Ausland, zuzüglich Korrektur nach oben für Unternehmenswerte) an Einziehung nur für diese zwei Länder. Mit den in den besetzten Gebieten erlangten Beträgen wird es ein noch deutlich höherer zweistelliger Milliardenbetrag in damaligem Geld gewesen sein, den Deutschland entzog. Die Nazis selbst hatten für das Vermögen der deutschen und österreichischen Juden und Jüdinnen dem Bericht des Opfers Fritz Rodeck zufolge eine Zahl von acht Milliarden RM in Umlauf gebracht.[1130] Das Statistische Reichsamt schätzte das jüdische Vermögen 1936 auf 2,5 bis 8,5 Milliarden RM, nach Einführung der Deklarierungspflicht für Vermögen über 5.000 RM auf 4,3 Milliarden RM, während das Judenreferat im Reichswirtschaftsministerium noch Ende 1938 – nachdem also schon etlicher Raub stattgefunden hatte – von einem »angreifbare[n] Vermögen« von sieben Milliarden RM ausging.[1131] Zahlen, die sich, wie bereits erläutert, am Vermögenszuwachs bei den Nazis und nicht am tatsächlichen Vermögensverlust bei deren Opfern orientieren.

Auf Dollarbasis betrachtet, bestätigt sich ebenfalls ein krasses Missverhältnis zwischen erfolgter Entschädigung und Schaden, noch ohne die meines Erachtens vorzunehmenden Korrekturen nach oben. Nach Schätzungen des Gesamtbetrages seien 12 Milliarden US-Dollar erbeutet worden, so Michael Elkins, der Wert der jüdischen Zwangsarbeit noch nicht eingerechnet.[1132] Elkins bezieht sich wohl auf das Vermögen aus allen betroffenen Ländern. Eine Schätzung, die mit den vorgenannten Zahlen gut in Einklang zu bringen ist. Und die auch mit den Zahlen von Junz (wir erinnern uns: eher zu niedrig in den Ansätzen zum Unternehmensvermögen) gut zusammenpasst: Sie kommt für die von ihr untersuchten sechs Länder Deutschland, Österreich, Niederlande, Frankreich, Ungarn, Polen auf – aus lokaler Währung umgerechnet – rund 13 Milliarden US-Dollar für 1938/39.[1133] Setzen wir also nach Elkins und nach Junz zwölf Milliarden US-Dollar an. Diese Gesamtzahl übersteigt die acht Milliarden RM für Deutschland allein insofern deutlich, als der Umtauschkurs RM zu Dollar etwa für das Jahr 1938 bei etwa vier gelegen haben dürfte (genaue Zahlen dazu, bezogen auf das genaue Jahr, konnte ich nicht erlangen). Danach kämen wir auf 48 bis 52 Milliarden RM zum Vergleich für die Gesamtzahlen.

In heutiger Kaufkraft (bezogen auf 2019, Stand Januar 2020) ist das nach Angaben der Deutschen Bundesbank jeweils das 4,2-Fache,[1134] also 33,6 Milliarden Euro, bezogen auf die oben genannten acht Milliarden Reichsmark für Deutschland und Österreich nach den Nazi-Zahlen und 67,2 Milliarden Euro allein für Deutschland nach Junz' Zahlen (16 Milliarden Reichsmark) – und bei Abzug angeblich nachhaltig geretteten Auslandsvermögens dann immer noch gut 60 Milliarden Euro. Geht man unter Hinzurechnung von Österreich und weiterer wichtiger Gebiete von 48 bzw. 52 Milliarden RM aus, so wären das nach heutigem Wert 201,6 bzw. 218,4 Milliarden Euro. Wir nähern uns deutlich meiner obigen Rückwärtsrechnung aus dem heutigen privaten Volksvermögen (123,2 Milliarden Euro ohne Unternehmensvermögen), wohlgemerkt gilt diese Zahl allein für Deutschland. Der Faktor 4,2 aber scheint noch niedrig angesetzt, bedenkt man etwa, dass 1938/39 laut Fritz Rodeck die wöchentliche Arbeitslosenunterstützung je nach Familiensituation neun bis vierzehn Mark betrug,[1135] was nach dem Kurs 4,2 heute lediglich 37,80 bis 58,80 Euro wöchentlich wären – ein Betrag, der kaum einem Menschen, geschweige denn einer Familie zum Überleben reichen würde. Eher passend erscheint da der Faktor 17,45, wie er für die Kaufkraft des Dollars zwischen 1938 und 2019 mitgeteilt wird.[1136] Dann käme man allein für Deutschland anhand von Junz' 16 Milliarden RM, multipliziert mit 17,45, geteilt durch den Faktor Mark zu Euro von 1,95583, also auf 142,75 Milliarden Euro. Das ist ebenfalls durch meine Rückrechnung (beachte: dort ohne Unternehmenswerte) großzügig abgedeckt.

Was war nach alledem der reale Entzug? Wir haben die Zahlen von zwölf (Deutschland) bzw. 48 Milliarden RM in damaligem Wert – mit all den deutlichen Notwendigkeiten der Korrektur, will man vom verzerrenden Zufluss bei Deutschland und den Deutschen zum entscheidenden Abfluss, dem Schaden in realen Werten bei den Opfern, kommen. Rückwärts gerechnet käme man (von einem immer noch zu niedrigen Betrag) von 8 % des heutigen privaten Vermögens bei einem Faktor von 4,2 (Bundesbank) bzw. 17,45 (Dollar-Betrachtung) zu 1.540 Milliarden geteilt durch 4,2 auf 367 Milliarden RM bzw. geteilt durch 17,45 auf 88,25 Milliarden RM für Deutschland. 50 bis 60 Milliarden RM sollten dabei als vorsichtige Schätzung durchgehen, auch wenn die Zahlen natürlich nicht problemlos ineinander umzurechnen sind. Die Zahlen von Elkins und Junz erscheinen jedenfalls viel zu niedrig. Halten wir also fest, dass den Juden und Jüdinnen allein in Deutschland damals 50 bis 60 Milliarden Mark entzogen wurden. Wiederum vorsichtig hinzugeschätzt

Österreich und die sonstigen Länder: der etwa doppelte Betrag nach Junz, nur für fünf weitere Länder.[1137] Das wären dann 100 bis 120 Milliarden RM damals. Nehmen wir vorsichtigerweise nur die Hälfte an. Da kommen wir auf je 50 bis 60 Milliarden RM insgesamt für Deutschland, Österreich und die weiteren von Junz untersuchten Länder Niederlande, Frankreich, Ungarn, Polen.

Um das nun mit den »Reparationen« vergleichen zu können, wäre noch die Kaufkraft zwischen den unterschiedlichen Zeitpunkten – Entzug versus Entschädigung – zu justieren. Nehmen wir der Einfachheit halber den Vergleich zwischen 1938 und 1955. Die Bundesbank bietet uns da den Faktor 4,2 (RM 1938) zu 2,48 (Mark 1955), Basis 2020 = 1,0.[1138] Also 0,59. Der Faktor ergibt, angewandt auf die eben ermittelten 25 bis 30 (Deutschland) bzw. 50 bis 60 (einschließlich wesentlicher anderer Länder) Milliarden RM, eine ausstehende Entschädigungssumme im Jahr 1955 von 14,75 bis 17,7 bzw. 29,5 bis 35,4 Milliarden DM. Da aber ist bei den geleisteten Zahlungen zu gewärtigen, dass für verlorenes Eigentum (ja, eigentlich müsste man noch mehr betrachten, nämlich das Vermögen) nur ein winziger Anteil von knapp unter vier Prozent an den Gesamtzahlungen geleistet wurde.[1139] Junz referiert eine absolute Summe von 3,94 Milliarden DM bis 1997[1140], ein verschwindend geringer Betrag im Vergleich zu dem, was ich an Schaden errechne. Bezogen auf die 29,5 bis 35,4 Milliarden DM an Eigentums-/Vermögensverlust (noch mit allen Einschränkungen) also wurde dieser nur zu 13 % bzw. 11 % ausgeglichen. Wo blieb der Rest? Beim deutschen Staat und hauptsächlich nichtjüdischen Deutschen, zum Teil auch Bürger:innen der besetzten Gebiete. Ein Zahlengebäude mit vielen Haken und Ösen – und doch Zeugnis einer klaren Tendenz: Aus politischen Motiven und geschichtswissenschaftlicher Oberflächlichkeit spielt man die jüdischen Schäden herunter – eine unglückliche Vorgabe für den antisemitischen

Topos des »Die Juden haben doch genug bekommen«. Haben sie bei Weitem nicht.

Was da auf Dollarbasis an »Wiedergutmachung«, nicht gegenüber den europäischen Juden, sondern gegenüber Israel, von Konrad Adenauer ausgehandelt – oder zugestanden? – wurde, war vergleichsweise lächerlich. Adenauer hatte in einem Interview mit der *Jüdischen Allgemeinen* (damals noch *Allgemeine Wochenzeitung der Juden in Deutschland*) vom 25. November 1949 zunächst noch die gänzlich lachhafte Summe von zehn Millionen (!) DM, 2,38 Millionen US-Dollar, ins Spiel gebracht.[1141] Ein Dreitausendstel etwa im Vergleich zu meinen noch vorsichtigen Zahlen. Ein Betrag, den ein halbwegs zurechnungsfähiger Kaufmann noch nicht einmal als Anzahlung akzeptieren würde.

Chaim Weizmann, damals noch britisch-jüdischer Politiker und Präsident der Zionistischen Weltorganisation, hatte 1945 von den vier Siegermächten verlangt, dass das gesamte jüdische erbenlose Vermögen auf die *Jewish Agency* übertragen würde; allein dessen Wert hatte er vielleicht durchaus zutreffend mit etwa acht Milliarden US-Dollar veranschlagt.[1142] Israel stellte gegenüber den vier Siegermächten und Deutschland dann 1,5 Milliarden US-Dollar in den Raum.[1143] Dem lag die Überlegung zugrunde, man habe in Israel 500.000 Geflüchtete zu Kosten von jeweils 3.000 US-Dollar aufgenommen. Woraufhin Adenauer sich zwar am 27. September 1951 gegenüber dem Deutschen Bundestag generell mit deutlichen Worten für Zahlungen starkmachte, konkrete Transaktionen allerdings mit Hinweis auf die deutsche Zahlungsunfähigkeit angesichts der Kriegsfolgen und der deutschen Geflüchteten unter Vorbehalt stellte.[1144] Selbst auf Drängen Ben-Gurions weigerte er sich, ein klares Schuldanerkenntnis für die deutsche Nation abzugeben.[1145] Mit knapper Zustimmung von 239 der 400 Bundestagsabgeordneten stand schließlich fest: Die schon erwähnten 3,45 Milliarden Mark flossen[1146] – drei Milliarden Mark in 14 Jahresraten[1147] an den Staat Israel und 450 Millionen Mark an die *Jewish Claims Conference*.[1148] Bei einem Umtauschkurs Mark zu Dollar Anfang der 1950er-Jahre von etwa 4,2 zu 1 also etwa 820 Millionen US-Dollar[1149], hauptsächlich in Warenlieferungen, und weitere 112 Millionen US-Dollar an die *Jewish Claims Conference*:[1150] ein knappes Zwölftel nur der den Jüdinnen und Juden genommenen mindestens zwölf Milliarden US-Dollar. Die Zahlung »entschädigte« im Übrigen nicht allein den Eigentumsverlust – sondern auch das erlittene Leid.

Gleichzeitig mit den deutschen Zahlungen an Israel erreichte die finanzielle Unterstützung Deutschlands durch die USA bereits Mitte 1953 einen Betrag von 3,5 Milliarden US-Dollar, private Investitionen nicht eingerechnet.[1151] Israel und die *Jewish Claims Conference* erhielten daher auf diesen Zeitpunkt bezogen mit 932 Millionen US-Dollar nur etwa ein Viertel dessen, was Deutschland selbst aus den USA erhielt! Wie man es bei allen Lücken im Zahlenwerk dreht und wendet: Mehr als zehn Prozent an Ausgleich werden es nicht gewesen sein. Nach Junz starben von deutscher Hand in den von ihr untersuchten Ländern von der jüdischen Bevölkerung insgesamt: 88 % in Polen, 74 % in den Niederlanden, 57 % in Ungarn, 30 % in Österreich, 30 % in Deutschland, 25 % in Frankreich.[1152] Wahrscheinlich waren einfach zu viele ehemals Vermögende tot. Diejenigen, die überlebt hatten, waren – versprengt, entwurzelt – wohl eher damit beschäftigt, sich an einem fremden Ort ein neues Leben aufzubauen, als dass sie vernehmlich Klage erheben konnten.

Wohin zahlte Deutschland schließlich? Junz zufolge immerhin über die Jahrzehnte zu großen Teilen an die individuellen Opfer, allerdings nicht als Reparationen für das verlorene Vermögen, sondern für sonstige Schäden an Gesundheit und Karriere. Ob die Zahlungen dafür angemessen waren, wird man angesichts der unendlichen Einzelfälle nie herausfinden. Die politisch so eminent wichtigen Zahlungen der Adenauer-Zeit an Israel hingegen flossen übrigens zum großen Teil gleich wieder in deutsche Taschen: Tom Segev zufolge waren 70 % der Zahlungen an Israel für deutsche Warenlieferungen vorgesehen, 30 % für Treibstoff. Letztlich habe Israel für 17 % der Gelder fast fünfzig Schiffe gekauft, die Ende 1961 zwei Drittel der israelischen Handelsflotte ausmachten. Weiter wurde zwischen 1953 und 1963 ein Drittel der israelischen Infrastruktur zur Stromversorgung auf diese Weise finanziert und knapp die Hälfte des Eisenbahnsystems. Nach 1965 veröffentlichten Schätzungen der Bank of Israel waren die gesamtwirtschaftlichen Effekte beträchtlich: Während der zwölf Jahre Laufzeit des Abkommens verdreifachte sich das israelische Bruttoinlandsprodukt; 15 % dieses Wachstums, 45.000 Arbeitsplätze, seien auf Investitionen aufgrund der Reparationszahlungen zurückzuführen.[1153]

Auch wenn das Geld schließlich der israelischen Bevölkerung (im Übrigen natürlich auch der nichtjüdischen) zugutekam, ist es glatt falsch oder jedenfalls grob verschleiernd, wenn das Bundesministerium der Finanzen noch heute behauptet: »Die Leistungen an Israel waren als Eingliederungshilfe für entwurzelte und mittellose jüdische Flüchtlinge aus Deutschland und den ehemals unter deutscher Herrschaft stehenden Gebieten gedacht. Ein Großteil wurde durch Warenlieferungen beglichen.«[1154] Kein Wort davon, dass das Geld zu erheblichen Teilen in allgemeine Infrastruktur floss. Im Zusammenhang muss man das Wort »Warenlieferungen« so verstehen, als seien Waren an individuelle Opfer gegangen. Insgesamt erhielten gut 250.000 Israelis individuelle Entschädigungszahlungen aus Deutschland, im Schnitt etwa ein damaliges Jahreseinkommen.[1155]

Der »Lastenausgleich« für deutsche Kriegsgeschädigte, Spätheimkehrer, Vertriebene und Geflohene übrigens belief sich auf 1,25 Milliarden US-Dollar – jährlich, ab 1951.[1156] Mehr pro

Jahr als die gesamten kollektiven Entschädigungszahlungen an Israel. Was den weiteren Ausgleich von Gesundheits-, Renten- oder Ausbildungsschäden angeht, so war Deutschland jedenfalls für die Spätheimkehrer:innen, Vertriebenen und Geflohenen streng genommen nicht in der Haftung, waren diese Leiden und Nachteile doch durch andere Staaten verursacht worden. Man muss diese Zahlungen insoweit also als Billigkeitsregelung betrachten, die man durchaus gutheißen mag. Nur: Die Maßstäbe bezüglich dessen, was nichtjüdischen Deutschen auf der einen und Juden und Jüdinnen auf der anderen Seite zugestanden wurde, gehen hier deutlich auseinander. Bis Ende 1982 erreichten die Zahlungen zum »Lastenausgleich« (also die Zahlungen von Deutschland an nichtjüdische Deutsche), ohne damit abgeschlossen zu sein, 115 Milliarden DM.[1157] Zigmal mehr als an Jüdinnen und Juden. Bei »Volksgenossen« scheint sich Adenauers tiefe Sorge um die Finanzierbarkeit von Entschädigungszahlungen also ganz anders dargestellt zu haben. Aber ermordete und vertriebene Jüdinnen und Juden können schließlich auch nicht mehr wählen oder Leitartikel schreiben.

Schaut man sich die Zahlen des Bundesfinanzministeriums aus dem Jahre 2008 an, so mutet ein Gesamtbetrag von Entschädigungsleistungen an Opfer des Nationalsozialismus von 66,1 Milliarden Euro[1158] im Vergleich zu den oben aufgemachten Zahlen zum Verlust jüdischen Vermögens erst einmal anständig an. Doch macht die »Rückerstattung geraubten Vermögens« darin bis heute nur zwei Milliarden Euro aus. Statistiken über Statistiken ändern nichts am eigentlichen Befund. Und: In diesen Zahlen sind – natürlich ebenfalls mehr als berechtigte – erhebliche Zahlungen an Nichtjuden enthalten. Die Broschüre des Bundesministeriums der Finanzen (BMF), *Entschädigung von NS-Unrecht*,[1159] weist Leistungen an Juden und Jüdinnen nicht separat aus, obwohl das natürlich von großem politischem und historischem Interesse wäre. Die größte Position mit 45,7 Milliarden Euro machen Leistungen nach dem Bundesentschädigungsgesetz aus. Auf zwei große nichtjüdische Gruppen, die auch über das Bundesentschädigungsgesetz Leistungen erhalten konnten, weist das BMF hin: »Auch Vertriebene im Sinne des Bundesvertriebenengesetzes (BVFG) sowie Staatenlose oder Flüchtlinge im Sinne der Genfer Konvention wurden nach dem BEG entschädigt.«[1160] Wie sich die Zahlungen im Einzelnen verteilten – kein Wort dazu. Gleiches gilt für Globalabkommen zwischen 1959 und 1993 mit diversen europäischen Staaten, die zudem nur einen vergleichsweise geringen Umfang von insgesamt 1,3 Milliarden Euro für 16 Staaten hatten und die sich wiederum (ohne Ausweis der »jüdischen« Anteile) ganz allgemein auf Staatsangehörige dieser Länder bezogen.[1161] Erwähnen muss man zudem noch, dass die am schwersten Getroffenen unter den Überlebenden, die jüdischen Waisenkinder ohne Identität, erst in den 1990er-Jahren überhaupt entschädigt wurden: Sie konnten gegenüber deutschen und israelischen Behörden mangels Erinnerung an das Geschehene und mangels Identitätsurkunden nur schwer Nachweise erbringen.[1162]

Die Positionen im BMF-Zahlenwerk mit Bezug zu entzogenem jüdischem Vermögen nehmen sich verschwindend gering aus: für die Rückerstattung geraubten Vermögens zwei Milliarden Euro und insgesamt als Zahlungen an Israel 1,8 Milliarden Euro.[1163] Damit jeweils insgesamt weniger als die immer noch peinlich niedrigen Zahlungen für Zwangsarbeit, die aus dem Stiftungsvermögen der Stiftung »Erinnerung, Verantwortung und Zukunft« in Höhe von 2,6 Milliarden Euro[1164] bis 2008 an Opfer des Nationalsozialismus gingen. Insgesamt zahlte die Stiftung bis 2018 von 5,16 Milliarden Euro insgesamt dann 4,37 Milliarden Euro an 1,66 Millionen jüdische und nichtjüdische Zwangsarbeiter:innen.[1165] Im Schnitt also für mindestens monatelange Entwurzelung und Sklavenarbeit 2.632,53 Euro pro Person. Zum Vergleich: Einem Polizisten den Mittelfinger zu zeigen, kann heute 4.000 Euro kosten.[1166] Eigentlich von vornherein erkennbare Lücken wurden teils mit erheblicher Verzögerung geschlossen – viele Berechtigte dürften da längst gestorben sein. Für Verluste in der Sozialversicherung wurden ab Oktober bzw. Juli 2007 teils 2.000 Euro als Einmalzahlung geleistet, in weiteren Einzelfällen wurde noch um zusätzliche 1.500 Euro aufgestockt.[1167] Dazu kamen einige außergesetzliche Entschädigungsleistungen, vor allem in Härtefällen wie bei Opfern pseudomedizinischer Versuche.[1168]

Das menschenunwürdige Leben im Versteck wurde für Nichtjuden und -jüdinnen erst seit 1988 und auch nicht generell entschädigt, selbst in dem immer traumatischen Fall, dass davon Minderjährige betroffen waren. Da zählt das Leben im Versteck in Deutschland nur dann als entschädigungswürdig, wenn es »unter menschenunwürdigen oder besonders erschwerten Bedingungen oder in der Illegalität« geschah, und zusätzlich »während mindestens 4 Monaten«, und selbst dann nur, »wenn hierdurch ein nachhaltiger Gesundheitsschaden mit einem Grad der Behinderung (GdB) von mindestens 50 eingetreten ist«.[1169] Kann man angesichts der geringen Beträge, die im Spiel sind, den Betroffenen da ernsthaft raten, sich der fast unmöglichen, schmerzhaften und im schlimmsten Fall mit Diskriminierung verbundenen Beweisführung auszusetzen? Kein Wunder, dass das BMF im Gegensatz zu Leistungen, die an große Gruppen erbracht wurden, hier und an ähnlicher Stelle über die wahrscheinlich verschwindend geringe Zahl gestellter oder gar bewilligter Anträge einfach schweigt. Der deutsch-US-amerikanische Psychoanalytiker und Sohn eines Rabbiners William G. Niederland (1904–1993)[1170] hat in seinem Buch *Folgen der Verfolgung: Das Überlebenden-Syndrom, Seelenmord* allgemein darauf hingewiesen, welch zweischneidiges

Schwert ein Entschädigungsantrag wegen persönlich erlittenen Leides war. So musste er als Gutachter in Entschädigungsverfahren erleben, dass deutsche Psychiater:innen einen Zusammenhang zwischen Verfolgung und psychischem Leid immer wieder verneinten und so zusätzlich zur Pathologisierung der Betroffenen beitrugen: »In einem amtsärztlichen Gutachten – am ›grünen Tisch‹ in einer hessischen Amtsstube verfasst, ohne dass der ›Sachverständige‹ den Kranken je selbst gesehen oder untersucht hätte – wurde dem ernsten Gesundheitsschaden eines Verfolgten die ›organische Würde‹ (wörtlich, ärztlich-dokumentarisch so gesagt) abgesprochen, da die vorhandenen Störungen ausschließlich psychischer und nicht körperlicher Art seien. Daß der ehemals Verfolgte an seinem Leiden elendig zu Grunde ging, hatte nach Ansicht des Gerichtsgutachters gemäß dessen zusätzlichen Verlautbarungen nichts mit der Rassenverfolgung zu tun, sondern mit der ›Anlage‹ des Kranken. Der spätere Tod, so hieß es im amtlichen Text, sei aus ›eigengesetzlichen‹ Gründen erfolgt und ›verfolgungsunabhängig‹.«[1171] Dieses »Abdrängen« aus der Solidargemeinschaft als Haltung wird zweifelsohne auch zu dem traurigen Befund beigetragen haben, dass die Mehrzahl der Verfolgten keinen Zugang zu psychotherapeutischer Beratung fand und sich auf ihre eigenen (eingeschränkten) Kräfte verlassen musste.[1172]

Natürlich waren die Entschädigungen besser als nichts. Trotzdem stellte sich die angebliche Wiedergutmachung weniger als eine wünschenswerte Vereinbarung unter Gleichen denn als ein unzureichender Gnadenakt von deutscher Seite dar. Die Wiedereinsetzung der Jüdinnen und Juden in ihre materiellen und politischen Rechte hätte über Jahre hinweg auf der deutschen Agenda stehen müssen. Stattdessen wurde über an Israel zu zahlende Geldbeträge diskutiert – während es sich die Millionen Profiteur:innen in den Immobilien und Unternehmen und mit dem Tafelsilber der Ermordeten gemütlich machten.

Kaum eine zivilgesellschaftliche Initiative streute dabei Sand in das Getriebe dieser gigantischen Weißwaschungsmaschinerie. Jedes Windrad zieht heute mehr lokalen Protest auf sich als damals die an selber Stelle entrechteten, enteigneten und ermordeten jüdischen Nachbarn. Gibt es auch nur ein Foto, das damalige Massenproteste von Nichtjuden und -jüdinnen zeigt? Vielleicht sogar in dem Umfang, wie heute Nichtjuden die Straßen bevölkern, um sichtbar gegen Israel zu sein? Ist auch nur ein Wahlplakat überliefert, das die Ungleichbehandlung von nichtjüdischen »echten« Deutschen und Juden und Jüdinnen in der Bundesrepublik aufgegriffen hätte? Nein, Protest regt sich in Deutschland ganz offenbar nicht für das jüdische »Fremde«. Und schon gar nicht gegen das »Wir«.

TEIL III

Das Märchen deutsch-jüdischer Versöhnung

1. »Wir« und »die« – Fixsterne deutschen Erinnerns

Das volle Arsenal des staatlichen Gewaltmonopols für Juden und Jüdinnen auf deutschem Boden, es ist nie wiederhergestellt worden. Neben der Erklärung dieses Phänomens durch die allgemeine politische Stimmung, die dahin ging, die Nazi-Täter:innen möglichst geräuschlos wieder in die Gesellschaft einzugliedern, kann ich mir zwei weitere Gründe dafür denken. Da gab es das Denken in Kategorien von »wir« und »die«, so wie wir es auch heute wieder zwischen Mehrheitsgesellschaft und Minderheiten erleben. Mit der Folge einer eher formal gedachten Nichtzugehörigkeit alles Jüdischen zum »eigentlichen« Staat, zur »eigentlichen« Gesellschaft. Darüber hinaus aber auch die inhaltliche, ganz konkrete Herabsetzung: die Stigmatisierung des jüdischen Menschen als – dann abwertend – »anderem«, auch als im Strafverfahren Anders-zu-Behandelndem, die sich in Sprache und Bildern konstituierte. Einerseits durch die noch nachhallenden, in die denkmöglichsten Untiefen gehenden verbalen Schmähungen und eine auch heute noch gesprochene ausgrenzende Sprache der Erinnerung. Andererseits durch eine geradezu unheimliche Täter- und Opferikonografie. Ein Bild sagt mehr als tausend Worte, heißt es, und das waren und sind die Bilder: die der Opfer – in Sträflingskleidung, so abgemagert, dass sie als ganz »normale«, bürgerliche Würde ausstrahlende und den jedem Menschen zukommenden Respekt einfordernde Individuen auf den ersten Blick nicht mehr erkennbar sind. Im Übrigen trugen die Nationalsozialisten ganz in diesem Sinne dafür Sorge, dass – nachdem man angesichts der Vielzahl nicht mehr alle Opfer fotografieren konnte – in jedem Falle möglichst »jüdisch« (gemeint war »klischeehaft abstoßend«) aussehende Opfer fotografisch dokumentiert wurden.[1173] Schlimmer noch sind die Bilder von sterbenden und toten Juden und Jüdinnen. Bei aller Notwendigkeit zur Dokumentation transportieren sie nicht nur die Botschaft der grausamen deutschen Verbrechen, sondern auch die eines entmenschlichten Opferstatus. Max Goldt hat das Anfang der 1990er-Jahre drastisch, doch im Zusammenhang keineswegs böswillig so ausgedrückt: »›Erschütternde Bilder‹ erschüttern nicht mehr. Seit 20 Jahren schmiert mir das Fernsehen die ewig gleichen, schwarzweiß glotzenden Leichenberge aufs Brot. Ich kann nichts mehr sagen.«[1174] Auf der anderen Seite die in dieser Ikonografie in der Regel männlichen Täter – meist zu sehen in noch kurz zuvor allen Respekt abverlangenden Uniformen oder zumindest in Anzug und Krawatte. Im Büro der Führungskraft. Oder eben in glänzenden schwarzen Mercedes-Benz, mit all den stets wehenden Flaggen, Paraden und dem Pomp, der bei aller rationaler Abscheu auf unbewusster Ebene immer noch – auch erfolgreich – Ehrfurcht heischt. Frisch rasiert und frisiert. Auch dies damals durch die Nazi-Propagandamaschine kontrolliert und bis heute konserviert und reproduziert bis in moderne Dokumentationen: einerseits Leni-Riefenstahl-Ästhetik im von den Nazis begeistert und früh eingesetzten Farbfilm – Aufnahmen, die sich auch heute noch großer Beliebtheit erfreuen (»Unterm Hakenkreuz – Doku zeigt erstmals Farbfilme« titelte 2020 der Bayerische Rundfunk und spricht von »kostbare[n] Farbfilmrollen«[1175], bildlich aufgemacht mit den strahlenden Gesichtern jubelnder Mädchen in erstklassigem Color, natürlich nicht in böser Absicht). Andererseits Bilder von Jüdinnen und Juden, die wie alles aussehen, um das der Mensch instinktiv einen großen Bogen machen möchte.

Das wirkt ein wenig wie im verkleidet gespielten Kinderspiel Räuber und Gendarm. Nur treten die Juden und Jüdinnen den Rezipierenden als Räuber entgegen und die Mörder:innen als Gendarme – *gens d'armes*, ehrenhafte Waffenträger, war in der deutschen Geschichte doch die Gendarmerie ein berühmtes und exklusives preußisches Reiterregiment gewesen. Unwürdigkeit gegen Würde also wird hier gespielt, nach Generationen unbewusst noch der Nazi-Propaganda auf den Leim gehend. Dass wir dagegen immun wären, weil wir ja keine Nazis sind, ist ein Trugschluss, der die NS-Propaganda krass unterschätzt – als ob die sich nur an überzeugte Nazis gerichtet hätte! Ganz professionell erschöpfte sich ihr Geschäft natürlich nicht im »preaching to the choir«, der Predigt an den ohnehin überzeugten Kirchenchor. Bereits dem mit nur durchschnittlicher Obrigkeitsachtung ausgestatteten Betrachter kann da das Unterbewusste schnell einen Streich spielen: Im vorliegenden Zusammenhang gibt es nichts Wirkungsmächtigeres, als Menschen in Sträflingskleidung oder aber in Uniformen zu stecken, um damit die Frage zu beantworten, wer die Bösen, wer die Guten seien. Was signalisiert dem Obrigkeitstreuen eine Uniform? Recht und Ordnung. Kleider machen Leute. *Der Hauptmann von Köpenick* lässt grüßen.

Neben dieser Falle der Bilder ist da zusätzlich und ebenfalls bis heute die Falle der Sprache aufgestellt, verkörpert zum Beispiel durch den allzu häufig zu findenden Begriff des KZ-Häftlings – wobei »Häftling« umgangssprachlich doch stets assoziiert ist mit einem Gefängnisinsassen. Der Duden bietet als Synonyme allerlei mit »Gefängnis« und »Knast« gebildete Begriffe an.[1176] Und im Knast sitzt nur, wer das verdient hat.

Eine Anerkennung jüdischen Widerstands hingegen, Bilder von Partisan:innen oder Soldat:innen der jüdischen Brigade etwa – bitte in Farbe! – oder von Ehrungen jüdischer Widerstandskämpfer:innen, kommen in deutschen Gedenkstätten, an deutschen Gedenktagen und in deutschen Schulbüchern nach 1945 kaum vor. Dabei ist die Geschichte des Judentums, auch vor 1933, eine Geschichte des Widerstands. Ein US-amerikanischer Freund brachte einmal scherzhaft die jüdischen Feiertage auf den gemeinsamen Nenner: »They tried to kill us, we won«, »Sie versuchten, uns zu töten, wir gewannen«. So feiern Jüdinnen und Juden an *Pessach* die Befreiung aus der ägyptischen Sklaverei, an *Sukkot,* dem Laubhüttenfest, den Marsch durch die Wüste, an *Purim* die Rettung des jüdischen Volkes vor dem Perser Haman durch Esther und an *Chanukkah* den erfolgreichen Aufstand der Makkabäer und die Rückeroberung des Tempels. Der säkulare Feiertag in Deutschland für die Juden ist dagegen der 9. November. Ein Tag der totalen Niederlage der Jüdinnen und Juden und des Judentums in Deutschland, ein Tag des damals offen gegen überraschte und wehrlose jüdische Menschen und ihre Einrichtungen ausgelebten deutschen Hasses – den man sich nun seit einigen Jahren auch noch mit dem großen Freudentag der deutschen Wiedervereinigung teilen muss. Am 9. November 2014, dem 25. Jahrestag des 9. November 1989, suchte ich in Berlin nach einem Ort, an dem das Gedenken an den 9. November 1938 greifbar würde. In der großen Synagoge in der Oranienburger Straße, der Berliner Schausynagoge schlechthin, dort gelegen, wo sich im ganzen Viertel das gewesene Judentum verdichtet, war nichts davon zu sehen. Nur eine einsame Reisegruppe aus den Niederlanden verlor sich in ihren musealen Räumen. Der Taxifahrer, der mich danach zu meinem nächsten Ziel brachte, musste große Umwege fahren, weil der Bereich um das Brandenburger Tor wegen der an diesem Tag anstehenden Freudenfeiern weiträumig abgesperrt war. Hunderttausende feierten im Licht einer Lasershow und unter den Reden prominenter Politiker:innen und ließen 8.000 beleuchtete Ballons aufsteigen, die den Verlauf der ehemaligen Berliner Mauer markierten.[1177] Ich aber wäre am liebsten zum Insolvenzgericht gefahren und hätte den Bankrott deutsch-jüdischer Erinnerungskultur angezeigt. Wahrscheinlich bin ich einfach ein schlechter Verlierer.

Der Tag der Befreiung von Auschwitz, die Tage des Aufstandes im Warschauer Getto, von der jüdischen Gemeinde in Berlin etwa gewürdigt jeweils am 19. April[1178] – sie würden, zum Feiertag erhoben, eine ganz andere jüdische Geschichte erzählen als der 9. November. In Israel gibt es seit 1951 den *Yom HaShoa* eine Woche nach *Pessach*, am 27. des Monats *Nisan*, zum Gedenken an die Opfer der Shoa. Aber seit 1959 ist der Tag gesetzlich eben auch der Erinnerung an die Märtyrer und Helden, dem Gedenken an die Akte des Heldentums und der Revolte gewidmet.[1179] Beide Stränge sind da in Israel, so Tom Segev, der noch einen deutschen Pass besitzt[1180] und dessen Eltern beide Studierende am Bauhaus gewesen waren, bevor sie 1935 nach Palästina flohen,[1181] zu »einem historischen Mythos geworden«.[1182] Und der israelische Soziologe der Shoa Natan Sznaider erklärt mit Blick auf den Warschauer Gettoaufstand und die israelische Erinnerungskultur: »Die Sprache, mit der man in Israel über den Holocaust spricht, wurde über den Aufstand geschaffen. Es war die Sprache des Widerstands, des ›Nie wieder wir‹, der Kampfbereitschaft.«[1183] Deutschland dagegen ist gespickt mit Siegestoren, Siegessäulen, Denkmälern zur Ehre und zum Andenken deutscher Soldaten der unterschiedlichsten Kriege und gleichzeitig mit Denkmälern, die an die fast vollständige Ermordung der Juden und Jüdinnen erinnern.

Eine Studie aus dem Jahre 2002 brachte die nur pathologisch zu nennende verbreitete Haltung zutage, dass Juden und Jüdinnen in keinem Falle als Deutsche zu betrachten seien, die Verbrechen an ihnen also an Fremden begangen worden und der Hass auf sie, die Ausgrenzung, Verfolgung und Vernichtung zum Teil auf ihr eigenes Verhalten zurückzuführen seien.[1184] In den USA trat bereits 1943 der Neurologe und Psychiater

Richard Brickner mit seinem sensationell erfolgreichen Buch *Is Germany Incurable?* über das Paranoide des nationalsozialistischen Rassismus hervor.[1185] Er diagnostizierte, nicht bei jedem einzelnen Deutschen natürlich, aber bei Deutschland als Nation, ein Verhalten wie bei einem »Individuum, das in eine gefährliche geistige Verwirrung geraten ist«. Und weiter: »Das Auffällige der deutschen Geistesverwirrung [...] ist Paranoia, die schlimmste Geisteskrankheit überhaupt und diejenige, die am schwersten zu behandeln ist; die einzige psychiatrische Erkrankung, vor der sich auch der Psychiater fürchtet – denn wird sie nicht behandelt, führt sie unweigerlich zu Mord. Mord ist die logische Folge dieses Weltbildes des Wahnsinns.«[1186] Vor dieser Diagnose fühlt man sich heute ungut an brennende Flüchtlingsunterkünfte, Wohnhäuser und Geschäfte, Attentate auf Juden und Jüdinnen, auf jüdische Restaurants, Friedhöfe und Synagogen – wie jüngst 2019 spektakulär in Halle (Saale) – der letzten dreißig Jahre sowie an die kriminologisch wohl für immer im Dunkeln bleibenden Unterstützer:innenkreise des NSU erinnert. Wer da fordert, die viel beschworene Besorgnis und Angst von Bürger:innen vor dem jeweils ganz persönlich imaginierten Fremden ernst zu nehmen, ohne streng zu trennen, ob sie berechtigt oder nicht berechtigt ist, der leistet am Ende der Kette der Empörung ebenjener Paranoia Vorschub. Anders gefragt: Seit wann ist die Bekräftigung einer Paranoia – allzu gerne vor allem von der AfD betrieben – eine anerkannte Behandlungsmethode dieses Realitätsverlustes?

Die repräsentative Demokratie wird derweil noch immer missbraucht, um die eigentlich notwendige ganz persönliche Erinnerungsarbeit auf bezahlte Volksvertreter:innen abzuwälzen – die das gerne übernehmen, weil die dankbare Freude der Bevölkerung über die Ersatzhandlung des schön aufgeführten »Gedächtnistheaters«, wie es jüngst Max Czollek im Anschluss an den Soziologen Michal Bodemann nannte[1187], den doppelt

Vertretenden – demokratisch und erinnerungsperformativ – politisches Renommee einbringt. Eike Geisel sprach in diesem Zusammenhang gar davon, die Juden und Jüdinnen in Deutschland würden zum »disponible[n] Eigentum des Staates« gemacht.[1188] Und er ergänzte: »Die Obhut, in welche der Staat die Juden nimmt, ist eine wattierte Falle. Der Aufenthalt darin ist nicht umsonst. Anders als am Beginn der Neuzeit muß die Schutzgebühr in ideologischer Münze bezahlt werden.«[1189] Das nichtjüdische Individuum kann sich so als Ende dieses Prozesses auf den hoheitlich und kollektiv erzeugten (imaginierten) Beweis einer Abwesenheit von Antisemitismus berufen. Das ist leider auch (gewollter oder ungewollter?) Nebeneffekt der eigentlich begrüßenswerten Institution eines oder einer staatlichen Antisemitismusbeauftragten. Ein Amt, das auszuüben eine gefährliche Schere im Kopf erzeugen kann: nämlich weniger unbequem und advokatisch für auch im Konflikt zur Mehrheit stehende jüdische Belange zu arbeiten und dafür mehr in symbolischen Handlungen wie Denkmalseinweihungen oder in allgemeinen Repräsentationsaufgaben zu agieren. Zum Glück kennt eine Reihe der Beauftragten diese Schere nicht.

Die Aufteilung in »wir« und »die«, zwischen »echten« Deutschen auf der einen und Juden und Jüdinnen, Homosexuellen und Sinti:zze und Rom:nja auf der anderen Seite, sie setzte sich nach 1945 jedenfalls ungebrochen fort, ja sie ist auch heute noch immer wieder zu spüren. Und sei es nur in der politischen Entscheidung in Niedersachsen, im Jahr 2018 einen zusätzlichen gesetzlichen Feiertag einführen zu wollen und sich dann für den Reformationstag am 31. Oktober zu entscheiden. Dies trotz des kategorischen »Nein« dazu von allen jüdischen Verbänden und der allermeisten dort organisierten Juden und Jüdinnen. Die jüdische Sicht auf Luther ist nun einmal eine andere als die der protestantisch geprägten Mehrheitsgesellschaft in Niedersachsen: Wo er positiv wirkte, da nicht im Judentum. Und wo er zum Judentum wirkte, da ging er als einer der prominentesten Antisemiten, bis hin zu exterminatorischen Fantasien – der Kirchenhistoriker Thomas Kaufmann spricht von einer »literarischen Endlösung der Judenfrage«[1190] –, in die Geschichte ein. Die Haltung der niedersächsischen Politik in dieser Angelegenheit ist für Jüdinnen und Juden nur so zu interpretieren: Es ist »unser« Feiertag, der Feiertag der christlich geprägten Mehrheit, und »ihr«, ihr Juden, werdet nicht miteinbezogen, werdet nicht mit zum Träger eines neuen Feiertages gemacht.

Je mehr Alt-Nazis es an den entscheidenden Schaltstellen nach 1945 gab, desto mehr musste sich ein solch krankes »Wir«-Gefühl einstellen: Mussten jene doch zwangsläufig Lobbyarbeit – ganz im von Hannah Arendt schon 1963 in ihrem Essay *Wahrheit und Politik* kritisierten Sinne – für eine rein interessengeleitete Fehlversion der historischen Wahrheit machen, Wahrheit dabei zu einer Meinung herabstufend, die ebenso zwangsläufig nicht nur zulasten der tatsächlichen Wahrheit ging, sondern auch gegen diejenigen gerichtet war – Opfer, Widerständler:innen –, deren Interessen mit der tatsächlichen Wahrheit verbunden waren. »Wir haben nichts gewusst«, »Es war nicht so schlimm«, »Die eigentlichen Täter waren nur ein paar Leute an der Spitze«, »Die Widerstandleistenden waren Vaterlandsverräter«, »Wir wurden nicht befreit, sondern – auch noch unfair – besiegt« waren und sind solche typischen Geschichtsklitterungen. Im Kern falsche Tatsachenbehauptungen, die sich gerne als Meinungsäußerungen gerieren, um dann beim verdienten heftigen Gegenwind »Cancel Culture!« zu schreien. Am Ende soll Artikel 5 des Grundgesetzes missbraucht werden, um Lügen als legitimen Diskursbeitrag zu etablieren. Zu Recht wies Hannah Arendt also auf die alles überragende Bedeutung der Verteidigung der Tatsachenwahrheit im politischen Raum hin.[1191]

Eine besonders üble Variante, die jüdische Perspektive bei der Schaffung einer wirklich gemeinsamen Erinnerungskultur zu unterdrücken, musste schon früh der jüdische Widerstandskämpfer, Auschwitz-Überlebende und Historiker Joseph Wulf erfahren. Als einer der Ersten hatte er sich als Mitarbeiter der Bundeszentrale für politische Bildung seit Beginn der 1950er-Jahre angeschickt, die bundesdeutsche Öffentlichkeit über die NS-Verbrechen und die Shoa zu informieren – und musste allen Ernstes den Vorwurf erleiden, als Opfer befangen zu sein.[1192] Infam schon per se, als ginge den Jüdinnen und Juden anders als anderen jede Fähigkeit zur Wissenschaftlichkeit ab, wenn sie nur emotional involviert sind. Und irrsinnig auch deshalb, weil das Argument der Befangenheit großen Teilen des allgemeinen wie wissenschaftlichen Diskurses die Rote Karte hätte zeigen müssen, wenn nur die Diskutant:innen ein NSDAP-Mitglied oder gar eine:n NS-Täter:in in der Familie gehabt hätten. Nach lebenslangem Kampf für eine echte Aufarbeitung suizidierte sich Wulf 1974. In einem späten Brief an seinen Sohn heißt es: »Ich habe hier 18 Bücher über das Dritte Reich veröffentlicht, und das alles hatte keine Wirkung. Du kannst dich bei den Deutschen tot dokumentieren, es kann in Bonn die demokratischste Regierung sein – und die Massenmörder gehen frei herum, haben ihr Häuschen und züchten Blumen.«[1193] Erst postum fand sein Werk breitere Anerkennung in Wissenschaft und beim allgemeinen Lesepublikum.

Wenn es gilt, Wertmaßstäbe zu verteidigen und eine angemessene Erinnerungskultur anzumahnen, ist die Konfrontation notwendig. Die Freiheit und die Fähigkeit zu Rede und Gegenrede bleiben nur da erhalten, wo sie immer wieder genutzt werden – »use it or lose it«, nutze sie oder verliere sie. Das gilt umso mehr, als nur ein Teil der direkt und indirekt Betroffenen dazu überhaupt die Kraft hat. Auf die kommt es dann aber gerade an.

Sonst wird der Konflikt um Moral und Geschichte gänzlich unsichtbar und verschwindet im Nebel einer ritualisierten Erinnerungskultur. Viele sind zu erschöpft, nach allem Erlittenen wieder den Konflikt zu suchen. Sie scheitern an der Befürchtung, im Konflikt zu unterliegen und aufs Neue erniedrigt zu werden. An der tief sitzenden Angst, aus der scheinbar schützenden Anonymität herauszutreten und wieder zum Objekt einer Ablehnung durch die früher so mörderische Mehrheitsgesellschaft, den früher so mörderischen Staat zu werden.

Wie zermürbend diese Konfrontation selbst für Nichtjuden und -jüdinnen sein kann, zeigt das Beispiel einer Gruppe Studierender, die Anfang 1984 zum Andenken an den Widerstandskämpfer Herbert Baum am Eingang des Hauptgebäudes der TU Berlin den Schriftzug »Herbert-Baum-Gebäude« anbrachte.[1194] Keine schlechte Aktion, um eine wichtige Debatte über die Benennung von Ehrenbürger:innen oder Straßen zumindest anzustoßen. Doch der Abwehrreflex, gespeist aus einer zur Verknöcherung erstarrten, offiziösen Gedenkkultur, ließ nicht lange auf sich warten. Der Universitätspräsident sah eine »rechtswidrige Aktion«, ein Professor »eine Beschädigung des Gebäudes«. Und ein Abgeordneter der FDP im Berliner Abgeordnetenhaus wollte »politischen Vandalismus« darin erkennen, dass der AStA »eigenmächtig und unzuständigerweise« ein Universitätsgebäude nach einem »unbekannten angeblichen Widerstandskämpfer« benannt habe.[1195] Der Nazi-Vergleich durfte nicht fehlen: Er fühle sich »doch sehr stark an das erinnert, was wir am Vorabend der Machtergreifung der Nationalsozialisten [...] gehabt haben«.[1196] Nun, die Form stellte einen – harmlosen – Eingriff in die Rechte des Gebäudeeigentümers dar. Aber die Auseinandersetzung der Honoratioren mit dem Inhalt der Aktion war unwürdig. Hängt die Würdigung eines Widerständlers von dessen – warum und wie auch immer bestehender oder eben nicht bestehender – Prominenz ab? Und wie anders sollte man einen Widerstandskämpfer bekannt machen, als in deutlich erkennbarer Form öffentlich auf ihn hinzuweisen? Es wäre den Bedenkenträger:innen auch leicht möglich gewesen, sich über Baum zu informieren, waren doch just zu der Zeit in Westberlin und Hamburg zwei Bücher zum jüdischen Widerstand einschließlich der Baum-Gruppe erschienen.[1197]

Doch was anderes als Ignoranz und Geschichtsvergessenheit war zu erwarten gewesen? Zeigte doch ein Jahr später die bekannte Rede des damaligen Bundespräsidenten Richard von Weizsäcker (1920–2015), wie wenig überhaupt auch nur die groben Details der nationalsozialistischen Mordmaschinerie selbst nach 1945 ins öffentliche Bewusstsein gelassen wurden. Von Weizsäcker gedachte in dieser Rede der sechs Millionen in Konzentrationslagern ermordeten Jüdinnen und Juden,[1198] was nicht nur historisch grob falsch ist, sondern im gleichen Moment eine gewaltige Gruppe von Täter:innen, nämlich vor allem die Mitglieder der Einsatzgruppen, verschwinden ließ. Umso erstaunlicher ist das, als er seinen NS-belasteten Vater Ernst von Weizsäcker (1882–1951), SS-Brigadeführer, nach 1945 assistierend rechtsanwaltlich verteidigt hatte.[1199] Der hatte nicht nur von der Demokratie als »Krebsschaden« und von der »Judenüberschwemmung« geredet, sondern zu Nazizeiten auf offiziellem Wege mitgeteilt, er erhebe »keinen Einspruch« gegen die Deportation von 6.000 Juden und Jüdinnen aus Paris nach Auschwitz. Weiter hatte er einen Erlass zur Deportation von 90.000 Juden aus Holland, Belgien und Frankreich nach Auschwitz abgezeichnet und die Vortragsnotiz vom 10. Dezember 1941 eines Unterstaatssekretärs zur Kenntnis genommen und paraphiert, in der von der Exekution von insgesamt 41.000 Juden und Jüdinnen, wohlgemerkt außerhalb der Konzentrationslager, die Rede war; beigefügt war jener Notiz ein Tätigkeitsbericht der Einsatzgruppen über die Ermordung weiterer 4.891 Juden und Jüdinnen.[1200] Den von seinem Vater paraphierten Bericht nebst Anhang über fast 46.000 Morde beförderte der Bundespräsident damals mit wenigen Worten in den luftleeren historischen Raum. Als hätte all die minutiöse kriminalistische und gerichtliche Arbeit etwa eines Ben Ferencz nie stattgefunden. Das Urteil gegen seinen Vater – 1949: fünf Jahre Haft, 1950 schon kam er wieder frei – bezeichnete Richard von Weizsäcker übrigens stets als historisch und moralisch ungerecht.[1201] Nun ist es durchaus klug von einem Strafverteidiger, seinen Mandanten zu ermuntern, ihm nicht alles zu erzählen, und selbst schon gar nicht nach allen Details zu fragen. Als Bundespräsident aber, in einer ganz anderen Rolle, noch Jahrzehnte später in einer solch zentralen Rede mit so unzutreffenden Geschichtskenntnissen zu glänzen, ist schon bemerkenswert. Auch von Weizsäckers in dieser Rede aufgestellte Schutzbehauptung zugunsten der Deutschen – »Die Ausführung des Verbrechens lag in der Hand weniger. Vor den Augen der Öffentlichkeit wurde es abgeschirmt«[1202] – dürfte schon damals nicht mehr dem Forschungsstand entsprochen haben. So bleibt ein unguter Zweifel, ob auch bei dieser Behauptung ihm die Pflicht des Bundespräsidenten aus seinem Amtseid oder doch eher die nachwirkende anwaltliche Solidarität mit den Einlassungen des Mandanten die Feder geführt hat.

Ich erinnere mich gut, welche Begeisterung diese Rede in akademischen und intellektuellen Kreisen auslöste. Wie sie als Durchbruch, gar Tabubruch gefeiert wurde. Wenn ich sie jetzt nachlese, muss ich sagen: Diese Begeisterung war vorhersehbar, traf sie doch den Zeitgeist der Nichtjuden und nichts darüber hinaus. Das war einfach der damals gut erträgliche und bequeme gemeinsame Nenner, den man der Mehrheitsgesellschaft als erkennbarem Adressaten der Rede in einem »Wir-und-die«-Narrativ zumuten konnte: schön entlang des nicht näher qualifizierten »Wir« und der »jüdischen Mitmenschen«.[1203]

Kein Paradigmenwechsel, vielmehr die Vertiefung des vorhandenen Paradigmas. Da sprach er von »wir Deutschen« statt von »wir nichtjüdischen Deutschen« oder – eingedenk der Sinti:zze, Rom:nja, Homosexuellen, politischen Widerständler:innen und anderer – ganz ehrlich: »wir deutschen Täter:innen, Mitläufer:innen und Schweigenden«. Eine Sprachregelung, die bereits 1949 unerträglich war und umso mehr 1985 bei einem Mindestmaß an sprachlichem und historischem Feingefühl gänzlich aus der Zeit gefallen. Trug sie doch den Ausschluss der Juden aus der deutschen »Volksgemeinschaft« in die Zeit der Bundesrepublik. Führte sie doch erneut oder immer noch die Trennung zwischen einer vom individuellen Verhalten unabhängigen deutschen Schicksalsgemeinschaft und den *anderen,* immer noch entlang derselben Differenzierung zwischen dem NS-Juden-Begriff und dem NS-Nichtjuden-Begriff, fort. Genau diese Gefahr, dass nämlich ein solches »Wir« allzu leicht aggressiv-ausgrenzende Wirkung hat, hat sich nunmehr allzu deutlich im Gebrauch dieses Worts durch die AfD wieder und aktuell verwirklicht. Der Literaturwissenschaftler Heinrich Detering (*1959) hat 2018 in einem Vortrag analysiert, wie bei der AfD das so harmlos scheinende »Wir« zu einem völkischen Kampfbegriff mutiert ist oder, besser gesagt: sein von vornherein unvermeidlich vorhandenes Potenzial zu einem solchen Gebrauch dort realisiert wird.[1204] Und er schlägt den Bogen zur hier betrachteten spezifischen Ausgrenzung: »Höckes Antwort auf die Frage, wen er mit ›unser Volk‹ meint, lautet: das was am 8. Mai 1945 besiegt worden ist.«[1205] Oder wie es der französisch-jüdische Philosoph Jacques Derrida formulierte: »›Wir‹ ist immer die Aussage eines Einzelnen […]. Es bin immer ich, der ›wir‹ sagt, es ist immer ein ›ich‹, welches das ›wir‹ ausspricht, so letztlich voraussetzend, in der asymmetrischen Struktur der Aussage, den abwesenden oder toten oder in jedem Falle unfähigen oder zum Widersprechen zu spät gekommenen Anderen.«[1206]

Hochprofessionell verhielt sich der damalige Bundespräsident bei seinem Vortrag, ganz nach dem alten Prinzip aus der Unternehmenskommunikation und der Werbung namens »MAYA«: »most advanced, yet acceptable«, so fortschrittlich wie möglich, aber noch akzeptabel. Als hätten die Opfer es nicht verdient gehabt, dass sich irgendwann einmal ein Bundespräsident mit vollem Ehrgeiz und vollem Risiko für sie auf die Suche nach der schmerzlichen Wahrheit begibt und sie ausspricht.

Über alle Maßen geschichtsvergessen ist auch die Aussage des Berliner Politologieprofessors Ekkehart Krippendorf (1934–2018) 1991 zu dem, was die Jüdinnen und Juden an Widerstand hätten leisten können: »Man stelle sich dieses Szenario vor: [...] kein deutscher Jude wäre den Befehlen gefolgt, sich zu den Sammeltransporten bei den dafür vorgeschriebenen Sammelplätzen einzufinden. [...] die Kolonnen der Hunderte und Tausende auf dem Weg zu den Güterbahnhöfen hätten sich schlicht hingesetzt. ›Sitzstreik‹ nennen wir das heute. Hätten Polizei, SA, Wehrmacht und SS es gewagt, im Angesicht aller deutschen Zuschauer diese Menschen jeden Alters und Geschlechts zusammenzuschlagen und sie Körper für Körper, widerstandslos und doch mächtig, auf Lastwagen zu verfrachten? Die Deportation wäre faktisch zusammengebrochen.«[1207] Wie kenntnisbefreit, wie naiv und wie schlichtweg gemein kann man eigentlich sein? Als ob nicht jeder dieser Akte passiven Widerstands, die es natürlich massenweise gab, mit eben demselben Tod geendet hätte, der auch ohne den Widerstand eingetreten wäre! Ob die Nazi-Kräfte es gewagt hätten, ein Pogrom durchzuführen? Aber sicher, es wäre seit der Reichspogromnacht 1938 mit Hunderten von Pogromen bei Weitem nicht das erste gewesen! Eike Geisel meinte dazu sarkastisch: »Ein einziges jüdisches Teach-in, und Goebbels hätte einpacken können; ein einziges jüdisches sit-in, und die Millionen NSDAP-Mitglieder hätten sich zu einer Bürgerrechtsbewegung gemausert. Doch offensichtlich fehlte den

Juden die Zivilcourage, die sie gleichzeitig auch noch den Zuschauern ihres Elends beibringen sollten. Weshalb sie also nicht nur an ihrer eigenen Vernichtung mitschuldig, sondern auch noch für den fehlenden Widerstand bei den Deutschen verantwortlich sind.«[1208] Nicht zuletzt gilt es zu bedenken, dass Juden seit jeher systematisch wehrlos gehalten wurden. Bereits im Mittelalter wurde ihr Recht, Waffen zu tragen, im Vergleich zur Mehrheitsbevölkerung äußerst restriktiv gehandhabt.[1209] G'tt behüte, dass vielleicht ein »echter« Deutscher bei einem Pogrom zu Schaden komme! 1938 war die Ausgangslage da nicht anders als in all den Jahrhunderten zuvor.

Eine weitere »Sternstunde« deutschen Erinnerns ist der vom Schweizer Philosophen Andreas Brenner schon damals zu Recht als »Wegscheide in der deutschen Holocaust-Debatte« bezeichnete öffentlich geführte Streit zwischen Martin Walser (*1927) und Ignatz Bubis.[1210] Die Walser-Bubis-Debatte markiert für mich den in Teilen durchaus wirksamen Versuch, in der Folge der Wiedervereinigungseuphorie nun ausgerechnet den deutschen Jüdinnen und Juden ihren Anteil an der bis dahin gemeinsamen Deutungshoheit über die Shoa zu nehmen. In Teilen wirksam deswegen, weil allzu viele Martin Walser beisprangen. Und der insoweit vollzogene Paradigmenwechsel zeigt sich bis heute lebendig.

Walser hatte sich am 11. Oktober 1998 in seiner Rede zur Verleihung des Friedenspreises des Deutschen Buchhandels unter anderem gegen eine »Dauerrepräsentation unserer Schande«, »unsere[r] geschichtlichen Last« in den Medien gewandt. Der »Unser«-Begriff ist im Ergebnis – nein, ich werde das nicht einfach gleichsetzen! – derselbe, wie ihn Detering nun für Höcke analysiert. Walser sprach von der »Instrumentalisierung« von Auschwitz »zu gegenwärtigen Zwecken«, von »Ritualisierung« und »Monumentalisierung der Schande« in der Holocaust-Mahnmal-Debatte. Weiter eigne sich Auschwitz nicht dafür,

»Drohroutine zu werden, jederzeit einsetzbares Einschüchterungsmittel oder Moralkeule oder auch nur Pflichtübung«.[1211] Diese Äußerungen kamen bei Walser nicht aus dem Nichts und gingen auch nicht ins Nichts, wie die Literaturwissenschaftlerin Elvira Grözinger (*1947) 2002 gezeigt hat: Offenbar immer wieder fixiert auf das Jüdische, verwoben für ihn mit zwei weiteren seiner Lebensthemen – deutsche Teilung und Versailles als notwendige Bedingung für Hitler –, ist Walsers Werk voll von jüdischen Stereotypen, die »verletzend, ja beleidigend sind«, ausgesprochen durch seine literarischen Figuren, Äußerungen, die »meistens aus dem Handlungsrahmen herausfielen und zur Handlung selbst wenig oder nichts beitrugen«:[1212] Sie bleiben, so muss man Grözinger verstehen, verletzende Versatzstücke. Zu einem neuen »Höhepunkt« kam Grözinger zufolge das Antijüdische bei Walser in seinem Roman *Tod eines Kritikers* von 2002, einer »schlecht gelungenen Karikatur« seines großen jüdischen Widersachers Marcel Reich-Ranicki (1920–2013), einer »bösartigen Kollage« auch unter Verwendung »einige[r] Züge von Ida und Ignatz Bubis«.[1213]

Während der Standing Ovations nach der Paulskirchen-Rede Walsers und während sich der damalige Bundespräsident Roman Herzog mit seiner ganzen Gravitas und ausholender Geste in einen kräftigen Handschlag mit Walser warf, blieben der damalige Vorsitzende des Zentralrats der Juden Ignatz Bubis und seine Frau Ida wie versteinert sitzen, außer ihnen nur noch Friedrich Schorlemmer, evangelischer Theologe und ehemaliger DDR-Bürgerrechtler, sowie der Soziologe Ludwig von Friedenburg[1214] – Angehörige der in diesem Augenblick erkennbar raren Spezies mit gesunden moralischen Reflexen ausgestatteter Menschen. In seiner Zusammenschau der Debatte beschreibt der Literaturwissenschaftler Lutz Hagestedt: »Am meisten, so Ignatz Bubis zu Beginn der Debatte, habe er sich an den Worten ›Moralkeule‹ und ›Instrumentalisierung‹ gestört. Walser wolle, daß ›das Thema Auschwitz im Orkus der Geschichte‹ versinke und daß ›nicht mehr darüber gesprochen‹ werde. ›Neu und alarmierend‹ sei, ›daß mit Walser nun ein Intellektueller‹ den Schlußstrich fordere.«[1215]

Warum eigentlich immer dieser Schlussstrich, während der Antisemitismus und die Relativierung der Shoa weiterleben? Warum nicht stattdessen endlich einmal ein Schlussstrich unter Antisemitismus und Verhöhnung der Opfer? Das wäre einmal ein wahrhaft historisches Projekt, Äonen der Geschichte ergreifend – ist doch der Antisemitismus exakt so alt wie das Judentum[1216]: Erstmalig ist in der Bibel wörtlich von Jüdinnen und Juden in der Geschichte von Esther die Rede – quasi als Produkt des persischen Exils[1217] –, und Haman, Antagonist der Esther-Geschichte, meldet sich sogleich mit eben den Vorwürfen zu Wort, welche das jüdische Volk durch die Geschichte verfolgen: Es erscheine, so die jüdische Rabbinerin Delphine Horvilleur, als »ein Volk, zugleich verstreut und abgesondert, wie unter alle gemischt, aber sich der Vermischung verweigernd, nicht zu unterscheiden, aber nicht assimilierbar. Sein Partikularismus sei als Bedrohung der nationalen Einheit zu sehen oder auch der politischen Macht und stelle eine Gefahr für die strikte Gleichheit zwischen den Elementen einer einheitlichen Nation dar.«[1218] Dem ersten »Erscheinen« der Juden und Jüdinnen folgte der Antisemitismus also auf dem Fuße – doch auch die grausame Gegenwehr durch Esther. Der Topos des Störenfrieds in Gesellschaft und Nation findet sich, wie Horvilleur zeigt, von der römischen Zeit bis zu Hitler.[1219] Und wer will garantieren, dass er nicht heute noch wirkmächtig ist? Dass die Andersheit des Judentums, des jüdischen Denkens nicht bewusst oder unbewusst per se skeptisch aufgenommen wird? Über die Zeiten hinweg und den unterschiedlichsten Umfragen zufolge hatte der Walser von 1998 mal mehr, mal weniger der Deutschen hinter sich. 1998 waren laut *zdf.info* 63 % der Deutschen für einen »Schlussstrich«.¹²²⁰ 1994 und 2005 befürworteten Forsa-Umfragen zufolge 53 % bzw. 52 %, mit den Geschehnissen der Jahre 1933 bis 1945 abzuschließen. 2012 waren 40 %¹²²¹ und 2015 42 % der Deutschen dieser Auffassung.¹²²² Im selben Jahr 2015 erbrachte jedoch eine Studie der Bertelsmann-Stiftung, 81 % der Deutschen wollten die Geschichte der Judenverfolgung »hinter sich lassen«.¹²²³ 58 % wollten gar definitiv einen »Schlussstrich« ziehen.¹²²⁴ Nur 22 % der Israelis waren demgegenüber dazu bereit.¹²²⁵

1998 jedenfalls entspann sich nach der Walser-Rede eine große Debatte. Der ehemalige Erste Bürgermeister von Hamburg Klaus von Dohnanyi (*1928) teilte, so Joachim Rohloff in der *Jungle World*¹²²⁶, Bubis zwischen den Zeilen mit, er könne die Rede Walsers als Nichtdeutscher nicht verstehen: »Walsers Rede war die Klage eines Deutschen – allerdings eines nichtjüdischen Deutschen – über den allzu häufigen Versuch anderer, aus unserem Gewissen eigene Vorteile zu schlagen. Es zu missbrauchen, ja zu manipulieren. Wer in unseren Tagen zu diesem Land in seiner Tragik und mit seiner ganzen Geschichte wirklich gehören will, wer sein Deutschsein wirklich ernst und aufrichtig versteht, der muß sagen können: Wir haben den Rassismus zum Völkermord gemacht; wir haben den Holocaust begangen.«¹²²⁷ Was ich nicht verstehe: Was meint er mit »Tragik«? Und zweitens: Statt Walser beizuspringen, hätte von Dohnanyi ihn in dem Falle, dass er eine für Juden und Jüdinnen angeblich unverständliche Rede hielt – Aug' in Aug' mit Ignatz und Ida Bubis, die ihm in der Paulskirche in der Mitte der ersten Zuschauerreihe gegenübersaßen –, doch harsch kritisieren müssen! Das fand von Dohnanyi also in Ordnung: dass hier *über* die Juden und Jüdinnen statt *mit* ihnen geredet wurde, ja dass Walsers Rede, weil für Juden und Jüdinnen unverständlich, sie mir nichts, dir nichts im Diskurs vor die Tür setzte!

Und wer wäre denn dann angesprochen gewesen? Die 63 %

der Deutschen, die sich im selben Jahr 1998 für einen »Schlussstrich« aussprachen?[1228] Oder auch die anderen 37%, abzüglich natürlich der Jüdinnen und Juden? Was war mit den anderen in Deutschland lebenden Menschen mit Migrationsgeschichte? Oder ging es von Dohnanyi nicht doch einfach darum, Bubis schlicht das Wort zu verbieten? Dass der gebürtige Hamburger nicht allzu sehr von hanseatischer Kühle bestimmt war, zeigte sich schließlich auch 2011: Da sprang er in einem Artikel in der *Süddeutschen Zeitung* Thilo Sarrazin bei, teilte gar mit, er stehe bereit, seinen Parteikollegen in einem eventuellen SPD-Parteiausschlussverfahren zu verteidigen.[1229] En passant verteidigte von Dohnanyi Sarrazins unhaltbare und von ihm selbst zähneknirschend einkassierte[1230] Behauptung, Juden und Jüdinnen wiesen aufgrund ihrer Genstruktur eine besondere Intelligenz auf, als nicht rassistisch. Hanebüchener, rassistischer Unsinn: Juden haben kein besonderes Intelligenzgen, sind nicht biologisch, »rassisch« überlegen. Der Begriff der Rasse hat in neuerer Forschung ohnehin ausgedient, sind sich die Menschen weltweit doch genetisch viel zu ähnlich.[1231] Vielmehr kann man bei den Juden allenfalls von einer kulturellen Leistung, nämlich einer über Jahrtausende unter größten Schwierigkeiten aufrechterhaltenen tiefen Bildungstradition sprechen.[1232] Und dann, ohne dass dies mit dem Ziel des Artikels etwas zu tun hätte, gab von Dohnanyi dem längst verstorbenen Ignatz Bubis noch eine üble Schmähung mit: »Der öffentliche Reflex [auf Sarrazin] erinnert an die beschämende Behandlung von Martin Walser, als sich 1998 nach seiner Rede zwar die Paulskirche zu Ovationen erhob, doch dieselbe, die Zivilcourage ständig beweihräuchernde Gesellschaft, war nicht mehr zu hören, als Ignatz Bubis, Vorsitzender des Zentralrats der Juden, gegen den Schriftsteller seinen Bannfluch ›geistiger Brandstifter‹ ausgestoßen hatte.«[1233] Übel schon das Wort »Bannfluch«, rückt es die Äußerung von Bubis, die nichts als harte Kritik war, in die Nähe der härtesten Maßnahme der intellektuellen Auseinandersetzung, die das historische, keineswegs moderne, Judentum an der Wende vom Mittelalter zur Neuzeit zu bieten hatte: das Verbot für eine Jüdin oder einen Juden oder mehrere Juden und Jüdinnen, sich in einem bestimmten Gebiet aufzuhalten. Da war die Verhängung eines Banns für die Ansiedlung von Juden in Spanien nach deren Vertreibung im Jahr 1492. Da war die Verhängung eines Banns durch Rabbiner über den niederländischen Scholastiker Baruch Spinoza, seine Vertreibung aus der jüdischen Gemeinde[1234], im 17. Jahrhundert.[1235] Nichts davon religiös wie politisch-historisch auch nur vergleichbar mit Bubis' Ausspruch, nichts davon auch nur vergleichbar mit den allzu schmalen Auswirkungen für Walser – und dennoch setzt es von Dohnanyi in widerlicher Weise damit gleich. Sosehr von Dohnanyi – was auch sonst? – das zurückweisen würde; er sollte sich nicht wundern, wenn manch einer ihm hier eine glatt antisemitische Aussage bescheinigte. Und der Rest der Äußerung von Dohnanyis ist einfach böswillig lückenhaft und falsch. Lückenhaft, weil er verschweigt, dass, wie Walser es selbst später ausdrückte, Bubis zeitnah eine »großzügige Geste zur Versöhnung«[1236], nämlich die Rücknahme der Äußerung, gegenüber Walser gezeigt hatte. Falsch insofern, als sich tatsächlich Unzählige in dieser Auseinandersetzung hinter Walser stellten. Von wegen, die Gesellschaft sei nicht mehr zu hören gewesen. Ein Fall von Paranoia.

Der damalige Bundeskanzler Gerhard Schröder (*1944) hatte, so noch einmal Rohloff,[1237] die Walser-Rede zuerst nicht kommentieren wollen, sich dann aber doch – welcher Politiker hält schon ein Schweigegelübde? – wie folgt zitieren lassen: »[…] eine bestimmte Form des Sicherinnerns war erstens aufgezwungen und zweitens ritualisiert. Das hängt auch miteinander zusammen. Ich finde, das sollte nicht sein. Leute, die keine eigene Erinnerung haben – das betrifft meine Generation und die Generationen, die danach kommen –, sollten ohne Schuldkomplexe herumlaufen können.«[1238] Als ob irgendjemand jemals, gar Bubis, ihm Schuldkomplexe, also letztlich eine psychische Erkrankung, habe verpassen wollen! Und was genau war »aufgezwungen«? Und von wem? Die jüdische Gemeinschaft jedenfalls war und ist kaum in der Position, der deutschen Mehrheitsgesellschaft etwas aufzuzwingen. Wenn man da schon etwas diagnostizieren will, dann wieder einmal klassische Täter:innen-Opfer-Umkehr – und auch hier: Paranoia.

Bubis reagierte wie schon gesagt zunächst mit harter Kritik, bezeichnete Walser als »geistige[n] Bandstifter«[1239]; den Vorwurf nahm er allerdings später während eines Gesprächs mit Walser beim damaligen *FAZ*-Herausgeber Frank Schirrmacher (1959–2014) zurück.[1240] Walser wollte sich trotz des eindeutigen Wortlauts falsch verstanden wissen, wobei paradox ist, dass ein Schriftsteller, wenn er es anders meint, es nicht anders sagt: Gegenüber dem *Spiegel* sagte er, seine Kritik sei nicht gegen Juden und Jüdinnen gerichtet und Bubis schon gar nicht gemeint gewesen,[1241] sondern gewisse öffentliche Intellektuelle wie der Literaturnobelpreisträger Günter Grass (1927–2015) und der Germanistikprofessor und damalige Nestor der deutschen Rhetorik, Walter Jens (1923–2013),[1242] zu dieser Zeit noch einer der einflussreichsten deutschen Intellektuellen. Und seine Kritik – so Walser – sei bezogen gewesen auf deren beider Haltung zur deutschen Wiedervereinigung.[1243] Grass und Jens nun hatten – obwohl beruflich nicht gerade mit mangelnder Fähigkeit zum Textverständnis geschlagen – eindeutig dem ursprünglichen Verständnis von Walsers Aussagen vor seiner nachgeschobenen Neuinterpretation beigepflichtet.[1244] Ausgerechnet, waren sie doch mit der Kritik gemeint gewesen – offenbar, ohne es selbst zu merken. Für Jens, so ist es Hagestedts Zusammenfassung der Debatte zu entnehmen, hatte Walser sogar eine »vorzügliche, präzis strukturierte Rede mit vielen nachdenkenswerten Details gehalten«.[1245] Marcel Reich-Ranicki hingegen habe, so schreibt Hagestedt weiter[1246], die Auffassung vertreten, »Walser [hätte] ›als Redner versagt und auch als Literat‹: ›Ich sehe in seiner Rede keinen einzigen wirklich empörenden Gedanken. Aber es wimmelt in ihr von unklaren und vagen Darlegungen‹.« Und auch der Schriftsteller und Shoa-Überlebende Elie Wiesel (1928–2016) konnte die Rede nur im Sinne von Unklarheit oder sogenannter *Dog-whistle*-Kommunikation, bei der nur ein ausgewählter Kreis verstehen soll, was gemeint ist, verorten: »In einem offenen Brief an Walser«, schreibt Hagestedt, »gibt sich Elie Wiesel […] ähnlich ratlos: ›Sie wenden sich gegen die ›Instrumentalisierung‹ des Holocaust ›zu gegenwärtigen Zwecken‹. Von welchen ›Zwecken‹ sprechen Sie? Um welche ›Instrumentalisierung‹ handelt es sich? Sie klagen auch jene an, die Auschwitz als ›Einschüchterungsmittel‹ nutzen. Wen meinen Sie?‹«[1247] Nun, die Falschen – oder Richtigen? – werden es schon richtig verstanden haben, nämlich so: Hier sollen doch die braven Deutschen erpresserisch im jüdischen Schwitzkasten gehalten werden! Und endlich sagt mal jemand etwas dagegen! Wiesel und das damalige Präsidiumsmitglied des Zentralrats der Juden Salomon Korn (*1943) erkannten früh, welche Gefahren Walsers Rede barg: Sie »[befürchteten], daß Walsers Rede [denjenigen] ›eine Tür geöffnet‹ habe, ›die völlig andere politische Absichten verfolgen und auf ganz andere Weise gefährlich sind‹ […]. ›Bubis hat begriffen, daß Walser eine Schneise in einen bisher tabuisierten Bereich geschlagen hat. […] Ein Schwenk der Eliten stellt immer eine bequeme Rechtfertigung für den Rest der Bevölkerung dar, die gleiche Richtung einschlagen zu dürfen.‹«[1248]

Fein, dass immerhin Martin Walser inzwischen, zwanzig Jahre danach, selbst so weit zurückgerudert ist, dass seine Apologeten nun im Regen stehen. In der *Welt am Sonntag* führte er aus: »Inzwischen kann ich nur noch bedauern, was ich da angerichtet habe durch das Nicht-Nennen der Instrumentalisierer. Und dann, noch schlimmer: durch den Polemikskandal war ich so verkrampft und konnte die großmütige Geste zur Versöhnung von Ignatz Bubis im Dezember des Skandaljahres nicht annehmen. Das war von allen Fehlern, die mir passiert sind, der schlimmste. Und Fehler ist ein zu leeres Wort für das, was ich da geschehen ließ. Es war Versagen. Menschliches Versagen. Da bleibt nur bedauern, bedauern, bedauern.«[1249] Schon ein paar Jahre zuvor hatte Walser gegenüber dem *Spiegel* geäußert: »In solche Zusammenhänge darf man sich angesichts dessen, was geschichtlich passiert ist, einfach nicht begeben.« Und: »Ich könnte die Paulskirchenrede so nicht mehr halten.«[1250] 1998 hingegen hatte er im Gespräch mit Rudolf Augstein bekannt: »Wenn mir jemand Auflagen macht, das soll ich so und so in meinem Gewissen empfinden, dann sträubt sich in mir etwas. Dann nenne ich das, obwohl es zum Gewissen nicht passt, Porenverschluss.«[1251] Nur dass es bei einem solchen Thema, wie Walser – im vielleicht unvermeidlichen Narzissmus des Großschriftstellers – wohl zu spät erkannte, mit dem persönlichen Porenverschluss nicht getan ist, sondern er, gerade im Zusammenhang einer solchen geradezu staatstragenden Rede, allzu vielen die üble Vorlage für einen allzu einfachen eigenen Porenverschluss – eng verwandt mit der notorischen Forderung nach dem »Schlussstrich« – lieferte.

Nach alledem: Quantitativ mag die Auseinandersetzung angesichts breiter Unterstützung für jeweils Walser wie Bubis in einem Patt geendet haben – auch wenn dieses Patt wegen Walsers Zurückrudern jetzt merkwürdig in der Luft hängt. Aber der Geist des »Das wird man ja wohl noch sagen dürfen«, verpackt in verschwurbelte Andeutungen, auf höchster intellektueller Ebene, bei Vordenkern und Vorbildern dazu noch, war unumkehrbar aus der Flasche. Die diskursive Beinfreiheit für eine Kritik an jüdischen Positionen und Interessen war ein für alle Mal erweitert – nunmehr über die Grenzen des zivilen Respekts für Shoa-Opfer hinaus. Es erwarte nur keiner, dass die deutschen Jüdinnen und Juden diesem Faktum eine positive Geltungswirkung gönnen. Dass etwas *ist*, dass etwa viele dieselbe Meinung vertreten, heißt nicht, dass es *richtig* ist oder überhaupt eine normative Kraft hat. Von einem Sein kann nicht auf ein Sollen geschlossen werden. Diese zentrale Erkenntnis der Aufklärung durch den Schotten David Hume[1252] (1711–1776) muss man sich hier noch einmal ins Gedächtnis rufen. Will heißen: Nur weil Walsers Rede den Nerv der Zeit traf, wird sie nicht inhaltlich richtig.

Aber schauen wir uns einmal das jüdische Denken zu Rache und Versöhnung selbst an, ganz jenseits der defensiven Rolle, die Juden und Jüdinnen zugedacht wurde und immer noch wird. Ganz jenseits eines christlich geprägten gesellschaftlichen Paradigmas, das routinemäßig und unreflektiert Geltung auch für Jüdinnen und Juden beansprucht.

2. Die Rache des Blut-Erlösers –
Christliche und jüdische Versöhnungskonzepte

Bei den Themen Rache und Vergeltung, Vergebung und Verzeihung unterscheidet sich das Judentum in wichtigen Punkten vom Christentum. Gleichzeitig unterscheidet sich das Judentum wesentlich von der Vorstellung, welche die christlich geprägte Mehrheitsgesellschaft von ihm hat. Schließlich unterscheidet sich die Art und Weise, wie Fragen der Versöhnung im Judentum diskutiert werden, grundsätzlich davon, wie solche Fragen im Christentum oder in einer christlich geprägten Gesellschaft behandelt werden. Ich werde erst gar nicht versuchen, an nichtjüdische Definitionen der Begriffe Rache, Vergeltung, Vergebung, Verzeihung anzuknüpfen. Ein Streit allein um diese Begriffe, die gerade im Kontext der Judenverfolgung und der Shoa enorm von gesellschaftlichen oder religiösen Hintergründen geprägt sind, kann nur zu Verwirrung führen. Stattdessen möchte ich einfach sagen, was Sache ist. Die Hauptquellen hierzu: die (jüdische) Bibel und der Talmud, deren Funktion und Bedeutung für Geschichte, Wissensakkumulation und Methode der Wahrheitssuche im Judentum noch erläutert wird.

Einigen gilt Rache als schlechthin verboten im Judentum. Nehmen wir drei Zitate, die *chabad.org* (eine fromme, sehr aktive jüdische Gemeinschaft) heranzieht. Leviticus 19:18 bestimmt zum Thema Rache: »Du sollst dich nicht rächen noch Zorn bewahren gegen die Kinder deines Volks. Du sollst deinen Nächsten lieben wie dich selbst; ich bin der HERR.«[1253] Der

Talmud bemerkt dazu: »Wenn jemand einen bittet, ihm seine Sichel zu borgen, und dieser es ablehnt, worauf dieser am folgenden Tage jenen bittet, ihm seine Axt zu borgen, und jener erwidert: ich borge dir nicht, wie auch du mir nicht geborgt hast. Dies heißt ›rachsüchtig‹.«[1254] Der jüdische Philosoph und Gelehrte Maimonides (1135/1138–1204),[1255] große mittelalterliche Autorität in der Modernisierung und Systematisierung des Talmud, wird zitiert: »Rache zu nehmen ist ein extrem schlechter Charakterzug. Eine Person sollte die Angewohnheit haben, in allen weltlichen Dingen über ihren Gefühlen zu stehen; denn die, welche (den tieferen Zweck der Welt) verstehen, sehen diese Dinge als eitle und leere an, welche es nicht wert sind, Rache für sie zu suchen.« Diese Aussage ist natürlich unberührt von der Shoa und stammt aus einer Zeit der vergleichsweise guten Einbettung in die umgebende muslimische Gesellschaft. Die meisten jüdischen Autoritäten dagegen wollen aus der Bibel nur ein Verbot für Rachehandlungen lesen, die in direktem Zusammenhang mit finanziellen Angelegenheiten stehen.[1256] Denn dem Beispiel mit der Axt geht voraus: »Es heißt ja aber: du sollst nicht rachsüchtig und nachtragend sein!? Dies gilt von Geldangelegenheiten.«[1257] Wichtig ist jedenfalls, festzuhalten, dass das Judentum weder unbedingte Gewaltlosigkeit noch das Ausbleiben von Konsequenzen für Gewalt propagiert. Der kanadische Rabbi Anthony Knopf erklärt, dass abgesehen von der Abschreckung zukünftiger Rechtsbrecher eine gesunde Gesellschaft die klare Botschaft einer Zurückweisung des Bösen und einer Sicherstellung von rechtsförmiger Bestrafung senden müsse.[1258] Was die rechtsförmige Bestrafung angeht, so hat bereits Maimonides festgehalten, sei es besser, tausend Schuldige freizusprechen, als einen einzigen Unschuldigen hinzurichten.[1259] Alles im Rahmen einer jüdischen Haltung des Zweifelns und der Vorsicht also, aber eben doch der Strafwilligkeit und keinesfalls der Duldsamkeit. In moderner Zeit etwa widergespiegelt darin, dass die eigentlich im israelischen Rechtssystem vorgesehene Todesstrafe durch dessen Obersten Gerichtshof nur einmal verhängt wurde, aber dann eben doch: im Fall Eichmann.[1260]

Wir müssen an dieser Stelle zunächst und vor allem anderen mit einem weitverbreiteten Missverständnis zur jüdischen Auffassung von Vergeltung aufräumen. Gehen wir aus von der römisch-rechtlichen Differenzierung zwischen Restitutions- und Talionsprinzip. Rache das Letztere und Entschädigung das Erstere. Aber: Ist das Talionsprinzip nicht eigentlich das Prinzip des Alten Testaments? »Auge um Auge, Zahn um Zahn«, heißt es doch in Exodus 21:24? Nein. Hier zeigt sich vielmehr die nicht seltene herabsetzende Verzerrung jüdischen Denkens durch die christlich geprägte Umwelt. So wird bis heute die genannte Formel in christlicher, gar allgemein gesellschaftlicher Interpretation als Gebot der Rache ausgelegt. Die zahlreichen Beispiele dazu erdrücken und bedrücken. Dem *Spiegel* war die Tötung Osama bin Ladens als »Rache für 9/11«[1261] Anwendungsfall des »Auge um Auge, Zahn um Zahn«, ganz so, als sei diese Aktion von klischeehaft agierenden Juden zu verantworten gewesen. Der Ausgabe 15/2002 verpasst der *Spiegel* seiner Cover-Fotomontage von Jassir Arafat und Ariel Sharon vor Bildern von Krieg auch noch einen Jesus am Kreuz und den Text »Auge um Auge – Der biblische Krieg«. In dasselbe Horn bläst *kathweb.de*[1262] und präsentiert in flapsigem Jargon einzig folgende skurrile Interpretation des »Auge um Auge«: »Wenn ein Mord geschieht, dann darf nicht mal eben die gesamte Sippe des Mörders umgelegt werden, sondern nur der Mörder selbst.« Das *Handelsblatt* warnt, »Auge um Auge, Zahn um Zahn« mache arm und arbeitslos: »Wer nach den Prinzipien der alttestamentarischen Rächer lebt, muss in aller Regel erhebliche wirtschaftliche Nachteile in Kauf nehmen […].«[1263] *3sat* berichtet über die Iranerin Amaneh Bahrami, die durch ein grässliches Säureattentat erblindete und nun die Blendung des Täters fordert. »›Auge um Auge, Zahn um Zahn‹ steht schließlich schon in der Bibel«, führt *3sat* aus und spricht von einem »archaischen Rachewunsch«, der sich auf das Alte Testament stütze. Als Experte läuft der Islamwissenschaftler Matthias Rohe für *3sat* auf: »Der Fall Bahrami zeigt im Grunde eine frühe Stufe der Rechtskultur der Menschheit, nämlich dieses Prinzip: ›Auge um Auge, Zahn um Zahn‹ [...]. Wir kennen das schon aus dem jüdischen Recht.«[1264] Eine völlig unreflektierte Haltung zeigt auch Julia Schäuble, USA-Korrespondentin des *Tagesspiegel,* die die Todesstrafe in den USA als Anwendungsfall des »Auge um Auge, Zahn um Zahn« sieht[1265] – als ob gar das Judentum die Basis für diese staatliche Barbarei geschaffen habe. Geht es noch abseitiger? Oh, es geht. Für Martin Ling als Kommentator der Zeitung *Neues Deutschland* sind es ausgerechnet die Taliban, die das vermeintlich jüdische Recht hochhalten: »Auge um Auge, Zahn um Zahn. Das alttestamentarische Gerechtigkeitsverständnis [...] praktizieren die afghanischen Taliban seit jeher.«[1266]

In den meisten Beispielen geht es um Strafrecht – womit Exodus 21:24 überhaupt nichts zu tun hat. Sondern mit Zivilrecht, also nicht dem Verhältnis strafender Staat zu Bürger, sondern der Bürger untereinander. Auch Fachjuristen sind nicht vor der hergebrachten Verzerrung gefeit. Die Fehlinterpretation findet sich selbst bei einem einflussreichen Professor des Strafrechts wie Hans-Ludwig Schreiber (*1933).[1267] Selbst in der Kinderzeitschrift *GEOlino* werden die lieben Kleinen ganz im Sinne des tradierten Antisemitismus aufgeklärt: »Mit dem Spruch ›Auge um Auge, Zahn um Zahn‹ zitiert jemand die Bibel. [...] Man soll Gleiches mit Gleichem vergelten.« Ein »Aufruf zu Rache und Vergeltung« sei das. Um das Maß vollzumachen, erspart *GEOlino* den jungen Leser:innen auch nicht das ergänzende antisemitische Klischee, Jesus sei natürlich (Bergpredigt!) genau gegenteilig zum Vorherigen zu verstehen: »Wenn ihr noch einmal über den Sinn der Redewendung nachdenkt, werdet ihr merken: [...] die Redensart verdreht die Lehre Jesu ins Gegenteil.«[1268] Meine Bitte an die *GEOlino*-Redaktion, den Text zu überarbeiten, blieb leider unerhört.

Immerhin – das evangelische Magazin *chrismon* schließt sich dem Unfug nicht an: »Die Geschichte dieses Satzes ist eine Geschichte von Missverständnissen. Das schlimmste: ›Die Juden‹ suchen blutige Vergeltung, während ›die Christen‹ einen friedlichen Ausgleich wollen.« Und, so als hätte dort jemand mit entsetztem Kopfschütteln *GEOlino* gelesen: »Das Zitat Jesu aus der Bergpredigt wird von vielen herangezogen, die gezielt antijüdische Ressentiments streuen. [...] Dabei ist das Anliegen beider Aussagen – das des jüdischen Rechts und das der Bergpredigt – sehr ähnlich.« *Chrismon* präsentiert unter deutlicher Kritik an den oben geschilderten Aussagen des *Spiegel* die korrekte Interpretation: »Die jüdische Rechtsnorm ›Zahn um Zahn‹ begründet überhaupt keine Rache oder einen Rechtsanspruch, dem Verursacher einer Körperverletzung den gleichen Schaden zuzufügen.«[1269] Deutliche Worte auch in der *Süddeutschen Zeitung*, wo Heribert Prantl den Gebrauch dieses Diktums als »Chiffre für Rachsucht und Vergeltung, Hochmut und Vernichtungswut, in jedem zweiten bösen Kommentar gegen Israel« schlicht antisemitisch nennt.[1270] Blöd, dass sein Kollege Hans Leyendecker unreflektiert von einem »biblischen Motto« spricht, das er »untrennbar« mit der »Geschichte des Mossad verbunden«[1271] sieht, so als sei ausgerechnet unter Verweis auf das antisemitische Klischee alle Kritik am *Mossad* bündig zusammengefasst. Das Zentralkomitee der deutschen Katholiken besteht darauf, die Formel sei »meilenweit von Rache entfernt« und stelle als Postulat des gleichen Rechts auf Schadensausgleich für alle, Einheimische wie Fremde, Sklaven wie König, einen »juristischen Meilenstein« dar.[1272]

Der Rabbiner David Bollag klärt in *hagalil.com*:[1273] »Eines der hartnäckigsten antijüdischen Vorurteile drückt sich in den Worten ›Auge um Auge‹ aus. Mit dieser angeblich aus der Thora stammenden Formel wird Juden bis heute vorgeworfen, Rache sei das Prinzip ihres Verständnisses von Gerechtigkeit, ihr Gott sei – im Unterschied zum ›christlichen‹ Gott – ein grausamer und rachsüchtiger Gott [...]. Die Übersetzung ›ajin tachat ajin‹ (21:24) als ›Auge um Auge‹ ist vollkommen falsch. Sie widerspricht dem jüdischen Verständnis der Thora und ist meistens Ausdruck einer antisemitischen Grundeinstellung.« Vielmehr gelte: »›Ajin tachat ajin‹ bedeutet ›Auge für Auge‹ und beinhaltet ein grundlegendes halachisches Prinzip, also des jüdischen Religionsgesetzes. Ein Mensch, der einem anderen Menschen eine Verletzung zugefügt hat, wird von der Thora verpflichtet, die Verletzung finanziell zu entschädigen. Unsere mündliche Thora (der Talmud) erklärt und diskutiert ausführlich (Bawa Kama, Kap. 8), dass diese finanzielle Entschädigung auf fünf Gebieten zu leisten ist: Schadensersatz, Schmerzensgeld, Heilungskosten, Arbeitsausfallersatz und Schamgeld [...]. In keiner jüdischen Quelle ist die Rede davon, dass einem Menschen, der einem anderen – mit oder ohne Absicht – ein Auge ausgeschlagen hat, als Strafe dafür sein eigenes Auge ausgeschlagen werden soll.« Vielmehr bestimmt die *Mischna* die genannten fünf Positionen[1274], wovon wir die ersten drei aus dem geltenden deutschen Recht kennen. Im Ersatz der durch die Schadenszufügung verlorenen Zeit (»Versäumnisgeld«) geht das Judentum sogar über das heutige deutsche Recht hinaus. Ebenso mit dem »Beschämungsgeld«, orientiert an der Stellung des Beschämenden und des Beschämten[1275] als Kompensation für psychische Unannehmlichkeiten im Rahmen einer körperlichen Verletzung.

Wie schwer sich das Judentum damit tut, das Thema Rache abschließend zu erörtern, zeigt der kritische Umgang mit einschlägigen Bibelstellen im täglichen Gebet und an traditionellen Festtagen. So werde am siebten Tag von *Pessach* nicht das volle *Hallel*[1276] (Lobpreisung G'ttes) gesagt, da es unangemessen wäre, ungebrochene Freude daran zu zeigen, dass die Ägypter, die auch G'ttes Geschöpfe waren, im Meer ertranken.[1277] Andererseits ist Bestandteil der *Pessach-Haggada* (Erzählung und Ablaufanweisung für den *Seder* – Ritual und Festmahl – am *Erev Pessach*, dem Vorabend von *Pessach*) nicht nur die Freude über die Befreiung von der ägyptischen Unterdrückung, sondern auch die Aufzählung der Plagen, die über Ägypten kamen. Dieser Teil der *Pessach-Haggada* hat seinen Eingang dort wohl im Mittelalter, dem Zeitalter der Kreuzzüge und der ersten überlieferten Pogrome, gefunden.[1278]

Im *Siddur,* dem jüdischen alltäglichen Gebetbuch, findet sich für den Schabbat ein Gebet, welches ebenfalls aus der Zeit der Kreuzzüge stammt und die an G'tt gerichtete Bitte nach Rache für das vergossene jüdische Blut enthält. Auch hier wird bezweifelt, ob es in der heutigen Zeit relativen Friedens angemessen sei, diese Zeilen wöchentlich zu beten.[1279] Schilderungen von Rache und Krieg sind den Hauptströmungen des Judentums zufolge historisch-kritisch und allgemein mit erheblichen Vorbehalten zu lesen.[1280] Statt das Wort G'ttes hinzunehmen, werden verschiedene Einordnungen angeboten. So etwa die Erklärung des Bibelgelehrten Eitan Klinsky, dass Texte zu Rache akzeptabel seien, wenn sie während oder unmittelbar nach Gewalt gegen Juden und Jüdinnen verfasst worden seien, und dass es nicht an den heutigen, in vergleichsweise friedlichen Zeiten lebenden Juden sei, darüber zu richten.[1281] Der israelische Schriftsteller und Konfliktforscher Roi Ben Yehuda bietet im Zusammenhang mit der *Pessach-Haggada* die Erklärung, dass Rache an sich zwar kein positiver Wert sei, aber eben ein menschliches Bedürfnis. Auch wenn Mitgefühl und Vergebung sicher vorzugswürdig seien, sollten jene Verse doch als ein Ausdruck des Menschseins des jüdischen Volkes verstanden werden.[1282]

Auch der britische Oberrabbiner Lord Jonathan Sacks (1948–2020) wies auf die grundlegende Bedeutung des Wunsches nach Rache hin, der in allen Gesellschaften existiere.[1283] Er befasste sich auch näher mit der Verrechtlichung dieses Wunsches im Judentum. Die Verhinderung ungerechter Gewalt, die Ablehnung von Rache – sofern sie nicht von G'tt befohlen ist – seien fundamentale Gedanken der Tora. Die Tora formuliere jedoch auch, dass eine Welt, in der Mord ungestraft bleibe, mit einem grundlegenden Makel behaftet ist. Schließlich habe in ihr doch etwas von der ursprünglichen Idee der Rache zwischen den Menschen in der Institution des *goel ha-dam*, des »Blut-Erlösers«, überlebt. Mit dieser Figur aus biblischer Zeit, die ein Ungleichgewicht in der Welt richtigzustellen hatte und so auch sicherstellte, dass Mord nicht ungestraft blieb, habe es Folgendes auf sich: Üblicherweise sei der Blut-Erlöser der engste Verwandte eines getöteten Menschen gewesen – und damit die Person, die grundsätzlich habe Rache für die Tat nehmen dürfen. Genau hier könne nun die Entstehung von rechtlichen Regeln beobachtet werden. Denn der Person, die getötet hatte, stand es frei, sich vor dem Blut-Erlöser in eine von mehreren zu diesem Zwecke bestimmten Fluchtstädten zu retten. Dort war der Täter vor dem *goel ha-dam* geschützt, und ein Gericht in der Fluchtstadt entschied, ob es sich bei der Tötung um Mord gehandelt hatte oder nicht, also etwa um Notwehr oder fahrlässige Tötung. Wurde der Täter des Mordes für schuldig befunden, so stand darauf in biblischen Zeiten die Todesstrafe. War das nicht der Fall, so hatte der Täter bis zum Tod des Hohepriesters in der Fluchtstadt zu bleiben.[1284] Seine Strafe für den Totschlag bestand dann in der faktischen Verbannung aus seinem ursprünglichen Wohnort. Der Tod des Hohepriesters markierte das Ende dieser Strafe deswegen, weil sein Tod als Buße für das ganze Volk und damit auch als Buße für diejenigen galt, die, ohne Mörder zu sein, getötet hatten. Maimonides,[1285] so Sacks, habe in der Verbannung eher ein Element des Täter:innenschutzes als der Buße gesehen: Das Exil erlaubte das Abkühlen der Emotionen bei den Verwandten des Opfers, und der Tod des Hohepriesters schaffte eine Stimmung nationaler Trauer, die ihr Bedürfnis nach Rache auflöste.

Wie lange diese Regeln tatsächlich in Gebrauch waren, lässt sich nicht exakt sagen; zur Zeit der römischen Herrschaft jedenfalls galten sie nicht mehr.[1286] Überhaupt bestehen erhebliche Zweifel daran, ob diese Regeln jemals tatsächlich durchgesetzt wurden oder ob sie nicht vielmehr akademischer Natur waren.[1287] Ganz in dem Sinne vielleicht, wie die jüdische Rechtslehre (und auch die römische) ein Faible für die Diskussion hypothetischer Fälle hatte, um hieran das Denken zu rechtlichen Prinzipien zu schärfen. Sacks fasst zusammen: Es sei töricht, so zu tun, als gebe es das Bedürfnis nach Rache nicht. Doch herrschte nur Rache, so würden Gesellschaften auf Gewalt und Blutvergießen ohne Ende zurückgeworfen. Die einzige Alternative sei, dieses Gefühl in Recht und ordentliche Gerichtsverfahren zu kanalisieren, vorliegend durch das Recht der Fluchtstädte, sodass gerechte Vergeltung anstatt Rache stattfinde. Allein: Damit arbeitete Sacks das Dilemma unserer jüdischen Rächer aus dem ersten Kapitel umso mehr heraus, ohne aber hierfür eine Lösung anzubieten. Denn was gilt, wenn gerechte, justizförmige Vergeltung ausbleibt oder von vornherein nicht zu erwarten ist?

Das Judentum ist – wie vielleicht bereits deutlich wurde – keine dogmatische, sondern eine dialektische Religion.[1288] Es kennt strukturell nicht den Abschluss einer Suche nach einem »richtigen« Glaubensverständnis und dessen Festschreibung, wie etwa durch die vatikanischen Konzilentscheidungen im katholischen Christentum. Stattdessen lebt es von und durch ständige These, Antithese, Synthese. Dies ist wohl darauf zurückzuführen, dass nach dem babylonischen Exil um das 5. Jahrhundert v. d. Z. die Prophetie zunehmend durch die Gelehrsamkeit ersetzt wurde.[1289] Schon der letzte biblische Prophet Maleachi bediente sich mit Vorliebe der dialogischen Form des Denkens: Er stellte eine These auf, brachte Einwände und erläuterte sie ausführlich.[1290] Historisch begründet sich diese Form des Glaubens auch in dem Entschluss, den Zweiten Tempel nach seiner Zerstörung im Jahr 70 d. Z. nicht wieder aufzubauen, und dem damit einhergehenden Wegfall der Instanz des Hohepriesters. Folge dieser Zäsur war ein Judentum, das keines Tempels mehr bedurfte und stattdessen im Kern fürderhin auf individueller religiöser Praxis sowie der schriftlichen Überlieferung und deren Lehre beruhte.[1291] Rabbiner:innen erhalten ihre Stellung dabei nicht einfach durch formale Legitimation, mittels Durchlaufen einer Karriere religiöser Ränge oder des Absolvierens ganz bestimmter Bildungsabschlüsse also. Rabbiner:in, *Rav*, ist klassisch schlicht, wer aufgrund seiner religiösen Bildung und Weisheit die Akzeptanz anderer Gläubiger erlangt. Er oder sie kann sich so in besonderem Maße in den religiösen Diskurs einreihen: horizontal in den mit den Zeitgenoss:innen und deren Meinungen, vertikal in den mit allen vorherigen Rabbiner:innen und deren Meinungen. Diese Meinungen haben nicht deshalb Gewicht, weil Rabbiner:innen hier ein bestimmter Status zukommt, sondern weil die Begründungen, die ihnen zugrunde liegen, als besonders klug gelten.

Das enthebt alle anderen Gläubigen aber nicht der Aufgabe, sich selbst mit Glaubensfragen auseinanderzusetzen. Die zur intensiven Auseinandersetzung mit Glaubensfragen besonders geeignete Talmudschule ist somit keine Rabbiner:innenakademie, sondern eine allgemeinbildende Institution. Eine jüdische Gemeinde bedarf im Wesentlichen auch niemanden, der das Rabiner:innenamt innehat, um funktionieren zu können – es ist einfach nur vorteilhaft, jemand derart religiös Gebildeten in der Gemeinde zu haben. Gleiches gilt übrigens auch für Vorbeter:innen, *Chasanim* und *Chasanot*. Auch sie sind nicht zwingend notwendig für die religiöse Aktivität der Gemeinde. Auch sie füllen einfach nur eine praktische Rolle aus, indem sie sich mit den Abläufen des G'ttesdienstes aufgrund einer praktischen Ausbildung besonders gut auskennen. Schließlich bildet selbst die Synagoge keine religiöse Notwendigkeit, sondern ist als zentraler Ort der Versammlung schlicht praktisch. In der Tat lässt sich *Beit HaKnesset* (hebräisch für Synagoge) wörtlich mit »Haus der Versammlung« übersetzen.[1292] Judentum bedeutet dem Grundsatz nach also: ewiger Diskurs und Selbstverantwortlichkeit des Einzelnen – nicht festgelegte Wahrheiten, die durch übergeordnete Institutionen vermittelt würden.

Platz und zugleich Quelle dieses Diskurses ist der Talmud. Der Talmud ist die Verschriftlichung einer zuvor über mehr als 2.000 Jahre aufgebauten und weitergegebenen mündlichen Tradition jüdischer Weisheit und Auslegung. Nach dem gescheiterten letzten jüdischen Aufstand gegen das Römische Reich ungefähr im Jahre 135 d. Z. (dem sogenannten Bar-Kochba-Aufstand) verfügte Kaiser Hadrian, Juden und Jüdinnen aus dem historischen Gedächtnis zu tilgen; Jerusalem wurde in Aelia Capitolina umbenannt und Judea wieder zu Palästina.[1293] Er untersagte die Feier des Schabbat und alle anderen Feste, die Knabenbeschneidung sowie die Lehre der Tora.[1294] Die Weisen Israels wurden aufgrund Hadrians Maßnahmen von der Befürchtung umgetrieben, auch die »Schätze aus Worten, Reflexionen und Regeln« könnten dem Untergang geweiht sein.[1295] Und so machten sich die Gelehrten daran, diese zu verschriftlichen.[1296] Das Ergebnis waren die sechs Bände der *Mischna*, »Wiederholung«.[1297] Sie wurden etwa im Jahre 200 d. Z. von Rabbi Judah haNasi vollendet,[1298] bildeten jedoch zugleich den Ausgangspunkt weiterer Debatten zukünftiger Generationen[1299]:

In den folgenden Jahrhunderten wurden diese sechs Bände durch weitere Kommentare und Erwägungen von Generationen an Gelehrten in Israel und Mesopotamien ergänzt – es entstand die, zu großen Teilen juristische Analysen enthaltende,[1300] *Gemara*,[1301] »Vollendung, Vervollständigung«.[1302] Die Vereinigung dieser Schriften brachte 425 d. Z. (oder auch zwischen 350 und 400 d. Z.[1303]) den kodifizierten *Talmud Yerushalmi*, den Jerusalemer Talmud, hervor.[1304] Etwa 300 Jahre später (oder auch schon zwischen 450 und 550[1305]) entstand in der babylonischen jüdischen Diaspora ein weiterer Talmud: Die dortige jüdische Gemeinschaft schuf den *Talmud Bavli*, den Babylonischen Talmud.[1306] Er ist umfangreicher als der *Talmud Yerushalmi* und zumindest hinsichtlich der *Halacha*, der jüdischen religiösen Rechtsordnung, stärker legitimiert, weil seine Ordnung bei Entstehung durch die damals entscheidenden religiösen Autoritäten abgesichert war.[1307] Ist nur vom Talmud die Rede, so ist meist der *Talmud Bavli* gemeint, der sich letztlich als tragender Pfeiler des rabbinischen Judentums durchsetzte.[1308] Insgesamt handelt es sich, so Marek Halter, um »ein literarisches Denkmal« im Umfang von mehr als 6.000 Seiten, das er zugleich bezeichnet als »eigenartigstes Schriftgebäude [...], das je von Menschen hervorgebracht wurde«.[1309] Der Talmud verkörpert etwa 2.500 Jahre jüdische Geistesgeschichte, die sich in den 1.500 Jahren seitdem durch einen ununterbrochenen Diskurs und immer wieder neue Zeitumstände beständig fortsetzte und, so der Wiener Rabbiner und Talmudforscher Salomon Funk (1866/1867–1928), »in einem gewissen Sinne nie abgeschlossen sein« wird.[1310] »Die Tora hat 70 Gesichter«, lautet eine talmudische Weisheit.[1311] Dialektik und strukturelle Offenheit drücken sich wunderschön im Seitenaufbau aus, wie er seit der Renaissance das Textbild der talmudischen Kommentarliteratur bestimmt.[1312] Seinen Anfang nahm das in den Zwanzigerjahren des 16. Jahrhunderts in Venedig. Der deutschstämmige Drucker und Nichtjude Daniel Bomberg (?–1553) druckte 1520 d.Z. den Talmud in einigen Hundert Exemplaren und ermöglichte so seine Verbreitung in Europa.[1313] Die erste Druckausgabe überhaupt war 1492 in Neapel entstanden.[1314] Bomberg entwickelte zusammen mit jüdischen Kollegen das danach zum Standard gewordene Bild einer Seite: der Haupttext in der Seitenmitte, umgeben von kleiner gedruckten Auslegungen und Erörterungen aus späterer Zeit – eine Talmudseite hält »einen vielstimmige[n] hypertextuellen Diskurs fest, der unter Gelehrten unterschiedlicher Orte und Zeiten stattfindet«.[1315]

Der andauernde jüdische Wissensdurst brachte neben dem Talmud noch zwei weitere »Werkreihen« hervor: *Midrasch*, »Kommentar«, und *Kabbala*, »Überlieferung«.[1316] Vor allem der *Midrasch* schafft im Kreisen um den Wortlaut der Tora, dem ersten Teil des *Tanach*, der jüdischen Bibel, in nie abgeschlossener Bewegung immer wieder neue Interpretationen – eine beständig sich erneuernde und jeden Buchstaben heranziehende Texterforschung, die Sigmund Freud dereinst als den »jüdischen Geist« bezeichnen wird.[1317]

Die religiösen Texte des Judentums zeigen vor allem eins: Es ist Aufgabe jedes Individuums, G'ttes Worten einen Sinn zu geben, (scheinbare) Widersprüche zu klären und in der Folge eigenverantwortlich zu handeln. Flankiert wird das durch die religiöse Pflicht zu Bildung, eingeführt nach der Zerstörung des Zweiten Tempels im Jahre 70 d.Z. Der religiöse Fixpunkt verschob sich vom Tempeldienst in die schriftliche Überlieferung, deren Zugang für alle Juden und Jüdinnen durch die seitdem ungebrochene Alphabetisierung sichergestellt wurde.[1318] Welch gewaltige Auswirkungen das auch auf die Entwicklung weltlichen jüdischen Intellekts haben sollte, ist eine andere Geschichte. Wie steht nun aber das Judentum zur Vergebung, die für das Christentum so unbedingt erstrebenswert ist und Vergeltung und Rache ausschließt?

Im Judentum wird grundsätzlich zwischen Sünden gegen G'tt und Sünden gegen Menschen unterschieden. Obwohl man meinen sollte, die Ersteren wögen schwerer und seien demnach schwerer zu tilgen, glaubt das Judentum bei solchen Sünden an die Möglichkeit der Vergebung, sofern Reue vorhanden ist – jeweils zu *Yom Kippur,* dem höchsten jährlichen jüdischen Feiertag. Für Sünden gegen Menschen hingegen gilt, dass G'tt diese nicht vergeben kann, wird doch der Mensch als autonomes, in seinen moralischen Entscheidungen freies Wesen angesehen. Schon deshalb, weil – wie für Marek Halter bereits das Schicksal von Adam und Eva zeigt – der Mensch für eine schlechte Wahl oder Entscheidung selbst Verantwortung trägt.[1319] Weiter habe jeder Mensch ein g'ttgegebenes Gewissen, da nach talmudischer Auffassung alle Kinder, die jemals geboren werden, einst am Fuße des Bergs Sinai zugegen waren, als Moses das Gesetz übergab.[1320]

Das ideale Modell für die Vergebung zwischen Mensch und Mensch ist die *Teshuvah,* »Umkehr«: Dieses Modell fordert zum einen die Bitte um Vergebung und die Wiedergutmachung, zum anderen aber auch eine nachhaltige Verhaltensänderung. Rabbi Schneur Zalman von Liadi (1745–1812) drückt das so aus, dass eine falsch behandelte Person vergeben muss, die Person, die falsch behandelt hat, aber auch nach der Wiedergutmachung weiter in der Verantwortung bleibt.[1321] Der US-amerikanische emeritierte Professor für jüdische Erziehung und Psychologie Solomon Schimmel (*1941) führt dazu unter Berufung auf Maimonides aus: »Maimonides schreibt, dass das Opfer einer Verletzung gehalten ist, jemandem zu vergeben, der durch Taten Buße tut, so wie sich zu entschuldigen und das Opfer um Vergebung zu bitten. Aus Maimonides' Position können wir schließen, dass es in der Abwesenheit von Buße keine Pflicht zur Vergebung gibt. Und weiter, einem Täter zu vergeben, ohne zu verlangen, dass er oder sie Buße tut und/oder Wiedergutmachung leistet, könnte einen entgegengesetzten Effekt haben auf die Aufrechterhaltung des jüdischen Kernwertes, dass Menschen für Taten zur Verantwortung gezogen werden sollen, die anderen Leid verursachen.«[1322] Sonst, so Schimmel, bestehe die Gefahr der Wiederholung, und der Täter fühle sich kaum zur Reue verpflichtet. Wann immer möglich, habe eine Entschuldigung stattzufinden. Und dies nicht nur in Worten, sondern in Taten. Die höchste Form der Buße liege schließlich in einer fundamentalen Veränderung des persönlichen Wertesystems und Verhaltens, etwa der Transformation von Narzissmus in Altruismus. Im Christentum hingegen führe die Auffassung, Buße sei nicht so sehr eine Sache zwischen Täter und Opfer, sondern zwischen Täter und G'tt, dazu, dass allzu leicht die Verantwortung umgangen werden könne, direkt beim Opfer um Entschuldigung zu bitten und Wiedergutmachung zu betreiben.[1323] Umgekehrt führe die jüdische Auffassung zu einem hohen Druck auf das Individuum, zwischenmenschlich Buße zu tun. Schimmel verweist auf den rabbinischen Aphorismus, wonach spätestens am Tag vor dem Tode Buße zu tun sei – und da wir nicht wüssten, wann wir stürben, also jeden Tag.[1324]

Es gibt also die Aufforderung zur Vergebung – aber erst dann, wenn echte Reue gezeigt und Sühne geleistet wird. Bis dahin ist es jedoch legitim, so der israelische Rabbiner und Wirtschaftswissenschaftler Asher Meir (*1961), einen Vorfall zu erinnern und eine kühle Beziehung zu wahren.[1325] Was aber, wenn die, die um Vergebung gebeten werden müssten, millionenfach tot sind? Die Antwort des in London wirkenden *Chabad*-Rabbiners Mendel Kalmenson auf diese Frage: Jemand, der die Shoa vergibt, ist nicht anders als ein gewöhnlicher Dieb.[1326] Soll heißen: Kein Jude und keine Jüdin darf die Shoa als solche vergeben – es besteht keine Option, dies zu tun, und erst recht keine Pflicht, nein, es besteht ein Verbot. Wie G'tt nicht das Verbrechen des einen Menschen am anderen Menschen vergeben kann, so kann auch der Mensch nicht stellvertretend Vergebung gewähren. Die Überlebenden können nur die Taten gegen sich selbst persönlich vergeben – sofern die Täter:innen echte Reue üben.

Und hier trifft das Religiöse das Juristische: Die ausgebliebene juristische Abarbeitung in Deutschland, wie ich sie in Teil II versucht habe darzustellen, bedeutet eben auch die hunderttausendfach verstrichene Chance, sichtbare und ernst gemeinte Reue wenigstens für das den Überlebenden Angetane zu üben, etwa durch Geständnisse, durch Akzeptieren der Strafen als gerechte Strafen, durch aufrichtige Versuche der (auch finanziellen) Wiedergutmachung. Der US-amerikanische Rabbiner und Religionsphilosoph Yerachmiel Gorelik erklärt, infolge der Shoa nicht von einem einzigen Beispiel der *Teshuvah,* also der Umkehr, gehört zu haben.[1327] Gerade die massenhafte Amnestie durch die deutsche Justiz und Politik vereitelte die Möglichkeit zur Vergebung – und damit eine Chance zur Versöhnung.

Dieses Denken findet sich in vielen Texten nach der Shoa. So zum Beispiel im 1969 erschienenen Weltbestseller *Die Sonnenblume* von Simon Wiesenthal. Wiesenthal beschreibt in diesem Roman die Begegnung eines KZ-Internierten mit einem sterbenden SS-Mann, der ihm die Beteiligung an der Ermordung von 300 Jüdinnen und Juden gesteht und um Vergebung bittet. Der Erzähler vergibt ihm nicht. Mit dem moralischen Dilemma, welches das Buch aufwirft, beschäftigten sich über die Jahre fünfzig Personen unterschiedlicher Glaubensrichtungen.[1328] Während sich Buddhist:innen, allen voran der Dalai Lama[1329], und viele, jedoch keineswegs alle, Christ:innen für Vergebung aussprachen, verneinten Jüdinnen und Juden mehrheitlich die Pflicht oder auch nur die Möglichkeit dazu. Warum das Judentum in diesem Punkt scheinbar so unbarmherzig ist, schilderte ich bereits: aus dem Gedanken der Eigenverantwortlichkeit des Menschen gegenüber dem Menschen heraus, aber auch aus Gründen der Generalprävention und damit des Schutzes des jüdischen Volkes insgesamt.

Im Gegensatz zum Christentum kennt das Judentum also keine apriorische Pflicht zur Vergebung, sondern knüpft Vergebung an Bedingungen. Diese Bedingungen berücksichtigen explizit die Perspektive des Opfers – das im christlichen Versöhnungskonzept nicht vorkommt, wie der Professor für vergleichende Ethik Michael Bongardt (*1959) zu *Die Sonnenblume* festhält: »Zwar gehört zum katholischen Beichtritus die Verpflichtung zu Wiedergutmachung und Buße – doch die konkreten Opfer der Schuld haben in ihr keinen Platz. Letzteres gilt auch für die Rechtfertigungslehre Luthers. Sie schaut allein auf G'ttes Gnade und Vergebungsbereitschaft – nicht aber auf die, denen Böses geschah.«[1330] Im Gegensatz dazu, so der US-amerikanische Rabbi Charles Klein, müsse im Judentum Vergebung verdient werden.[1331] Und zwar nicht in Sonntagsreden oder in Regierungshandeln gegenüber der abstrakt bleibenden Gruppe der Opfer. Sondern auf ganz individueller Ebene, zwischen konkreten Täter:innen und deren Opfern. Hat es so etwas in Deutschland jemals gegeben? Nein. Die Täter:innen suchten so rasch als möglich und ohne Sühneleistung die uneingeschränkte Wiedereingliederung in die Mehrheitsgesellschaft. Da wären offene Schuldbekenntnisse nur hinderlich gewesen. Stattdessen: eine Kultur der Leugnung und Verharmlosung. Stattdessen: eine Kultur der gegenseitigen Reinwaschung. Stattdessen: eine Kultur des Ignorierens und Marginalisierens, des Missachtens der Opfer und ihrer Nachkommen. Wie kann Verzeihung eingefordert werden, wo so viele Morde ungesühnt geblieben sind, ja wo es noch nicht einmal das Eingeständnis von Schuld gegeben hat? Wo als Entschuldigungen wieder und wieder angeblicher Befehlsnotstand, Mitläufer:innentum und Unwissenheit vorgebracht wurden?

Das Ringen um das richtige Versöhnungskonzept ist nicht nur ein solches um Worte oder ums religiöse Prinzip, sondern um die Praxis: Manche funktionieren einfach besser, andere schlechter. Dies wird bei der Betrachtung internationaler Beispiele der Auf- und Abarbeitung staatlichen Unrechts deutlich. Auch mit Blick auf die verschiedenen Versöhnungskonzeptionen: christlich, jüdisch oder säkular. Insgesamt gab es Priscilla Hayner zufolge allein seit den 1970er-Jahren bis 2001 21 Wahrheits- und Versöhnungskommissionen, zumeist in Afrika und Südamerika.[1332] Aber auch das Forum für Frieden und Versöhnung, das von der irischen Regierung als Teil des Friedensprozesses in Nordirland eingerichtet wurde, fällt hierunter.[1333] Die ersten derartigen Institutionen gab es in Südamerika.[1334] Sie folgten zum Beispiel auf die Militärdiktaturen in Chile, Argentinien, Brasilien, gelten aber nicht als erfolgreich mit Blick auf eine dauerhafte Verständigung zwischen den betroffenen Gruppen.[1335] Sie krankten am Einfluss mächtiger Täter:innengruppen mit der Folge breiter, einseitig herbeigeführter Amnestien oder auch unfairer Wiedergutmachung.[1336] Jüngeren Datums ist die Kommission infolge des bürgerkriegsähnlichen Konflikts auf den Salomon-Inseln 1998–2003, dort »Tensions«, Spannungen, genannt. Die ab 2009 tätige Kommission legte ihren Report im Februar 2012 vor.[1337]

Die Arbeit etlicher Kommissionen war personell und dann auch inhaltlich weniger von Fachlichkeit und einer weltanschaulich neutralen Konzeption geprägt denn von einer christlichen, etwa in Südafrika, nicht zuletzt durch Bischof Desmond Tutu.[1338] Die starke Prägung durch das christliche Versöhnungskonzept[1339] schnitt vielen Opfern das Wort ab. So hatte die Versöhnungstätigkeit seit 1996 im internationalen Vergleich zwar einen erheblichen Umfang, wie der südafrikanische Rechtshistoriker und -philosoph Tshepo Madlingozi ausführt; doch seien nur 22.000 Stellungnahmen von Opfern eingeholt und nur etwas unter 17.000 Personen als Opfer anerkannt worden – wenig in einem Land mit fünfzig Millionen Einwohnern, wo seit 1948 die Apartheid geherrscht habe.[1340] Er schätzt, dass selbst von denen, welche die enge Opferdefinition der Kommission erfüllten, nur 10% sich einbringen konnten. Zu Recht kam Kritik auf, die Kommission missachte die legitime Wut der Opfer. Des Weiteren betont Madlingozi, »Beteiligung«, »Inklusion« oder »Konsultation« im Gegensatz zu einer Ermöglichung von Aktivismus der Opfer wiederholten als Top-down-Prozess lediglich deren Unterwerfung und Marginalisierung.[1341] Die australische Professorin für Menschenrechte Renée Jeffery formuliert dazu bündig: Die Orientierung an christlichen Idealen habe sich als naiv herausgestellt.[1342] Solomon Schimmel, gründlich mit der südafrikanischen Kommission befasst, kritisiert, als Reflex auf den christlichen Ethos des Landes sei allzu sehr die Vergebung betont worden, wobei die unbedingt notwendige strafrechtliche und auch zivilrechtliche (das heißt Schadensersatz und Schmerzensgeld) Abarbeitung geopfert wurde. Schimmel zufolge hätte eine am jüdischen oder auch insofern ähnlichen muslimischen Modell orientierte Kommission das anders gehandhabt: Sie hätte Gerechtigkeitsfragen in den Vordergrund gestellt, wäre weniger geneigt gewesen, den Tätern fürchterlicher Verbrechen Amnestie zu gewähren, und hätte sich stärker den Gefühlen der Familien der Opfer und deren Bedürfnis nach justizieller Gerechtigkeit angenommen.[1343]

Die belgische Wissenschaftlerin für Afrikanische Sprachen und Kulturen Annelies Verdoolaege schätzt, dass in Südafrika in 70% der Fälle das Konzept der Versöhnung entweder schlicht von den Kommissionsmitgliedern selbst ins Spiel gebracht wurde oder aber die Kommissionsmitglieder die Opfer dazu gedrängt hätten, die Bereitschaft zur Vergebung und Versöhnung auszudrücken.[1344] 70% also waren nicht aus freier

Willensentscheidung bereit, einfach zu vergeben! Die Betrachtung der 23 % der jüdischen Israelis, die laut einer Umfrage von 2010 zu einer Vergebung für die Shoa bereit waren (77 % also nicht), definiert wahrscheinlich recht anschaulich die Fallhöhe für die Erwartung, die Opfer der Shoa würden einfach vergeben. Auf den Salomon-Inseln gab es – vorbildlich – seitens der Kommission keine Erwartung an die Opfer, zu vergeben. Anders als in Südafrika führte das dazu, dass geübte Vergebung von beiden Seiten, von Opfern wie Tätern, akzeptiert zu werden schien. Schließlich trägt zu viel Vergebung die Gefahr, dass Moral nicht gefördert, sondern ausgehöhlt wird. Solomon Schimmel führt dazu aus: »[…] sich einzusetzen für eine Vergebung gegenüber allen Verletzern und für alle Verletzungen, weil jeder einmal irgendwelche Verletzungen begehe, verwischt jede Unterscheidung zwischen Graden von Sünde, Bösem und Verbrechen.«[1345] Die andere Wange hinzuhalten, ist kein jüdischer Wert.[1346]

Interessanterweise ähnelt das jüdische Konzept dem fachlich-säkularen. So identifiziert Joseph Liechty, irisch-US-amerikanischer Wissenschaftler für Frieden, Gerechtigkeit und Konfliktstudien, anhand des Modells des irischen Forums für Frieden und Versöhnung in Nordirland fünf notwendige Schritte:[1347] Erstens müssen die, welche Verbrechen begangen haben, aufgrund ernsthafter Selbsterkenntnis ihre Verbrechen offenbaren. Zweitens hat der Täter volle Verantwortung für das Verbrechen zu übernehmen im Bewusstsein, dass ein schlichtes Eingeständnis nicht genug ist. Drittens soll er ernsthaft Reue ausdrücken und um Vergebung bitten. Viertens wird ihm Gelegenheit gegeben, seine Haltung und sein Verhalten zu ändern. Und schließlich, wann immer möglich, haben die, welche der Verbrechen schuldig sind, Wiedergutmachung zu betreiben.

Auf den Salomon-Inseln bestand weiterhin sehr zutreffend die Auffassung, dass jedenfalls in schweren Fällen ohne zusätzliche rechtsförmige Gerechtigkeit keine Versöhnung erreicht werden könne:[1348] »Denn Opfer, die unmenschliche Behandlung erlitten haben, oder deren Leben tiefe Wunden zugefügt wurden, verlangen wiederherstellende Gerechtigkeit. Das macht ein rechtsförmiges Verfahren unerlässlich. Der Verletzer muss sich der Justiz stellen.«[1349] So auch 1999 der nigerianische Literaturnobelpreisträger Wole Soyinka zum Thema, bezweifelnd, Amnestie für Kriminelle bringe Frieden: »[...] wird es die Gesellschaft wirklich heilen? Wird es Versöhnung bringen, die das letztendliche Ziel der Initiatoren dieses heroischen Verfahrens ist?«[1350] Soyinka forderte als ersten Schritt für das Verhalten der Täter vor Wahrheitskommissionen: sich zu den Verbrechen zu bekennen und Vergebung zu erbitten, wobei Reue mit Buße einherzugehen hat, um als wahrhaftig angesehen zu werden.

Die saubere juristische Abarbeitung ist also notwendige, nicht aber hinreichende Bedingung für einen gesellschaftlichen Versöhnungsprozess. Dass in Deutschland nicht nur fast alle Gerichtsverfahren ausblieben, sondern auch sonst damals und bis heute nicht annähernd etwas nach dem Muster gelungener Wahrheits- und Versöhnungskommissionen stattfand, sei es auch nur in einzelnen wesentlichen Elementen – es ist einfach unglaublich. Während der Lektüre der Studie von Görtemaker und Safferling zur Geschichte des Bundesjustizministeriums keimt stets die Hoffnung, dass einmal die systematische Anhörung von Opfern geschildert würde, dass irgendwann eine gezielte Einbeziehung fachlich qualifizierter Juden und Jüdinnen, Sinti:zze und Rom:nja, Homosexueller oder Widerständler:innen in die Arbeit des Ministeriums zur Sprache käme – oder gar eine gezielte Einstellung solcher Personen in den Justizdienst. Allein, man wartet vergebens bis zur letzten Seite. Wurde das, wurde gar die Einrichtung einer Kommission einfach vergessen oder eine solche Möglichkeit übersehen? Das kann ich nicht glauben. Zeitlich fallen die ersten derartigen Kommissionen ja in eine Zeit, in der in Deutschland etwa die Verjährungsdebatte oder spektakuläre NS-Prozesse im tagespolitischen Bewusstsein waren. Nein, so meine These, das Notwendige war schlicht das Gegenteil des politisch und gesellschaftlich Gewollten: Brandgefährlich wäre schließlich eine solche Jahre, gar Jahrzehnte operierende Kommission für die »Schlussstrich«-Zieherei gewesen, wenn unabhängige Experten ehrlich und gründlich tätig geworden wären.

Wie muss also nach all den Erkenntnissen eine Versöhnung funktionieren? Gleiche Beteiligung der Opfer, eine Abfolge von Schritten, wie sie im Beispiel Nordirland auf den Tisch gelegt wurden oder auch weitestgehend auf den Salomon-Inseln funktionierten. Das eher unerfreuliche Gegenbeispiel – allerdings mit vielen konzeptionell-ideologischen Parallelen zu Deutschland: Südafrika. Unerlässlich zudem: eine umfassende juristische Aufarbeitung, um die man sich nicht durch Täterschonung drücken kann. Wahrhaftige Begegnungen zwischen Tätern und Opfern vor einem durch die vorgenannten Maßnahmen geschaffenen Hintergrund. Nicht dagegen: eine christlich maskierte Versöhnung über die Köpfe der Opfer hinweg, noch flankiert durch einseitig mehrheits- bzw. tätergruppengetriebene Amnestie. Deutschland, das muss man festhalten, hat sich für einen Platz auf der Liste der Negativbeispiele entschieden.

Die allerletzte Freiheit zur Machtausübung selbst des machtlosesten Menschen ist es, nicht zu verzeihen. Und das Judentum gibt ihm diese Macht, ja es fordert ihn sogar dazu auf, sie zu gebrauchen. Es ist eine menschliche Macht, die als Gegenbild der g'ttlichen Macht zur Verzeihung oder Verweigerung derselben ausgebildet ist. Dass auch unter dieser Prämisse Versöhnung – unbehelligt von einem Druck zu vorbehaltloser Vergebung – gelingen kann, zeigt der Fall der US-Amerikanerin

Laura Blumenfeld. Sie kam mit Omar Khatib, dem Mann, der 1986 in Jerusalem auf ihren Vater, Rabbi Blumenfeld, geschossen hatte, ins Reine.[1351] Nachdem Blumenfeld Khatib in dem israelischen Gefängnis, in dem er einsaß, ausfindig gemacht hatte, begann sie eine Korrespondenz mit ihm. Khatib äußerte in einem frühen Brief die Überzeugung, er habe bei seinem Attentat auf ein militärisches Ziel geschossen. Blumenfeld sah ihre Aufgabe darin, diese Einstellung zu ändern und Khatib erfahren zu lassen, auf welchen Menschen er genau geschossen habe. Am Ende schrieb Khatib aus dem Gefängnis an sein Opfer Rabbi Blumenfeld: »Gott ist so gut zu mir, dass er mich Ihre Laura hat kennenlernen lassen, die mich gelehrt hat, die wahre Bedeutung von Liebe und Vergebung zu erkennen. Sie war der Spiegel, der mich Ihr Gesicht als das eines Menschen hat sehen lassen, der es verdient, bewundert und respektiert zu werden.«[1352] Wären solche Geschichten individueller, explizit gemachter Einsicht und nachfolgender individueller Versöhnung (ganz jenseits kalter Sammelbegriffe wie »Judenverfolgung« oder »Holocaust«) doch nur von einem Hundertstel der Nazi-Täter:innen zu erzählen!

3. »Die Liebe ließ mich überleben« – Gute Zeitzeug:innen, schlechte Zeitzeug:innen

Eine Erinnerungskultur, welche nicht alle Facetten des Erlebens der Opfer zur Kenntnis nimmt, ja sie auch in einem schmerzhaften Prozess abfragt, verdammt sich nicht nur selbst zu einem leblosen Etwas. Wir erinnern uns als Kontrast an das Vorgehen gelungener Wahrheits- und Versöhnungskommissionen. Eine feige Erinnerungskultur verbaut der Mehrheitsbevölkerung entscheidenden Erkenntnisgewinn. Und kann so die intellektuellen Grundlagen für eine Versöhnung nicht schaffen. Das Versöhnen muss dann auf halber Strecke scheitern. Leider muss man sagen: In Deutschland passierte genau das.

Bei den Überlebenden der Shoa werden gerne die (vermeintlichen) Happy-End-Fälle gezeigt – und nicht diejenigen Jüdinnen und Juden, die für ihr Leben psychisch zerstört waren. Ins Rampenlicht werden die geschoben, denen es (vermeintlich) gut geht und die keine Rache üben wollen. Die, die »am besten« verziehen haben. Ich vermute, dass dies hauptsächlich aus drei Gründen geschieht: Einmal ist der Wunsch Vater des Gedankens. Natürlich wäre es gerade für die Deutschen schön, wenn sich die Shoa nicht ganz so schlimm ausgewirkt und am besten sogar ihre Folgen Vergangenheit wären – die Wunden geheilt, die Wut verraucht. Zum Zweiten dürften wir einen hermeneutischen Fehlschluss der Art vor uns haben, dass aus dem Sichtbaren oder jedenfalls aus dem leicht Zugänglichen auf die ganze Wahrheit geschlossen werden könne. Anders gesagt: Anekdotische, zufällige Evidenz wird mit empirischer Evidenz verwechselt. Diejenigen, die zu Interviews mit der deutschen Presse bereit sind, sind nur eine Gruppe unter allen Überlebenden, unter denen auch solche – und nicht zu wenige – sind, die nie wieder etwas mit Deutschland zu tun haben wollen. Oder solche, die immer noch zu traumatisiert sind, um überhaupt das Geschehene in einem Interview wieder durchleben zu können. Das Setting der publizierten Interviews schließt die kritischen Fälle vielleicht ungewollt, jedenfalls aber systematisch aus. Und schließlich spielen als Drittes die typischen Gesetzmäßigkeiten des Medienbetriebes eine verzerrende Rolle. Zeitungsredaktionen, erst recht Talkshow-Redaktionen wählen bevorzugt Gesprächspartner:innen aus, die sich – im besten Fall zuvor schon an anderer medialer Stelle – als geeignet, das heißt auch: als unkompliziert erwiesen haben. Nichts ist störender für den medialen Ablauf, als wenn das schöne Konzept des Interviews oder der Sendung durch spontane, gar noch schwer wieder einzufangende emotionale Reaktionen außer Kontrolle durch die Redakteure oder die Star-Talkmaster zu geraten droht. So wird dann eine »bewährte« Person zehnmal nach ihren Erlebnissen gefragt statt – was der Wahrheitsfindung deutlich dienlicher wäre – zehn verschiedene Personen jeweils einmal.

Den Überlebenden Jehuda Bacon (*1929) lässt der *Spiegel* 2015 beispielsweise ausführlich von der Situation in den Lagern erzählen. Zu der Verarbeitung seiner Erfahrung, seinen Gefühlen danach erfährt man wenig. Mehr als das Bedürfnis zu erzählen und dass Bacon seine Traumata durch künstlerisches Schaffen zu bewältigen sucht, wird nicht geschildert. Dass dahinter viel mehr an Emotionen liegt, erfährt man nur nebenbei: »Ich hatte nur eines im Kopf, ich wollte erzählen, was passiert war. Dann, glaubte ich, würden die Menschen besser werden. Natürlich war es eine große Enttäuschung, weil man mir nicht einmal zuhören konnte. Ich hatte keinen Filter. Es war den

Leuten zu viel. Also widmete ich mein Leben der Kunst, um es auszudrücken.«[1353]

Nach den ausführlichen Schilderungen von Grausamkeiten durch die Überlebende Erna de Vries (*1923) lässt der *Spiegel* als kurzes Fazit für ihre Gefühlswelt folgen: »Ich habe keinen Hass. Wenn man Hass in sich hat, zerstört der einen selber. Ich habe das Leben gern, es ist ein Geschenk.«[1354]

Auch Kasimierz Albin (1922–2019) soll angeblich schon nach zehn Jahren mit dem Grauen abgeschlossen haben: »Mitte der Fünfzigerjahre besuchte ich mit einer Gruppe ehemaliger Häftlinge Auschwitz zum ersten Mal nach dem Krieg. Weil es damals noch keine Hotels in der Umgebung gab, mussten wir in den dreistöckigen Lagerbetten schlafen. Ich schlief oben, so, wie ich es im Lager immer gemacht hatte. Ich mochte es nicht, unter jemandem zu schlafen. Wenn jemand Durchfall hatte, dann lief das herunter. Im Halbschlaf sah ich Drähte, und ich sah Licht. Ich war überzeugt, wieder im alten Auschwitz zu sein. Ich wachte schweißgebadet auf. Danach habe ich nie wieder von Auschwitz geträumt.«[1355] Das soll alles sein? Verbirgt sich hinter so einem Bild nicht viel mehr? Warum hat da der *Spiegel* nicht nachgefasst? Weil es nicht ins vorgefertigte Bild passte? Weil es den deutschen Leser:innen unangenehm aufstoßen könnte?

Über die heutigen Gefühle des Sinto Hugo Höllenreiter (1933–2015) nach der wiederum ausführlichen Schilderung einer teils grausamen Verfolgungsgeschichte und langer Diskriminierung nach 1945 weiß die *Süddeutsche Zeitung* nur zu berichten: »›Ich kann oft nächtelang nicht schlafen, habe jetzt noch Albträume‹, sagt [Höllenreiter]. Dennoch, der Mann mit den weißen Haaren und dem dunklen Schnauzbart wirkt lebensfroh und warmherzig. Da sitzt kein verbitterter, da sitzt ein starker Mann. Die Nationalsozialisten haben ihm 36 Familienmitglieder geraubt, und doch weiß er zu schätzen, was ihm das Leben gegeben hat.« [1356]

Und die Bundeszentrale für politische Bildung zitiert die Romni Rosa D.: »Ich lebe mit meinem Mann in Budapest. Unsere Familie ist klein geworden. Aber jetzt haben wir Enkelkinder und eine Urenkelin.«[1357] Die ehemalige Kommunistin Elisabeth Kunesch (1919–2015) kommt im selben Text zu Wort: »Für mich ist es wichtig, dass sich das nicht noch einmal wiederholen darf, was wir in Ravensbrück erlebt haben, und dass die Menschheit immer daran erinnert wird, was passiert ist, und geschützt wird vor solchen Faschisten, die das zustande gebracht haben.«[1358]

Lauter Happy Ends also. Ist die Tatsache, dass Israel wohl oder übel führend in der Erforschung und Behandlung posttraumatischer Belastungsstörungen wurde, der Umstand, dass dort noch heute in NGOs und zahllosen Krankenhäusern sowie Praxen Tausende Überlebende psychologisch betreut werden, also nur Getue um nichts? Nein, der deutschen Presse geht in dieser Sache schlicht der *Feel-good*-Faktor der Wahrheitsuche vor. Jedem C-Promi mit einer schmutzigen Scheidung werden mehr Bekenntnisse zu negativen Gefühlen entlockt und gegönnt. Klar, für dessen Schmerz kann die Mehrheitsgesellschaft schließlich auch nicht zur Verantwortung gezogen werden! Auch deutschen Soldat:innen, Veteran:innen des Balkan- oder Afghanistankrieges wird – wohlgemerkt völlig zu Recht – zugestanden, dass ihr Leben und das ihrer Familien infolge eines traumatischen Einsatzes für lange Zeit oder für immer zerstört ist.[1359] Das Genre der »Alles wieder in Butter, das Töten und Fast-getötet-Werden habe ich gut weggesteckt«-Interviews mit deutschen Soldat:innen existiert nicht. Weil man das zu Recht als verharmlosend, gar obszön empfinden würde.

Auf unangenehme Weise faszinierend ist dabei, dass die Beobachtung der Historikerin Anne Klein für die 1970er-Jahre, die Stimmen Überlebender seien im Zuge eines Marginalisierungsprozesses »eingehegt« und »normalisiert« worden, bis heute gilt.¹³⁶⁰ Und auch die von ihr benannte, korrespondierende, Gefühlstopografie der Opfer ist heute noch aktuell: »Die Erfahrung absoluter Ohnmacht und die berechtigte Angst vor dem Antisemitismus der Mehrheitsgesellschaft.«¹³⁶¹ Die großen Zäsuren, die den Überlebenden ein Gefühl der Selbstwirksamkeit hätten geben können oder gar den Antisemitismus zum Verschwinden gebracht hätten, gab es jedenfalls nicht. Stattdessen wird individuelles Leid in eine allseits anschlussfähige und durch Wiederkäuen flächendeckende Versöhnungserzählung transzendiert: die KZ-Erfahrung als Streicheleinheit für die Seele des Lesers. Die Geschichte der ehemaligen Widerstandskämpferin und Shoa-Überlebenden Barbara Reimann (1920–2013) wird letztlich fast als eine Geschichte der Läuterung zusammengefasst: »Seit den 1970er Jahren verstärkt Barbara Reimann ihr Engagement in der Lagergemeinschaft Ravensbrück – als Zeitzeugin tritt sie in Ravensbrück und in Schulen auf.«¹³⁶²

Die Bundeszentrale für politische Bildung weiß über das Leben der Schriftstellerin und Sintizza Philomena Franz (*1922) nach der Befreiung mitzuteilen: »Nach dem Krieg heiratet Philomena und wird Mutter von fünf Kindern. Sie schreibt Zigeunermärchen [sic!] und Gedichte, hält Vorlesungen an Universitäten, in Schulen und Volkshochschulen. 1995 wird ihr für ihre Verdienste das Bundesverdienstkreuz am Bande verliehen. 2001 wird sie von der Europäischen Bewegung Deutschland mit dem Preis ›Frauen Europas Deutschland 2001‹ ausgezeichnet.«¹³⁶³ Na prima. Finde nur ich das nachgerade zynisch? Darf ich Geschichtsklitterung sagen? Von allen 16 durch die Bundeszentrale vorgestellten Überlebenden teilt diese nur bei einer, bei Irmgard Konrad (1915–2003), andeutungsweise die Spätfolgen der Shoa mit, natürlich wieder mit einer geradezu klischeehaften Wendung ins Positive vor dem Hintergrund des großen Ganzen: »Natürlich hat das Lagerleben körperlich und seelisch tiefe Spuren hinterlassen, aber man ist auch politisch reifer geworden. Bis zum heutigen Tag bin ich aktiv. Besonders fühle ich mich verpflichtet, junge Menschen über den Faschismus aufzuklären und an sie zu appellieren, Sorge dafür zu tragen, dass nie wieder solche Verbrechen begangen werden.«[1364]

Scheinbar hat die Shoa aus diesen Juden und Jüdinnen, Sint*izze und Rom*nja und nichtjüdischen Widerstand Leistenden bessere Menschen gemacht. Den Überlebenden Pavel Stránský (1921–2015), der im Durchgangslager für die Deportation nach Auschwitz seine Freundin Vera heiratete, zitiert der *Spiegel* 2017 wie folgt: »Die Liebe ließ mich überleben.« Und weiter: »Bei der Geburt meines ersten Kindes lachte ich und dachte: Das ist meine Rache an Hitler!«[1365] Auch der Historiker Mark Roseman will die Geburt eines Kindes im deutschen *Displaced-Persons*-Lager als eine Form der »versetzten« (»displaced«) Rache denken, als Behauptung der *Displaced Persons* an eben dem Ort, der sie auszulöschen trachtete.[1366] Neben allem anderen: Wird eine solche Zuschreibung eigentlich dem Kind gerecht? In jeder Hinsicht passender finde ich die Deutung von Martin Miller, Sohn der Schriftstellerin und Shoa-Überlebenden Alice Miller, der in der Zeugung von Kindern »Trotz« sieht – leider keine Regung eines gesunden Erwachsenen. In *Das wahre Drama des begabten Kindes* schreibt er: »Ich bezweifle, dass dies ohne weitere Schritte ein echtes Abschließen mit der Vergangenheit ermöglicht und nicht vielmehr die Gefahr heraufbeschwört, dass man lediglich die nächste durch übertragene Traumata bedrohte Generation in die Welt gesetzt hat.«[1367]

Den einzelnen Überlebenden seien diese Gefühle als Ergebnis einer glücklichen Bewältigung des erlebten Horrors nicht abgesprochen. So berichtet der Berliner Jude Martin Freudenheim, er selbst habe jahrelang gegen Hassgefühle in sich angekämpft: »Wie ein Gebet hatte ich mir immer wiederholt: kein

Hass, Hass schlägt nach innen. Keine Rachegedanken, Geduld, Geduld. Das war meine Art des Gottesdienstes. Es hat mir geholfen.« Und doch: Mit einem kollektiven Verzicht auf den Wunsch nach Vergeltung oder gar mit Verzeihen ging das nicht einher: »Ich glaube an die ausgleichende Gerechtigkeit in dieser Welt, an die ›compensation‹ Emersons.«[1368] In seinem Essay *Compensation* argumentiert der US-amerikanische Philosoph und Schriftsteller Ralph Waldo Emerson (1803–1882) geradezu im jüdischen Sinne gegen die von ihm so dargestellte kirchliche Auffassung, Böses und Gutes werde im jenseitigen Leben vergolten. Für ihn gilt schon in der von G'tt beherrschten Gegenwart: »Jedes Geheimnis wird mitgeteilt, jedes Verbrechen wird bestraft, jede Tugend belohnt, alles Unrechte wiedergutgemacht, in Stille und Gewissheit.«[1369] Freudenheim wiederum verhehlt zudem nicht, dass sein – keineswegs ersatzloser – Verzicht auf Hass nicht repräsentativ für die verfolgten Jüdinnen und Juden war: »Bei vielen war eine Verbitterung und ein Hass entstanden, der fast pathologische Formen annahm.«[1370] Die Rede ist hier übrigens von der Zeit kurz nach den Ereignissen des 9. November 1938, wohlgemerkt also *vor* allem, was noch folgen sollte.

Es lässt sich also festhalten: Die journalistische Aufarbeitung der Shoa in Deutschland ist schlecht, ja man lügt sich im Rahmen einer selektierenden und fehlgeleiteten Erinnerungskultur in die Tasche. Negative Gefühle werden nicht erforscht, der nicht wohlfeile seelische Kampf, den eine gelingende Bewältigungsleistung bedeutet, verschwiegen. Der Experte für Psychotraumatologie David Becker (*1954) hat im Zusammenhang mit Opfern der chilenischen Pinochet-Diktatur herausgearbeitet, dass es bei Extremtraumatisierten, zu denen die Shoa-Überlebenden ganz überwiegend gehören, eine Heilung im eigentlichen Sinne nicht gibt.[1371] Gerade die typischen Reaktionen

Extremtraumatisierter lassen sich nur mit genügend Gefühlskälte, verbunden mit der Weigerung, den Stand der psychopathologischen Forschung zur Kenntnis zu nehmen, als versöhnliches Schweigen fehl- oder umdeuten. Das Schweigen der Überlebenden bedeutet vielmehr: Abspaltung von Gefühlen und Teilen des Selbst, Schuldgefühle wegen des Überlebens, Verdrängung und Verleugnung, Auslöschung der Gefühle, Verstummen gegenüber den Täter:innen zum Selbstschutz, krankhafte Übernahme der Täter:innenperspektive, Selbsthass.[1372] »Sie sind alle krank [...] krank im Kopf. Sie leben hier, aber sie schämen sich dessen. Zumal dieses Land meistens nicht einmal das Land ihrer Väter, sondern die Heimat ihrer Henker ist«, fasste der Jude Georg Horny aus Frankfurt a. M. die Befindlichkeit noch in den 1960er-Jahren gegenüber Marek Halter zusammen.[1373] Man konnte diese Menschen also vonseiten der deutschen Politik ohne Befürchtung von Gegenwehr leicht übergehen. Ganz konkret schon deswegen, weil das Trauma mit der Erfahrung des Autonomieverlustes einhergeht, dem Verlust der Fähigkeit zur Veränderung unter Wahrung der Selbstregulierungsmechanismen. David Becker: »Der extremtraumatisierte Patient meint in gewisser Hinsicht, sein Innen existiere außerhalb der Gesellschaft und wirke auf sie nicht mehr ein, während sein Außen mit ihm nichts mehr zu tun habe – bestenfalls mit dem wie er einmal war, aber nicht mehr ist.«[1374] Wo die deutsche Politik letztlich auf die möglichst schnelle Schaffung von (die Täter:innen begünstigenden) irreversiblen Fakten gerichtet war, da musste sie die Gruppe der Opfer, von denen allzu viele sich, wenn überhaupt, nur mühselig an veränderte Umstände anpassen konnten, überfahren. »Die Extremtraumatisierten sind Opfer der Unterdrückung, sie werden von dem ihnen zustehenden Platz in der Gesellschaft verdrängt und marginalisiert – und dieser Vorgang wird verleugnet. Auch nach dem Ende der Diktatur wird diese verleugnende Marginalisierung von der Gesellschaft noch aufrecht erhalten.«[1375] Die Reaktion auf die wiedergewonnene Freiheit sei, so Becker, paradoxerweise nicht ein Glücksgefühl, sondern Verwirrung, Unsicherheit und Angst. Und weiter schreibt er, spezifisch auch in Bezug auf Deutschland: »Gerade in nachdiktatorischen Zeiten besteht für die Opfer das Risiko, gewissermaßen wie ein Krebsgeschwür in einer scheinbar gesunden Gesellschaft behandelt, d.h. entweder ausgemerzt, vergessen oder verleugnet zu werden oder aber wie ein Denkmal ausgestellt zu werden.« Es kommen zusammen die »innerpsychisch« verursachte Verleugnung und die externe »Realität, die das Vorgefallene aktiv verleugnet«. Eine Verbesserung der psychischen Situation der Opfer kann so nach Becker – und hier schlägt er de facto den entscheidenden Bogen zur unbedingten Notwendigkeit einer durchgreifenden juristischen Abarbeitung und einer lebendigen und authentischen Erinnerungskultur – nur im gesamtgesellschaftlichen Kontext stattfinden; das Therapieende kann nur mit Blick auf die Einzeltherapie, aber eben zugleich auch auf die gesamtgesellschaftliche Verarbeitung erreicht werden.[1376]

Und viele Überlebende der Shoa schweigen nicht nur in der Öffentlichkeit, sondern auch zu Hause. Manche konnten sich ihren Kindern mitteilen, andere ihre Erinnerungen nur schriftlich niederlegen.[1377] Allzu viele aber sagten kein Wort gegenüber den eigenen Kindern, ohne sie aber dadurch vor der Übertragung ihrer Traumata[1378] zu schützen. Die US-stämmige Schweizer Therapeutin Miriam Victory Spiegel berichtet, dass es Familien gibt, in denen die Eltern sogar »äußerlich ›weniger traumatisiert‹« sind als ihre Kinder.[1379] Selbst in Israel schwiegen viele Überlebende lange, was sicher auch dadurch begünstigt wurde, dass ihre Geschichten dort anfangs niemand hören wollte,[1380] sie sich dem Vorwurf mangelnder Wehrhaftigkeit ausgesetzt sahen[1381] und dort in das ganz im Gegensatz zu Deutschland gewünschte Bild starker Jüdinnen und Juden nicht passten.

So berichtet etwa Eliezer Ayalon (*1928), der seine Verfolgungs- und Lebensgeschichte später niederschreiben und veröffentlichen sollte, dass er 37 Jahre brauchte, um erstmals öffentlich über die Shoa reden zu können.[1382] Schweigen war auch bei denen eine übliche Reaktion, welche die Shoa als Kinder und Waisen überlebten: Lea Balint (*1939) überlebte die Shoa als Kind, versteckt bei katholischen Nonnen. Später musste sie ihre jüdische Identität erst wiederfinden. Sie berichtet, dass »die meisten derer«, die in ihrer Situation waren, sich entschieden, die Vergangenheit nicht weiter zu befragen – und sich so auch weigerten, als Zeitzeug:innen zur Verfügung zu stehen.[1383]

Man kann das alles auf die Formel bringen, dass ein fortwirkendes Gefühl mangelnder Selbstwirksamkeit stumm, oftmals krank macht, im schlimmsten Fall in den Suizid treibt. Spannend ist da, wie die Rächer:innen, die ich in Teil I vorgestellt habe, typischerweise gerade nicht verstummt sind. Und wenn man ihren Lebensläufen weiter folgt, meist bis zum friedlichen Tod in Israel, dann stellt man fest: Sie verfolgten ihre Karrieren, setzten Kinder in die Welt, bauten Kibbuzim auf, gründeten jüdisch-arabische Initiativen und äußerten vor allem nahezu durchgängig, dass sie im Reinen seien mit ihrer Rolle im großen Kampf um das »Nie wieder«. Auch wenn das hart klingt: Für die seelische Gesundheit, in der notwendigen Findung einer Haltung zu den Täter:innen, scheint unter anderem *oderint, dum metuant*, totale Unversöhnlichkeit also, eine gute Vorlage für eine weitreichende Verarbeitung zu sein.

Leider gilt demgegenüber: Auch wenn bei Interviews mit oder Auftritten von Zeitzeug:innen vordergründig über den einzelnen Menschen berichtet wird, kommt Journalismus, gerade wenn er sich mit historischen Ereignissen befasst, nicht ohne ein größeres Narrativ aus. Das in Deutschland bei Weitem beliebteste – das sollte deutlich geworden sein: Verarbeitung und Versöhnung als (unbewusst) komplementäre Erzählung zum Schlussstrich. Es ist also durchaus eine mehr oder weniger bewusste Entscheidung des jeweiligen Verfassers, auch der Frage auf den Grund zu gehen, welche seelischen Folgen das Erlebte kurz- und langfristig hatte und hat – oder dies eben nicht zu tun. Blendet die Berichterstattung diese Frage aus, so wird die Leser:innenschaft um wesentliche Informationen betrogen. Der Unterschied zwischen einer Berichterstattung über rein äußere Ereignisse – insbesondere den überindividuellen Aspekten der Shoa – und der Erzählung einer je individuellen und so oft völlig unterschiedlichen persönlichen Geschichte wird schlicht eingeebnet. So wird aus Einzelschicksalen eine entmenschlichte Opfermasse. So wird die Innensicht immer wieder von der Außensicht geschluckt und verschwindet hinter dem rein faktischen Sammelbegriff der Shoa-Überlebenden – reduziert auf die pure fortdauernde physische Existenz. Letztlich wird auf diese Weise das äußerst namhafte Massenphänomen gescheiterter individueller psychischer (aber auch finanzieller) Bewältigung schlicht verniedlicht. Das entstandene Bild fügt sich wunderbar in die unzureichende Praxis der Wiedergutmachung – alles scheint gut. Ist es aber nicht.

Dass es auch anders geht, konnte ich etwa einem Bericht im Wochenendmagazin des französischen *Figaro* entnehmen: Der befasste sich mit dem ersten Genozid des 20. Jahrhunderts, dem deutschen Massaker an den Herero, und auch allgemein mit der Geschichte des deutschen Kolonialismus dort.[1384] Selbstverständlich kamen da die historischen Ereignisse und die materiellen Nachwirkungen bis heute zur Sprache. Aber eben auch die psychischen Befindlichkeiten der Überlebenden. So thematisiert der Bericht auch die Nachwirkungen des Verlustes der damaligen Stellung in der namibischen Gesellschaft und die seelischen Schäden der »weißen« Herero als Nachfahren der Opfer von Vergewaltigungen durch die Kolonialherren. Als Individuen, notwendig. Nichts war dagegen zu lesen von kollektivem Verzeihen, angeblicher psychischer Bewältigung der Traumata oder gar Völkerfreundschaft.

Während der seinerzeit intellektuell einflussreichste Jude der Bundesrepublik, Marcel Reich-Ranicki, einmal äußerte, er sei von seinem ermordeten Bruder und seinen ermordeten Eltern nicht berechtigt worden, zu verzeihen,[1385] hat es der oder die Lieblings-Shoa-Überlebende der deutschen Medien in Israel, den USA oder gar Deutschland zu einer glücklichen Familie und einer guten Karriere gebracht. Das ist der Typus, der in Schulklassen geschickt wird oder sich in der Saure-Gurken-Zeit zu einer menschelnden Geschichte für das verkaufsstarke Thema Nazizeit eignet. Er oder sie hat die schreckliche Zeit anscheinend – oder doch nur scheinbar? – gut verarbeitet. Idealerweise hegt er oder sie keinen Groll oder keine Rachegefühle mehr oder hat sogar verziehen. So berichtete *Spiegel online* 2017 über die Überlebende Betty Bausch-Polak (*1919). Eine große, eine respektable Frau mit einer – individuell – natürlich respektablen Haltung. Sie tauchte in der Zeit des Nationalsozialismus unter, gab sich als Nichtjüdin aus, blieb unbehelligt. Und sie sagt das, was so schön klingt und was man gerne abdruckt: »Wenn ich direkt nach dem Krieg einen Revolver gehabt hätte, hätte ich geschossen […]. Aber Rachegelüste muss man unterdrücken, denn Rache vernichtet nicht die anderen, sondern dich selbst. […] Wenn man so etwas wie den Holocaust überlebt hat, muss man einfach das Leben lieben, es umarmen und auf die Menschen zugehen.«[1386]

Schön und gut. Aber *Spiegel online* lässt das einfach so stehen. Als ob das der allgemein gültige Maßstab für eine angemessene Haltung wäre, garniert noch mit der Nachricht, dass Betty Bausch-Polak mit der Verleihung des Bundesverdienstkreuzes den Ritterschlag der Mehrheitsgesellschaft erhalten hat, die sich dafür Bausch-Polaks subjektive Aussagen als Vorzeigemodell einverleibte. Kein Wort darüber, dass man das zu Recht auch anders sehen kann.

»Ich bin in der Minderheit«[1387], räumte auch die Überlebende Eva Mozes Kor (1934–2019) ein, als sie im Prozess gegen den SS-Mann Oskar Gröning (1921–2018), den »Buchhalter von Auschwitz«, 2015 vom Landgericht Lüneburg wegen Beihilfe zum Mord in 300.000 Fällen zu vier Jahren Freiheitsstrafe verurteilt (vor deren Antritt er allerdings verstarb)[1388], äußerte, sie habe verziehen.[1389] So weit, so legitim. Das ist ihre persönliche Entscheidung. Aber sie hat gerade nicht andere Opfer aufgefordert, es ihr nachzutun, oder ihre Haltung gar zu einem allgemein wünschenswerten Standard erhoben. *The Guardian* zitierte sie: »Ich habe den Nazis nicht vergeben, weil sie es verdienen, sondern weil ich es verdiene.«[1390] Eine deutliche Gegenposition zu dieser Haltung vertrat Esther Bejarano (1924–2021), die im Mädchenorchester Auschwitz Akkordeon gespielt hatte: »Alle, die die schrecklichen Naziverbrechen hautnah erlebt haben, können niemals verzeihen.«[1391] Auch im Gröning-Prozess erklärten 49 von 70 Nebenkläger:innen deutlich, zu einem Verzeihen nicht bereit zu sein, insbesondere da »sich Herr Gröning frei von jeglicher strafrechtlicher Schuld« fühle.[1392]

Zustimmung zu Eva Mozes Kor kam hingegen vom damaligen Justizminister Heiko Maas, der ihre Haltung in einer Talkshow als »zutiefst beeindruckend« lobte.[1393] Der *Bild*-Kolumnist Franz-Josef Wagner verstieg sich gar zu dem Bild: »Wenn so ein Mensch verzeihen kann, dann siegt nicht das Böse. Sondern das Gute.«[1394] Ehrlich? Wer legitimerweise nicht verzeiht, verhilft dann also dem Bösen zum Sieg? Eine Frechheit, eine bodenlose Unverschämtheit, ist doch damit unweigerlich der Appell an die anderen Opfer verbunden, es ebenso zu halten. Was für eine Anmaßung! Es geht einen deutschen Justizminister oder einen deutschen Journalisten nichts, aber auch gar nichts an, wie das individuelle Opfer mit seinem Trauma, seiner Trauer, seiner Wut, seinem Zorn umgeht. Es ist auch egal, ob sie diesen Umgang gut finden. An sie ist die Haltung von Frau Kor nicht gerichtet. Sie verzieh für sich selbst.

Der US-Schriftsteller Ta-Nehisi Coates (*1975) setzt sich in seinem Buch *Between the World and Me* mit Rassismus in den USA auseinander und ruft darin seinem 15-jährigen Sohn zu: »Es gibt keine Notwendigkeit, andere Menschen sich gut fühlen zu lassen.«[1395] Zu Recht fragt er, bezogen auf die Einordnung der Afroamerikaner in den USA: »Warum führen sie uns das vor? Warum waren nur unsere Helden gewaltlos?«[1396] Ja, wo ist das Lob von Maas und Wagner nicht nur für verzeihende Jüdinnen und Juden und für deutsche bewaffnete Widerständler:innen, sondern auch für den jüdischen bewaffneten Widerstand? Wo wird an diesen erinnert? Wo ist das Lob für überhaupt kämpferisch, weil unversöhnlich eingestellte Jüdinnen und Juden? Hört man im Mainstream, von Maas oder Wagner etwa, zugleich die Erwartung an die überlebenden Mitstreiter und die Angehörigen der Ermordeten der Gruppe des 20. Juli 1944, unbedingt zu verzeihen?

Und: Im Gegensatz zu Coates, im Gegensatz zu den deutschen Juden und Jüdinnen als Opfer der Shoa und deren Nachkommen, haben Maas, Wagner und die, für welche sie prototypisch stehen, keine Karten im Spiel. Sie haben nichts zu verlieren. Sie haben, wie es der US-amerikanische Autor Nassim Nicholas Taleb in seinem gleichnamigen Buch ausdrückt, kein »skin in the game«, sie riskieren nicht ihre eigene Haut.[1397] Aber, wie Taleb im Detail zeigt: Urteile und Entscheidungen derer, die »skin in the game« haben, wären in ganz anderer Weise ernst zu nehmen, fundamental für unser Verständnis der Welt[1398], unerlässlich für Gerechtigkeit.[1399] Im Gegensatz zu den Urteilen derer, für die es um nichts geht. Daher, so Taleb: »Vermeiden Sie, den Rat von jemandem anzunehmen, der seinen Lebensunterhalt mit dem Erteilen von Ratschlägen verdient, es sei denn, sein Rat kann eine Strafe nach sich ziehen.«[1400] Übrigens, zu denen, die jedenfalls a priori nicht »skin in the game« haben, zählt Taleb ausdrücklich die Mitglieder einer zentralistisch organisierten Regierung und Journalisten.[1401]

Ebenso legitim und respektabel wie die persönliche Entscheidung von Kor, zu verzeihen, ist und bleibt es, wenn andere aufgrund ihrer Gefühle zu einer anderen, gar gegenteiligen Entscheidung kommen. Mehr noch: Wie wir von Solomon Schimmel gehört haben, untergräbt Verzeihung ohne Reue und Wiedergutmachung das jüdische Wertesystem an zentraler Stelle. Meine Großmutter war also ganz richtigerweise nicht bereit, den Mördern ihrer Familie zu verzeihen. Will Maas ihr dieses Recht absprechen? Und sich damit gar auch noch angesichts der Trennung von Religion und Staat in innerjüdische religiöse Fragen einmischen? Und Wagner, dem *Bild*-Kolumnisten, ist entgegenzuhalten: Nein, wer einer Verzeihung ohne Vorliegen der Voraussetzungen dafür generalisierend das Wort redet, der befördert nach jüdischer Auffassung gerade nicht das Gute. Wo Jüdinnen und Juden dem Denken der Mehrheitsgesellschaft nicht ignorant gegenüberstehen und zu ihrer Bildung auch die Auseinandersetzung mit Regeln und Gebräuchen des Christentums gehört, stehen Maas und Wagner für die Unkenntnis jüdischer Gesetze, ja für die Unwilligkeit, den eigenen christlich geprägten Referenzrahmen gedanklich zu verlassen. Man kann die Begeisterung über jüdische Friedfertigkeit noch schärfer auch so sehen, wie es der US-Intellektuelle James Baldwin (1924–1987) für die Freude über Friedfertigkeit bei Schwarzen in den USA analysiert hat: »Der wahre Grund, dass Gewaltlosigkeit bei Schwarzen als Tugend angesehen wird […], ist, dass Weiße ihr Leben, ihr Selbstbild oder ihr Eigentum nicht bedroht sehen wollen.«[1402]

Entgegen dem landläufigen Narrativ ist die »normale« und auch weitverbreitete Haltung der Jüdinnen und Juden: »never forgive, never forget« – niemals vergeben, niemals vergessen. Wir erinnern uns: Nur 23 % der israelischen Juden und Jüdinnen bejahten 2010 die Frage, ob es an der Zeit sei, dem deutschen Volk und Deutschland die Verbrechen der Shoa zu vergeben.[1403] Wo sind in Deutschland die Interviews mit den vielleicht weltweit 77 %, die nicht vergeben wollen oder können? Wo werden Menschen positiv porträtiert, die eben nicht das Bedürfnis nach Vergebung und Entlastung befriedigen? Die deutschen Medien bieten die deutliche Ausnahme als Paradigma an. Und zaubern den unschönen Normalfall einfach weg.

4. »Wie süß, ein kleiner Judenjunge!« – Vom christlich-jüdischen Abendland

Jede Gesellschaft bildet ihre nationalen Mythen, schreibt die Kulturwissenschaftlerin Aleida Assmann (*1947).[1404] Dass diese maßgeblich von der Mehrheitsbevölkerung geprägt sind,[1405] drückt sich etwa darin aus, dass man für militärische Siege Denkmäler errichtet, nicht aber für militärische Niederlagen, und dass man für die Opfer der eigenen Vergangenheit Gedenkstätten errichtet, aber keine Siegessäulen für erfolgreichen Widerstand gegen sie. Die deutsche Erinnerungskultur trägt nicht die Handschrift der Opfer des Nationalsozialismus. Sie ist eigennütziges Produkt der Mehrheitsgesellschaft, zirkelförmig sich wiederholende Selbstbestätigung nicht betroffenen Erinnerns. Sie setzt sich fort, bis Juden und Jüdinnen oder andere im Nationalsozialismus verfolgte Gruppen schmerzhaft vernehmbar und zugleich vollkommen irritierend »Stopp!« rufen. Im schlechtesten Falle wird dieses »Stopp!« einfach als aufmüpfig, sonderbar oder schlicht irrelevant wegmajorisiert und kulturell weghegemonisiert. Im besseren Falle setzt ein anstrengender Aushandlungsprozess mit ungewissem Ergebnis ein, der kaum ohne gegenseitige Verletzungen abgeht. Genau dieser anstrengende Aushandlungsprozess ist es aber, den wir brauchen, um einer versteinerten Erinnerungskultur Leben einzuflößen. Und um die von rechts betriebene Relativierung der Geschichte wirksam zu bekämpfen. Hannah Arendt (1906–1975), deren Gedanken heute eine erschütternde Aktualität aufweisen, warnte – wie bereits erwähnt – vor der Herabstufung von Tatsachenwahrheit aus politischen Zwecken zur Meinung: »Tatsachen stehen immer in Gefahr, nicht nur auf Zeit, sondern möglicherweise für immer aus der Welt zu verschwinden. Fakten und Ereignisse sind unendlich viel gefährdeter als was immer der menschliche Geist entdecken oder erinnern kann [...]. Sind sie erst einmal verloren, so wird keine Anstrengung des Verstandes oder der Vernunft sie wieder zurückbringen können.«[1406] Man nehme nur das Stichwort des AfD-Rechtsauslegers Björn Höcke von einer »erinnerungspolitische[n] Wende um hundertachtzig Grad«.[1407] Als ob Geschichte einfach so – meinungsmäßig – verhandelbar wäre, als ob es stattdessen nicht um Tatsachen ginge! Dies ist bedrückend gerade auch deshalb, weil hierfür in geradezu perverser Weise das Grundrecht der Meinungsfreiheit in Anspruch genommen wird, während die Geschichtsverdreher kalt lächelnd die Axt an das heiligste Menschenrecht aller und eben auch der Shoa-Opfer, nämlich das auf menschliche Würde, legen. Klug hat das deutsche Bundesverfassungsgericht dies erkannt und der Verbreitung schlichter geschichtlicher Unwahrheiten den Schutz der Meinungsfreiheit versagt. Es ging um den Fall der notorischen Shoa-Leugnerin Ursula Haverbeck, die nach Vollzug einer tatsächlichen 180-Grad-Wende bezogen auf die Wahrheit und unter Berufung auf die Meinungsfreiheit auch noch einer strafrechtlichen Verurteilung wegen Leugnung der Shoa entgehen wollte. Letztlich erfolglos. Das Bundesverfassungsgericht betonte ganz im Sinne von Arendt die politisch-gesellschaftliche Bedeutung von Wahrheit im öffentlichen Diskurs und führte aus, dass im Umkehrschluss die Unwahrheit gerade nicht zum allgemeinen Nutzen als Meinung zu schützen sei: »Neben Meinungen sind vom Schutz des Art. 5 Abs. 1 Satz 1 GG auch Tatsachenmitteilungen umfasst, da und soweit sie Voraussetzung für die Bildung von Meinungen sind beziehungsweise sein können [...]. Nicht mehr in den Schutzbereich des Art. 5 Abs. 1

Satz 1 GG fallen hingegen bewusst oder erwiesen unwahre Tatsachenbehauptungen, da sie zu der verfassungsrechtlich gewährleisteten Meinungsbildung nichts beitragen können.«[1408]

Doch auch unterhalb der Schwelle des strafrechtlich Justiziablen wenden wir uns zu Recht angeekelt ab, wenn historische Unwahrheiten im Gewand politischer Meinung daherkommen. So sagte der führende AfD-Politiker Alexander Gauland bekanntermaßen am 2. Juni 2018 in einer Rede: »Ja, wir bekennen uns zu unserer Verantwortung für die zwölf Jahre. Aber, liebe Freunde, Hitler und die Nazis sind nur ein Vogelschiss in über tausend Jahren erfolgreicher deutscher Geschichte.«[1409] Eine klare Verdrehung geschichtlicher Tatsachen, auch wenn Gauland hernach in bezeichnender Weise der Öffentlichkeit einreden wollte, er habe das Gesagte nicht im Sinne des unmissverständlichen Wortlauts gemeint. Der Historiker Moritz Hoffmann[1410] sieht darin ganz zu Recht den Versuch einer Mythenbildung in dem Sinne, wie sie schon oben als Gefahr für die Wahrheit beschrieben wurde. Im *Stern* teilt er mit: »Es geht Gauland [...] darum, einen positiven deutschen Mythos zu pflegen, eine Art sachdienliche Verwendung von Geschichte für ein positives Deutschland.«[1411] Ein Lehrstück rein durch politische Interessen getriebener »Wahrheitssuche«. Weiter schreibt Hoffmann: »Deutsche Geschichte existiert für ihn nur so, dass sie deutschen Interessen nützt.«

Genau das hatte wiederum Hannah Arendt bereits Anfang der 1960er-Jahre als große Gefahr beschrieben: dass im Streit zwischen »Wahrheit und Politik« die historische Wahrheit zu einer Angelegenheit politischer Lobbyinteressen verkommen könne.[1412] Dies allerdings um den Preis der Glaubwürdigkeit des Advokaten politischer Partikularinteressen – dass die Gaulands dieser Welt so etwas für Strohfeuer an der Wahlurne in Kauf nehmen, darf als zusätzlicher Beweis ihrer Unseriosität gelten. Benedict Neff (*1983)[1413] zeichnet in der *Neuen Zürcher Zeitung* unter der Überschrift »Die AfD ist die Partei der

Verharmlosung des Nationalsozialismus« präzise die hinter deren Bemühung um die Verfälschung historischer Wahrheit stehenden politischen Interessen nach: »Gaulands Anschlag auf die deutsche Geschichte folgt der nationalistischen Logik der Partei. Die Erinnerungskultur in Deutschland gilt vielen AfD-Leuten als übertrieben. ›Man muss uns diese zwölf Jahre nicht mehr vorhalten. Sie betreffen unsere Identität nicht mehr‹, sagte Gauland auch schon. Zum einen fühlt man sich für diese Geschichte nicht mehr zuständig, zum anderen sieht man die Shoa als Hemmschuh für die Entwicklung eines deutschen Patriotismus und Nationalismus. Wenn die meisten Deutschen der Ansicht wären, dass die Nazizeit nur ein ›Vogelschiss‹ war, dann wäre in Deutschland vieles anders. Deshalb ist die AfD an einer Neugewichtung der Geschichte so interessiert, darum drehen sie hier immer wieder an den Schrauben.«[1414]

Welchen unerträglichen diskursiven Spielraum AfD-Anhänger:innen ihrer Partei zugestehen, zeigt deren Haltung zur Vereinbarkeit von Antisemitismus und Parteimitgliedschaft – umso beängstigender noch, weil man in der AfD eine sehr enge Definition von Antisemitismus voraussetzen darf, der die Äußerungen von Gauland und Höcke sicher bei Weitem noch nicht unterfallen. In einer repräsentativen Umfrage aus dem Jahr 2016 lag der Anteil derer, die die Frage »Sollte eine Partei Mitglieder, die sich antisemitisch äußern, ausschließen?« mit »Nein« beantworteten, parteiübergreifend zwischen 8 % (CDU) und 14 % (Grüne). Nur die AfD-Adept:innen fielen mit 26 % aus dem Rahmen.[1415] Eine Forsa-Umfrage erbrachte für 2019, laut *n-tv.de*, zudem über 80 % Zustimmung unter AfD-Anhänger:innen zum »Schlussstrich« (Befragte ohne AfD-Präferenz: 42 %). Und 64 % der AfD-Wähler:innen waren der Meinung, es sei genug damit, »dass die Juden Geld von Deutschland kassierten« (29 % beim Rest).[1416] Heinrich Detering bemerkt da mit Blick auf toxische Teile der AfD-Rhetorik:

»Erlauben Sie eine Zwischenbemerkung über [...] den Sprachgebrauch der AfD-Gegner: Denen wird oft vorgeworfen, zu rasch mit Begriffen wie ›Faschismus‹ oder ›Nazis‹ bei der Hand zu sein. Ich möchte gern dagegen fragen: Wo sollte man diese Begriffe bei der Hand haben, wenn nicht hier?«[1417]

Arendt schreibt in *Wahrheit und Politik:* »Selbst wenn man jeder Generation zugesteht, die Geschichte der Vergangenheit aus der ihr eigenen Perspektive neu zu schreiben, so hat man damit noch lange nicht das Recht zugestanden, das Tatsachenmaterial selbst anzutasten.«[1418] Doch wo Gedenkkultur nicht lebendige Debatte unter Einbeziehung der Stimmen von ehemals Verfolgten ist, sondern zum unbeweglichen Denkmal versteinert, wird sie anfällig für Risse. Gewichtet man die Zeugnisse einfach nach Majoritätskriterien (wir erinnern uns an David Hume) statt streng kritisch und auf schmerzlicher Suche nach der Wahrheit, so führt das in die Irre: »Hinzu kommt, daß die Etablierung von Tatbeständen so außerordentlich unsicher ist; man braucht Augenzeugen, die notorisch unzuverlässig sind, oder Dokumente, Aufzeichnungen, Denkmäler aller Art, die insgesamt eines gemeinsam haben, nämlich daß sie gefälscht werden können. Bleibt der Tatbestand strittig, so können zum Zwecke seiner Erhärtung nur weitere Zeugnisse der gleichen Art angeführt werden, aber keine diesen überlegene Instanz, so daß eine Einigung schließlich nur durch Mehrheitsbeschluß zustande kommen kann, genau wie bei Meinungsdifferenzen – ein in diesem Fall gänzlich unbefriedigendes Verfahren, da nichts eine Mehrheit von Zeugen daran hindert, einstimmig falsches Zeugnis abzulegen.«[1419]

Ist Arendts Position eine jüdische im Sinne derer einer Jüdin des 20. Jahrhunderts? Bestimmt insofern, als sie gerade bei der Geschichte des Nationalsozialismus auf Wahrheit besteht. Und deshalb, weil die ersten Opfer der Unwahrheit im politischen Raum zum vorgenannten Thema gerade die Juden waren und sind, so wie die ersten Opfer der politischen Instrumentalisierung von »Wahrheit« typischerweise Minderheiten sind. Als Leitlinien der Schaffung einer möglichst alle Betroffenen umfassenden, angemessenen Erinnerungskultur wären Hannah Arendts Einsichten und Maximen jedenfalls hervorragend geeignet.

Die Juden und Jüdinnen wurden betrogen um die Teilnahme an der Schaffung eines gemeinsamen nationalen Mythos, eines gemeinsamen Verständnisses der gemeinsamen Geschichte. Ihnen verblieb in der Erinnerungskultur praktisch nur die Opferrolle. Und das sogar noch viele Jahrzehnte nach der Shoa. Der letzte große Kraftakt der Politik hat die Shoa-Gedenkstätte in der Nähe des Brandenburger Tores hervorgebracht, ergänzt noch um ein Dokumentationszentrum – sicher als Zeugnis angemessenen Gedenkens, aber unvermeidlich auch als machtvolle Festschreibung der Opferrolle. So entfaltete sich eine asymmetrische, eine hinkende Erinnerung(-skultur) – und zwar nicht einfach im Sinne zweier unterschiedlicher, je objektiv verankerter Sichtweisen auf eine Geschichte. Das wäre ja in einer pluralen Meinungs- und Diskursdemokratie ein Normalfall. Nein, sie entfaltete sich genau entlang der Trennungslinie zwischen Täter:innen und Opfern, deren Nachkommen, deren Erinnerungskulturen, letztlich zwischen einem Weniger und einem Mehr an Tatsachenwahrheit. Das begann mit der Schonung der Täter:innen und geht so bis heute.

Und nun greifen seit Kurzem sogar noch neue Missverständnisse um sich. Warum steht zum Beispiel ausgerechnet das Restaurant »Feinberg's« in Berlin-Schöneberg mit seinem vor einigen Jahren aus Israel eingewanderten Eigentümer so im Fokus der medialen Berichte über Antisemitismus? Obwohl es sicher zum jüdischen Leben in Deutschland gehört, aber nur einen kleinen Aspekt jüdischer Alltagskultur repräsentiert, und das auch nur für die israelische, nicht für eine deutsch-jüdische

Küche? Vier Gründe. Erstens: Das Restaurant wird tatsächlich beständig schlimm antisemitisch attackiert. Das geht aber leider vielen Juden und Jüdinnen und jüdischen Einrichtungen in Deutschland so. Zweitens: Die Medien neigen dazu, das antisemitische Klischee zu spiegeln, dass ein richtiger Jude aus Israel kommt. Sie wollen Geschichten erzählen, in denen Rollen zu besetzen sind. Dabei tappen sie in die jedem deutschen Juden hinlänglich und leidvoll bekannte epistemologische Judengleich-Israel-Falle, indem sie sich immer und immer wieder gerade dieses Beispiels bedienen. Drittens: Diese besondere Story braucht für ihre Dramaturgie einen couragierten Restaurantchef. Wo finden im Klischee Wehrhaftigkeit und Judentum zusammen? In Israel. Viertens: Es tut weniger weh, dieses Beispiel zu wählen, statt über deutsche Jüdinnen und Juden zu berichten. Der Israeli hatte und hat ja noch sein Israel, ist in dieser Vorstellung also auch »Ausländer«. Das geht nicht so schmerzhaft nahe, wie sich einzugestehen, dass individuelle Menschen in ihrer einzigen Heimat Deutschland dauerndem Hass ausgesetzt sind und überindividuell die angebliche Versöhnung gescheitert ist. Bezeichnenderweise änderte sich das erst, als nach dem Attentat von Halle um den Elefanten im Raum, die Bedrohung gerade deutsch-jüdischen Lebens in Deutschland, kein Herumkommen mehr war. Da war der deutsch-jüdische Eigentümer des Restaurants »Schalom« in Chemnitz auf einmal der im Vergleich zu seinem Berliner Kollegen deutlich gefragtere Interviewpartner, nachdem er sich aufgrund einer antisemitischen Attacke auf seine Räumlichkeiten 2018 noch ein Kopf-an-Kopf-Rennen in der medialen Präsenz mit ihm geliefert hatte.

All dies ist also alles andere als nur ein intellektuelles Spiel, welches sich lediglich für ein paar Schulbuchseiten oder in der alljährlichen Terminplanung von Gedenkreden bei Politikern auswirken würde. Es geht auch um die gesellschaftliche Zugehörigkeit von Juden und Jüdinnen: darum nämlich, ob ihre individuelle Erinnerung und ihr individuelles Geschichtsbild mit der bzw. dem öffentlichen in Einklang ist. Doch auch die wenigen jüdischen »Stimmchen« wollen etliche noch leiser halten.

Die »Nazikeule«, die »Antisemitismuskeule«, auch physische Metaphern, klingen da zunächst wie Mittel zur asymmetrischen Bekräftigung jüdischer Forderungen. Doch diese angeblichen Keulen sind nicht mehr als Stöckchen, deren Gebrauch zudem gerne weit übertrieben behauptet wird – hat sich doch längst zur Vermeidung dieses Vorwurfs eine übergründliche Schere in so manchem jüdischen Kopf herausgebildet. Ja, es gibt sie, die Fälle, in denen antisemitische oder rassistische Ausfälle den jeweiligen Akteur:innen die Karrieren zwischenzeitlich verhagelt haben, auch wenn sie dann wie der ehemalige CDU- und zuletzt AfD-Bundestagsabgeordnete Martin Hohmann nach ihrem Abgang 2003 bei der CDU in der AfD 2017 wieder auf die Füße fielen. Aber: In Anbetracht all der alten Nazis und neuen Antisemit:innen und Rassist:innen (einige der Schlimmsten in der AfD sind und bleiben Lehrer, Björn Höcke, oder Richter, André Poggenburg), die einfach so davongekommen sind und noch davonkommen – ja, angesichts dessen sind diese Keulen offensichtlich unwirksam. Gerade in der AfD hat man sie kaum zu fürchten. Die angebliche Antisemitismuskeule hatte sich bereits gegen Martin Walser als wirkungslos erwiesen. Die Zeiten, in denen die Nazikeule tatsächlich – wie durch Klarsfeld oder Wehner und Mitstreiter – schmerzhaft zum Einsatz kam, die sind lange vorbei.

Viel mächtiger als Nazikeule und Antisemitismuskeule sind die Nazikeulen-Keule und die Antisemitismuskeulen-Keule, also der vorschnelle Vorwurf, hier und dort werde ja nur die Nazi- oder Antisemitismuskeule herausgeholt. In der AfD oder bei linksbürgerlichen BDS(Boycott, Divestment and Sanctions)-Apologet:innen sind diese Keulen-Keulen geradezu ein Instrument zur Erlangung von Prominenz und Diskurshoheit. Die Vorwürfe, nach jeweiligem Gusto wohlfeil und schnell bei der Hand, lauten, Nazis würden viel zu voreilig als Nazis bezeichnet oder Antisemitismus zu Unrecht als Antisemitismus und sowieso Rassismus fälschlicherweise als Rassismus. Und da die deutschen Jüdinnen und Juden wissen, dass sie angesichts der demografischen Entwicklung in den jüdischen Gemeinden derzeit ihre letzten Jahre diesseits der Wahrnehmbarkeit erleben, droht durch diese Art von Keulen die Selbstzensur bei Äußerungen, die an die Mehrheitsgesellschaft gerichtet sind. Heute kann man einen Nazi nicht mehr als Nazi bezeichnen, eine Antisemitin nicht mehr als solche, ohne aus gar nicht kleinen interessierten Kreisen einen veritablen Shitstorm zu ernten. Die Meinungsäußerung, jemand sei ein Nazi oder eine Antisemitin, wird frech unter Berufung auf die Meinungsfreiheit des Nazis oder der Antisemitin als »Zensur« gebrandmarkt. Dabei sind nur staatliche Stellen überhaupt zu Zensur fähig, nie Privatleute, nie Unternehmen einschließlich der unabhängigen Presse und Verlage. Meinung und Gegenmeinung bedeuten nicht eine Einschränkung der Meinungsfreiheit, sondern eine Verdopplung derselben.

Es tobt insbesondere ein Kampf bis vor die Gerichte um eine immer engere Fassung des Antisemitismusbegriffs. Und die Gerichte zeigen sich oft hilflos. Der Politikerin und Autorin Jutta Ditfurth untersagten im Ergebnis etwa die Gerichte[1420], den rechten Publizisten Jürgen Elsässer, der zum Beispiel vom Einfluss Tel Avivs auf die Bundesregierung schwadroniert[1421], einen »glühenden Antisemiten« zu nennen.[1422] Am »glühend« nahmen sie Anstoß, als ob das der Aussage irgendeinen ganz anderen Bedeutungsgehalt geben würde. Da hatte man es nicht nur unterlassen, einmal ein Sachverständigengutachten einzuholen, wann denn die Bezeichnung als Antisemit zuträfe – als ob ein Richter selbst über die Expertise in diesem verminten linguistischen und soziologischen Feld verfügte. Man kannte ganz offenbar auch nicht die durchaus gebräuchliche sprachliche Figur des *Hendiadyoins:* Sie bedeutet nichts anderes, als einen Begriff in zwei zusammengehörende Worte zu fassen: »tragisches Unglück«, »brennendes Verlangen«, »glühende Verehrung« und eben »glühender Antisemit«.

Die nach dem Judentum zu fordernden Elemente einer Versöhnung sind, wie gezeigt, nicht vereinbar mit einem Verzeihen ohne Erfüllung strikter Kriterien – und damit nicht denkbar ohne eine tiefgehende Diskussion, in der die Opfer nicht sogleich in eine argumentative und allzu oft physische Verteidigungsposition gebracht werden. Diese Diskussion gab und gibt es nur unzureichend. Sie zu führen, würde voraussetzen, die Jüdinnen und Juden weniger als machtlose Opfer darzustellen. Des Weiteren der Erinnerung an jüdischen Widerstand, an die Partisan:innen und Soldat:innen während des Krieges, einen prominenten Platz in der öffentlichen Gedenkkultur zu geben. Und dass sich die Mehrheitsgesellschaft auch in einer angemessenen Erinnerungs-, Lehr- und Lernkultur mit dem nahezu totalen Versagen des Rechtsstaates in der juristischen Abarbeitung der Shoa nach 1945 auseinandersetzte. Schließlich muss eine ehrliche Antwort auf die Frage gegeben werden, warum der Mythos der Juden und Jüdinnen, die sich »nicht wehrten«, überhaupt existiert und warum die Erinnerungskultur zu dem, was nach 1945 passierte, heutzutage von eher erbaulichen Interviews dominiert wird. Denn wie gezeigt: Die Juden haben sich sehr wohl gewehrt. Und die Deutschen sind nicht hauptsächlich deswegen geäußertem und gelebtem Hass entgangen, weil Versöhnung, Wiedergutmachung und Aufarbeitung das bewirkt hätten – sondern aus ganz anderen Gründen: weil der Kalte Krieg ausbrach, weil in Israel ein Staat entstand und Deutschland dies beides taktisch raffiniert zu nutzen wusste. Indem man neben all den anderen Maßnahmen in die

Außenpolitik verschob, die Juden und Jüdinnen damit zu Fremden machend, was in die Innenpolitik gehört hätte. Und damit die gebotene jüdische Teilhabe und den Dialog auf Augenhöhe in Deutschland auch so von der politischen Notwendigkeit zur Option nach Gutdünken herabstufte.

Die Tendenz zum Überhören und zur Marginalisierung jüdischer Positionen, sie ist nicht überwunden, eine echte Gleichstellung bis heute nicht erreicht. Das jüdische Gemeindeleben in Deutschland ist 76 Jahre nach der Shoa nicht nur oft wenig sichtbar, es erfordert zudem einen enormen Sicherheitsaufwand, der zu großen Teilen auch noch von Jüdinnen und Juden selbst geleistet werden muss. Hinsichtlich des jüdischen Kultur- und Bildungswesens, hinsichtlich des Zugangs von Jüdinnen und Juden zu Spitzenämtern in Politik, Wirtschaft, Verwaltung, Justiz und Wissenschaft, zumal wenn es sich um religiös lebende Juden handelt, ist die Situation heute schlechter als in der Zeit jüdischer Emanzipation vor 1933. Kippa und Karriere? Ich bezweifle – wie schon gesagt – stark, dass das ohne Weiteres zusammengeht. Und es gibt keine Garantie, dass sich die Situation für die Juden in Deutschland nicht noch verschlechtert. Kein Pogrom der Vergangenheit blieb bislang ohne Nachfolger. Wo nur Taten zählen dürften, wird allzu oft mit Worten abgespeist. Gerne auch, um die »Freundschaft« zum Judentum für andere Zwecke zu instrumentalisieren. Ein Beispiel: die Worthülse »christlich-jüdisches Abendland«. Nebenbei: Warum eigentlich nicht chronologisch korrekt »jüdisch-christliches«? Ist das wie bei der Anwaltspartnerschaft, wo der sich am wichtigsten dünkende Partner an vorderster Stelle auf dem Briefkopf stehen will?

Politisch vorbereitet wurde das Reden vom »christlich-jüdischen Abendland« namentlich von Friedrich Merz und mit einem nicht einmal eine halbe Seite langen Beschluss, einer Aneinanderreihung von Plattitüden zudem, der CDU-Spitze aus dem Jahre 2000: Da ging es um die Formulierung einer nationalen »Leitkultur«.[1423] Den Braten konnte man schon riechen; und er roch unangenehm und streng nach Exklusion der muslimischen Bürger:innen. Noch 2008 bekannte sich in der Folge die CDU in ihrem Leitantrag auf dem Bundesparteitag 2008 in Stuttgart allein zur »christlich-abendländischen Herkunft«.[1424] Das änderte sich nach der Rede des damaligen Bundespräsidenten Christian Wulff, der dem Christentum, aber eben auch dem Judentum und dem Islam bescheinigte, sie gehörten zu Deutschland.[1425] Übernommen wurde davon durch politisch interessierte Kreise allerdings nur das »christlich-jüdische Abendland«. Bereits die Entstehungsgeschichte zeigt, dass es sich hier nicht um einen Begriff handelt, der primär auf die plötzlich als besonders notwendig erachtete Inklusion von Jüdinnen und Juden gerichtet gewesen wäre. Anlass war vielmehr das damals entdeckte Bedürfnis nach kultureller Exklusion der Muslim:innen. Der Journalist und Schriftsteller Adam Soboczynski (*1975) urteilte in der *Jüdischen Allgemeinen* zu Recht: »Eine tückischere Umarmung lässt sich kaum denken.«[1426]

Wenn der Begriff des »Christlich-Jüdischen« keine rein opportunistische Konstruktion sein soll, muss man ihn dringend inhaltlich unterfüttern. Wer sich beklagt, dass Juden und Jüdinnen (gemeint ist meist: erst jetzt, nach der Flüchtlingszuwanderung seit 2015) nicht mit *Kippa* durch Neukölln gehen können, der möge sich einmal fragen, ob sie mit *Kippa* die Karriereleiter in Parlamenten, Regierung oder Justiz erklimmen könnten. Unerträglich auch die mediale Sitte, Berichte über den Islam in Deutschland immer wieder mit *Stock*-Fotos von Frauen mit Kopftuch zu bebildern, während in der jüdischen Variante Männer mit *Kippa* zu sehen sind – als wäre das, erstens, in beiden Fällen nicht nur eine von vielen möglichen Erscheinungsweisen und als gäbe es, zweitens, nur muslimische Frauen und jüdische Männer. Das ist nicht nur platt und realitätsverzerrend, es ist auch eine ungute Festschreibung auf einen Außenseiter-*Look*, eine gruppenbezogene Zuschreibung von Fremdheit. Als Jude kann ich zudem sagen: Noch nie hatte ich das Gefühl, »einfach so« als Jude erkennbar durch die Straßen gehen zu können, sei es mit *Kippa* oder gar – wenn ich das gewollt hätte – mit *Pejes* (Schläfenlocken) und *Tzitzit* (Schaufäden). Es sei denn, man wollte und will immer wieder angestarrt, nett oder bösartig angesprochen, allgemein allzu oft als Alien wahrgenommen werden. So meinen nicht nur viele Menschen, bei letztgenanntem Kleidungsstil unweigerlich einen Rabbiner vor sich zu haben, was ein harmloser Irrtum ist. Auch schrägere Erlebnisse bleiben nicht aus. »Wie süß, ein kleiner Judenjunge!«, rief da eine Besucherin des Schaubauernhofs Gut Herbigshagen in Duderstadt, als sie meines aus Israel angereisten, mit *Kippa*, *Pejes* und *Tzitzit* ausgestatteten Neffen ansichtig wurde, griff augenblicklich zur Kamera und drückte ab. Was für eine zusätzliche Attraktion neben den Kaninchen und Zicklein! In einem Elektronikfachgeschäft verkündete ein Verkäufer meiner Mutter angesichts ihrer erkennbar jüdischen Mischpoke aus Sohn, Schwiegertochter, Enkel und Enkelin gänzlich unvermittelt: »Von unseren Steuergeldern bringt ihr da unten Palästinenser um!« Und die Berliner Polizei konnte meinem Bruder schon Ende der 1990er-Jahre nur mitteilen, wenn er bei seinem Aussehen *(Kippa, Pejes, Tzitzit)* tatsächlich die ins Auge gefasste Stelle in einer Synagoge in Berlin-Mitte antreten wolle, dann könne sie für seine Sicherheit nicht garantieren.

Wenn Jüdinnen und Juden die Freiheit und die Möglichkeit haben sollen, sich autonom und authentisch zu entfalten und sich gleichzeitig in die Gesellschaft einzubringen, brauchen wir mehr Zurückhaltung bei der Fremdzuschreibung jüdischer Eigenschaften. Denn das ist nicht nur einschränkend für Jüdinnen und Juden, es blockiert zugleich den Zufluss an korrektem Wissen über jüdische Religion und Geschichte in die Mehrheitsgesellschaft. Nur ein historisches Beispiel dafür, was ich damit kritisiere: In Deutschland gab es vor und auch parallel zum Rassenwahn die Auffassung, Juden und Jüdinnen seien »Orientalen«. Das zu sein, wurde den Juden auch verwaltungstechnisch vorgeschrieben, etwa im Baurecht. Wenn der lokale Fürst einen jüdischen Bau als Hexagon mit maurischen Baudetails wollte, dann wurde das eben so gebaut. Trotzig und stolz führten Juden und Jüdinnen das weiter, auch als sie es nicht mehr mussten. So ist die Frankfurter Westend-Synagoge als Jugendstilbau zu erkennen, aber auch über und über in ägyptisierenden Details ausgestaltet. Ähnliches ist bei jüdischen Privathäusern aus Gründerzeit und Jugendstil zu sehen. Maurische Fensterbögen hier, orientalisierende Säulenkapitelle dort. Nach 1945 kam diese ausgrenzende Tradition zum Erliegen. Und wurde in jüngerer Zeit durch die scheinbar genau entgegengesetzte Floskel vom christlich-jüdischen Abendland ersetzt. Ein schwarzer Schimmel, denn: Historisch ist das Judentum ebenso wie das Christentum im Orient zu verorten. Abgesehen davon, dass man den Islam auch nicht so einfach aus unseren kulturellen Ursprüngen herausrechnen kann, ohne dass die Summe unseres Erbes sich schmerzhaft vermindert.

Historisch waren Juden und Jüdinnen also stets »Orientalen«, in Begriffen der soziologisch zu verstehenden Rassismus-Kritik PoCs. Nun werden sie, ohne individuell gefragt worden zu sein, von rechts scheinbar philosemitisch, aber gegen Muslim:innen gerichtet, zu Weißen gemacht – dankbar aufgegriffen von links, wo man jetzt den Jüdinnen und Juden nach Gusto einen ganzen Batzen Kolonialgeschichte in die Schuhe schieben kann. Ohne mich! Meine jüdische Identität lasse ich mir nicht abkoppeln von den Jahrhunderten des Judentums im Subsahara-Afrika, am Horn von Afrika, in Indien, China und Mittelasien, Jahrtausenden in Nordafrika durch Auswanderer aus dem römischen

Palästina und später dem Spanien der Reconquista, durch Tamazight (Marokko) und Kabylen (Algerien) und weiteren sogenannten Berbern auch in Tunesien: Lange vor der Ankunft der Araber:innen waren sie auch Juden und Jüdinnen gewesen und waren es (in Marokko) in großer Zahl teils bis vor gut siebzig Jahren. Und natürlich war das Judentum auch in der Levante und wieder bis vor etwa siebzig Jahren massenhaft im Iran und Irak, oft in großer Blüte, vorzufinden gewesen. Klar, ganz wesentlich auch in Europa, vor allem im Osten, dann in den USA, Neuseeland, Australien etwa. Ob sich die Christlich-jüdisch-Abendländischen jeder Couleur nicht – nach ihren Begriffen – ein Kuckucksei ins deutschnational-westliche Nest gelegt haben – aufgrund ihrer eigenen dummen Reduktion des Judentums auf den Norden und Westen? Ganz bestimmt.

Also: Nehmt uns in aller Vielfalt und verabschiedet euch vom das Judentum beleidigenden Reduktionismus. Oder lasst uns da einfach raus, bitte. Ich werde auch künftig in Mumbai oder Nigeria in die Synagoge spazieren, wenn sich die Gelegenheit ergibt, und das christliche Abendland wird nicht einen meiner Schritte verlangsamen. Mich erinnert der noch nicht einmal in einer echten, umfassenden und konstruktiven gesamtgesellschaftlichen Debatte vollzogene Schwenk von den »Orientalen« zu den »Abendländern«, die großzügig gewährte oder sogar aufgedrängte Mitgliedschaft im Kulturkreis ausgerechnet der jahrhundertelangen Peiniger, an meine Schulzeit: Der (scheinbar) coolste Junge der Klasse bestimmte, wer *in* war und wer *out*, wer auf die Party durfte und wer nicht. Eine einseitig festgelegte Angelegenheit also, wie auch die Erinnerungskultur einseitig bestimmt und gelenkt wurde und wird. Ganz abgesehen davon, dass mir der zuletzt erteilte Abendland-Ritterschlag so richtig konsequent und unumkehrbar nicht scheint – man denke nur daran, wie viele Menschen in Deutschland die europäischen und deutschen Jüdinnen und Juden als Repräsentant:innen des mindestens in der Levante wenn nicht im Orient gelegenen Israels sehen –, möchte ich eines festhalten: Juden und Jüdinnen brauchen keine Fremdzuschreibung – nicht auf der Straße, nicht im Elektronikhandel und nicht in Geschichte und Kultur. Sie können ihre Kultur selbstständig einordnen und die Wahl ihrer Identität selbst gestalten. Sie brauchen niemanden, der ihnen sagt, wie sie sind.

Sie brauchen auch niemanden, der ihnen sagt, was sie fühlen. Der ihnen sagt, wann es mal reicht mit dem Gedenken. Sie brauchen allgemein keine Erinnerungskultur mit lauter versteckten Zutaten, die fertig verpackt zu ihnen kommt, erfunden von einem anonymen Urheber. Ein Pfad, getrampelt von unzähligen Füßen, der aber in die falsche Richtung führt. Was wir brauchen, ist eine Erinnerungskultur, die auf einer möglichst breiten Diskussion aufbaut, Dinge ans Licht zerrt, sich auch um neue Teilnehmer:innen bewirbt und im besten Falle sogar auf aktuelle Fragen differenzierte Antworten kennt. Denn eine sterilisierte Form von Geschichte und daraus entwickelter Erinnerungskultur sieht zwar sauber aus, ist aber tot: ohne Emotionen der Opfer, ohne Irritationen, ohne Überraschungen. Wie hochverarbeitetes industrielles Essen. Konserviert durch das Schweigen der Täter:innen und die ausgebliebenen Fragen ihrer Kinder.

Und es verbietet sich, das jüdische Schweigen zu überhören oder gar positiv zu deuten. Jüdisches Schweigen wird als versöhnlich verbucht, ist aber tatsächlich oft das Verstummen an generationenübergreifend fortwirkendem Hass und Trauma.[1427] Das Verstummen an der Furcht vor Ressentiments. Das Verstummen an einem mit dem Normalisierungsdruck der umgebenden Gesellschaft korrespondierenden Normalisierungswunsch. Joseph Harmatz hat das so beschrieben: »Mutter sprach niemals darüber, wie sie aus dem Wilnaer Getto abgeholt worden war, über die Ereignisse in Kaiserwald, oder über

Stutthof. Die meisten Überlebenden weigerten sich über Jahre, zu sprechen. Nicht dass sie sich nicht erinnern konnten, sie wollten wahrscheinlich nicht erinnert werden. Sie wollten zur Ruhe kommen, ihre Leben wieder aufbauen, eine ›normale‹ Routine wieder aufnehmen in normalen Gesellschaften, sie waren geneigt, sich zu integrieren und fühlten intuitiv, dass ihre Geschichten vom Horror Ressentiments schaffen würden.«[1428] Oder schlimmer noch: Sie schwiegen, weil die jüdische Minderheit die Sicht der Unterdrücker in selbstzerstörerischer Weise für sich übernahm.[1429] Eine der vielen toxischen Varianten von Assimilation. »Desintegriert Euch!«, möchte man da mit Max Czollek rufen, und erst recht: »Deassimiliert Euch!«[1430] Dies auf Grundlage des verbreiteten Verständnisses von Assimilation als Übernahme der Mehrheitsidentität durch eine Minderheit, von Integration als Verbindung von Mehrheits- und Minderheitsidentität sowie von Segregation als Abgrenzung von der Mehrheit unter Bildung einer alleinigen Minderheitsidentität.[1431] Vor diesem Hintergrund fordert Czolleks Buch *Desintegriert Euch!* nichts anderes als Segregation – was einen Paradigmenwechsel bedeuten würde gegenüber dem Ideal einer multikulturellen Gesellschaft, welche Integration zum Ziel hat, die Vereinbarkeit und Verbindung von Mehrheits- und Minderheitsidentitäten. Segregation bedeutet letztlich die Existenz von Parallelgesellschaften, was allerdings durchaus mit friedlicher und fruchtbarer Koexistenz vereinbar sein kann.

Deassimilation mit der Folge von Integration scheint mir allerdings vorzugswürdig. Nur setzt gute und nachhaltige Integration auch eine Bewegung der Mehrheitsgesellschaft voraus. In jedem Falle hat Assimilation schon Anfang des letzten Jahrhunderts versagt, wurde sie doch von der Mehrheitsgesellschaft in der denkbar brutalsten Weise zurückgewiesen und schließlich durch totale Zwangssegregation ersetzt. Nehmen wir als durchaus repräsentatives Beispiel meine Familie. Der Schritt in die Integration bis hin zur Assimilation war scheinbar einfach und umfassend – die Sprache war selbst bei meinem eingewanderten Urgroßvater Eduard schon vorhanden, alle hatten nichtjüdische, »deutsche«, Namen, Klara, Eduard, Curt, Elly, Irene, Gertrud. Dazu kamen die Einbürgerung, der Erwerb des damals noch recht exklusiven Abiturs bei allen vier Kindern, Studium und Promotion bei Curt, die völlige Eingliederung ins Geschäftsleben wie auch Anpassung an die herrschenden kulturellen Konsumgewohnheiten, Curts motorsportliche Aktivitäten unter deutscher Flagge, mit einem österreichischen Auto und »urdeutscher« Sportkameradin. Das alles blieb ohne Wirkung; sie alle wurden am Ende kein Stück besser behandelt, als wenn sie diese Schritte nicht vollzogen hätten. Nicht einmal änderte der Schritt in die Assimilation durch die Taufe von Elly, Irene und Gertrud irgendetwas. Sinnlos und nutzlos. Zusätzlich erniedrigend im Nachhinein, da die teilweise Abkehr von der reichen jüdischen Kultur mit der Wahl einer Kultur einherging, die mit nichts als Mord antwortete. Ich sehe daher nicht, welchen Nutzen Assimilation heute haben sollte. Sie führt, bezogen auf die deutschen Jüdinnen und Juden, nur zu einer Hintanstellung der jüdischen Identität – und sie könnte auch nie im gesellschaftlichen Maßstab erfolgreich sein, solange Juden und Jüdinnen doch immer wieder als »anders« im negativen Sinne von »fremd« gesehen werden. Das hat eine Tradition, die sich im Rückblick nur in Jahrtausenden messen lässt und deren Ende noch immer nicht absehbar ist.

Überhaupt sind nicht die Jüdinnen und Juden am Zug. Wenn man sich von einer Betrachtung durch die christliche Brille zum Thema Buße und Versöhnung löst, wird klar: Sowohl auf kollektiver politisch-gesellschaftlicher Ebene wie auf der Ebene der allermeisten individuellen deutschen Täter:innen haben bis heute nur äußerst geringe Bemühungen um das stattgefunden, was nach jüdischer Vorstellung Versöhnung und Verzeihen erlaubt. Und: Das Bild der Jüdinnen und Juden als versöhnlich, als nicht kämpferisch, als Opfer, sei es im Einzelfall auch fast bis zum Bild eines oder einer Heiligen stilisiert, ist als Paradigma unzutreffend. Ja, Jüdinnen und Juden sind nach 1945 in überwältigender Mehrheit zu Gewaltlosigkeit gegenüber Deutschen einschließlich den Täter:innen bereit gewesen. Aber sie sind deshalb nicht ein Stück mehr als andere Menschen zum Schweigen und zum Verzeihen bereit. Dass dennoch der gegenteilige Eindruck entstehen konnte, ist auf nichts anderes als auf die Ausnutzung ungleicher Machtverhältnisse zwischen der Mehrheitsgesellschaft unter Einschluss von Täter:innen und Profiteur:innen bei gleichzeitigem Ausschluss der Minderheit der Opfer zurückzuführen. In der DDR durch Geschichtsklitterung und das Hinwegargumentieren einer Notwendigkeit von Versöhnungsarbeit mittels pauschalen Verweises auf sozialistischen Antifaschismus. Und in der Bundesrepublik durch mangelnde Einbeziehung jüdischer Perspektiven in den gesellschaftlichen Diskurs sowie von Jüdinnen und Juden in die politischen und institutionellen Machtstrukturen. Hinzu kam das vorhersehbare Versagen von Exekutive und Judikative aufgrund einer breiten Einbeziehung von Täter:innen, verbunden mit mangelndem Aktionismus derjenigen, die zwar nicht vorbelastet, aber selbst Teil der Mehrheitsgesellschaft waren. Gefördert wurde das durch die schlicht unbedeutende Zahl der in Deutschland lebenden Juden und Jüdinnen. Nach alledem kann unter Versöhnungsarbeit ebenso wenig wie unter den Kampf gegen Antisemitismus ein Schlussstrich gezogen werden. Es muss weitergehen.

Für die Unterstützung zu diesem Buch, an dem ich seit 2016 gesessen habe, danke ich meiner Agentin Hanna Leitgeb, dem Team bei Kiepenheuer & Witsch – Lutz Dursthoff, Stephanie Kratz, Martin Breitfeld und Julius Hendricks – sowie nicht zuletzt meinen Kanzleimitarbeiter:innen, die mir in besonders intensiven Schreibphasen stets den Rücken freigehalten haben.

Achim Doerfer, Göttingen, August 2021

Anmerkungen

1 Matthew Brzezinski, Giving Hitler Hell, The Washington Post, 24.7.2005, http://www.washingtonpost.com/wp-dyn/content/article/2005/07/21/AR2005072101680_pf.html, Seitenabruf 1.7.2017, i. F. Brzezinski 2005.
2 Hinweis zur Verwendung genderneutraler Sprache: Zur besseren Lesbarkeit wird genderneutrale Sprache nicht verwendet, wenn die weibliche Form einer Personenbezeichnung einen Umlaut enthält. Weiter wird bei der Frage, ob genderneutrale Sprache verwendet wird, nach bestem Wissen und Gewissen berücksichtigt, dass sich bestimmte Personengruppen, von denen die Rede sein wird, mit hoher Wahrscheinlichkeit ausschließlich aus Frauen bzw. Männern zusammensetzen.
3 Brzezinski 2005; meine Übersetzung aus dem Englischen.
4 Ebd.; meine Übersetzung aus dem Englischen.
5 Sara Miller, Israelis Go Wild for Tarantino's Inglourious Basterds, Haaretz, 16.9.2009, http://www.haaretz.com/israelis-go-wild-for-tarantino-s-inglourious-basterds-1.7775, Seitenabruf 27.7.2017.
6 Paul Vitello, Seeing Nazis Massacred, Followed by a Discussion, The New York Times, 17.12.2009, http://www.nytimes.com/2009/12/18/nyregion/18basterds.html, Seitenabruf 27.7.2017.
7 Ebd.; meine Übersetzung aus dem Englischen.
8 Ebd.
9 Norbert Körzdörfer, Endlich! Hollywood killt Hitler!, bild.de, 19.8.2009, https://www.bild.de/unterhaltung/kino/tarantinos-kriegsfilm-mit-brad-pitt-kritik-9430184.bild.html, Seitenabruf 18.2.2019; zur deutschen Rezeption vgl. auch http://zeitgeschichte-online.de/portals/_rainbow/documents/pdf/Basterds-Saupe.pdf, Seitenabruf 18.2.2019.
10 Arno Lustiger, Zum Kampf auf Leben und Tod 2003, S. 41, i. F. Lustiger 2003.
11 Beate Meyer, Nicht nur Objekte staatlichen Handelns: Juden im Deutschen Reich und Westeuropa, in: Frank Bajohr, Andrea Löw (Hg.), Der Holocaust – Ergebnisse und neue Fragen der Forschung, 2015, S. 226, i. F. Bajohr/Löw 2015.
12 Prof. em. Dr. Arno Herzig, 1933–1945: Verdrängung und Vernichtung, bpb.de 5.8.2010, http://www.bpb.de/izpb/7687/1933-1945-verdraengung-und-vernichtung, Seitenabruf 20.8.2017, i. F. Herzig 2010.

13 Ruben Frankenstein, Der »halbe« Stern – Das Schicksal jüdischer »Mischlinge« nach 1933, Freiburger Rundbrief 2014, Heft 1, S. 23-30, http://www.freiburger-rundbrief.de/de/?item=1444, Seitenabruf 20.8.2017.
14 Herzig 2010; Léon Poliakov, Bréviaire de la haine – Le IIIe Reich et les Juifs, 1951, S. 152, i. F. Poliakov 1951.
15 Hermann Langbein, ... nicht wie Schafe zur Schlachtbank – Widerstand in den nationalsozialistischen Konzentrationslagern 1938–1945, 1980, S. 326 f., i. F. Langbein 1980.
16 Arbeitsgruppe Senioren und Internet Universität Leipzig, Frauenpersönlichkeiten in Leipzig, https://research.uni-leipzig.de/agintern/frauen/iv.htm, Seitenabruf 14.2.2020.
17 Gunter Böhnke, Wo die schönen Mädchen auf den Bäumen wachsen: Sachsen für Kenner und Neugierige, 2018.
18 Gabriele Gäbler, Fridel Hönisch – die große alte Dame des sächsischen Humors, 1995, S. 24–35, i. F. Gäbler 1995.
19 Herzig 2010.
20 Gäbler 1995, S. 27.
21 http://www.zeit-geschichten.de/th_01_v_26.htm, Seitenabruf 8.11.2020.
22 Dazu: Sven Felix Kellerhoff, Sechs Millionen Opfer – Woher stammt diese Zahl?, welt.de, 21.1.2015, https://www.welt.de/geschichte/zweiter-weltkrieg/article136599780/Sechs-Millionen-Opfer-Woherstammt-diese-Zahl.html, Seitenabruf 14.4.2021.
23 Yadvashem.org, Häufig gestellte Fragen, https://www.yadvashem.org/de/archive/hall-of-names/database/faq.html, Seitenabruf 4.9.2018.
24 Yadvashem.org, The Central Database of Shoah Victims' Names, http://yvng.yadvashem.org, Seitenabruf 4.9.2018.
25 Eike Geisel, Die Wiedergutwerdung der Deutschen, 2015, Die Gegenwart der Vergangenheit – Stichworte, ca. 1980, S. 207, i. F. Geisel 1980.
26 Detlef Liebs, Franz Wieacker (1908–1994) – Leben und Werk, in: Okko Behrends, Eva Schumacher (Hg.), Franz Wieacker – Historiker des modernen Privatrechts, 2010, S. 24 und S. 24 f., Fn. 3 und 4; vgl. dazu auch Eva Schumann, Die Göttinger Rechts- und Staatswissenschaftliche Fakultät 1933–1955, in: Eva Schumann (Hg.): Kontinuitäten und Zäsuren – Rechtswissenschaft und Justiz im »Dritten Reich« und in der Nachkriegszeit, S. 77, Fn. 37.
27 Manfred Görtemaker, Christoph Safferling, Die Akte Rosenburg – Das Bundesjustizministerium und die NS-Zeit, 2016, S. 45, i. F. Görtemaker/Safferling 2016.
28 Akademie für deutsches Recht 1933–1945, Protokolle der Ausschüsse, Band III, 2, Familienrechtsausschuss, Unterausschuss für eheliches Güterrecht, herausgegeben von Werner Schubert, Werner Schmid und Jürgen Regge, 1989, S. VIII f.
29 Franz Wieacker, Der Stand der Rechtserneuerung auf dem Gebiete des bürgerlichen Rechts, 1937, in: Christian Wollschläger, Franz Wie-

acker, Zivilistische Schriften 1934–1942, 2000, S. 215 ff.
30 Franz Wieacker, Geschichtliche Ausgangspunkte der Ehereform, DR 1937, S. 178–184.; Akademie für deutsches Recht 1933–1945, Protokolle der Ausschüsse, Band III, 2, Familienrechtsausschuss, Unterausschuss für eheliches Güterrecht, herausgegeben von Werner Schubert, Werner Schmid und Jürgen Regge, 1989, S. 14 m. w. N.
31 Mark Roseman, »but of revenge not a sign …« – German's Fear of Jewish Revenge after World War II, researchgate.net, S. 81, https://www.researchgate.net/publication/307547371_%27but_of_revenge_not_a_sign%27_Germans%27_Fear_of_Jewish_Revenge_after_World_War_II, Seitenabruf 8.10.2018.
32 Alexander Gauland, Warum muss es Populismus sein?, FAZ, 6.10.2018, https://www.faz.net/aktuell/politik/inland/alexander-gauland-warum-muss-es-populismus-sein-15823206.html, Seitenabruf 9.11.2020.
33 Nina Kovalenko, Liberation from Concentration Camps: The Complexity of Concluding the Holocaust Narrative, Primary Source, Ausgabe 1, 2011, S. 35 ff., https://psource.sitehost.iu.edu/PDF/Archive%20Articles/Spring2011/NinaKovalenkoArticle.pdf, Seitenabruf 10.11.2017.
34 Ebd.
35 Shalom Robinson, Michael Rapaport-Bar-Sever, Sara Metzer, The Feelings of Holocaust Survivors Towards Their Persecutors, http://citeseerx.ist.psu.edu/viewdoc/download?doi=10.1.1.556.7254&rep=rep1&type=pdf, Seitenabruf 13.11.2017 m. w. N.
36 Tobias Ginsburg, Die Reise ins Reich – Unter Reichsbürgern, 2018, S. 215.
37 Wikipedia.de, Liste von Widerstandskämpfern gegen den Nationalsozialismus, https://de.wikipedia.org/wiki/Liste_von_Widerstandskämpfern_gegen_den_Nationalsozialismus, Seitenabruf 30.1.2018.
38 Lustiger 2003; Arnold Paucker, Deutsche Juden im Widerstand 1933–1945 – Tatsachen und Probleme, (1. Auflage 1999, i. F. Paucker 1999), 2. Auflage 2003, S. 14, i. F. Paucker 2003.
39 Lustiger 2003; Paucker 2003, S. 53.
40 Julius H. Schoeps, Juden im antifaschistischen Untergrund – Um Existenz und Menschenwürde, Zeit online, 28.9.1984, aktualisiert 21.11.2012, https://www.zeit.de/1984/40/um-existenz-und-menschenwuerde/komplettansicht, Seitenabruf 21.2.2019, i. F. Schoeps 1984.
41 Paucker 1999, S. 29.
42 Lisa Just, Juden im Widerstand in Berlin – eine Wanderausstellung, in: Für das Leben: Jüdischer Widerstand und Partisanen gegen den NS, Lernen aus der Geschichte (2010), S. 11, i. F. Just 2010.
43 Paucker 1999, S. 29, 36.
44 Poliakov 1951, S. 322 m. w. N.
45 Paucker 1999, S. 29.
46 Wolfgang Benz, Jüdischer Widerstand gegen den Nationalsozialismus, in: Für das Leben: Jüdischer Widerstand und Partisanen gegen

den NS, Lernen aus der Geschichte (2010), S. 5, i. F. Benz 2010.
47 Eike Geisel, Die jüdische Widerstandsgruppe Herbert Baum, jungle.world, 1.4.1998, https://jungle.world/artikel/1998/14/die-juedische-widerstandsgruppe-herbert-baum, Seitenabruf 18.2.2019, i. F. Geisel 1998; Eike Geisel, Die Wiedergutwerdung der Deutschen, 2015, Störenfriede der Erinnerung – Die jüdische Widerstandsgruppe Herbert Baum, 1993, S. 401, i. F. Geisel 1993.
48 Paucker 1999, S. 36.
49 Ebd.; Geisel 1993, S. 401.
50 Paucker 1999, S. 8, Fn. 10.
51 Ebd.
52 Schoeps 1984.
53 Poliakov 1951, S. 322.
54 Geisel 1998; Geisel 1993, S. 401.
55 Schoeps 1984.
56 Stolpersteine-berlin.de, Eva Mamlok, https://www.stolpersteine-berlin.de/de/biografie/3589, Seitenabruf 13.5.2021.
57 Paucker 1999, S. 33.
58 Stolpersteine-berlin.de, Eva Mamlok, https://www.stolpersteine-berlin.de/de/biografie/3589, Seitenabruf 13.5.2021.
59 Paucker 1999, S. 33.
60 Benz 2010, S. 5; Lustiger 2003, S. 71.
61 Just 2010, S. 11 f., Lustiger 2003, S. 71.
62 Geisel 1993, S. 402.
63 Geisel 1998; Geisel 1993, S. 402.
64 Just 2010, S. 11.
65 Geisel 1998.
66 Geisel 1993, S. 403.
67 Ebd.
68 Just 2010, S. 11.
69 Lustiger 2003, S. 66.
70 Ebd., S. 67.
71 Geisel 1998; Geisel 1993, S. 404.
72 Geisel 1993, S. 404.
73 Paucker 1999, S. 34 f.
74 Ebd., S. 9.
75 Wikipedia.de, Central-Verein deutscher Staatsbürger jüdischen Glaubens, https://de.wikipedia.org/wiki/Central-Verein_deutscher_Staatsbürger_jüdischen_Glaubens, Seitenabruf 5.8.2019.
76 Hanno Plass, Im Kampf für Recht und Freiheit: Arnold Paucker (1921 – 2016), Zeitschrift für Geschichtswissenschaft, Heft 1 (64. Jg.), 2017, S. 49, Fn. 12.
77 Paucker 1999, S. 13.
78 Wikipedia.de, Reichsvertretung der Deutschen Juden, https://de.wikipedia.org/wiki/Reichsvertretung_der_Deutschen_Juden, Seitenabruf 17.11.2020.
79 Beate Meyer, Nicht nur Objekte staatlichen Handelns: Juden im Deutschen Reich und Westeuropa, in: Bajohr/Löw 2015, S. 222 f., i. F. Meyer 2015.
80 Paucker 1999, S. 14.
81 Ebd.
82 Meyer 2015, S. 224.
83 Sonja Peteranderl, Nazi-Fahnder Hanns Alexander – Der Mann, der Rudolf Höß jagte, Spiegel online, 27.8.2014, http://www.spiegel.de/einestages/nazi-jaeger-hanns-alexander-auf-der-spur-von-rudolf-hoess-a-986892-druck.html, Seitenabruf 28.8.2014.
84 Ebd.
85 Ebd.
86 Benz 2010, S. 5.
87 Paucker 1999, S. 32.
88 Wikipedia.de, Helga Beyer, https://de.wikipedia.org/wiki/Helga_Beyer, Seitenabruf 17.11.2020.

89 Schoeps 1984.
90 Ebd.
91 Ebd.
92 Paucker 1999, S. 32 f.
93 Howard Blum, The Brigade, 2002, S. 3, i. F. Blum 2002.
94 Milena Katharina Guthörl, Die Jüdische Brigade, Magisterarbeit, Heidelberg, 2010, S. 36, i. F. Guthörl 2010.
95 Morris Beckman, The Jewish Brigade – An Army with Two Masters 1944–45, 2009, erstmals erschienen 1998, S. xii, i. F. Beckman 1998.
96 Guthörl 2010, S. 42.
97 Zitiert nach Guthörl 2010, S. 35; meine Übersetzung aus dem Englischen.
98 Blum 2002, S. 5; wikipedia.org, Jewish Brigade, https://en.wikipedia.org/wiki/Jewish_Brigade, Seitenabruf 12.2.2019.
99 Zitiert nach Guthörl 2010, S. 72; meine Übersetzung aus dem Englischen.
100 Ebd., S. 18, 23.
101 Ebd., S. 18 ff.
102 Ebd., S. 3, 34.
103 Jonathan Beckman, Morris Beckman obituary, theguardian.com, 24.9.2015, https://www.theguardian.com/world/2015/sep/24/morris-beckman-obituary, Seitenabruf 7.6.2021.
104 Beckman 1998, S. 46.
105 Blum 2002, S. 5; Beckman 1998, S. 21 f.
106 Beckman 1998, S. 85.
107 Blum 2002, S. 9 f.; Jim G. Tobias, Peter Zinke, Nakam – Jüdische Rache an NS-Tätern, 2000, S. 57, i. F. Tobias/Zinke 2000.
108 Beckman 1998, S. 85.
109 Ebd., S. 101, 103.
110 Blum 2002, S. 40; Lustiger 2003, S. 571.
111 Tobias/Zinke 2000, S. 56.
112 Guthörl 2010, S. 60.
113 Julian Kossoff, Jewish Brigade shot Nazi prisoners in revenge, The Independent, 13.12.1998, http://www.independent.co.uk/news/jewish-brigade-shot-nazi-prisoners-in-revenge-1191139.html, Seitenabruf 25.8.2017, i. F. Kossoff 1998; Paul Callan, The real avengers: The Jewish survivors who hunted the Nazis, Express.co.uk, 4.4.2009, https://www.express.co.uk/expressyourself/93194/The-real-avengers-The-Jewish-survivors-who-hunted-the-Nazis, Seitenabruf 24.10.2017, i. F. Callan 2009.
114 Kossoff 1998.
115 Guthörl 2010, S. 47.
116 Lustiger 2003, S. 571.
117 Guthörl 2010, S. 63 ff.; Tobias/Zinke 2000, S. 57; Lustiger 2003, S. 571.
118 Beckman 1998, S. 47.
119 Beckman 1998, S. 54.
120 Wikipedia.de, Habonim Dror, https://de.wikipedia.org/wiki/Habonim_Dror, Seitenabruf 16.11.2020.
121 Ebd.; wikipedia.org, Wellesley Aron, https://en.wikipedia.org/wiki/Wellesley_Aron, Seitenabruf 3.8.2019.
122 Wikipedia.org, Wellesley Aron, https://en.wikipedia.org/wiki/Wellesley_Aron, Seitenabruf 3.8.2019.
123 Beckman 1998, S. 39 f., 44.
124 Ebd., S. 54.
125 Ebd., S. 69 (dort heißt es – wohl

falsch – »Jewish Infantry Brigade Group«).
126 Blum 2002, S. 127.
127 Beckman 1998, S. 144.
128 Ebd., S. 150; Blum 2002, S. 263.
129 Beckman 1998, S. 145.
130 Blum 2002, S. 263.
131 Juden – Räche dein Volk, Der Spiegel 52/1968, S. 110 unter Berufung auf Michael Bar-Zohar, Les Vengeurs.
132 Blum 2002, S. 67 ff., 92 ff.
133 Beckman 1998, S. xii f.
134 Ebd., S. 80.
135 Ebd., S. 94 ff., 100 ff.
136 Ebd., S. 90.
137 Zitiert nach Beckman 1998, S. 90; Tom Segev, The Seventh Million, 1991, 2000 (Paperback), S. 146 f., i. F. Segev 1991; meine Übersetzung aus dem Englischen; Tobias/Zinke 2000, S. 59 m. w. N.
138 Beckman 1998, S. 101.
139 Philipp Peyman Engel, »Ich war zu 100 Prozent auf Rache aus« – Chaim Miller über sein Leben als wahrer »Inglourious Basterd«, seinen Rachefeldzug gegen NS-Verbrecher und Schuldgefühle, Jüdische Allgemeine, 18.11.2013, http://www.juedische-allgemeine.de/article/view/id/17605, Seitenabruf 11.5.2016, i. F. Engel 2013.
140 John Kantara, Die Rächer – Wie Juden Nazis töteten, Die Zeit, 5.12.1997, Kantara's World, http://www.kantara.de/1997/12/05/die-racher-wie-juden-nazis-toteten/, Seitenabruf 15.5.2016, i. F. Kantara 1997.
141 Lustiger 2003, S. 562; Ronen Bergman, Rise and Kill First – The Secret History of Israel's Targeted Assassinations, 2018, S. 8, i. F. Bergman 2018.
142 Lustiger 2003, S. 562.
143 Yitzhak Zuckerman (»Antek«), A Surplus of Memory – Chronicle of the Warsaw Ghetto Uprising, 1993, S. 311, Fn. 47, i. F. Zuckerman 1993.
144 Tobias/Zinke 2000, S. 58.
145 Juden – Räche dein Volk, Der Spiegel 52/1968, S. 110 unter Berufung auf Michael Bar-Zohar, Les Vengeurs.
146 Ebd.
147 Ebd.
148 Blum 2002, S. 143 ff.
149 Beckman 1998, S. 106.
150 Ebd.
151 Blum 2002, S. 169.
152 Juden – Räche dein Volk, Der Spiegel 52/1968, S. 110 unter Berufung auf Michael Bar-Zohar, Les Vengeurs.
153 Blum 2002, S. 106 f.
154 Ebd., S. 150 f.
155 Ebd., S. 151.
156 Ebd., S. 152 ff.
157 Ebd., S. 156.
158 Kantara 1997.
159 Engel 2013.
160 Ebd.
161 Rich Cohen, The Avengers, 2001, S. 192, 200, i. F. Cohen 2001.
162 Blum 2002, S. 184.
163 Beckman 1998, S. xiv; wikipedia.org, Meir Zorea, https://de.wikipedia.org/wiki/Meir_Zorea, Seitenabruf 29.6.2019; Kantara 1997.
164 Segev 1991, S. 149 m. w. N.
165 Tobias/Zinke 2000, S. 74.
166 Beckman 1998, S. xiv.
167 Joseph Harmatz, From the Wings – A Long Journey: 1940–1960, 1998, S. 117 f., i. F. Harmatz 1998.

168 Blum 2002, S. 173.
169 Ebd., S. 175; Beckman 1998, S. 137 f.; Bergman 2018, S. 13.
170 Kantara 1997; Bergman 2018, S. 13.
171 Blum 2002, S. 178; Bergman 2018, S. 13.
172 Blum 2002, S. 178; wikipedia.org, Israel Carmi, https://en.wikipedia.org/wiki/Israel_Carmi, unter Verweis auf Blum 2002, Seitenabruf 24.10.2017.
173 Tobias/Zinke 2000, S. 72 m. w. N.
174 Kantara 1997.
175 Ebd.; vgl. auch Beckman 1998, S. xiv.
176 Wikipedia.org, Israel Carmi, https://en.wikipedia.org/wiki/Israel_Carmi, unter Verweis auf Blum 2002, Seitenabruf 24.10.2017; vgl. auch Juden – Räche dein Volk, Der Spiegel 52/1968, S. 110 unter Berufung auf Michael Bar-Zohar, Les Vengeurs.
177 Bergman 2018, S. 13 f.
178 Ebd., S. 10 f.
179 Kossoff 1998; Callan 2009; meine Übersetzung aus dem Englischen.
180 Wikipedia.org, Israel Carmi, https://en.wikipedia.org/wiki/Israel_Carmi, unter Verweis auf Blum 2002, Seitenabruf 24.10.2017.
181 Sagie Green, The Safecracker, historama.com, ursprünglich erschienen in Yediot Achronot, 18.6.2006, S. 6–10, https://historama.com/online-resources/articles/israel/moshe_tavor_mossad_safecracker.html, Seitenabruf 24.6.2017; meine Übersetzung aus dem Englischen.
182 Ebd.
183 Tobias/Zinke 2000, S. 74 ff.
184 Ebd., S. 77.
185 Ebd., S. 80; Beckman 1998, S. 138.
186 Kantara 1997; vgl. zu diesem Vorfall auch Tobias/Zinke 2000, S. 80 und Beckman 1998, S. 138.
187 Zitiert nach Tobias/Zinke 2000, S. 81, Fn. 196.
188 Michael Elkins, Forged in Fury, 1971, S. 257, i. F. Elkins 1971.
189 Blum 2002, S. 170 f.
190 Tobias/Zinke 2000, S. 69–76.
191 Engel 2013.
192 Beckman 1998, S. xiv, 143; Blum 2002, S. 190.
193 Tobias/Zinke 2000, S. 70 f.
194 Ebd., S. 70.
195 Elkins 1971, S. 245; Jonathan Freedland, Revenge, The Guardian, 26.7.2008, i. F. Freedland 2008.
196 Tobias/Zinke 2000, S. 70.
197 Beckman 1998, S. 88 f.
198 Ebd., S. 89.
199 Blum 2002, S. 298 f.
200 Beckman 1998, S. 83.
201 Ebd.
202 Bergman 2018, S. 13.
203 Ebd., S. 10.
204 Simone Erpel, Jüdischer Widerstand in der öffentlichen Erinnerung, in: Für das Leben: Jüdischer Widerstand und Partisanen gegen den NS, Lernen aus der Geschichte (2010), S. 3.
205 Paucker 1999, S. 4; Markus Nesselrodt, Broschüre zur Geschichte des jüdischen Widerstands gegen den NS, in: Für das Leben: Jüdischer Widerstand und Partisanen gegen den NS, Lernen aus der Geschichte (2010), S. 25.
206 Lustiger 2003, S. 530.
207 Zuckerman 1993, S. 3.
208 Zuckerman 1993, S. 528, 530; meine Übersetzung aus dem Englischen.

209 Lustiger 2003, S. 525.
210 Ebd., S. 524.
211 Wikipedia.de, Geschichte der Juden in den Vereinigten Staaten, https://de.wikipedia.org/wiki/Geschichte_der_Juden_in_den_Vereinigten_Staaten#cite_note-53, Seitenabruf 26.6.2021.
212 Lustiger 2003, S. 261.
213 Bpb.de, Unter der NS-Herrschaft ermordete Juden nach Land, https://www.bpb.de/fsd/centropa/ermordete_juden_nach_land.php, Seitenabruf 27.6.2021.
214 Statista.de, Gesamtbevölkerung der ehemaligen Sowjetrepubliken ..., https://de.statista.com/statistik/daten/studie/1073584/umfrage/bevoelkerung-der-ehemaligen-sowjetrepubliken/, Seitenabruf 27.6.2021.
215 Lustiger 2003, S. 527 f.
216 Beckmann 1998, S. xi.
217 Paucker 1999, S. 4, Fn. 5.
218 Lustiger 2003, S. 562.
219 Paucker 1999, S. 4.
220 Wikipedia.de, Wehrmacht, https://de.wikipedia.org/wiki/Wehrmacht, Seitenabruf 1.2.2019.
221 Wikipedia.de, Volkszählung im Deutschen Reich 1939, https://de.wikipedia.org/wiki/Volkszählung_im_Deutschen_Reich_1939, Seitenabruf 1.2.2019.
222 Maristella Botticini, Zvi Eckstein, The Chosen Few – How Education Shaped Jewish History, 70–1492, 2012, S. 267, i. F. Botticini 2012.
223 Ebd.
224 Bpb.de, Unter der NS-Herrschaft ermordete Juden nach Land, https://www.bpb.de/fsd/centropa/ermordete_juden_nach_land.php, Seitenabruf 11.2.2019.
225 Paucker 1999, S. 50; Lustiger 2003; Paucker 1988, S. 47.
226 Eike Geisel, Die Wiedergutwerdung der Deutschen, 2015, Runder Tisch mit Eichmann, 1994, S. 27; Geisel 1993, S. 389.
227 Paucker 1999, S. 50; Lustiger 2002; Paucker 1998, S. 47.
228 Ebd., S. 51.
229 Lustiger 2003, S. 403.
230 Ebd., S. 74 f.
231 Ebd.; Paucker 1998, S. 47.
232 Paucker 1999, S. 52.
233 Ebd., S. 53.
234 Lustiger 2003, S. 396 m. w. N.; Augusto Seghre, in: Lustiger 2002, Vom Widerstand der italienischen Juden, S. 397.
235 Lustiger 2003, S. 377.
236 Ebd., S. 384–388.
237 Ebd., S. 391.
238 Ebd., S. 411–417.
239 Ebd., S. 425.
240 Ebd., S. 428.
241 Ebd., S. 486.
242 Wikipedia.org, Marc Haguenau, https://fr.wikipedia.org/wiki/Marc_Haguenau, Seitenabruf 22.4.2020.
243 Poliakov 1951, S. 84.
244 Langbein 1980, S. 155.
245 Lustiger 2003, S. 499 f.
246 Zitiert nach Poliakov 1951, S. 323.
247 Wikipedia.de, Judentum in Frankreich, https://de.wikipedia.org/wiki/Judentum_in_Frankreich, Seitenabruf 8.6.2021.
248 Lustiger 2003, S. 452 ff.
249 Ebd., S. 473.
250 Ebd., S. 426.
251 Ausführlich ebd., S. 460 ff., 491.
252 Ebd., S. 511 f.

253 Ebd., S. 514.
254 Wikipedia.de, Operation Bagration, https://de.wikipedia.org/wiki/Operation_Bagration, Seitenabruf 22.3.2020, 22.10 h.
255 Lustiger 2003, S. 342.
256 Cohen 2001, S. 129.
257 Lustiger 2003, S. 334.
258 Ebd.
259 Wikipedia.de, a. a. O.
260 Lustiger, a. a. O.
261 Wikipedia.de, a. a. O.
262 Lustiger, a. a. O.
263 Wikipedia.de, a. a. O.
264 Berthold Seewald, Die schwerste Niederlage der deutschen Geschichte, welt.de, 23.6.2014, https://www.welt.de/geschichte/zweiter-weltkrieg/article129363197/Die-schwerste-Niederlage-der-deutschen-Geschichte.html, Seitenabruf 30.1.2018.
265 Ebd.
266 Zuckerman 1993.
267 Geisel 1998; Eike Geisel, Störenfriede der Erinnerung, in: Wilfried Löhken, Werner Vathke, Juden im Widerstand, 1993, zitiert nach Für das Leben: Jüdischer Widerstand und Partisanen gegen den NS, Lernen aus der Geschichte (2010), S. 1; Geisel 1993, S. 393.
268 Thomas Karlauf, So endete mein Leben in Deutschland, in: Uta Gerhardt, Thomas Karlauf (Hg.), Nie mehr zurück in dieses Land – Augenzeugen berichten über die Novemberpogrome 1938, 2011, S. 15 m. w. N., i. F. Gerhardt/Karlauf 2011.
269 Geisel 1993, S. 393.
270 Elkins 1971, S. 62, 69.
271 Andrea Löw, Handlungsspielräume und Reaktionen der jüdischen Bevölkerung in Ostmitteleuropa, in: Bajohr/Löw 2015, S. 238 m. w. N.
272 Jens Hoppe, Historische Hintergründe zur nationalsozialistischen Judenverfolgung in Polen, in: Zentralwohlfahrtsstelle der Juden in Deutschland e. V. (Hg.), Gebrochene Identitäten – Auswirkungen traumatischer Erfahrungen auf Child Survivors, Kongressbeiträge 4.–7.11.2012, S. 30, i. F. Zentralwohlfahrtsstelle der Juden in Deutschland e. V. 2012.
273 Elkins 1971, S. 34.
274 Zuckerman 1993, S. xviii.
275 Ebd., S. 32 f.
276 Ebd., S. 43.
277 Wladyslaw Barloszewski, Das Warschauer Ghetto – wie es wirklich war: Zeugenbericht eines Christen, 1983.
278 Zuckerman 1993, S. 43.
279 Elkins 1971, S. 43.
280 Ebd., S. 45.
281 Ebd.
282 Ebd., S. 53.
283 Eike Geisel, Die Wiedergutwerdung der Deutschen, 2015, Die Fortsetzung der Zwangsgemeinschaft – Anmerkungen anläßlich eines davon handelnden Theaterstücks, 1984, S. 198.
284 Zuckerman 1993, S. 551.
285 Marek Halter, Alles beginnt mit Abraham, 2001, S. 137, i. F. Halter 2001.
286 Ebd., S. 140.
287 Dan Laor, Did Agnon Write About the Holocaust?, Yad Vashem Studies, Band XXII, Jerusalem 1992, S. 50, i. F. Laor 1992.

288 Lustiger 2003, S. 98.
289 Gudrun Schroeter, Jüdischer Widerstand in Ghettos 1939–1944, in: Für das Leben: Jüdischer Widerstand und Partisanen gegen den NS, Lernen aus der Geschichte (2010), S. 6.
290 Zuckerman 1993, S. 495.
291 Ebd., S. 496 ff.
292 Elkins 1971, S. 56.
293 Ebd.
294 Ebd., S. 51 ff.
295 Ebd.
296 Harmatz 1998, S. 80.
297 Ebd.
298 Elkins 1971, S. 55.
299 Ebd., S. 59.
300 Cohen 2001, S. 40.
301 Ebd., S. 55 f.; Elkins 1971, S. 55.
302 Cohen 2001, S. 57 f.
303 Zuckerman 1993, S. 160 f.
304 Ebd.
305 Ebd.
306 Elkins 1971, S. 57 f.
307 Ebd., S. 65; Zuckerman 1993, S. 162 f.
308 Poliakov 1951, S. 308.
309 Mordecai Anielewicz, britannica.com, https://www.britannica.com/biography/Mordecai-Anielewicz, Seitenabruf 8.1.2018, 21.24 h.
310 Arno Lustiger, Viele Helden des jüdischen Widerstands sind namenlos geblieben: Die unbesungenen Gerechten, Berliner Zeitung, 20.4.1999, https://www.berliner-zeitung.de/viele-helden-des-juedischen-wide...nds-sind-namenlos-geblieben-die-unbesungenen-gerechten-16716934, Seitenabruf 11.2.2018, i. F. Lustiger 1999; vgl. auch Zuckerman 1993, S. 202.
311 Zuckerman 1993, S. 170 ff.
312 Ebd., S. 219, 256 f.
313 Ebd., S. 219.
314 Ebd., S. 421.
315 Wikipedia.de, Izrael Chaim Wilner, https://de.wikipedia.org/wiki/Izrael_Chaim_Wilner, Seitenabruf 9.6.2021, 23.10 h.
316 Zuckerman 1993, S. 223–229.
317 Ebd., S. 256.
318 Lustiger 2003, S. 82, 84.
319 Zuckerman 1993, S. 336.
320 Ebd., S. 368–372.
321 Oliver Vrankovic, Tod eines jüdischen Helden, Jüdische Rundschau, 11.1.2019, http://juedischerundschau.de/tod-eines-juedischen-helden-135911295/, Seitenabruf 12.1.2019, i. F. Vrankovic 2019.
322 Vrankovic 2019.
323 Ebd.
324 Mordecai Anielewicz, britannica.com, https://www.britannica.com/biography/Mordecai-Anielewicz, Seitenabruf 8.1.2018, 21.24 h.
325 Lustiger 1999.
326 Ebd.
327 Elkins 1971, S. 87; Zuckerman 1993, S. 263.
328 Ebd., S. 88.
329 Zuckerman 1993, S. 263, 273.
330 Elkins 1971, S. 73.
331 Zuckerman 1993, S. 303.
332 Ebd., S. 404.
333 Cohen 2001, S. 69.
334 Wikipedia.de, Vilnius, https://de.wikipedia.org/wiki/Vilnius, Seitenabruf 16.5.2020.
335 Zuckerman 1993, S. 12.
336 Cohen 2001, S. 69.
337 Ebd., S. 136.
338 https://www.jüdische-gemeinden.de/index.php/gemeinden/u-z/2477-

wilna-vilnius-litauen, Seitenabruf 7.7.2021.
339 Marek Halter, Auf der Suche nach den 36 Gerechten, 1995, deutsche Ausgabe 1997, S. 137 f., i. F. Halter 1995.
340 Ebd., S. 138.
341 Cohen 2001, S. 24.
342 Ebd., S. 29 ff.
343 Ebd., S. 29.
344 Ebd., S. 36.
345 Ebd., S. 93.
346 Ebd., S. 33.
347 Lustiger 2003, S. 260.
348 Cohen 2001, S. 73.
349 Ebd., S. 33.
350 Zuckerman 1993, S. 65.
351 Ebd., S. 120.
352 Ebd., S. 76, 93, Fn. 134, S. 150.
353 Ebd., S. 68, 155 f.
354 Ebd., S. 69.
355 Cohen 2001, S. 71.
356 Ebd., S. 75 ff.
357 Ebd., S. 87 ff.
358 Ebd., S. 93.
359 Ebd., S. 94.
360 Ebd., S. 19 ff., 240.
361 Ebd., S. 95–99.
362 Ebd., S. 110 f.
363 Elkins 1971, S. 71 f.
364 Cohen 2001, S. 235.
365 Ebd., S. 86.
366 Lustiger 2003, S. 227 ff.
367 Langbein 1980, S. 167.
368 Poliakov 1951, S. 291.
369 Vgl. auch Langbein 1980, S. 285.
370 Vgl. ebd., S. 183.
371 Ebd., S. 32.
372 Vgl. etwa ebd., S. 54.
373 Ebd., S. 56.
374 Vgl. nur ebd., S. 158.
375 Ebd., S. 86.
376 Ebd., S. 159 m. w. N.
377 Ebd., S. 163.
378 Ebd., S. 88 f.
379 Ebd., S. 91.
380 Ebd., S. 196.
381 Ebd., S. 198, 202 f.
382 Vgl. nur ebd., S. 127.
383 Ebd., S. 78.
384 Lustiger 2003, S. 123.
385 Lustiger 2003, Reuben Ainsztein, Kommandanten und Organisationen, S. 247.
386 Lustiger 2003, S. 123.
387 Lustiger 2003, Chaim Woczyn, Jüdische Kämpfer in der Brigade Kowpak, S. 358 ff.
388 Lustiger 2003, S. 370.
389 Langbein 1980, S. 206.
390 Lustiger 2003, S. 207.
391 Zuckerman 1993, S. 513.
392 Ebd.
393 Ebd., S. 294 ff.
394 Ebd., S. 303 ff.
395 Ebd., S. 306.
396 Ebd., S. 305.
397 Ebd., S. 308 ff.
398 Vgl. ebd.
399 Elkins 1971, S. 94 ff.
400 Ebd., S. 92.
401 Langbein 1980, S. 311.
402 Elkins 1971, S. 92.
403 Ebd., S. 95 f.
404 Ebd., S. 101 f.
405 Ebd., S. 103.
406 Lustiger 2003, S. 209.
407 Ebd.
408 Ebd.
409 Ebd., S. 211.
410 Zuckerman 1993, S. 419.
411 Langbein 1980, S. 204.
412 Ebd.; wikipedia.de, Edmund Hamber, https://de.wikipedia.org/wiki/Edmund_Hamber, Seitenabruf 15.2.2020.

413 Langbein 1980, S. 313 ff.
414 Lustiger 2003, S. 212.
415 Langbein 1980, S. 317.
416 Mathias Döpfner, »Bei der ganzen Sache mit den Juden hat man sich gar nichts dabei gedacht«, welt.de, 13.8.2017, https://www.welt.de/politik/deutschland/article167624001/Bei-der-...n-Sache-mit-den-Juden-hat-man-sich-gar-nichts-dabei-gedacht.html, Seitenabruf 13.8.2017.
417 Ebd.
418 Langbein 1980, S. 317.
419 Lustiger 2003, S. 213.
420 Ebd., S. 240 f.
421 Langbein 1980, S. 317 ff.
422 Elkins 1971, S. 115 f.
423 Langbein 1980, S. 200 m. w. N.
424 Elkins 1971, S. 125.
425 Ebd., S. 121.
426 Ebd., S. 95.
427 Ebd., S. 122 ff.; Lustiger 2003, S. 218.
428 Lustiger 2003, S. 218.
429 Ebd., S. 219.
430 Ebd., S. 417.
431 Ebd., S. 218.
432 Elkins 1971, S. 125.
433 Lustiger 2003, S. 218.
434 Elkins 1971, S. 125.
435 Lustiger 2003, S. 222.
436 Langbein 1980, S. 274.
437 Ebd., S. 301.
438 Oliver Vrankovic, Pioneer Fighter, kichererbsenblog, 6.11.2015, http://www.derkichererbsenblog.com/2015/11/06/pioneer-fighter/, Seitenabruf 13.1.2019, i. F. Vrankovic 2015.
439 Wikipedia.de, Hermann Langbein, https://de.wikipedia.org/wiki/Hermann_Langbein, Seitenabruf 26.1.2020.
440 Langbein 1980, S. 151 f.
441 Ebd., S. 408.
442 Ebd., S. 219; vgl. auch Poliakov 1951, S. 347.
443 Langbein 1980, S. 219.
444 Lustiger 2003, S. 214; vgl. auch ebd., S. 390.
445 Elkins 1971, S. 144.
446 Ebd., S. 144.
447 Langbein 1980, S. 2.
448 Ebd., S. 58.
449 Vgl. dazu ebd., S. 256 ff.
450 Ebd., 1980, S. 265 f.
451 Ebd., S. 335.
452 Ebd., S. 335–344.
453 Ebd., S. 267.
454 Tobias/Zinke 2000, S. 99.
455 Eike Geisel, Die Wiedergutwerdung der Deutschen, 2015, Das Ende der Schonzeit – Eine deutsch-jüdische Nachkriegsbegegnung, S. 444.
456 Lucius Accius (170–86 v. d. Z.), aus der Tragödie *Atreus*.
457 Cohen 2001, S. 189 f.
458 Ebd., S. 189; Psalm 89, Elberfelder Bibel, https://www.bibleserver.com/text/ELB/Psalm89, Seitenabruf 10.8.2019, 22.12 h.
459 Channel 4, Holocaust: The Revenge Plot, 2018, i. F. Channel 4 2018.
460 Ebd.
461 Ebd.
462 Ebd.
463 Ebd.
464 Sean Alfano, Holocaust ›Avengers‹ Reunite, unter Berufung auf eine Dokumentation des israelischen Fernsehsenders Channel 2, CBS News, 24.12.2005, https://www.cbsnews.com/news/holocaust-avengers-reunite/, Seitenabruf 18.8.2018, i. F. Alfano 2005.
465 Channel 4 2018.

466 Ebd.
467 Wikipedia, Nakam, https://en.wikipedia.org/wiki/Nakam, Seitenabruf 25.6.2017.
468 Beckman 1998, S. 115.
469 Elkins 1971, S. 168; wikipedia, Nakam, https://en.wikipedia.org/wiki/Nakam, Seitenabruf 25.6.2017.
470 Rabbi Gary M. Bretton-Granatoor, Torah from around the world #67, https://wupj.org/library/the-weekly-portion/1108/torah-from-around-the-world-67/, Seitenabruf 19.10.2018; vgl. dazu auch Raw Frand zu Parschat Balak: Die »Mühe«, Parschat Bilam täglich zu sagen, haolam.de, 30.6.2018, https://haolam.info/de/juedisches-leben/artikel_34276.html, Seitenabruf 19.10.2018.
471 Tobias/Zinke 2000, S. 27 f.
472 Exodus 20, 7.
473 Aron Moss, Why Don't You Spell Out G'd's Name?, chabad.org, https://www.chabad.org/library/article_cdo/aid/166899/jewish/Why-Dont-You-Spell-Out-G-ds-Name.htm, Seitenabruf 13.11.2020.
474 Salomon Funk, Die Entstehung des Talmuds, 1910, S. 33, 41, i. F. Funk 1910.
475 Wikipedia.de, Abba Kovner, https://de.wikipedia.org/wiki/Abba_Kovner, Seitenabruf 16.3.2020.
476 Vgl. dazu Harmatz 1998, S. 67.
477 Zuckerman 1993, S. 580.
478 Harmatz 1998, S. 112 f.; Tobias/Zinke 2000, S. 25.
479 Ebd., S. 115.
480 Freedland 2008; vgl. auch Zuckerman 1993, S. 580.
481 Michael Freedland, Die Rache der »Gerechtigkeit«, Welt am Sonntag, 24.5.1998, http://www.sno.no/files/documents/118548.pdf, Seitenabruf 30.12.2018, i. F. Freedland 1998.
482 Tobias/Zinke 2000, S. 30.
483 Tobias/Zinke 2000, S. 25 f.
484 Zitiert nach Lustiger 2003, S. 270.
485 Matthew Bell, Member of a Jewish Holocaust ›Revenge Squad‹ Tells Story, Public Radio International, 3.5.2013, https://www.pri.org/stories/2013-05-03/member-jewish-holocaust-revenge-squad-tells-story, Seitenabruf 25.6.2017.
486 Ebd.
487 Ebd.; meine Übersetzung aus dem Englischen.
488 Ebd.
489 Vrankovic 2015.
490 Ebd.
491 Zuckerman 1993, S. vii.
492 Ebd., S. 568.
493 Ebd., S. 630.
494 Ebd., S. 15.
495 Ebd., S. vii.
496 Ebd., S. 629 ff.; auch zitiert von Segev 1991, S. 145 m. w. N.
497 Zuckerman 1993, S. 629; meine Übersetzung aus dem Englischen.
498 Ebd., S. 634.
499 Wikipedia.de, Zivia Lubetkin, https://de.wikipedia.org/wiki/Zivia_Lubetkin, Seitenabruf 13.5.2020.
500 Zuckerman 1993, S. vii; meine Übersetzung aus dem Englischen.
501 Ebd., S. 258.
502 Vgl. Tobias/Zinke 2000, S. 142.
503 Zuckerman 1993, S. 582 f.; vgl. auch ebd. S. 597.
504 Ebd., S. 630.
505 Ebd., S. 586.
506 Cohen 2001, S. 201.
507 Tobias/Zinke 2000, S. 32.

508 Segev 1991, S. 143 m. w. N.; meine Übersetzung aus dem Englischen.
509 Cohen 2001, S. 199.
510 Segev 1991, S. 152.
511 Cohen 2001, S. 199; meine Übersetzung aus dem Englischen.
512 Freedland 1998.
513 Harmatz 1998, S. 135 f.; Freedland 1998.
514 Segev 1991, S. 141; Blum 2002, S. 203.
515 Eike Geisel, Die Wiedergutwerdung der Deutschen, 2015, Das Ende der Schonzeit – Eine deutsch-jüdische Nachkriegsbegegnung, S. 451 ff.
516 Ebd.
517 Wikipedia.de, Jitzchak Avidov, https://de.wikipedia.org/wiki/Jitzchak_Avidov, Seitenabruf 15.5.2016; Gerhard Spörl, Vergeltungsplan nach Kriegsende – »Nehmt Rache!«, Spiegel online, 8.5.2015, http://www.spiegel.de/einestages/abba-kovner-partisan-plante-millionen-deutsche-zu-vergiften-a-1032327.html, Seitenabruf 15.5.2016.
518 Channel 4 2018; Alfano 2005.
519 Harmatz 1998, S. 134.
520 Kantara 1997.
521 Channel 4 2018.
522 Ebd.
523 Harmatz 1998, S. 131.
524 Ebd., S. 132 f.; meine Übersetzung aus dem Englischen.
525 Ebd., S. 134; meine Übersetzung aus dem Englischen.
526 Vgl. Freedland 1998; vgl. auch Channel 4 2018; vgl. auch Vrankovic 2015; so im Ergebnis auch Tobias/Zinke 2000, S. 39.
527 Channel 4 2018.
528 Wikipedia.de, Chaim Weizmann, https://de.wikipedia.org/wiki/Chaim_Weizmann, Seitenabruf 13.6.2021.
529 Channel 4 2018; Tobias/Zinke 2000, S. 32.
530 Freedland 1998.
531 Channel 4 2018; Tobias/Zinke 2000, S. 32.
532 Freedland 1998.
533 Tom Segev, Die siebte Million, 1991, zitiert nach wikipedia.de, Nakam, https://de.wikipedia.org/wiki/Nakam, Seitenabruf 24.1.2019.
534 Channel 4 2018.
535 Ebd.
536 Freedland 1998.
537 Wikipedia.de, Nakam, https://de.wikipedia.org/wiki/Nakam, Seitenabruf 24.1.2019.
538 Segev 1991, S. 143; Tobias/Zinke 2000, S. 33 und Fn. 62.
539 Eike Geisel, Die Wiedergutwerdung der Deutschen, 2015, Das Ende der Schonzeit – Eine deutsch-jüdische Nachkriegsbegegnung, S. 452.
540 Segev 1991, S. 143 f.
541 Kantara 1997.
542 Dan Diner, Rezension von Segev, Tom: Die siebte Million – Der Holocaust und Israels Politik der Erinnerung, Frankfurter Allgemeine, 24.6.1995, S. 10.
543 Kantara 1997; Tobias/Zinke 2000, S. 50 f.
544 Kantara 1997.
545 Tobias/Zinke 2000, S. 51.
546 Freedland 1998.
547 Tobias/Zinke 2000, S. 34.
548 Eike Geisel, Die Wiedergutwerdung der Deutschen, 2015, Das Ende der Schonzeit – Eine deutsch-jüdische Nachkriegsbegegnung, S. 452.
549 Freedland 1998; Channel 4 2018.
550 Kantara 1997.

551 Cohen 2001, S. 203; Tobias/Zinke 2000, S. 34.
552 Freedland 1998; Tobias/Zinke 2000, S. 35.
553 Segev 1991, S. 145 und Fn. 12 m. w. N.; Tobias/Zinke 2000, S. 34 f.
554 Eike Geisel, Die Wiedergutwerdung der Deutschen, 2015, Das Ende der Schonzeit – Eine deutsch-jüdische Nachkriegsbegegnung, S. 452.
555 Freedland 1998.
556 Channel 4 2018.
557 Freedland 1998.
558 Vrankovic 2015.
559 Kantara 1997.
560 Ebd.
561 Ebd.
562 Tobias/Zinke 2000, S. 35.
563 Cohen 2001, S. 203.
564 Survivor reveals 1945 plan to kill 6 million Germans, J. The Jewish News of Northern Calfornia, 27.3.1998, https://www.jweekly.com/1998/03/27/survivor-reveals-1945-plan-to-kill-6-million-germans/, Seitenabruf 12.12.2018; Tobias/Zinke 2000, S. 35.
565 Survivor reveals 1945 plan to kill 6 million Germans, J. The Jewish News of Northern Calfornia, 27.3.1998, https://www.jweekly.com/1998/03/27/survivor-reveals-1945-plan-to-kill-6-million-germans/, Seitenabruf 12.12.2018.
566 Michael Bar-Zohar, Channel 4 2018; vgl. zu diesem Buch Bar-Zohars auch Juden – Räche dein Volk, Der Spiegel 52/1968, S. 110.
567 Tobias/Zinke 2000, S. 42.
568 Freedland 1998.
569 http://www.maapilim.org.il/notebook.asp?lang=ENG&dlang=HEB&module=notebook&page=notebook&rsvr=@1&param=%3Cbook_id%3E40143%3C/%3E%3Cchecktab%3E0%3C/%3E%3Cnum_page%3Emain%3C/%3E%3Cnob%3E-2%3C/%3E&param2=&site=maapilim
570 Channel 4 2018.
571 Freedland 1998; Cohen 2001, S. 214 f.; vgl. auch Tobias/Zinke 2000, S. 44.
572 Channel 4 2018; Tobias/Zinke 2000, S. 44.
573 Channel 4 2018.
574 Tobias/Zinke 2000, S. 13 f.
575 Ebd., S. 14 f.
576 Channel 4 2018; Alfano 2005.
577 Kantara 1997.
578 Eike Geisel, Die Wiedergutwerdung der Deutschen, 2015, Das Ende der Schonzeit – Eine deutsch-jüdische Nachkriegsbegegnung, S. 453.
579 Ebd.
580 Channel 4 2018.
581 Harmatz 1998, S. 140; Tobias/Zinke 2000, S. 20.
582 Channel 4 2018.
583 Harmatz 1998, S. 140; Freedland 1998.
584 Cohen 2001, S. 211; Channel 4 2018.
585 Channel 4 2018.
586 Kantara 1997.
587 Interview im Rahmen des Dokumentarfilms *Shoah* von Claude Lanzmann, 1985.
588 Cohen 2001, S. 206.
589 Channel 4 2018.
590 Vgl. Elkins 1971, S. 216: Mehr als 700 Tote.
591 Juden – Räche dein Volk, Der Spiegel 52/1968, S. 110.
592 Tobias/Zinke 2000, S. 45.
593 Ebd.
594 Ebd.

595 Ebd.
596 Kantara 1997.
597 Aron Heller, Andy Herschaft, Jewish avengers unapologetic for targeting Nazis after WWII, AP Top News, AP, 31.8.2016, https://apnews.com/69cb4cdfab7d416a968b95aef87d18c1, Seitenabruf 25.6.2017, i. F. Heller/Herschaft 2016.
598 Ebd.
599 Channel 4 2018.
600 Vgl. dazu auch Cohen 2001, S. 207.
601 Freedland 1998.
602 Ebd.
603 Tobias/Zinke 2000, S. 41.
604 Heller/Herschaft 2016; Adam Withnall, Joseph Harmatz dead: Leader of Jewish WWII ›avengers‹ dies aged 91, The Independent, 26.9.2016, https://www.independent.co.uk/news/people/joseph-harmatz-dead-leader-of-jewish-wwii-avengers-dies-aged-91-a7331526.html, Seitenabruf 30.12.2018.
605 Harmatz 1998, S. 177 f., 179 ff.
606 Ebd., S. 169.
607 Ebd., S. 169, 221 ff.
608 Vgl. etwa ebd., S. 217 ff.
609 Ebd., S. 215.
610 Ort.org, Joseph Harmatz a«h, 1925–2016, https://www.ort.org/news/newsjoseph-harmatz-1925-2016/, Seitenabruf 4.1.2019; meine Übersetzung aus dem Englischen.
611 Cohen 2001, S. 42.
612 Harmatz 1998, S. 154.
613 Cohen 2001, S. 41 f., 52.
614 Zuckerman 1993, S. 572.
615 Laor 1992, S. 19.
616 Hannah Arendt, Eichmann in Jerusalem. Ein Bericht von der Banalität des Bösen, 2013, S. 215.
617 Wikipedia.de, Abba Kovner, https://de.wikipedia.org/wiki/Abba_Kovner, Seitenabruf 16.3.2020.
618 Freedland 1998.
619 Siegfried Zelnhelfer, Ermittlungen gegen Holocaust-Überlebende eingestellt, Nürnberger Nachrichten, 9.5.2000, http://www.nordbayern.de/region/ermittlungen-gegen-holocaust-uberlebende-eingestellt-1.5537885, Seitenabruf 13.9.2018.
620 Ebd.
621 Jim G. Tobias, Wie sich Überlebende der Shoa in Nürnberg an den NS-Tätern rächten, nordbayern.de, 13.4.2021, https://www.nordbayern.de/region/nuernberg/wie-sich-uberlebende-der-shoa-in-nurnberg-an-ns-tatern-rachten-1.10981766, Seitenabruf 13.6.2021.
622 Reinhard Pohl, Jüdische Rache, Gegenwind 167, August 2002, http://www.gegenwind-online.de/167/buch_juedische_rache.html, Seitenabruf 11.5.2016.
623 Tobias/Zinke 2000, S. 10.
624 Ebd., S. 132.
625 Reinhard Pohl, Jüdische Rache, Gegenwind 167, August 2002, http://www.gegenwind-online.de/167/buch_juedische_rache.html, Seitenabruf 11.5.2016.
626 Pressemitteilung der Pressestelle des Oberlandesgerichts Nürnberg/Staatsanwaltschaft Nürnberg-Fürth, (Gescheiterter) Gift-Anschlag im Jahr 1946 – Ermittlungsverfahren wegen versuchten Mordes wegen Verjährung eingestellt, 8.5.2000, mir offiziell zugesandt am 31.1.2017; Tobias/Zinke 2000, S. 139.

627 Pressemitteilung
628 Ebd.
629 Ebd.
630 Wikipedia.de, Greville Janner, Baron Janner of Braunstone, https://de.wikipedia.org/wiki/Greville_Janner,_Baron_Janner_of_Braunstone, Seitenabruf 19.11.2020.
631 Freedland 1998.
632 Eike Geisel, Die Wiedergutwerdung der Deutschen, 2015, Countdown im Feuilleton, 1992, S. 76.
633 Harmatz 1998, S. 114.
634 Hans-Peter Föhrding, Heinz Verführt, Als die Juden nach Deutschland flohen, 2017, S. 15, i. F. Föhrding/Verführt 2017.
635 Harmatz 1998, S. 114; Föhrding, Verführt 2017, S. 68.
636 Harmatz 1998, S 114.
637 Wikipedia.de, Geschichte der Juden in Polen, https://de.wikipedia.org/wiki/Geschichte_der_Juden_in_Polen, Seitenabruf 20.11.2020.
638 Wikipedia.de, Ritualmordlegende, https://de.wikipedia.org/wiki/Ritualmordlegende, Seitenabruf 20.11.2020.
639 Arkadiusz Luba, Antisemitische »Fake News« – Die fürchterlichen Folgen der Ritualmordlegende, Deutschlandfunk Kultur, 6.7.2018, https://www.deutschlandfunkkultur.de/antisemitische-fake-news-die-fuerchterlichen-folgen-der.1079.de.html?dram:article_id=422286, Seitenabruf 20.11.2020.
640 Föhrding/Verführt 2017, S. 68.
641 Lustiger 2003, S. 242.
642 Spiegel online, »Ganz langsam gesteinigt«, 1.7.1996, http://www.spiegel.de/spiegel/print/d-8947483.html, Seitenabruf 11.4.2018.
643 Zuckerman 1993, S. 615.
644 Föhrding/Verführt 2017, S. 64.
645 Ebd.
646 Franziska Bruder, Handlungsstrategien jüdischer Überlebender in Polen zwischen 1944 und 1950, in: Fritz Bauer Institut (Hg.), Opfer als Akteure – Interventionen ehemaliger NS-Verfolgter in der Nachkriegszeit, 2008, S. 226 m. w. N., i. F. Fritz Bauer Institut 2008.
647 Miriam Magall, Der kurze Traum von der jüdischen Heimat in Schlesien 1945–1948, Jüdische Rundschau, 7.10.2016, http://juedischerundschau.de/der-kurze-traum-von-der-juedischen-heimat-in-schlesien-1945-1948-135910522/, Seitenabruf 17.2.2019.
648 Sven Felix Kellerhoff, Das Pogrom, zu dem Polen alle Fragen verbietet, welt.de, 3.3.2018, https://www.welt.de/geschichte/article174158346/Jedwabne-1941-Das-Pogrom-zu-dem-Polen-alle-Fragen-verbietet.html, Seitenabruf 11.4.2018.
649 Ebd.
650 Lustiger 2003, S. 242 f.
651 Adam Kreminski, Polens Judenhass nach 1945, welt.de, 1.10.2012, https://www.welt.de/kultur/literarischewelt/article109560980/Polens-Judenhass-nach-1945.html, Seitenabruf 21.11.2020.
652 Föhrding/Verführt 2017, S. 21.
653 Zitiert nach Julius H. Schoeps, Der Anfang nach dem Ende – Politische und religiöse Verdrängungs- und Selbstfindungsprozesse von Juden und Christen im Nachkriegsdeutschland, in: Schoeps (Hg.), Leben im Land der Täter, 2001, S. 2, i. F. Schoeps 2001.

654 Föhrding/Verführt 2017, S. 236 m. w. N.
655 Ebd. m. w. N.
656 Henry Bernhard, Neue Wege der Erinnerungskultur, Deutschlandfunk, 23.8.2019, https://www.deutschlandfunk.de/geschichte-ohne-zeitzeugen-neue-wege-der-erinnerungskultur.724.de.html?dram:article_id=457108, Seitenabruf 26.8.2019.
657 Andreas Wirsching, Jüdische Friedhöfe in Deutschland 1933–1957, Vierteljahreshefte für Zeitgeschichte 50 (2002), https://www.ifz-muenchen.de/heftarchiv/2002_1_1_wirsching.pdf, Seitenabruf 14.3.2019, S. 32 f.
658 Blum 2002, S. 217 f.
659 Peter Maxwill, Hakenkreuze in der Bundesrepublik: Die Stunde der Schmierfinken, Spiegel online, 9.12.2014, https://www.spiegel.de/geschichte/hakenkreuz-antisemitismus-in-der-nachkriegszeit-a-1006236.html, Seitenabruf 8.9.2020, i. F. Maxwill 2014.
660 Michael Brenner, Rückblende – 1959: Hakenkreuze an der Kölner Synagoge, Jüdische Allgemeine, 22.1.2013, https://www.juedische-allgemeine.de/politik/1959-hakenkreuze-an-der-koelner-synagoge/, Seitenabruf 11.8.2020.
661 Maxwill 2014.
662 Ebd.
663 Stefanie Schoene, Judenhass nach dem Holocaust – Die Geschichte reicht bis in die Gegenwart, Augsburger Allgemeine, 26.3.2017, http://www.augsburger-allgemeine.de/augsburg/Judenhass-nach-dem-Holocaust-id41026151.html, Seitenabruf 24.5.2017.
664 Ebd.
665 Sartre
666 Delphine Horvilleur, Réflexions sur la question antisémite, 2019, S. 19, i. F. Horvilleur 2019.
667 Jean-Paul Sartre, Réflexions sur la question juive, 1985 (erstmals erschienen 1946), S. 57 f., zitiert nach Horvilleur 2019, S. 128; meine Übersetzung aus dem Französischen.
668 Frank Bajohr, Andrea Löw, Tendenzen und Probleme der neueren Holocaust-Forschung: Eine Einführung, in: Bajohr/Löw 2015, S. 12; Frank Bajohr, Täterforschung: Ertrag, Probleme und Perspektiven eines Forschungsansatzes, in: Bajohr/Löw 2015, S. 169; Georg Bönisch, Amnesie und Amnestie, Spiegel Special 1/2006, 21.2.2006, http://www.spiegel.de/spiegel/spiegelspecial/d-45964826.html, Seitenabruf 27.11.2017, i. F. Bönisch 2006.
669 Görtemaker/Safferling 2016, S. 235.
670 Wikipedia.de, Tuviah Friedman, https://de.wikipedia.org/wiki/Tuviah_Friedman, Seitenabruf 8.7.2021.
671 Tobias/Zinke 2000, S. 108.
672 NS-Verbrechen – Verjährung – Gesundes Volksempfinden, Der Spiegel, 11/1965, S. 30 ff.
673 Tobias/Zinke 2000, S. 107.
674 Joachim Käppner, Verbrechen des Nationalsozialismus – Ein Abschied von Legenden und Lebenslügen, sueddeutsche.de, 30.3.2011, http://www.sueddeutsche.de/wissen/2.220/verbrechen-im-nationalsozialismus-ein-abschied-

von-legenden-und-lebensluegen-1.1076599, Seitenabruf 12.5.2017.
675 Elkins 1971, S. 219.
676 Ebd., S. 236 f.
677 Spiegel online, »Ein Toter gleich zehn Minuten Gefängnis«, 9.7.1979, http://www.spiegel.de/spiegel/print/d-40350042.html, Seitenabruf 21.3.2019.
678 Sven Felix Kellerhoff, Tausende SS-Täter und wie sie verschwanden, Die Welt, 2.2.2015, https://www.welt.de/geschichte/zweiter-weltkrieg/article137022646/Tausende-SS-Taeter-und-wie-sie-verschwanden.html, Seitenabruf 5.3.2018.
679 Christian Goeschel, Selbstmord im Dritten Reich, 2011, S. 234.
680 Ebd., S. 235.
681 Wikipedia.de, Karl Pütz, https://de.wikipedia.org/wiki/Karl_Pütz, Seitenabruf 30.5.2017.
682 Spiegel online, »Ein Toter gleich zehn Minuten Gefängnis«, 9.7.1979, http://www.spiegel.de/spiegel/print/d-40350042.html, Seitenabruf 21.3.2019.
683 Thomas Hobbes, Leviathan, 1651.
684 Joachim Käppner, Verbrechen des Nationalsozialismus – Ein Abschied von Legenden und Lebenslügen, sueddeutsche.de, 30.3.2011, http://www.sueddeutsche.de/wissen/2.220/verbrechen-im-nationalsozialismus-ein-abschied-von-legenden-und-lebensluegen-1.1076599, Seitenabruf 12.5.2017.
685 Z. B. Ralph Giordano, Erinnerungen eines Davongekommenen, 2007, S. 270, 317, 438, i. F. Giordano 2007.
686 Ebd., S. 317.

687 Spiegel online, »Ein Toter gleich zehn Minuten Gefängnis«, 9.7.1979, http://www.spiegel.de/spiegel/print/d-40350042.html, Seitenabruf 21.3.2019.
688 Vgl. Görtemaker/Safferling 2016, S. 228 ff.; Justiz – NS-Verbrechen – Ungleiches Recht, Der Spiegel, 16/1964, S. 28 ff.; NS-Verjährung – Deutsches Schicksal, Der Spiegel, 51/1964, S. 20; Die Verjährung von NS-Kapitalverbrechen, Der Spiegel, 5/1965, S. 23; NS-Verbrechen – Verjährung – Gesundes Volksempfinden, Der Spiegel, 11/1965, S. 30 ff.
689 Spiegel online, »Ein Toter gleich zehn Minuten Gefängnis«, 9.7.1979, http://www.spiegel.de/spiegel/print/d-40350042.html, Seitenabruf 21.3.2019; Görtemaker/Safferling 2016, S. 232.
690 Ebd., S. 228.
691 USA – Verjährungsfrist, Der Spiegel, 7/1965, S. 56 f.
692 Zitiert nach ebd.
693 Rudolf Augstein, »Für Völkermord gibt es keine Verjährung« – Spiegel-Gespräch mit dem Philosophen Professor Karl Jaspers, Der Spiegel 11/1965, https://www.spiegel.de/spiegel/print/d-25803766.html, Seitenabruf als PDF der Druckversion am 6.12.2017.
694 Norbert Seitz, Verjährung von NS-Morden – Ein Kompromiss als Meilenstein, deutschlandfunk.de, 10.3.2015, https://www.deutschlandfunk.de/verjaehrung-von-ns-morden-ein-kompromiss-als-meilenstein.724.de.html?dram:article_id=313704, Seitenabruf 6.8.2018, i. F. Seitz 2015.
695 Udo Leuschner, Geschichte der

696 FDP (3), 2. Bundestag (1953–1957), Die Geschichte der FDP unter Thomas Dehler, 2015, http://www.udo-leuschner.de/liberalismus/fdp3.htm, Seitenabruf 8.8.2018, i. F. Leuschner 2015.
696 Seitz 2015; Leuschner 2015; vgl. auch Caroline Sharples, In Pursuit of Justice: Debating the Statute of Limitations for Nazi War Crimes in Britain and West Germany during the 1960s, uclan.ac.uk, 2015, http://clok.uclan.ac.uk/13547/, Seitenabruf 6.8.2018, S. 6., i. F. Sharples 2015.
697 Ebd., S. 14.
698 Seitz 2015.
699 Sharples 2015, S. 15.
700 Ebd., S. 17.
701 Görtemaker/Safferling 2016, S. 37.
702 Freedland 2008.
703 Elkins 1971, S. 240.
704 NS-Verbrechen – Verjährung – Gesundes Volksempfinden, Der Spiegel, 11/1965, S. 30 ff.
705 Görtemaker/Safferling 2016, S. 72.
706 Ebd., S. 71.
707 Ralph Giordano, Die Zweite Schuld, 1987, S. 89 f., zitiert nach Tobias/Zinke 2000, S. 116 und Fn. 312 f.
708 Ebd.
709 Görtemaker/Safferling 2016, S. 81.
710 Matthew Brzezinski, Giving Hitler Hell, The Washington Post, 24.7.2005, http://www.washingtonpost.com/wp-dyn/content/article/2005/07/21/AR2005072101680_pf.html, Seitenabruf 1.7.2017.
711 Lesley Stahl, What the Last Nuremberg Prosecutor Alive Wants the World to Know, CBS News, 60 Minutes, 7.5.2017, http://www.cbsnews.com/news/what-the-last-nuremberg-prosecutor-alive-wants-the-world-to-know/, Seitenabruf 9.5.2017, i. F. Stahl 2017.
712 Hard Talk, Interview mit Benjamin B. Ferencz, https://www.youtube.com/watch?v=h9Y_CSs0EpU, Seitenabruf 21.12.2019, 1.51 h.
713 Stahl 2015; Interview mit Ben Ferencz, Global Brief, 2015, https://www.youtube.com/watch?v=Kcu78HgaexY, Seitenabruf 9.5.2017, i. F. Global Brief 2015.
714 Trials of War Criminals Before the Nuernberg Military Tribunals Under Control Council Law No. 10, Volume IV, S. IV; Global Brief 2015.
715 Global Brief 2015.
716 Hard Talk, Interview mit Benjamin B. Ferencz, https://www.youtube.com/watch?v=h9Y_CSs0EpU, Seitenabruf 21.12.2019, 1.51 h.
717 Trials of War Criminals Before the Nuernberg Military Tribunals Under Control Council Law No. 10, Volume IV, S. 510 ff.
718 Ebd., S. 511.
719 Wikipedia.de, Otto Ohlendorf, https://de.wikipedia.org/wiki/Otto_Ohlendorf, Seitenabruf 12.5.2017.
720 Global Brief 2015; meine Übersetzung aus dem Englischen.
721 Trials of War Criminals Before the Nuernberg Military Tribunals Under Control Council Law No. 10, Volume IV, S. 415.
722 Stahl 2017; Global Brief 2015.
723 Stahl 2017.
724 Deborah Lippstadt, in: Simon Wiesenthal, Die Sonnenblume, 2015, S. 251, i. F. Wiesenthal 2015.
725 Wiesenthal 2015, S. 113 f.
726 Giordano 2007, S. 399.
727 Ebd., S. 401.

728 Trials of War Criminals Before the Nuernberg Military Tribunals Under Control Council Law No. 10, Volume IV, S. 384 ff.
729 Ebd., S. 384.
730 Ebd.
731 Ebd., S. 390.
732 Ebd., S. 388; meine Übersetzung aus dem Englischen.
733 Ebd., S. 386 f.
734 Ebd., S. 587; wikipedia.de, Otto Ohlendorf, https://de.wikipedia.org/wiki/Otto_Ohlendorf, Seitenabruf 12.5.2017.
735 Trials of War Criminals Before the Nuernberg Military Tribunals Under Control Council Law No. 10, Volume IV, S. 390 f.
736 Ebd., S. 392.
737 Ebd., S. 512 f.
738 Ebd., S. 587; wikipedia.de, Heinz Jost, https://de.wikipedia.org/wiki/Heinz_Jost, Seitenabruf 15.9.2020.
739 Trials of War Criminals Before the Nuernberg Military Tribunals Under Control Council Law No. 10, Volume IV, S. 518.
740 Ebd., S. 395.
741 Ebd., S. 520.
742 Wikipedia.de, Erwin Schulz, https://de.wikipedia.org/wiki/Erwin_Schulz, Seitenabruf 16.9.2020.
743 Trials of War Criminals Before the Nuernberg Military Tribunals Under Control Council Law No. 10, Volume IV, S. 588; wikipedia.de, Erwin Schulz, https://de.wikipedia.org/wiki/Erwin_Schulz, Seitenabruf 16.9.2020.
744 Trials of War Criminals Before the Nuernberg Military Tribunals Under Control Council Law No. 10, Volume IV, S. 397.
745 Ebd., S. 398.
746 Ebd., S. 531.
747 Ebd., S. 529.
748 Ebd., S. 588.
749 NS-Vergangenheit: Massenmörder wird Lehrer, Schwarzwälder Bote, 3.4.2018, https://www.schwarzwaelder-bote.de/inhalt.calw-ns-vergangenheit-massenmoerder-wird-lehrer.094fbc2c-e9c7-41e4-ab97-24afc06000c6.html, Seitenabruf 16.9.2020, i. F. Schwarzwälder Bote 2018.
750 Trials of War Criminals Before the Nuernberg Military Tribunals Under Control Council Law No. 10, Volume IV, S. 588; wikipedia.de, Eugen Steimle, https://de.wikipedia.org/wiki/Eugen_Steimle, Seitenabruf 17.9.2020.
751 Schwarzwälder Bote 2018.
752 Trials of War Criminals Before the Nuernberg Military Tribunals Under Control Council Law No. 10, Volume IV, S. 400; meine Übersetzung aus dem Englischen.
753 Ebd., S. 539.
754 Schwarzwälder Bote 2018.
755 Trials of War Criminals Before the Nuernberg Military Tribunals Under Control Council Law No. 10, Volume IV, S. 540.
756 Ebd., S. 544.
757 Ebd., S. 588.
758 Ebd., S. 401.
759 Wikipedia.de, Walter Haensch, https://de.wikipedia.org/wiki/Walter_Haensch, Seitenabruf 17.9.2020; Trials of War Criminals Before the Nuernberg Military Tribunals Under Control Council Law No. 10, Volume IV, S. 547.
760 Trials of War Criminals Before

760 the Nuernberg Military Tribunals Under Control Council Law No. 10, Volume IV, S. 588; wikipedia.de, Walter Haensch, https://de.wikipedia.org/wiki/Walter_Haensch, Seitenabruf 17.9.2020.
761 Trials of War Criminals Before the Nuernberg Military Tribunals Under Control Council Law No. 10, Volume IV, S. 403 f.
762 Ebd., S. 559.
763 Ebd.
764 Wikipedia.de, Adolf Ott (SS-Mitglied), https://de.wikipedia.org/wiki/Adolf_Ott_(SS-Mitglied), Seitenabruf 17.9.2020.
765 Trials of War Criminals Before the Nuernberg Military Tribunals Under Control Council Law No. 10, Volume IV, S. 588; wikipedia.de, Adolf Ott (SS-Mitglied), https://de.wikipedia.org/wiki/Adolf_Ott_(SS-Mitglied), Seitenabruf 17.9.2020.
766 Trials of War Criminals Before the Nuernberg Military Tribunals Under Control Council Law No. 10, Volume IV, S. 590.
767 Global Brief 2015.
768 https://www.youtube.com/watch?v=VqQmKEiU1ik, Seitenabruf 8.6.2021.
769 Global Brief 2015.
770 Vgl. nur Trials of War Criminals Before the Nuernberg Military Tribunals Under Control Council Law No. 10, Volume IV, S. 54f., 59ff., 61–69, 222, 247–250, 455.
771 Trials of War Criminals Before the Nuernberg Military Tribunals Under Control Council Law No. 10, Volume IV, S. 79 ff., insbes. S. 81 f.
772 Christian Goeschel, Selbstmord im Dritten Reich, 2011, S. 225.
773 Trials of War Criminals Before the Nuernberg Military Tribunals Under Control Council Law No. 10, Volume IV, S. 250–277.
774 Thomas Karlauf, So endete mein Leben in Deutschland, in: Gerhardt/Karlauf 2011, S. 15 m. w. N.
775 Ebd. m. w. N.
776 Vgl. nur Georg Bömisch, »Orgie des Mordes«, Der Spiegel, 15.10.2006, Seitenabruf 12.5.2017.
777 Görtemaker/Safferling 2016, S. 177.
778 Spiegel online, »Ein Toter gleich zehn Minuten Gefängnis«, 9.7.1979, http://www.spiegel.de/spiegel/print/d-40350042.html, Seitenabruf 21.3.2019.
779 Wikipedia.de, Paul Blobel, https://de.wikipedia.org/wiki/Paul_Blobel, Seitenabruf 30.5.2017.
780 Giordano 2007, S. 293.
781 Ebd., S. 294.
782 Wikipedia.de, Willi Seibert, https://de.wikipedia.org/wiki/Willi_Seibert, Seitenabruf 28.5.2017.
783 Fritz Bauer Archiv, Der Darmstädter Einsatzgruppenprozess 1965–1968 und der Massenmord in Babij Jar, https://www.fritz-bauer-archiv.de/bauers-liste/verbrechen-der-wehrmacht, Seitenabruf 19.6.2020; wikipedia.de, Kuno Callsen, https://de.wikipedia.org/wiki/Kuno_Callsen, Seitenabruf 30.5.2017.
784 Elkins 1971, S. 248–250.
785 Ebd., S. 263.
786 Ebd., S. 264.
787 Ebd.
788 Malte Herwig, Die Flakhelfer – Wie aus Hitlers jüngsten Parteimitgliedern Deutschlands führende Demokraten wurden, 2013, S. 181 m. w. N., i. F. Herwig 2013.

789 Alexander Hettich, Mord verjährt nie: Warum den Nazijägern aus Ludwigsburg dennoch die Zeit davonläuft, Südkurier, 17.8.2018, https://www.suedkurier.de/ueberregional/baden-wuerttemberg/Mord-verjaehrt-nie-Warum-den-Nazijaegern-aus-Ludwigsburg-dennoch-die-Zeit-davonlaeuft;art417930,9859500, Seitenabruf 28.5.2019.

790 Görtemaker/Safferling 2016, S. 227 m. w. N.

791 Ulrich Herbert, Holocaust-Forschung in Deutschland: Geschichte und Perspektiven einer schwierigen Disziplin, in: Bajohr/Löw 2015, S. 42.

792 Görtemaker/Safferling 2016, S. 223.

793 Spiegel online, »Ein Toter gleich zehn Minuten Gefängnis«, 9.7.1979, http://www.spiegel.de/spiegel/print/d-40350042.html, Seitenabruf 21.3.2019.

794 Wikipedia.de, Ulmer Einsatzgruppen-Prozess, https://de.wikipedia.org/wiki/Ulmer_Einsatzgruppen-Prozess, Seitenabruf 28.5.2017.

795 Görtemaker/Safferling 2016, S. 224.

796 Ebd.

797 Görtemaker/Safferling 2016, S. 224 f.; wikipedia.de, Ulmer Einsatzgruppen-Prozess, https://de.wikipedia.org/wiki/Ulmer_Einsatzgruppen-Prozess, Seitenabruf 28.5.2017.

798 Ebd.

799 Görtemaker/Safferling 2016, S. 244.

800 Ebd.

801 Mathias Döpfner, »Bei der ganzen Sache mit den Juden hat man sich gar nichts dabei gedacht«, welt.de, 13.8.2017, https://www.welt.de/politik/deutschland/article167624001/Bei-der-...n-Sache-mit-den-Juden-hat-man-sich-gar-nichts-dabei-gedacht.html, Seitenabruf 13.8.2017.

802 Wikipedia.de, August Becker (Chemiker), https://de.wikipedia.org/wiki/August_Becker_(Chemiker), Seitenabruf 4.12.2017.

803 Hermann G. Abmayr, Chemiker der Vernichtung, taz am Wochenende, 28.1.2012, https://taz.de/Chemiker-der-Vernichtung/!621997/, Seitenabruf 29.6.2021, 21.23 h; wikipedia.de, Albert Widmann, https://de.wikipedia.org/wiki/Albert_Widmann, Seitenabruf 4.12.2017.

804 Ebd.

805 Jens Hoppe, Historische Hintergründe zur nationalsozialistischen Judenverfolgung in Deutschland, in: Zentralwohlfahrtsstelle der Juden in Deutschland e. V. 2012, S. 19; Susanne Schlösser, Die Heilbronner NSDAP und ihre »Führer«. Eine Bestandsaufnahme zur nationalsozialistischen Personalpolitik auf lokaler Ebene und ihren Auswirkungen »vor Ort«, Sonderdruck aus: Christhard Schrenk, Peter Wanner (Hg.), heilbronnica 2, Beiträge zur Stadtgeschichte, Quellen und Forschungen zur Geschichte der Stadt Heilbronn 15, 2003, Stadtarchiv Heilbronn, https://stadtarchiv.heilbronn.de/fileadmin/daten/stadtarchiv/online-publikationen/heilbronnica2/08-heilbronnica2-08-schloesser-fuehrer-281-318.pdf, Seitenabruf 3.8.2018, S. 302.

806 Susanne Schlösser, Die Heilbronner NSDAP und ihre »Führer«. Eine Bestandsaufnahme

zur nationalsozialistischen Personalpolitik auf lokaler Ebene und ihren Auswirkungen »vor Ort«, Sonderdruck aus: Christhard Schrenk, Peter Wanner (Hg.), heilbronnica 2, Beiträge zur Stadtgeschichte, Quellen und Forschungen zur Geschichte der Stadt Heilbronn 15, 2003, Stadtarchiv Heilbronn, https://stadtarchiv.heilbronn.de/fileadmin/daten/stadtarchiv/online-publikationen/heilbronnica2/08-heilbronnica2-08-schloesser-fuehrer-281-318.pdf, Seitenabruf 3.8.2018, S. 303, Fn. 87 m. w. N.

807 Fritz Bauer – Ruf nach Revolution übertönte Stimme der Opfer, Frankfurter Rundschau, 2.7.2018, https://www.fr.de/frankfurt/bundesgerichtshof-org26523/nach-revolution-uebertoente-stimme-opfer-10954673.html, Seitenabruf 28.6.2020.

808 NS-Verbrechen – Verjährung – Gesundes Volksempfinden, Der Spiegel, 11/1965, S. 30 ff.

809 Fritz Bauer Archiv, Der erste Frankfurter Auschwitz-Prozess 1963–1965, https://www.fritz-bauer-archiv.de/genocidium/auschwitz-vor-gericht, Seitenabruf 26.11.2019.

810 Wikipedia.de, Sant'Anna die Stazzema – Ermittlungen der italienischen Staatsanwaltschaft und Verurteilungen, https://de.wikipedia.org/wiki/Sant'Anna_di_Stazzema#Ermittlungen_der_italienischen_Staatsanwaltschaft_und_Verurteilungen, Seitenabruf 25.12.2019.

811 Benjamin Ortmeyer, Helmut Schmidt – »Knacks im Vertrauen zum Führer«, Jüdische Allgemeine, 23.12.2018, https://www.juedische-allgemeine.de/politik/knacks-im-vertrau … wAR1ouH8EjUX1WZ-2jlL2lU8bE2SJ6 XM5OGR2I-CUkHhEkHNhTaDa7dsNttT0o, Seitenabruf 29.12.2018, i. F. Ortmeyer 2018.

812 Felix Bohr und Willi Winkler im Gespräch mit Christian Rabhansl, Staatshilfe für ehemalige Nazis – Wie die Bundesrepublik NS-Kriegsverbrecher unterstützte, Deutschlandfunk Kultur, Lesart, 16.2.2019, https://www.deutschlandfunkkultur.de/staatshilfe-fuer-ehemal … AR3Uc95pUW9YZhFBSz-xUXBs0 Vpwvwv33McfGHE4gZr-jaO0Tb0iPeaFcyj9Q, Seitenabruf 18.2.2019.

813 Ebd.
814 Ortmeyer 2018.
815 Ebd.
816 Wikipedia.de, Friedrich Engel (SS-Mitglied), https://de.wikipedia.org/wiki/Friedrich_Engel_(SS-Mitglied), Seitenabruf 17.8.2018.
817 Spiegel online, »Ein Toter gleich zehn Minuten Gefängnis«, 9.7.1979, http://www.spiegel.de/spiegel/print/d-40350042.html, Seitenabruf 21.3.2019, unter Verweis auf Ulrich-Dieter Oppitz, Strafverfahren und Strafvollstreckung bei NS-Gewaltverbrechen, 1979.
818 Spiegel online, »Ein Toter gleich zehn Minuten Gefängnis«, 9.7.1979, http://www.spiegel.de/spiegel/print/d-40350042.html, Seitenabruf 21.3.2019.
819 Ebd.
820 Ebd.
821 Wikipedia.de, Otto Bradfisch,

https://de.wikipedia.org/wiki/Otto_Bradfisch, Seitenabruf 25.10.2019.
822 Tobias/Zinke 2000, S. 119; vgl. dazu auch Trials of War Criminals Before the Nuernberg Military Tribunals Under Control Council Law No. 10, Volume IV, S. 83.
823 Görtemaker/Safferling 2016, S. 49.
824 Ebd., meine Übersetzung aus dem Englischen.
825 Ebd.
826 Spiegel online, »Ein Toter gleich zehn Minuten Gefängnis«, 9.7.1979, http://www.spiegel.de/spiegel/print/d-40350042.html, Seitenabruf 21.3.2019.
827 Giordano 2007, S. 317; Ralph Giordano, Wenn Hitler den Krieg gewonnen hätte – Die Pläne nach dem Endsieg, 2000, S. 204.
828 Bernd Ulrich, Prozess in Nürnberg – Kein einziges Todesurteil gegen Nazi-Juristen, Deutschlandfunk Kultur, 17.2.2017, http://www.deutschlandfunkkultur.de/prozess-in-nuernberg-kein-einziges-todesurteil-gegen-nazi.932.de.html?dram:article_id=379175, Seitenabruf 1.6.2017.
829 Görtemaker/Safferling 2016, S. 19.
830 Ebd., S. 20, dazu auch ebd., S. 60 f.
831 Ebd., S. 54 ff.
832 Ebd., S. 58.
833 Ebd.
834 Bönisch 2006.
835 Ralph Giordano, Wenn Hitler den Krieg gewonnen hätte – Die Pläne nach dem Endsieg, 2000, S. 204.
836 Görtemaker/Safferling 2016, S. 359–363.
837 Haufe.de, Die Reform des Mordparagraphen soll erfolgen, fraglich ist der Zeitpunkt, 14.8.2015, https://www.haufe.de/recht/weitere-rechtsgebiete/strafrecht-oeffentlrecht/reform-des-mordparagraphen_204_315730.html, Seitenabruf 18.4.2020.
838 Görtemaker/Safferling 2016, S. 361–367.
839 Ebd., S. 368.
840 Markus Roth, Neu entdecktes Tagebuch – Jeder konnte es wissen, Zeit online, 22.6.2011, https://www.zeit.de/2011/26/Nationalsozialismus-Tagebuecher/komplettansicht, Seitenabruf 10.5.2018.
841 Ebd.; vgl. auch Volker Steinhoff, Holocaust – Die Lüge von den ahnungslosen Deutschen, Das Erste – Panorama, 10.5.2001, https://daserste.ndr.de/panorama/archiv/2001/Holocaust-Die-Luege-von-ahnungslosen-Deutschen,erste7664.html, Seitenabruf 15.3.2018.
842 Markus Roth, Neu entdecktes Tagebuch – Jeder konnte es wissen, Zeit online, 22.6.2011, https://www.zeit.de/2011/26/Nationalsozialismus-Tagebuecher/komplettansicht, Seitenabruf 10.5.2018.
843 Görtemaker/Safferling 2016, S. 404 ff.
844 Ebd., S. 23, 400 ff.
845 Ebd., S. 23, 336.
846 Ebd., S. 401.
847 Ebd., S. 23, 455.
848 Ebd., S. 409; NS-Verbrechen – Hilfe für Gehilfen, Der Spiegel, 1/1969, S. 31 f.
849 Görtemaker/Safferling 2016, S. 409 f., 413 ff., 416.
850 NS-Verbrechen – Kalte Verjährung, Der Spiegel, 3/1969, S. 58 ff.
851 Görtemaker/Safferling 2016,

S. 415 f.; NS-Verbrechen – Verjährung – Gesundes Volksempfinden, Der Spiegel, 11/1965, S. 30 ff.
852 Görtemaker/Safferling 2016, S. 404 ff.
853 Fischer, Strafgesetzbuch, 2021, S. 835, 840.
854 Görtemaker/Safferling 2016.
855 Ebd., S. 274 ff., 306, 309.
856 Aktenzeichen 1 Ks 12496/08.
857 Haufe.de, Ein letztes Kapitel der juristischen Aufarbeitung von NS-Verbrechen, 30.4.2015, https://www.haufe.de/recht/kanzleimanagement/letztes-kapitel-der-juristischen-aufarbeitung-von-ns-verbrechen_222_302802.html, Seitenabruf 23.11.2017.
858 LG München II, Urteil vom 12.5.2011, Az. 1 Ks 115 Js 12469/08.
859 Thomas Walther, in: Wiesenthal 2015, S. 366.
860 Görtemaker/Safferling 2016, S. 184 m. w. N.
861 BGH, Urteil vom 20.2.1969, 2 StR 280/67; Görtemaker/Safferling 2016, S. 184.
862 Spiegel online, »Ein Toter gleich zehn Minuten Gefängnis«, 9.7.1979, http://www.spiegel.de/spiegel/print/d-40350042.html, Seitenabruf 21.3.2019.
863 Ebd.
864 Ebd.
865 Julian Feldmann, KZ-Wachmann ab Oktober in Hamburg vor Gericht, ndr.de, 8.8.2019, https://www.ndr.de/fernsehen/sendungen/panorama3/KZ-Wachmann-ab-Oktober-in-Hamburg-vor-Gericht,stutthof102.html, Seitenabruf 12.10.2019.
866 Eigene Verhandlungsmitschrift vom 18.10.2019.
867 BGH, Urteil vom 20.2.1969, 2 StR 280/67, NJW 1969, 2056.
868 Fritz Bauer Archiv, Der erste Frankfurter Auschwitz-Prozess 1963–1965, https://www.fritz-bauer-archiv.de/genocidium/auschwitz-vor-gericht, Seitenabruf 26.11.2019.
869 Per Hinrichs, Befangenheit festgestellt – Neubrandenburger Auschwitzprozess macht Rechtsgeschichte, Die Welt, 25.06.2017, http://hd.welt.de/politik-edition/article165921673/Neubrandenburger-Auschwitzprozess-macht-Rechtsgeschichte.html, Seitenabruf 27.6.2017.
870 Ebd.
871 Lto.de, NS-Prozess gegen Hubert Zafke – Auschwitz-Verfahren eingestellt, 12.9.2017, https://www.lto.de/recht/nachrichten/n/lg-neubrandenburg-verfahren-ss-sanitaeter-hubert-zafke-eingestellt/, Seitenabruf 27.9.2020.
872 Yadvashem.ord, Nichtjüdische Opfer der Verfolgung durch das Nazi-Regime, https://www.yadvashem.org/de/holocaust/about/nazi-germany-1933-39/non-jewish-victims.html, Seitenabruf 15.6.2021.
873 Wikipedia.de, Christenverfolgung, https://de.wikipedia.org/wiki/Christenverfolgung, Seitenabruf 15.6.2021.
874 Destatis.de, Verurteilte: Deutschland, Jahre, Art der Straftat, https://www-genesis.destatis.de/genesis/online?operation=previous&levelindex=2&step=1&titel=Tabellenaufbau&levelid=1623782307081&levelid=1623782119780#abreadcrumb, Seitenabruf 15.6.2021.
875 Vgl. Samuel Salzborn, Leviathan

und Behemoth – Staat und Mythos bei Thomas Hobbes und Carl Schmidt, in: Rüdiger Voigt (Hg.), Der Hobbes-Kristall: Carl Schmitts Hobbes-Interpretation in der Diskussion, 2009, http://www.salzborn.de/txt/leviathan_und_behemoth.pdf, Seitenabruf 4.10.2018.
876 Vgl. etwa Görtemaker/Safferling 2016, S. 245.
877 Görtemaker/Safferling 2016, S. 245, 399; Bönisch 2006.
878 Udo Leuschner, Geschichte der FDP (2), 1949–1953, Schwarz-weiß-rot mit braunen Flecken, http://www.udo-leuschner.de/liberalismus/fdp2.htm, Seitenabruf 22.11.2017.
879 Görtemaker/Safferling 2016, S. 181.
880 Ebd.
881 Föhrding/Verführt 2017, S. 309 f.
882 Sharples 2015.
883 Elkins 1971, S. 264 f.
884 NS-Verbrechen – Verjährung – Gesundes Volksempfinden, Der Spiegel, 11/1965, S. 30 ff.
885 Schoeps 2001, S. 3 f.
886 Norbert Frei, Der neue Judenhass ähnelt dem alten, sueddeutsche.de, 29.4.2018, https://www.sueddeutsche.de/politik/antisemitismus-der-neue-judenhass-aehnelt-dem-alten-1.3959348, Seitenabruf 11.10.2018.
887 Ebd.
888 Alexander und Margarete Mitscherlich, Die Unfähigkeit zu trauern – Grundlagen kollektiven Verhaltens, 23. Auflage, Juni 2012, S. 123.
889 Görtemaker/Safferling 2016, S. 399.
890 Giordano 2007, S. 293.
891 Ebd.
892 Görtemaker/Safferling 2016, S. 145–149.
893 Ebd., S. 202–204.
894 Ebd., S. 205.
895 Spiegel online, »Ein Toter gleich zehn Minuten Gefängnis«, 9.7.1979, http://www.spiegel.de/spiegel/print/d-40350042.html, Seitenabruf 21.3.2019.
896 Ebd.
897 Per Hinrichs, Funkerin in Auschwitz – Geschichte einer Frau, die unbedingt zur SS wollte, Die Welt, 15.6.2016, https://www.welt.de/regionales/hamburg/article156213757/Geschichte-einer-Frau-die-unbedingt-zur-SS-wollte.html, Seitenabruf 17.6.2017.
898 Norbert Frei, NS-Vergangenheit unter Ulbricht und Adenauer. Gesichtspunkte einer »vergleichenden Bewältigungsforschung«, in: Jürgen Danyel (Hg.), Die geteilte Vergangenheit – Zum Umgang mit Nationalsozialismus und Widerstand in beiden deutschen Staaten, 1995, S. 125–132, S. 131.
899 Görtemaker/Safferling 2016, S. 213.
900 Ebd., S. 214.
901 Ebd., S. 216 m. w. N., 218.
902 Ebd., S. 218 f.
903 Ebd., S. 219 f.
904 Ebd., S. 221.
905 Ebd., S. 214.
906 Ebd., S. 214 f.
907 Ulrich Herbert, Rückkehr in die Bürgerlichkeit? NS-Eliten in der Bundesrepublik, L. I. S. A. – Wissenschaftsportal Gerda Henkel Stiftung, 20.4.2010, https://lisa.gerda-henkel-stiftung.de/rueckkehr_in_die_buergerlichkeit_ns_eliten_in_der_bundesrepublik?nav_

id=1152, Seitenabruf 27.11.2017, i. F. Herbert 2010.
908 Görtemaker/Safferling 2016, S. 222.
909 Ebd., S. 313–315.
910 Axel Hemmerling, Die dritte Schuld – NS-Richter am Bundesarbeitsgericht, Dokumentarfilm, Erstausstrahlung MDR, 2.12.2020, 20.45 h, Minute 25:12.
911 Herwig 2013, S. 166.
912 Ebd., S. 166 ff.
913 Sven Felix Kellerhoff, »Henker von Warschau« wurde Bürgermeister auf Sylt, welt.de, 27.4.2016, https://www.welt.de/geschichte/zweiterweltkrieg/article154805234/Henker-von-Warschau-wurde-Buergermeister-auf-Sylt.html, Seitenabruf 29.8.2020.
914 Ebd.
915 Udo Leuschner, Geschichte der FDP (2), 1949–1953, Schwarzweiß-rot mit braunen Flecken, http://www.udo-leuschner.de/liberalismus/fdp2.htm, Seitenabruf 22.11.2017.
916 Herwig 2013, S. 124.
917 Görtemaker/Safferling 2016, S. 122.
918 Ebd., S. 250 f.
919 Görtemaker/Safferling 2016, S. 452; Leuschner 2015; wikipedia.de, Thomas Dehler, https://de.wikipedia.org/wiki/Thomas_Dehler, Seitenabruf 3.12.2020.
920 Görtemaker/Safferling 2016, S. 109.
921 Ebd, S. 122.
922 Ebd, S. 132.
923 Ebd, S. 452 f.
924 Ebd, S. 114.
925 Ebd, S. 125, vgl. auch ebd. S. 260 ff.
926 Ebd., S. 305.
927 Görtemaker/Safferling 2016, S. 318.
928 Ebd., S. 337.
929 Wikipedia.de, Verfassungsminister, https://de.wikipedia.org/wiki/Verfassungsminister, Seitenabruf 17.4.2020.
930 Görtemaker/Safferling 2016, S. 346.
931 Bundeszentrale für politische Bildung, Sophie Scholl und die »Weiße Rose«, Flugblatt IV, http://www.bpb.de/geschichte/nationalsozialismus/weisse-rose/61022/flugblatt-iv, Seitenabruf 9.9.2018.
932 Görtemaker/Safferling 2016, S. 344 f.
933 Ebd., S. 170, 184.
934 Görtemaker/Safferling 2016, S. 270.
935 Ebd.
936 Ebd., S. 273.
937 Ebd., S. 270.
938 Ebd., S. 273.
939 Ebd., S. 143, 324.
940 Ebd., S. 143, 322.
941 Wikipedia.de, Wolfgang Fränkel, https://de.wikipedia.org/wiki/Wolfgang_Fränkel, Seitenabruf 27.6.2020.
942 NS-Verbrechen – Verjährung – Gesundes Volksempfinden, Der Spiegel, 11/1965, S. 30 ff.
943 Wikipedia.de, Wolfgang Fränkel, https://de.wikipedia.org/wiki/Wolfgang_Fränkel, Seitenabruf 27.6.2020.
944 Görtemaker/Safferling 2016, S. 146 m. w. N.
945 Ebd., S. 340, 456.
946 Ebd., S. 340.
947 Ebd., S. 264.
948 Ebd., S. 311 f.
949 Ebd., S. 156 ff.
950 Herwig 2013, S. 206.
951 Herbert 2010.

952 Görtemaker/Safferling 2016, S. 154–164.
953 Herbert 2010; vgl. auch Bönisch 2006.
954 Bönisch 2006.
955 Ebd.
956 Ebd.
957 Görtemaker/Safferling 2016, S. 160.
958 Herwig 2013, S. 206.
959 Görtemaker/Safferling 2016, S. 267.
960 Bönisch 2006.
961 Christine Brinck, Die bundesdeutsche Außenpolitik schlingerte in der Nahost-Problematik: Chronik der Schäbigkeiten, Der Tagesspiegel, 12.5.2020, https://www.tagesspiegel.de/kultur/literatur/die-bundesdeutsche-aussenpolitik-schlingerte-in-der-nahost-problematik-chronik-der-schaebigkeiten/25823152.html?fbclid=IwAR3YPmzGhATt65icujLETlICR00TU1H2vI_8tbcQqFGFqP2qgc9Ah5Utx0E, Seitenabruf 14.5.2020.
962 Ebd.
963 Vgl. Selbstbeschreibung der Ausstellung im Deutschen Historischen Museum, Ordnung und Vernichtung – Die Polizei im NS-Staat, 1.4.2011–28.8.2011, https://www.dhm.de/archiv/ausstellungen/ordnung-und-vernichtung/, Seitenabruf 23.6.2020.
964 Herbert 2010.
965 Johannes Koll, NS-Verbrecher – So stiegen SS-Veteranen in der Bundesrepublik auf, Besprechung von Jan Erik Schulte, Michael Wildt (Hrsg.), Die SS nach 1945. Entschuldigungsnarrative, populäre Mythen, europäische Erinnerungsdiskurse, 2018, sueddeutsche.de, 8.3.2019, https://www.sueddeutsche.de/politik/holocaust-ss-himmler-verbr … IwAR3HfOCa-Ap0n_ZcDjjHz9oLBGrb3Nck5ny-soHIjKEGiwMq2jhes6r3hfjU, Seitenabruf 5.3.2020.
966 Manfred Breitenberger, Der Spiegel, Rudolf Augstein und das braune Erbe, fisch+fleisch, 12.4.2020, https://www.fischundfleisch.com/manfred-breitenberger/der-spiegel-rudolf-augstein-und-das-braune-erbe-58534?fbclid=IwAR0JXrpthGcl5YAYXe2Gvm8l4icR5y-vevKQDpJb8ZMSw8 IWjR2UC-WpQamp4, Seitenabruf 16.4.2020.
967 Alexander Schierholz, NS-Vergangenheit: Die zweite Karriere, Mitteldeutsche Zeitung, 14.6.2011, https://www.mz-web.de/nachrichten/ns-vergangenheit-die-zweite-karriere-7427736, Seitenabruf 22.7.2018.
968 Uta Ranke-Heinemann, in: Wiesenthal 2015, S. 303.
969 Zitiert nach Föhrding/Verführt 2017, S. 263.
970 Görtemaker/Safferling 2016, S. 125.
971 Herbert 2010.
972 Vgl. auch Michael Brenner, Die jüdische Gemeinschaft in Deutschland nach 1945, Bundeszentrale für politische Bildung, 29.11.2007, https://www.bpb.de/apuz/30047/die-juedische-gemeinschaft-in-deutschland-nach-1945?p=all, Seitenabruf 6.12.2020.
973 Eike Geisel, Die Wiedergutwerdung der Deutschen, 2015, E.T. bei den Deutschen oder Nationalsozialismus mit menschlichem Antlitz, 1994, S. 190.
974 BVerfG, 2 BvR 2628/18, Beschluss vom 20.5.2018.
975 Görtemaker/Safferling 2016, S. 430f.

976 Geneviève Hesse, Kinder von Nazi-Opfern – Leidvolles Erbe, Der Tagesspiegel, 17.6.2015, http://www.tagesspiegel.de/berlin/queerspiegel/kinder-von-nazi-opfern-leidvolles-erbe/11910658-all.html, Seitenabruf 16.11.2017.
977 Görtemaker/Safferling 2016, S. 431–435.
978 Hannelore Maria Schneider, Das nationalsozialistische »Gesetz zur Verhütung erbkranken Nachwuchses« am Beispiel der 1939 an der Psychiatrie Tübingen durchgeführten Sterilisationsgutachten, Inaugural-Dissertation zur Erlangung des Doktorgrades der Medizin, Tübingen 2014, S. 47 f.
979 Herwig 2013, S. 181 m. w. N.
980 Michael Freedland, The family firm that hunts Nazis, The Guardian, 30.5.2015, https://www.theguardian.com/lifeandstyle/2015/may/30/the-family-firm-that-hunts-nazis, Seitenabruf 30.12.2018, i. F. Freedland 2015.
981 Amtsgericht Tiergarten, Urteil vom 7.11.1968, Az. 380 Ds 161/68.
982 Wikipedia.de, Beate Klarsfeld, https://de.wikipedia.org/wiki/Beate_Klarsfeld, Seitenabruf 5.9.2018.
983 Anne Klein, »Militants de la Mémoire« – Repräsentationen jüdischen Engagements in den 1970er Jahren, in: Fritz Bauer Institut 2008, S. 127.
984 Ebd., S. 139.
985 Wikipedia.de, Kurt Lischka, https://de.wikipedia.org/wiki/Kurt_Lischka, Seitenabruf 3.1.2019.
986 Beate und Serge Klarsfeld, Die Akte Lischka, Chemins de Mémoire, http://www.cheminsdememoire.gouv.fr/de/die-akte-kurt-lischka, Seitenabruf 3.1.2019.
987 Wikipedia.de, Kurt Lischka, https://de.wikipedia.org/wiki/Kurt_Lischka, Seitenabruf 3.1.2019
988 Dominik Reinle, »Wir hätten Mord in Erwägung gezogen« (Interview mit Beate Klarsfeld), WDR, 22.3.2006, https://www1.wdr.de/archiv/klarsfeld104.html, Seitenabruf 11.11.2020.
989 Anne Klein, »Militants de la Mémoire« – Repräsentationen jüdischen Engagements in den 1970er Jahren, in: Fritz Bauer Institut 2008, S. 139 f.
990 Beate und Serge Klarsfeld, Die Akte Lischka, Chemins de Mémoire, http://www.cheminsdememoire.gouv.fr/de/die-akte-kurt-lischka, Seitenabruf 3.1.2019.
991 Freedland 2015; wikipedia.de, Kurt Lischka, https://de.wikipedia.org/wiki/Kurt_Lischka, Seitenabruf 3.1.2019.
992 Anne Klein, »Militants de la Mémoire« – Repräsentationen jüdischen Engagements in den 1970er Jahren, in: Fritz Bauer Institut 2008, S. 142.
993 Wikipedia.de, Kurt Lischka, https://de.wikipedia.org/wiki/Kurt_Lischka, Seitenabruf 3.1.2019.
994 Spiegel online, Neue Maßstäbe, 18.2.1980, http://www.spiegel.de/spiegel/print/d-14326023.html, Seitenabruf 3.1.2019.
995 Peter Hoeres, Diskretion und Pragmatismus, faz.net, 29.3.2016, http://www.faz.net/aktuell/politik/politische-buecher/spd-und-ns-vergangenheit-diskretion-und-pragma-

tismus-14138186.html, Seitenabruf 27.9.2018, 21.28 h.
996 Raus oder nicht?, Spiegel online, 14.3.1950, http://www.spiegel.de/spiegel/print/d-44447607.html, Seitenabruf 27.9.2018, 21.59 h.
997 Norbert Frei, Der neue Judenhass ähnelt dem alten, sueddeutsche.de, 29.4.2018, https://www.sueddeutsche.de/politik/antisemitismus-der-neue-judenhass-aehnelt-dem-alten-1.3959348, Seitenabruf 11.10.2018, 18.08 h.
998 Wikipedia.de, Wolfgang Hedler, https://de.wikipedia.org/wiki/Wolfgang_Hedler, Seitenabruf 8.11.2018, 20.27 h.
999 Freedland 2015; Anne Klein, »Militants de la Mémoire« – Repräsentationen jüdischen Engagements in den 1970er Jahren, in: Fritz Bauer Institut 2008, S. 138.
1000 Wikipedia.de, Überleitungsvertrag, https://de.wikipedia.org/wiki/Überleitungsvertrag, Seitenabruf 28.6.2019.
1001 Anne Klein, »Militants de la Mémoire« – Repräsentationen jüdischen Engagements in den 1970er Jahren, in: Fritz Bauer Institut 2008, S. 138; wikipedia.de, Überleitungsvertrag, https://de.wikipedia.org/wiki/Überleitungsvertrag, Seitenabruf 28.6.2019.
1002 Spiegel online, Neue Maßstäbe, 18.2.1980, http://www.spiegel.de/spiegel/print/d-14326023.html, Seitenabruf 3.1.2019.
1003 Anne Klein, »Militants de la Mémoire« – Repräsentationen jüdischen Engagements in den 1970er Jahren, in: Fritz Bauer Institut 2008, S. 138, 141.
1004 Ebd., S. 143.
1005 Giordano 2007, S. 277.
1006 Freedland 2015.
1007 Das Bundesministerium für Vertriebene, Flüchtlinge und Kriegsgeschädigte (1949–1969), https://www.geschichte-vertriebenenministerium.de, Seitenabruf 1.11.2019.
1008 Bundesministerium des Innern, für Bau und Heimat, Aussiedlerbeauftragten-Konferenz gegründet, 29.6.2018, https://www.aussiedlerbeauftragter.de/SharedDocs/Kurzmeldungen/AUSB/DE/aussiedlerbeauftragten-konferenz.html, Seitenabruf 1.11.2019.
1009 Jan Feddersen, Israelischer Soziologe über Gedenken: »Was heißt denn versöhnlich sein?«, Interview mit Natan Sznaider, taz, 25.1.2020, https://taz.de/Israelischer-Soziologe-ueber-Gedenken/!5656076/, Seitenabruf 26.1.2020.
1010 Wikipedia.de, Eugen Sänger, https://de.wikipedia.org/wiki/Eugen_Sänger, Seitenabruf 3.5.2020, 22.00 h.
1011 Bergman 2018, S. 63.
1012 Wikipedia.de, Affäre um deutsche Raketenexperten in Ägypten, https://de.wikipedia.org/wiki/Affäre_um_deutsche_Raketenexperten_in_Ägypten, Seitenabruf 4.5.2020.
1013 Bergman 2018, S. 63.
1014 Wikipedia.de, Affäre um deutsche Raketenexperten in Ägypten, https://de.wikipedia.org/wiki/Affäre_um_deutsche_Raketenexperten_in_Ägypten, Seitenabruf 4.5.2020.
1015 Bergman 2018, S. 63.
1016 Ebd., S. 61.
1017 Ebd., S. 64.

1018 Ebd.
1019 Ebd., S. 279 f.
1020 Willi Winkler, Die gezielte Tötung des Heinz Krug, sueddeutsche.de, 22.1.2018, https://www.sueddeutsche.de/politik/geheimdienste-gezielte-toetung-1.3835879, Seitenabruf 23.1.2018.
1021 Bergman 2018, S. 65 f.
1022 Ebd., S. 66.
1023 Ebd., S. 69.
1024 Ebd., S. 68, 75.
1025 Ebd., S. 69, 71, 75 f.
1026 Ebd., S. 82 f.
1027 Ebd., S. 76 f.
1028 Ebd., S. 77 f.
1029 Ebd., S. 83 f.
1030 Ebd., S. 84.
1031 Ebd..
1032 Ebd., S. 85.
1033 Willi Winkler, Die gezielte Tötung des Heinz Krug, sueddeutsche.de, 22.1.2018, https://www.sueddeutsche.de/politik/geheimdienste-gezielte-toetung-1.3835879, Seitenabruf 23.1.2018.
1034 Ebd.
1035 Ebd.
1036 Daserste.de, Der Schattenkrieg, http://www.daserste.de/information/wissen-kultur/ttt/ttt-der-schattenkrieg-buch-von-ronen-bergman-ueber-den-mossad-100.html, Seitenabruf 23.1.2018.
1037 Godel Rosenberg, Sechs-Tage-Krieg – Wie Franz Josef Strauß Israels Sieg 1967 ermöglichte, Welt am Sonntag, 17.5.2020, https://www.welt.de/geschichte/plus208108139/Sechs-Tage-Krieg-Franz-Josef-Strauss-ermoeglichte-Israels-Sieg-1967.html, Seitenabruf 20.5.2020, i. F. Rosenberg 2020.
1038 Ebd.
1039 Ebd.
1040 Ebd.
1041 Hans Michael Kloth, »Organisationseinheit 85« – Wie der BND seine eigenen Nazis jagte, Spiegel online, http://www.spiegel.de/einestages/organisationseinheit-85-a-948770.html, Seitenabruf 2.8.2018.
1042 Christopher Nehring, Nachrichtendienste in Deutschland. Teil 1, Deutschland Archiv, Bundeszentrale für politische Bildung, 24.5.2019, https://www.bpb.de/geschichte/zeitgeschichte/deutschlandarchiv/292006/nachrichtendienste-in-deutschland-teil-i, Seitenabruf 26.8.2020.
1043 Tony Paterson, Nazi who arrested Anne Frank ›became a spy for West Germany‹, The Independent, 11.4.2011, https://www.independent.co.uk/news/world/europe/nazi-who-arrested-anne-frank-became-a-spy-for-west-germany-2266077.html, Seitenabruf 13.10.2018.
1044 Christoph Gunkel, Jochen Leffers, Tod von Gudrun Burwitz – Himmlers Tochter »Püppi« – Nazi bis zuletzt, Der Spiegel, einestages, 29.6.2018, http://www.spiegel.de/einestages/tod-von-gudrun-burwitz-heinrich-himmlers-tochter-nazi-bis-zuletzt-a-1215755.html, Seitenabruf 2.7.2018.
1045 Tony Paterson, Nazi who arrested Anne Frank ›became a spy for West Germany‹, The Independent, 11.4.2011, https://www.independent.co.uk/news/world/europe/nazi-who-arrested-anne-frank-became-

1046 Hans Michael Kloth, »Organisationseinheit 85« – Wie der BND seine eigenen Nazis jagte, Spiegel online, http://www.spiegel.de/einestages/organisationseinheit-85-a-948770.html, Seitenabruf 2.8.2018.

1047 Willi Winkler, Die gezielte Tötung des Heinz Krug, sueddeutsche.de, 22.1.2018, https://www.sueddeutsche.de/politik/geheimdienste-gezielte-toetung-1.3835879, Seitenabruf 23.1.2018.

1048 Bergman 2018, S. 64.

1049 Herwig 2013, S. 170, 173.

1050 Hagai Tsoref, Michael Wolffsohn, Wie Willy Brandt den Nahost-Frieden verspielte, Die Welt, 9.6.2013, https://www.welt.de/politik/deutschland/article116955753/Wie-Willy-Brandt-den-Nahost-Frieden-verspielte.html, Seitenabruf 18.9.2018.

1051 Ebd.

1052 Hans Monath, Ließ sich die damalige Bundesregierung einschüchtern?, Der Tagesspiegel, 5.9.2012, https://www.tagesspiegel.de/politik/geschichte/olympia-attentat-1972-liess-sich-die-damalige-bundesregierung-einschuechtern/7094450.html, Seitenabruf 26.9.2018; Hagai Tsoref, Michael Wolffsohn, Wie Willy Brandt den Nahost-Frieden verspielte, Die Welt, 9.6.2013.

1053 Ta-Nehisi Coates, We Were Eight Years in Power, 2017, S. 203 m. w. N.

1054 Lars Reichardt, »Monster sind nicht charmant, oder?«, SZ Magazin, 7/2017, http://sz-magazin.sueddeutsche.de/drucken/text/45651, Seitenabruf 1.1.2018.

1055 Herzig 2010; vgl. auch Helen Bachner Junz, Where Did All the Money Go?: The Pre-Nazi Era Wealth of European Jewry, 2001, S. 79, i. F. Junz 2001.

1056 Fritz Rodeck, in: Gerhardt/Karlauf 2011, S. 298.

1057 Junz 2001, S. 27.

1058 Ebd., S. 35.

1059 Frank Bajohr, Andrea Löw, Tendenzen und Probleme der neueren Holocaust-Forschung: Eine Einführung, in: Bajohr/Löw 2015, S. 23.

1060 Junz 2001, S. 28, 30.

1061 Frank Bajohr, Stellungnahme von Prof. Dr. Frank Bajohr, Institut für Zeitgeschichte, Zentrum für Holocaust-Studien, zum Forschungsbericht von Prof. Dr. Michael Wildt zum Ehepaar Hugo Heymann und Maria Heymann/Kaps (Mai 2018), bundespräsident.de, https://www.bundespraesident.de/SharedDocs/Downloads/DE/Anhaenge/Stellungnahme-Bajohr-Dienstvilla-Berlin-Dahlem.pdf?__blob=publicationFile, Seitenabruf 24.11.2020.

1062 BGH-Urteil vom 26.11.2007, BGH II ZR 167/06, Rdnr. 6.

1063 Ebd., Rdnr. 5 f.

1064 Junz 2001, S. 28–30.

1065 Ebd., S. 31.

1066 Ebd.

1067 Ebd., S. 42.

1068 Ebd.

1069 Ebd., S. 54.

1070 Ebd., S. 65.

1071 Ingo Loose, Massenraubmord? – Materielle Aspekte des Holocaust, in: Bajohr/Löw 2015, S. 149.

1072 Junz 2001, S. 18.
1073 Poliakov 1951, S. 95; meine Übersetzung aus dem Französischen.
1074 Karina Urbach, Geraubte Bücher, Die Zeit, 52/2020, S. 21.
1075 Ebd.; wikipedia.de, Palandt, https://de.wikipedia.org/wiki/Palandt, Seitenabruf 20.12.2020.
1076 Thomas Irmer, »Ihr langes Schweigen ist sicherlich tiefe Resignation ...«, in: Fritz Bauer Institut 2008, S. 91.
1077 Ebd., S. 91 f. m. w. N.
1078 Ebd., S. 88, 92 ff.
1079 Ebd., S. 93 f.
1080 Ebd., S. 95.
1081 Rudi Ulbrich, Die Entwicklung der Mieten in der Bundesrepublik Deutschland von 1965 bis 1976, DIW Wochenbericht 40/41 1976, S. 369–376, Abstract, https://www.diw.de/sixcms/detail.php?id=diw_01.c.505152.de, Seitenabruf 22.6.2019.
1082 Thomas Irmer, »Ihr langes Schweigen ist sicherlich tiefe Resignation ...«, in: Fritz Bauer Institut 2008, S. 99 f.
1083 Gerhardt/Karlauf 2011.
1084 Zitiert nach Ingo Loose, Massenraubmord? – Materielle Aspekte des Holocaust, in: Bajohr/Löw 2015, S. 141.
1085 Ebd., S. 143 mit Hinweis auf Martin Dean, Robbing the Jews, auf S. 149.
1086 Tom Segev, Reichtum verpflichtet, Jüdische Allgemeine, 22.11.2007, https://www.juedische-allgemeine.de/article/view/id/4630, Seitenabruf 7.9.2018.
1087 Segev 1991, S. 251.
1088 Jörg Beige, Deal mit dem Klassenfeind, Spiegel online, 20.5.2008, http://www.spiegel.de/einestages/ddr-politiker-axen-in-den-usa-a-949287.html, Seitenabruf 18.10.2018, i. F. Beige 2008.
1089 Stefan Winckler, Hermann Axen (SED) – ein jüdischer Deutscher und Kommunist, Jüdische Rundschau, 6.4.2018, http://juedischerundschau.de/hermann-axen-sed-ein-juedischer-deutscher-und-kommunist-135911969/, Seitenabruf 18.10.2018.
1090 Beige 2008.
1091 Ebd.
1092 Ebd.; Stefan Winckler, Hermann Axen (SED) – ein jüdischer Deutscher und Kommunist, Jüdische Rundschau, 6.4.2018, http://juedischerundschau.de/hermann-axen-sed-ein-juedischer-deutscher-und-kommunist-135911969/, Seitenabruf 18.10.2018.
1093 Beige 2008.
1094 Herzig 2010.
1095 Wikipedia.de, Aktion Reinhardt, https://de.wikipedia.org/wiki/Aktion_Reinhardt, Seitenabruf 2.8.2018.
1096 Rudolf Bing, in: Gerhardt/Karlauf 2011, S. 96; Toni Lessler, ebd., S. 98; Fritz Rodeck, ebd., S. 298.
1097 Fritz Rodeck, in: Gerhardt/Karlauf 2011, S. 298; vgl. auch Junz 2001, S. 36, 70.
1098 Junz 2001, S. 38.
1099 Fritz Rodeck, in: Gerhardt/Karlauf 2011, S. 298.
1100 So auch Georg Abraham, ebd., S. 202; ebenso Fritz Rodeck, ebd., S. 297.
1101 Rudolf Bing, ebd., S. 96 f.
1102 Helmut Genschel, Die Verdrängung

der Juden aus der Wirtschaft im Dritten Reich, 1966.
1103 Vgl. auch Junz 2001, S. 80.
1104 Junz 2001, S. 71.
1105 Carl Hecht, in: Gerhardt/Karlauf 2011, S. 237.
1106 Hertha Nathorff, ebd., S. 223.
1107 Karl E. Schwabe, ebd., S. 153 f.
1108 Georg Abraham, ebd., S. 199.
1109 Fritz Rodeck, ebd., S. 298.
1110 Eike Geisel, Die Wiedergutwerdung der Deutschen, 2015, Nachruf zu Lebzeiten – Martin Beradts Roman »Die Straße der kleinen Ewigkeit«, 1993, S. 365.
1111 Martin Beradt, Der deutsche Richter, 1979, Nachdruck der Erstausgabe von 1930, S. 215.
1112 Vgl. Junz 2001, S. 1.
1113 Ebd., S. 46.
1114 Ebd., S. 46 f.
1115 Ebd., S. 47.
1116 Ebd., S. 48 f.
1117 Ebd., S. 76 f. m. w. N.
1118 Junz 2001, S. 83, 127.
1119 Götz Aly, Warum die Deutschen, Warum die Juden?, 2011, S. 93.
1120 Ebd., S. 94 f.
1121 Ebd., S. 95.
1122 TU Chemnitz, Je höher das Einkommen, desto höher die Sparquote, https://www.tu-chemnitz.de/wirtschaft/vwl2/downloads/material/Sparquote1.pdf, Seitenabruf 5.3.2019.
1123 Wikipedia.de, Produktivvermögen, https://de.wikipedia.org/wiki/Produktivvermögen, Seitenabruf 26.11.2020.
1124 Ina Lorenz, Jörg Berkemann, Die Hamburger Juden im NS-Staat 1933 bis 1938/39. Band III – Dokumente, 2016, S. 69, http://www.igdj-hh.de/files/IGDJ/pdf/hamburger-beitraege/lorenz-berkemann_hamburger-juden-im-ns-staat-3.pdf, Seitenabruf 26.11.2020.
1125 Das Bundesarchiv, Die jüdische Bevölkerung im Deutschen Reich 1933–1945, https://www.bundesarchiv.de/gedenkbuch/einfuehrung.html.de?page=2, Seitenabruf 5.3.2019.
1126 Statista.de, Sachvermögen der privaten Haushalte 1999–2019, https://de.statista.com/statistik/daten/studie/996473/umfrage/sachvermoegen-der-privaten-haushalte-in-deutschland/; statista.de, Geldvermögen der privaten Haushalte 3. Q. 2015 bis 3. Q. 2020, https://de.statista.com/statistik/daten/studie/37880/umfrage/geldvermoegen-der-privathaushalte-in-deutschland/, Seitenabruf 18.6.2021.
1127 Poliakov 1951, S. 119.
1128 Ebd., S. 68 f.
1129 Junz 2001, S. 40.
1130 Fritz Rodeck, in: Gerhardt/Karlauf 2011, S. 298.
1131 Ingo Loose, Massenraubmord? – Materielle Aspekte des Holocaust, in: Bajohr/Löw 2015, S. 145.
1132 Elkins 1971, S. 256.
1133 Junz 2001, S. 130.
1134 Deutsche Bundesbank, Kaufkraftäquivalente historischer Beträge in deutschen Währungen, Stand Juni 2019, https://www.bundesbank.de/resource/blob/615162/a52b-231886b66bdaaf90f26fa12cb335/mL/kaufkraftaequivalente-historischer-betraege-in-deutschen-waehrungen-data.pdf, Seitenabruf 26.11.2020.
1135 Fritz Rodeck, in: Gerhardt/Karlauf 2011, S. 303.

1136 Dollartimes.com, Calculate the Value of $1.00 in 1938, https://www.dollartimes.com/inflation/inflation.php?amount=1&year=1938, Seitenabruf 13.8.2019.
1137 Junz 2001, S. 130.
1138 Deutsche Bundesbank, Kaufkraftäquivalente historischer Beträge in deutschen Währungen, Stand Juni 2019, https://www.bundesbank.de/resource/blob/615162/a52b-231886b66bdaaf90f26fa12cb335/mL/kaufkraftaequivalente-historischer-betraege-in-deutschen-waehrungen-data.pdf, Seitenabruf 13.8.2019.
1139 Junz 2001, S. 6.
1140 Ebd. m. w. N.
1141 Interview Konrad Adenauer durch den Chefredakteur und Herausgeber der Allgemeinen Wochenzeitung der Juden in Deutschland, Karl Marx, 25.11.1949; Segev 1991, S. 200.
1142 Segev 1991, S. 197.
1143 Ebd., S. 200 f.
1144 Ebd., S. 201 f.
1145 Ebd., S. 201 ff.
1146 Ta-Nehisi Coates, We Were Eight Years in Power, 2017, S. 205.
1147 Edgar Wolfrum, Die Anfänge der Bundesrepublik, die Aufarbeitung der NS-Vergangenheit und die Fernwirkungen für heute, in: Katja Patzel-Mattern, Die Anfänge der Bundesrepublik, die Aufarbeitung der NS-Vergangenheit und die Fernwirkungen für heute, in: Ursula Bitzegeio, Anja Kruke, Meik Woyke (Hg.), Solidargemeinschaft und Erinnerungskultur im 20. Jahrhundert, 2009, S. 363–377, S. 371.
1148 Bundesministerium der Finanzen, Entschädigung von NS-Unrecht – Regeln zur Wiedergutmachung, Stand: 15.8.2018, S. 7, https://www.bundesfinanzministerium.de/Content/DE/Downloads/Broschueren_Bestellservice/2018-03-05-entschaedigung-ns-unrecht.html, Seitenabruf 9.5.2019.
1149 Segev 1991, S. 233.
1150 Elkins 1971, S. 255.
1151 Ebd., S. 247.
1152 Junz 2001, S. 135.
1153 Segev 1991, S. 233–241 m. w. N.
1154 Bundesministerium der Finanzen, Entschädigung von NS-Unrecht, Stand: 25.5.2020, S. 7, https://www.bundesfinanzministerium.de/Content/DE/Downloads/Broschueren_Bestellservice/2018-03-05-entschaedigung-ns-unrecht.pdf?__blob=publicationFile&v=8, Seitenabruf 28.11.2020.
1155 Segev 1991, S. 249.
1156 Elkins 1971, S. 255.
1157 Wikipedia.de, Lastenausgleichsgesetz, https://de.wikipedia.org/wiki/Lastenausgleichsgesetz, Seitenabruf 14.8.2019.
1158 Statista.de, Entschädigungsleistungen Deutschlands für Opfer des Nationalsozialismus bis Ende 2008 (in Milliarden Euro), Quelle: BMF, Seitenabruf 22.3.2019.
1159 Bundesministerium der Finanzen, Entschädigung von NS-Unrecht – Regeln zur Wiedergutmachung, Stand: 15.8.2018, S. 11, https://www.bundesfinanzministerium.de/Content/DE/Downloads/Broschueren_Bestellservice/2018-03-05-entschaedigung-ns-unrecht.html, Seitenabruf 9.5.2019.
1160 Ebd.

1161 Ebd.
1162 Lea Balint, Das Trauma der verlorenen Identität bei Überlebenden der Shoah aus Polen – Reflexionen nach sechzig Jahren, in: Zentralwohlfahrtsstelle der Juden in Deutschland e. V. 2012, S. 35.
1163 Statista.de, Entschädigungsleistungen Deutschlands für Opfer des Nationalsozialismus bis Ende 2008 (in Milliarden Euro), Quelle: BMF, Seitenabruf 22.3.2019.
1164 Ebd.
1165 Bundesministerium der Finanzen, Entschädigung von NS-Unrecht – Regeln zur Wiedergutmachung, Stand: 15.8.2018, S. 12, https://www.bundesfinanzministerium.de/Content/DE/Downloads/Broschueren_Bestellservice/2018-03-05-entschaedigung-ns-unrecht.html, Seitenabruf 9.5.2019.
1166 Swr.de, Wie viel kostet der »Stinkefinger« oder die »Blöde Kuh«?, https://www.swr.de/swraktuell/rheinland-pfalz/Bussgelder-bei-Beleidigungen-Wieviel-kostet-der-Stinkefinger-oder-die-Bloede-Kuh,stichwort-beleidigung-100.html, Seitenabruf 20.5.2019.
1167 Bundesministerium der Finanzen, Entschädigung von NS-Unrecht – Regeln zur Wiedergutmachung, Stand: 15.8.2018, S. 14, https://www.bundesfinanzministerium.de/Content/DE/Downloads/Broschueren_Bestellservice/2018-03-05-entschaedigung-ns-unrecht.html, Seitenabruf 9.5.2019.
1168 Ebd. S. 15 ff.
1169 Ebd., S. 20 f.
1170 Wikipedia.de, William G. Niederland, https://de.wikipedia.org/wiki/William_G._Niederland, Seitenabruf 6.1.2020.
1171 William G. Niederland, Folgen der Verfolgung: Das Überlebenden-Syndrom, Seelenmord, 1980, zitiert nach David Becker, Ohne Hass keine Versöhnung – Das Trauma der Verfolgten, 1992, S. 228 f., i. F. Becker 1992.
1172 Lena Inowlecki, Versteckt und verfolgt in der Kindheit: Aspekte biographischen Erinnerns und der Unterstützung im Alter, in: Zentralwohlfahrtsstelle der Juden in Deutschland e. V. 2012, S. 9.
1173 Vgl. nur Thekla Kausch, Die Fotografie im NS-Regime, Lemo, dhm.de, 18.8.2015, Seitenabruf 13.8.2021.
1174 Max Goldt, Ich beeindruckte durch ein seltenes KZ, in: Texte aus den in die Vergriffenheit entlassenen Büchern »Quitten« und »Kugeln«, 2009, S. 42.
1175 Unterm Hakenkreuz – Doku zeigt erstmals Farbfilme, br.de, https://www.br.de/nachrichten/bayern/unterm-hakenkreuz-doku-zeigt-erstmals-sensationelle-farbfilme,RoflrQM, Seitenabruf 18.12.2020.
1176 Duden.de, Häftling, https://www.duden.de/rechtschreibung/Haeftling, Seitenabruf 20.2.2020.
1177 Hunderttausende feiern den Mauerfall, dpa, AFP und Reuters, Zeit online, 9.11.2014, https://www.zeit.de/gesellschaft/zeitgeschehen/2014-11/fall-der-berliner-mauer-25-jahre-mauerfall-live, Seitenabruf 22.9.2018.
1178 Arno Lustiger, Viele Helden des jüdischen Widerstands sind namenlos geblieben: Die unbe-

1178 sungenen Gerechten, Berliner Zeitung, 20.4.1999, https://www.berliner-zeitung.de/viele-helden-des-juedischen-wide ... nds-sind-namenlos-geblieben-die-unbesungenen-gerechten-16716934, Seitenabruf 11.2.2018.
1179 Wikipedia.org, Yom HaShoah, https://en.wikipedia.org/wiki/Yom_HaShoah, Seitenabruf 11.4.2018; yadvashem.org, Holocaust Martyrs' and Heroes' Remembrance Day 2019, http://www.yadvashem.org/yv/en/remembrance/2019/overview.asp, Seitenabruf 30.9.2018.
1180 Eike Geisel, Die Wiedergutwerdung der Deutschen, 2015, Der Schatten Hitlers, 1995, S. 408.
1181 Ebd., S. 407.
1182 Ebd., S. 416 f.
1183 Jan Feddersen, Israelischer Soziologe über Gedenken: »Was heißt denn versöhnlich sein?«, Interview mit Natan Sznaider, taz, 25.1.2020, https://taz.de/Israelischer-Soziologe-ueber-Gedenken/!5656076/, Seitenabruf 26.1.2020.
1184 Harald Welzer, Sabine Moller, Karoline Tschnuggnall, Opa war kein Nazi. Nationalsozialismus und Holocaust im Familiengedächtnis, 2002, S. 145; zitiert nach Föhrding/Verführt 2017, S. 130, Fn. 169.
1185 Uta Gerhardt, Nachwort: Nazi Madness – Der Soziologe Edward Y. Hawthorne und das Harvard-Projekt, in: Gerhardt/Karlauf 2011, S. 342.
1186 Zitiert nach ebd., S. 342 f.
1187 Max Czollek, Desintegriert Euch!, 2018, S. 9.
1188 Eike Geisel, Die Wiedergutwerdung der Deutschen, 2015, Die Verstaatlichung der Juden, 1994, S. 133.
1189 Ebd., S. 134.
1190 Manfred Gailus, Hass auf Juden – Luthers böse Schriften, Der Tagesspiegel, 18.7.2017, https://www.tagesspiegel.de/wissen/hass-auf-juden-luthers-boese-schriften/20071254.html, Seitenabruf 30.12.2020.
1191 Hannah Arendt, Wahrheit und Politik, 1963, S. 329, zitiert nach http://gellhardt.de/arendt_bluecher/12_Wahrheit_u_Politik.pdf, Seitenabruf 24.10.18, i. F. Arendt 1963.
1192 Wikipedia.de, Joseph Wulf, https://de.wikipedia.org/wiki/Joseph_Wulf, Seitenabruf 19.2.2019.
1193 Roland Kaufhold, »... und die Massenmörder gehen frei herum und züchten Blumen«, hagalil.com, 20.12.2012, https://www.hagalil.com/2012/12/wulf/, Seitenabruf 31.5.2021.
1194 Schoeps 1984; Geisel 1998.
1195 Schoeps 1984; Geisel 1998; Geisel 1993, S. 388.
1196 Geisel 1998.
1197 Schoeps 1984.
1198 »Das Geheimnis der Erlösung heißt Erinnerung«, bild.de, 31.1.2015, https://www.bild.de/politik/inland/richard-von-weizsaecker/rede-zum-40-jahrestag-des-endes-des-zweiten-weltkrieges-39551920.bild.html, Seitenabruf 23.4.2020.
1199 Christof Gunkel, Ernst von Weizsäcker – Diplomat des Teufels, Spiegel Geschichte, 17.3.2010, https://www.spiegel.de/geschichte/ernst-von-weizsaecker-diplomat-des-teufels-a-948766.html, Seitenabruf 10.1.2021.
1200 Ebd.; wikipedia.de, Ernst von

Weizsäcker, https://de.wikipedia.org/wiki/Ernst_von_Weizsäcker, Seitenabruf 10.1.2021; vgl. auch Poliakov 1951, S. 217, 392 ff.
1201 Christof Gunkel, Ernst von Weizsäcker – Diplomat des Teufels, Spiegel Geschichte, 17.3.2010, https://www.spiegel.de/geschichte/ernst-von-weizsaecker-diplomat-des-teufels-a-948766.html, Seitenabruf 10.1.2021.
1202 »Das Geheimnis der Erlösung heißt Erinnerung«, bild.de, 31.1.2015, https://www.bild.de/politik/inland/richard-von-weizsaecker/rede-zum-40-jahrestag-des-endes-des-zweiten-weltkrieges-39551920.bild.html, Seitenabruf 23.4.2020.
1203 Ebd.
1204 Heinrich Detering, Impulsvortrag: Zur Rhetorik der parlamentarischen Rechten – »Wer ist wir?«, gehalten auf der Vollversammlung des Zentralkomitees der deutschen Katholiken 23./24.11.2018, S. 2, 5 f., https://www.zdk.de/veroeffentlichungen/reden-und-beitraege/detail/Impulsvortrag-Zur-Rhetorik-der-parlamentarischen-Rechten-Wer-ist-wir-Prof-Dr-Heinrich-Detering--413s/, Seitenabruf 21.6.2019.
1205 Ebd., S. 6.
1206 Jacques Derrida, Pour l'amour de Lacan, in: Résistances de la psychanalyse, 1996, zitiert nach Horvilleur 2019, S. 144; meine Übersetzung aus dem Französischen.
1207 Geisel 1998; vgl. dazu auch Eike Geisel, Die Wiedergutwerdung der Deutschen, 2015, Moralischer Antisemitismus – zwei gute Deutsche und der Golf, 1991, S. 105.
1208 Geisel 1998; Geisel 1993, S. 392.
1209 Daniel Niemetz, Gebraucht und verfolgt – Juden im Mittelalter, mdr.de, Seitenabruf 13.8.2021.
1210 Offener Brief von Klaus von Dohnanyi in der Frankfurter Allgemeinen Zeitung vom 14.11.1998, zitiert nach Andreas Brenner, Erinnern – aber bitte richtig dosiert!, Tages-Anzeiger, wiedergegeben auf hagalil.com, 25.11.1998, http://www.hagalil.com/archiv/98/11/walser-0.htm, Seitenabruf 9.9.2018.
1211 Joachim Rohloff, Dichter, du darfst!, Jungle World, 3.3.1999, https://www.jungle.world/artikel/1999/09/dichter-du-darfst, Seitenabruf 9.9.2018, i. F. Rohloff 1999.
1212 Elvira Grözinger, Tod eines Schriftstellers. Martin Walser und die Juden, Postprints der Universität Potsdam: Philosophische Reihe (01), 2007, erstmals veröffentlicht in: Frankfurter Jüdische Nachrichten 2002, https://publishup.uni-potsdam.de/opus4-ubp/frontdoor/deliver/index/docId/697/file/Tod_eines_Schriftstellers.pdf?fbclid=IwAR2Z2c0ImjWFuWn9RQbJtmHxWnJTbcPn02-zI0sqIrBiTjRSILRWtGpTCxk, Seitenabruf 13.10.2020.
1213 Ebd.
1214 Mitteilung von Hannes Platz auf Facebook, der im Dezember 1998 Ludwig von Friedenburg interviewt hatte.
1215 Die Welt, 14.10.1998, zitiert nach Lutz Hagestedt, Der Streitverlauf in Stimmen und Zitaten, literaturkritik.de, 1.2.1999, https://literaturkritik.de/id/20, Seitenabruf 11.2.2018.

1216 Horvilleur 2019, S. 46.
1217 Ebd., S. 27 f.
1218 Ebd., S. 29; meine Übersetzung aus dem Französischen; vgl. auch ebd., S. 74.
1219 Ebd., S. 67 ; vgl. auch ebd., S. 73 f., 80.
1220 Zdf.info, Martin Walser in der Paulskirche 1998, https://www.youtube.com/watch?v=Cg6R4rbT8go, Seitenabruf 10.11.2018.
1221 Statista.de, https://statistic_id216870_meinung-zum-schlussstrich-unter-die-deutsche-vergangenheit-bis-1945.pdf, Seitenabruf 15.11.2018.
1222 Stern.de, Ostdeutsche sind stolzer auf ihr Deutschsein, 15.4.2015, https://www.stern.de/kriegsende--deutsche-wollen-laut-stern-umfrage-unter-ns-vergangenheit-schlussstrich-ziehen-6963288.html, Seitenabruf 27.12.2018.
1223 Matthias Drobinski, Die Schlussstrich-Befürworter, sueddeutsche.de, 26.1.2015, https://www.sueddeutsche.de/politik/deutsches-verhaeltnis-zum-holocaust-die-schlussstrich-befuerworter-1.2319728, Seitenabruf 16.11.2017.
1224 Ebd.
1225 Ebd.
1226 Rohloff 1999.
1227 Ebd.
1228 Zdf.info, Martin Walser in der Paulskirche 1998, https://www.youtube.com/watch?v=Cg6R4rbT8go, Seitenabruf 10.11.2018.
1229 Klaus von Dohnanyi, Feigheit vor dem Wort, Süddeutsche Zeitung, 4.5.2011, https://www.sueddeutsche.de/politik/debatte-um-thilo-sarrazin-feigheit-vor-dem-wort-1.996129-0#seite-2, Seitenabruf 24.1.2020, i. F. Dohnanyi 2011.
1230 Berliner Morgenpost, Sarrazin räumt einen einzigen Fehler ein, 30.8.2010, https://www.morgenpost.de/berlin-aktuell/article104541058/Sarrazin-raeumt-einen-einzigen-Fehler-ein.html, Seitenabruf 11.7.2021.
1231 Richard Charles Lewontin, Confusions About Human Races, ssrc.org, 7.6.2006, http://raceandgenomics.ssrc.org/Lewontin/, Seitenabruf 26.5.2014.
1232 Vgl. nur Botticini 2012, S. 4 ff.
1233 Dohnanyi 2011.
1234 Wikipedia.de, Baruch de Spinoza, https://de.wikipedia.org/wiki/Baruch_de_Spinoza, Seitenabruf 24.1.2020.
1235 Joseph Klausner, Der jüdische Charakter der Lehre Spinozas, 1962, Zusammenfassung, https://link.springer.com/chapter/10.1007/978-94-017-6639-5_12, Seitenabruf 24.1.2020.
1236 Martin Walser bedauert Konflikt mit Bubis, faz.net, 17.3.2007, Seitenabruf 12.8.2021.
1237 Rohloff 1999.
1238 Ebd.
1239 Dohnanyi 2011.
1240 Karsten Luttmer, Die Walser-Bubis-Kontroverse, Zukunft braucht Erinnerung, 5.10.2004, https://www.zukunft-braucht-erinnerung.de/die-walser-bubis-kontroverse/, Seitenabruf 5.1.2021.
1241 Spiegel online, Martin Walser distanziert sich von Paulskirchen-Rede, 1.5.2015, http://www.spiegel.de/

kultur/gesellschaft/martin-walser-paulskirchenrede-so-nicht-mehr-halten-a-1031674.html, Seitenabruf 21.8.2018.

1242 Welt.de, Martin Walser bezeichnet Paulskirchenrede als »menschliches Versagen«, 20.5.2018, https://www.welt.de/kultur/article176528856/Umstrittene-Rede-Mart … alser-bezeichnet-Paulskirchenrede-als-menschliches-Versagen.html, Seitenabruf 21.8.2018; Spiegel online, Martin Walser distanziert sich von Paulskirchen-Rede, 1.5.2015, http://www.spiegel.de/kultur/gesellschaft/martin-walser-paulskirchenrede-so-nicht-mehr-halten-a-1031674.html, Seitenabruf 21.8.2018.

1243 Welt.de, Martin Walser bezeichnet Paulskirchenrede als »menschliches Versagen«, 20.5.2018, https://www.welt.de/kultur/article176528856/Umstrittene-Rede-Mart … alser-bezeichnet-Paulskirchenrede-als-menschliches-Versagen.html, Seitenabruf 21.8.2018.

1244 Rohloff 1999.

1245 Frankfurter Allgemeine Zeitung, 2.12.1998, zitiert nach Lutz Hagestedt, Der Streitverlauf in Stimmen und Zitaten, literaturkritik.de, 1.2.1999, https://literaturkritik.de/id/20, Seitenabruf 11.2.2018.

1246 Ebd.

1247 Die Zeit, 10.12.1998, zitiert nach Lutz Hagestedt, Der Streitverlauf in Stimmen und Zitaten, literaturkritik.de, 1.2.1999, https://literaturkritik.de/id/20, Seitenabruf 11.2.2018.

1248 Frankfurter Rundschau, 11.12.1998, zitiert nach Lutz Hagestedt, Der Streitverlauf in Stimmen und Zitaten, literaturkritik.de, 1.2.1999, https://literaturkritik.de/id/20, Seitenabruf 11.2.2018.

1249 Welt.de, Martin Walser bezeichnet Paulskirchenrede als »menschliches Versagen«, 20.5.2018, https://www.welt.de/kultur/article176528856/Umstrittene-Rede-Mart … alser-bezeichnet-Paulskirchenrede-als-menschliches-Versagen.html, Seitenabruf 21.8.2018.

1250 Spiegel online, Martin Walser distanziert sich von Paulskirchen-Rede, 1.5.2015, http://www.spiegel.de/kultur/gesellschaft/martin-walser-paulskirchenrede-so-nicht-mehr-halten-a-1031674.html, Seitenabruf 21.8.2018.

1251 Herwig 2013, S. 257 m. w. N.

1252 David Hume, A Treatise of Human Nature, Buch III, Teil I, Kapitel I.

1253 Lutherbibel 2017, zitiert nach https://www.bibleserver.com/text/LUT/3.Mose19, Seitenabruf 3.12.2018.

1254 Talmud Joma, 23a, talmud.de, https://www.talmud.de/tlmd/talmud-uebersetzung/joma/joma-kapitel-2/#blatt-23a, Seitenabruf 20.6.2021, 21.10 h; vgl. auch David Zaklikowski, What Does Judaism Say About Taking Revenge?, chabad.org, https://www.chabad.org/library/article_cdo/aid/1842551/jewish/What-Does-Judaism-Say-About-Taking-Revenge.htm, Seitenabruf 24.6.2017; meine Übersetzung aus dem Englischen.

1255 Wiedergabe von Mishneh Tora, De'ot 7:7, zitiert nach Dovid Zaklikowski, What Does Judaism Say About Taking Revenge?, chabad.

org, https://www.chabad.org/library/article_cdo/aid/1842551/jewish/What-Does-Judaism-Say-About-Taking-Revenge.htm, Seitenabruf 24.6.2017; meine Übersetzung aus dem Englischen.
1256 Rabbi Anthony Knopf, Montreal, Revenge, Torat Chayim, ursprünglich erschienen in London Jewish News, http://toratchayim.co.za/revenge/, Seitenabruf 25.6.2017.
1257 Talmud Joma, 23a, talmud.de, https://www.talmud.de/tlmd/talmud-uebersetzung/joma/joma-kapitel-2/#blatt-23a, Seitenabruf 20.6.2021.
1258 Knopf, http://toratchayim.co.za/revenge/, Seitenabruf 25.6.1987.
1259 Wikipedia.org, Judaism and violence, https://en.wikipedia.org/wiki/Judaism_and_violence, Seitenabruf 25.6.2017, m. w. N.
1260 Ebd.
1261 Roland Nelles, Auge um Auge, Zahn um Zahn, Spiegel online, 2.5.2011, http://www.spiegel.de/politik/ausland/bin-ladens-tod-auge-um-auge-zahn-um-zahn-a-760090.html, Seitenabruf 13.9.2018, 21.51 h.
1262 Kathweb.de, Aug um Auge, Zahn um Zahn, https://www.kathweb.de/bibel/redewendungen/aug-um-auge-zahn-um-zahn.html, Seitenabruf 13.9.2018, 21.40 h.
1263 Norbert Häring, »Auge um Auge, Zahn um Zahn« – Rache ist nicht süß, sondern macht arm und arbeitslos, Handelsblatt, 4.9.2006, https://www.handelsblatt.com/politik/konjunktur/oekonomie/wiss … te-2/2701786-2.html?ticket=ST-8559983-VAAX-L7LMRFNcvMAvqLtA-ap2, Seitenabruf 13.9.2018, 21.45 h.
1264 Nina Gladitz, Auge um Auge, Zahn um Zahn – Das Sharia-Recht und die Frauen, 3sat Kulturzeit, 25.5.2009, http://www.3sat.de/page/?source=/kulturzeit/themen/134289/index.html, Seitenabruf 13.9.2018, 21.50 h.
1265 Juliane Schäuble, Auge um Auge, Zahn um Zahn, Der Tagesspiegel, 10.7.2014, https://www.tagesspiegel.de/meinung/todesstrafe-in-den-usa-auge-um-auge-zahn-um-zahn/10176796.html, Seitenabruf 13.9.2018, 21.52 h.
1266 Martin Ling, Auge um Auge, Zahn um Zahn, Neues Deutschland, 12.11.2016, https://www.neues-deutschland.de/artikel/1031895.auge-um-auge-zahn-um-zahn.html, Seitenabruf 13.9.2018, 21.55 h.
1267 Hans-Ludwig Schreiber, Todesstrafe, Zeitschrift für internationale Strafrechtsdogmatik, 8/2006, S. 327, http://www.zis-online.com/dat/artikel/2006_8_51.pdf, Seitenabruf 11.12.2020, 23.52 h.
1268 GEOlino, Auge um Auge, Zahn um Zahn, https://www.geo.de/geolino/redewendungen/15562-rtkl-redewendung-auge-um-auge-zahn-um-zahn, Seitenabruf 13.9.2018, 21.26 h.
1269 Eduard Kopp, Vergeltung im Alten Testament, chrismon, August 2013, https://chrismon.evangelisch.de/artikel/2013/»auge-um-auge-zahn-um-zahn«---eine-gute-regel-19322, Seitenabruf 13.9.2018, 21.38 h.
1270 Heribert Prantl, Auge um Auge, Zahn um Zahn, Süddeutsche Zeitung, 19.5.2010, https://www.sueddeutsche.de/politik/kommentar-auge-um-auge-zahn-

um-zahn-1.920353, Seitenabruf 13.9.2018, 22.12 h.
1271 Hans Leyendecker, Israels Geheimdienst – Mossad, ein Mythos mit Kratzern, Süddeutsche Zeitung, 17.5.2010, https://www.sueddeutsche.de/politik/israels-geheimdienst-mossad-ein-mythos-mit-kratzern-1.74021, Seitenabruf 6.1.2021, 23.15 h.
1272 Erich Zenger, Auge um Auge, Zahn um Zahn – Über den ursprünglichen Sinn eines antijüdischen Klischees, 29.10.2001, https://www.zdk.de/veroeffentlichungen/salzkoerner/detail/Altes-Testament-112Z/, Seitenabruf 13.9.2018, 22.14 h.
1273 David Bollag, Antijüdisches Klischee, taz Magazin vom 2.3.2002, zitiert nach hagalil.com, http://www.hagalil.com/judentum/rabbiner/bollag.htm, Seitenabruf 13.9.2018, 21.40 h.
1274 Lazarus Goldschmidt, Der Babylonische Talmud, VII. Band: Baba Qamma/Baba Mecia, 1964, S. 280, zitiert nach A. Yael Deusel, Ajin tachat ajin, http://www.lehrhausbamberg.de/wp-content/uploads/2014/05/Ajin-tachat-ajin.pdf, Seitenabruf 22.12.2020, 22.17 h.
1275 Ebd.
1276 Psalmenbuch, Psalm 136.
1277 Shira Zimmerman, Revenge in Judaism, 12.4.2013, https://divreimahamal.wordpress.com/2013/04/12/revenge-in-judaism/, Seitenabruf 24.6.2017.
1278 Ebd.
1279 Ebd.
1280 Wikipedia.org, Judaism and violence, https://en.wikipedia.org/wiki/Judaism_and_violence, Seitenabruf 25.6.2017 m. w. N.
1281 Shira Zimmerman, Revenge in Judaism, 12.4.2013, https://divreimahamal.wordpress.com/2013/04/12/revenge-in-judaism/, Seitenabruf 24.6.2017.
1282 Roi Ben Yehuda, Turning Pesach From a Warthful to a Majestic Holiday, Haaretz, 16.4.2008, https://www.haaretz.com/1.4970883, Seitenabruf 29.8.2019.
1283 Jonathan Sacks, Retribution and Revenge, Orthodox Union Torah, https://www.ou.org/torah/parsha/rabbi-sacks-on-parsha/retribution-and-revenge/, Seitenabruf 23.6.2017; Jewish Encyclopedia, Morris Jastrow Jr., John Dyneley Prince, Kaufmann Kohler, Louis Ginzberg, Avenger of Blood, 1906, http://www.jewishencyclopedia.com/articles/2162-avenger-of-blood, Seitenabruf 25.6.2017.
1284 Jonathan Sacks, Retribution and Revenge, Orthodox Union Torah, https://www.ou.org/torah/parsha/rabbi-sacks-on-parsha/retribution-and-revenge/, Seitenabruf 23.6.2017.
1285 Maimonides, Führer der Unschlüssigen, III:40, zitiert nach Sacks, a. a. O.
1286 Jewish Encyclopedia, Morris Jastrow Jr., John Dyneley Prince, Kaufmann Kohler, Louis Ginzberg, Avenger of Blood, 1906, http://www.jewishencyclopedia.com/articles/2162-avenger-of-blood, Seitenabruf 25.6.2017.
1287 Ebd.
1288 Funk 1910, S. 75.
1289 Ebd., S. 30 f.
1290 Ebd., S. 31.

1291 Ebd., S. 71; Botticini 2012, S. 77.
1292 Halter 2001, S. 165 f.
1293 Ebd., S. 114.
1294 Funk 1910, S. 78.
1295 Halter 2001, S. 114.
1296 Funk 1910, S. 83 ff.; Halter 2001, S. 114.
1297 Botticini 2012, S. 75.
1298 Ebd.; Horvilleur 2019, S. 59.
1299 Botticini 2012, S. 76.
1300 Ebd., S. 98.
1301 Ebd., S. 97 m. w. N.
1302 Halter 2001, S. 114 f.
1303 Botticini 2012, S. 97; Horvilleur 2019, S. 59.
1304 Halter 2001, S. 114 f.
1305 Botticini 2012, S. 97.
1306 Halter 2001, S. 115.
1307 Funk 1910, S. 100 f.
1308 Botticini 2012, S. 97.
1309 Halter 2001, S. 115.
1310 Funk 1910, S. 121.
1311 Bernard-Henri Lévy, L'esprit du judaïsme, 2016, S. 235.
1312 Hierzu und zum Folgenden Efrat Gal-Ed, Niemandssprache. Itzik Manger – ein europäischer Dichter, 2016, S. 21 ff.
1313 Halter 2001, S. 117.
1314 Funk 1910, S. 89.
1315 Efrat Gal-Ed, Niemandssprache. Itzik Manger – ein europäischer Dichter, 2016, S. 23.
1316 Halter 2001, S. 116.
1317 Ebd., S. 116 f.
1318 Vgl. dazu nur Botticini 2012.
1319 Halter 2001, S. 44.
1320 Ebd., S. 80.
1321 Zitiert nach Dovid Zaklikowski, What Does Judaism Say About Taking Revenge?, chabad.org, https://www.chabad.org/library/article_cdo/aid/1842551/jewish/What-Does-Judaism-Say-About-Taking-Revenge.htm, Seitenabruf 24.6.2017; meine Übersetzung aus dem Englischen.
1322 How can I forgive?, A Conversation with Solomon Schimmel, Shalom Boston, ursprünglich veröffentlicht im Reform Judaism Magazine, Herbst 2004, http://www.shalom-boston.com/LinkClick.aspx?fileticket=qffIVt0fkJw%3D&tabid=93&mid=480, Seitenabruf 15.12.2018; meine Übersetzung aus dem Englischen.
1323 Ebd.
1324 Ebd.
1325 Asher Meir, The Jewish Ethicist: Right to Revenge, aish.com, http://www.aish.com/ci/be/48881912.html, Seitenabruf 24.6.2017.
1326 Mendel Kalmenson, Should We Forgive the Nazis?, chabad.org, Seitenabruf 9.7.2017.
1327 Yerachmiel Gorelik, Exploring the complexities of forgiveness, The Conversation, 26.1.2017, http://theconversation.com/exploring-the-complexities-of-forgiveness-71774, Seitenabruf 30.11.2019.
1328 Wiesenthal 2015, S. 118 ff.
1329 Dalai Lama, in: Wiesenthal 2015, S. 200.
1330 Michael Bongardt, in: Wiesenthal 2015, S. 183.
1331 Rahel Musleah, The Difficult Path to Forgiveness, JW magazine, 7.10.2016, https://www.jwi.org/articles/the-difficult-path-to-forgiveness, Seitenabruf 25.6.2017.
1332 Priscilla Hayner, Unspeakable Truths: Confronting State Terror and Atrocity, 2001, zitiert nach Dan Sinh Nguyen Vo, Reconciliation

1333 Wikipedia.org, Forum for Peace and Reconciliation, https://en.wikipedia.org/wiki/Forum_for_Peace_and_Reconciliation, Seitenabruf 23.12.2018.
and Conflict Transformation, 2008, https://www.beyondintractability.org/casestudy/vo-reconciliation, Seitenabruf 15.12.2018.
1334 Renée Jeffery, The Solomon Islands Truth and Reconciliation Commission Report: Forgiving the Perpetrators, Forgetting the Victims?, 2015, S. 8, https://ecpr.eu/Filestore/PaperProposal/984ba0feb399-44f7-ad25-4b439f6be296.pdf, Seitenabruf 15.12.2018, i. F. Jeffery 2015.
1335 Vincent Lissu Mughwai, Post-Conflict Reconciliation: Does Amnesty Really Bring Peace?, 2010, S. 2, https://www.academia.edu/10806423/Post-Conflict_Reconciliation_Does_Amnesty_Really_Bring_Peace, Seitenabruf 16.12.2018, i. F. Mughwai 2010.
1336 Ebd., S. 8 ff. m. w. N.
1337 Jeffery 2015, S. 1, 13.
1338 Mughwai 2010, S. 12.
1339 Jeffery 2015, S. 11.
1340 Tshepo Madlingozi, Taking Stock of the South African Truth and Reconciliatioin Commission 20 Years Later: No Truth, No Reconciliation and No Justice, 2015, S. 7, https://www.academia.edu/38110335/Taking_Stock_of_the_South_African_Truth_and_Reconciliation_Commission_20_Years_Later_No_Truth_No_Reconciliation_and_No_Justice_Plenary_Talk_, Seitenabruf 6.10.2019.
1341 Ebd., S. 1, 8 ff.
1342 Jeffery 2015, S. 11.
1343 How can I forgive?, A Conversation with Solomon Schimmel, Shalom Boston, ursprünglich veröffentlicht im Reform Judaism Magazine, Herbst 2004, http://www.shalomboston.com/LinkClick.aspx?fileticket=qffIVt0fkJw%3D&tabid=93&mid=480, Seitenabruf 15.12.2018.
1344 Annelies Verdoolaege, ›Managing Reconciliation at the Human Rights Violations Hearings of the South African TRC‹, Journal of Human Rights, Vol. 5 (2005), S. 74, zitiert nach Jeffery 2015, S. 11.
1345 Solomon Schimmel, Wounds Not Healed by Time, 2002, S. 56, zitiert nach Nancy A. Stanlick, Reconciling with Harm: An Alternative to Forgiveness and Revenge, Florida Philosophical Review, Volume X, Issue 1, Summer 2010, S. 97, https://philosophy.cah.ucf.edu/fpr/files/10_1/stanlick.pdf, Seitenabruf 16.12.2018; meine Übersetzung aus dem Englischen.
1346 Yehuda Shurpin, Is Turning the Other Cheek a Jewish Value?, chabad.org, https://www.chabad.org/library/article_cdo/aid/1791975/jewish/Is-Turning-the-Other-Cheek-a-Jewish-Value.htm, Seitenabruf 24.10.2018.
1347 Joseph Liechty, Explorations in Reconcilition: New Directions for Theology, 2006, zitiert nach Mughwai 2010, S. 6 f.
1348 Jeffery 2015, S. 2, 4.
1349 Ebd., S. 21.
1350 Wole Soyinka, The Burden of Memory, the Muse of Forgiveness, 1999, zitiert nach Vincent Lissu Mughwai, Post-Conflict Reconcili-

ation: Does Amnesty Really Bring Peace?, 2010, S. 4, https://www.academia.edu/10806423/Post-Conflict_Reconciliation_Does_Amnesty_Really_Bring_Peace, Seitenabruf 16.12.2018; meine Übersetzung aus dem Englischen.
1351 Rahel Musleah, The Difficult Path to Forgiveness, JW magazine, 7.10.2016, https://www.jwi.org/articles/the-difficult-path-to-forgiveness, Seitenabruf 25.6.2017.
1352 Ebd.
1353 Der Spiegel, Heft 5/2015, S. 67.
1354 Spiegel Geschichte, »Umgebracht zu werden ist etwas anderes, als zu sterben«, 24.1.2015, Seitenabruf 11.8.2021.
1355 Spiegel Geschichte, »Wir robbten immer ein Stück weiter, so entkamen wir ihnen endlich«, 24.1.2015, Seitenabruf 11.8.2021.
1356 Bernd Kastner, Das Leben von Z-3529, sueddeutsche.de, 30.4.2013, Seitenabruf 11.8.2021.
1357 Bpb.de, 16 Überlebende – 16 Lebensgeschichten, Seitenabruf 7.7.2017.
1358 Ebd.
1359 Johannes Korge, Der Kampf des kaputten Kriegers, Spiegel online, 17.4.2012, https://www.spiegel.de/politik/deutschland/bundeswehr-traumatisierter-afghanistan-veteran-kaempft-um-anerkennung-a-827828.html, Seitenabruf 7.11.2019; Frank Patalong, Was macht der Krieg mit den Soldaten?, Spiegel online, 10.8.2014, https://www.spiegel.de/politik/ausland/bundeswehr-studie-dokumentiert-auswirkungen-auf-afghanistan-veteranen-a-985364.html, Seitenabruf 7.11.2019; Dirk Reinhardt, Treu gedient und dann? Einsatzveteranen kämpfen um Anerkennung, mdr.de, 10.9.2019, https://www.mdr.de/thueringen/bundeswehr-einsatzveteranen-kaempfen-um-anerkennung-100.html, Seitenabruf 7.11.2019.
1360 Anne Klein, »Militants de la Mémoire« – Repräsentationen jüdischen Engagements in den 1970er Jahren, in: Fritz Bauer Institut 2008, S. 135.
1361 Ebd., S. 136.
1362 Bpb.de, 16 Überlebende – 16 Lebensgeschichten, Seitenabruf 7.7.2017.
1363 Ebd.
1364 Ebd.
1365 Christoph Gunkel, »Das war meine Rache an Hitler!«, Spiegel online, 27.1.2017, Seitenabruf 27.1.2017.
1366 Mark Roseman, »but of revenge not a sign ...« – German's Fear of Jewish Revenge after World War II, researchgate.net, https://www.researchgate.net/publication/307547371_%27but_of_revenge_not_a_sign%27_Germans%27_Fear_of_Jewish_Revenge_after_World_War_II, Seitenabruf 8.10.2018.
1367 Martin Miller, Das wahre »Drama des begabten Kindes«, 2013, S. 72.
1368 Martin Feudenheim, in: Gerhardt/Karlauf 2011, S. 248.
1369 Ralph Waldo Emerson, Compensation, 1841, S. 8 f., https://archive.vcu.edu/english/engweb/transcendentalism/authors/emerson/essays/compensation.html, Seitenabruf 3.3.2019; meine Übersetzung aus dem Englischen.

1370 Martin Freudenheim, in: Gerhardt/Karlauf 2011, S. 248.
1371 Becker 1992, S. 266.
1372 Vgl. ebd., S. 178 ff.
1373 Marek Halter, Auf der Suche nach den 36 Gerechten, 1995, deutsche Ausgabe 1997, S. 110.
1374 Becker 1992, S. 238.
1375 Ebd., S. 201.
1376 Ebd., S. 241, 247, 265 f.
1377 The International School for Holocaust Studies, »The Road Ahead«, yadvashem.org, 2016, https://www.yadvashem.org/articles/interviews/road-ahead.html, Seitenabruf 20.11.2017.
1378 Miriam V. Spiegel, Unterbrochene Identitäten, in: Zentralwohlfahrtsstelle der Juden in Deutschland e. V., 2012, S. 13.
1379 Miriam V. Spiegel, Die Übertragung von Traumata auf die nächste Generation: die erwachsenen Kinder von Holocaust-Überlebende als Beispiel, Vortrag, Basel, 20.10.2009, https://docplayer.org/29005935-Die-uebertragung-von-traumata-auf-die-naechste-generation-die-erwachsenen-kinder-von-holocaust-ueberlebende-als-beispiel.html, Seitenabruf 16.11.2017.
1380 Ebd.
1381 Bergman 2018, S. 125.
1382 The International School for Holocaust Studies, »The Road Ahead«, yadvashem.org, 2016, https://www.yadvashem.org/articles/interviews/road-ahead.html, Seitenabruf 20.11.2017.
1383 Lea Balint, Das Trauma der verlorenen Identität bei Überlebenden der Shoah aus Polen – Reflexionen nach sechzig Jahren, in: Zentralwohlfahrtsstelle der Juden in Deutschland e. V., 2012, S. 37.
1384 Adrien Gombeaud, Hereros, La mémoire d'un peuple massacré, Le Figaro, 9.6.2017.
1385 Volker Weidermann, Lisa Eckhart im »Literarischen Quartett« – Nicht in seiner Sendung, Spiegel Kultur, 13.12.2020, https://www.spiegel.de/kultur/lisa-eckhart-im-literarischen-quartett-nicht-in-seiner-sendung-kommentar-a-fc31c139-a7aa-4c49-a852-2a1a2eaa1f9b?fbclid=IwAR1FHXsTCD17ZPYxrfsuwlOevLaLEbbToA60duqNSTgt-csi296TDn1_hfs, Seitenabruf 13.12.2020.
1386 Anna Sophia Hofmeister, »Wenn man den Holocaust überlebt hat, muss man das Leben umarmen«, Spiegel online, 14.6.2017, Seitenabruf 15.6.2017.
1387 Martin Krauss, Umstrittene Geste, Jüdische Allgemeine, 30.4.2013, Seitenabruf 5.7.2017.
1388 Wikipedia.de, Oskar Gröning, https://de.wikipedia.org/wiki/Oskar_Gröning, Seitenabruf 13.12.2020.
1389 Martin Krauss, Umstrittene Geste – Nebenkläger lehnen Versöhnung mit SS-Mann ab, Jüdische Allgemeine, 30.4.2015, http://www.juedische-allgemeine.de/article/view/id/22149, Seitenabruf 5.7.2017.
1390 Martina Cantacuzino, Forgiving the Nazis is uncomprehensible – but it has saved one survivor's life, The Guardian, 1.5.2015, https://www.theguardian.com/commentisfree/2015/may/01/forgiving-abuse-

1391 not-forgetting-auschwitz-eva-kor, Seitenabruf 13.12.2020.
1391 Esther Berjano, in: Wiesenthal 2015, S. 168.
1392 Martin Krauss, Umstrittene Geste – Nebenkläger lehnen Versöhnung mit SS-Mann ab, Jüdische Allgemeine, 30.4.2015, http://www.juedische-allgemeine.de/article/view/id/22149, Seitenabruf 5.7.2017.
1393 Ebd.
1394 Ebd.
1395 Ta-Nehisi Coates, Between the World and Me, 2017, S. 107 f.
1396 Ebd., S. 32; vgl. auch Eike Geisel, Die Wiedergutwerdung der Deutschen, 2015, Die Banalität der Guten, 1992, S. 59.
1397 Nassim Nicholas Taleb, Skin in the Game, 2018.
1398 Ebd., S. 3.
1399 Ebd., S. 6.
1400 Ebd., S. 22; meine Übersetzung aus dem Englischen.
1401 Ebd., S. 47.
1402 James Baldwin, The Fire Next Time, 1992, S. 59; meine Übersetzung aus dem Englischen.
1403 Mehrheit der Israelis kann Deutschen den Holocaust nicht verzeihen, israelnetz.com, 22.11.2010, Seitenabruf 17.8.2021.
1404 Aleida Assmann, Der lange Schatten der Vergangenheit – Erinnerungskultur und Geschichtspolitik, 2006, S. 37 ff.
1405 Aleida Assmann, Geschichte im Gedächtnis, 2007, S. 26.
1406 Arendt 1963, S. 330.
1407 Die Höcke-Rede von Dresden in Auszügen, zeit.de, 18.1.2017, Seitenabruf 17.8.2021.
1408 Bundesverfassungsgericht, 1 BvR 683/18, Entscheidung vom 22.6.2018, https://www.bundesverfassungsgericht.de/SharedDocs/Entscheidungen/DE/2018/06/rk20180622_1bvr067318.html, Seitenabruf 4.11.2018.
1409 Zitiert nach stern.de, »Die Opfer sind ihm schlicht egal«: Historiker erklärt, was Gauland (wirklich) bezwecken will, 4.6.2018, https://www.stern.de/politik/deutschland/vogelschiss-rede-historiker-erklaert-was-alexander-gauland-bezwecken-will-8109946.html, Seitenabruf 4.11.2018.
1410 INDES, Moritz Hoffmann, http://indes-online.de/autor/moritz-hoffmann, Seitenabruf 12.6.2021.
1411 Stern.de, »Die Opfer sind ihm schlicht egal«: Historiker erklärt, was Gauland (wirklich) bezwecken will, 4.6.2018, https://www.stern.de/politik/deutschland/vogelschiss-rede-historiker-erklaert-was-alexander-gauland-bezwecken-will-8109946.html, Seitenabruf 4.11.2018.
1412 Arendt 1963, S. 334.
1413 The Globalist, Benedict Neff, https://www.theglobalist.com/contributors/benedict-neff/, Seitenabruf 12.7.2021.
1414 Benedict Neff, Die AfD ist die Partei der Verharmlosung des Nationalsozialismus, NZZ, 3.6.2018, https://www.nzz.ch/international/die-partei-der-verharmlosung-des-nationalsozialismus-ld.1391216, Seitenabruf 6.10.2018.
1415 Statista.de, https://statistic_id578375_meinung-zum-ausschluss-von-parteimitgliedern-mit-antisemitischen-aeusse-

rungen-2016.pdf, Seitenabruf 15.11.2018.

1416 Rechtsextrem und völkisch – Umfrage zeigt Gesinnung vieler AfD-Wähler, n-tv, 29.11.2019, https://www.n-tv.de/politik/Umfrage-zeigt-Gesinnung-vieler-AfD-Waehler-article21426963.html, Seitenabruf 1.12.2019.

1417 Heinrich Detering, Impulsvortrag: Zur Rhetorik der parlamentarischen Rechten – »Wer ist wir?«, gehalten auf der Vollversammlung des Zentralkomitees der deutschen Katholiken 23./24.11.2018, https://www.zdk.de/veroeffentlichungen/reden-und-beitraege/detail/Impulsvortrag-Zur-Rhetorik-der-parlamentarischen-Rechten-Wer-ist-wir-Prof-Dr-Heinrich-Detering-413s/, Seitenabruf 21.6.2019, S. 5.

1418 Arendt 1963, S. 336.

1419 Arendt 1963, S. 340.

1420 Landgericht München I, Urteil vom 10. Dezember 2014, Az. 25 O 14197/14; OLG München: Beschluss vom 28. September 2015, Az. 18 U 169/15.

1421 Achim Doerfer, »Ja, wir dürfen Herrn Elsässer Antisemit nennen«, Huffington Post, 19.12.2014; ders., Das A-Wort, Jüdische Allgemeine, 14.12.2015; ders., Auf der Suche nach einer Definition, detektor.fm, 6.10.2015.

1422 AD HuffPo, AD JA, AD detektor.fm.

1423 Helmut Uwer, Von »deutscher Leitkultur« zur »Leitkultur Deutschlands«, faz.net, 6.11.2000, https://www.faz.net/aktuell/politik/cdu-von-deutscher-leitkultur-zur-leitkultur-deutschlands-112742.html, Seitenabruf 29.12.2020.

1424 Thomas Kröter, Identität – Leitkultur light, Jüdische Allgemeine, 25.10.2010, https://www.juedische-allgemeine.de/politik/leitkultur-light/, Seitenabruf 28.12.2020.

1425 Ebd.

1426 Ebd.

1427 Vgl. zur Weitergabe der Traumata Katharina Dexler, zitiert nach Martin Miller, Das wahre »Drama des begabten Kindes«, 2013, S. 140; ebd., S. 165.

1428 Harmatz 1998, S. 54.

1429 Alexander und Margarete Mitscherlich, Die Unfähigkeit zu trauern – Grundlagen kollektiven Verhaltens, 23. Auflage, Juni 2012, S. 151.

1430 Max Czollek, Desintegriert Euch!, 2018.

1431 Bundeszentrale für politische Bildung, M 04.04 Begriffsdefinitionen, 30.11.2007, https://www.bpb.de/lernen/grafstat/projekt-integration/134688/m-04-04-begriffsdefinitionen, Seitenabruf 28.12.2020.

Verzeichnis der verwendeten Bücher

Aly, Götz, Warum die Deutschen, Warum die Juden?, Frankfurt 2011
Assmann, Aleida, Der lange Schatten der Vergangenheit – Erinnerungskultur und Geschichtspolitik, München 2006
Assmann, Aleida, Geschichte im Gedächtnis, München 2007
Bajohr, Frank/Löw, Andrea, Der Holocaust – Ergebnisse und neue Fragen der Forschung, Frankfurt am Main 2015
Baldwin, James, The Fire Next Time, New York 1993
Becker, David, Ohne Hass keine Versöhnung – Das Trauma der Verfolgten, Freiburg 1992
Beckman, Morris, The Jewish Brigade – An Army with Two Masters 1944 – 45, Brimscombe Port Strout, Gloucestershire 2009, erstmals erschienen 1998
Behrends, Okko/Schumacher, Eva (Hrsg.), Franz Wieacker – Historiker des modernen Privatrechts, Göttingen 2010
Beradt, Martin, Der deutsche Richter, Nachdruck der Erstausgabe von 1930, Königstein/Ts. 1979
Bergman, Ronen, Rise and Kill First – The Secret History of Israel's Targeted Assassinations, New York 2018
Bitzegeio, Ursula/Kruke, Anja/Woyke, Meik (Hrsg.), Solidargemeinschaft und Erinnerungskultur im 20. Jahrhundert, Bonn 2009
Blum, Howard, The Brigade: An Epic Story of Vengeance, Salvation, and WWII, New York 2002
Böhnke, Gunter, Wo die schönen Mädchen auf den Bäumen wachsen: Sachsen für Kenner und Neugierige, Frankfurt am Main 2018
Botticini, Maristella/Eckstein, Zvi, The Chosen Few – How Education Shaped Jewish History, 70–1492, Princeton 2012

Coates, Ta-Nehisi, Between the World and Me, New York 2017
Coates, Ta-Nehisi, We Were Eight Years in Power, New York 2017
Cohen, Rich, The Avengers, New York 2001
Czollek, Max, Desintegriert euch!, München 2018

Danyel, Jürgen (Hrsg.), Die geteilte Vergangenheit – Zum Umgang mit Nationalsozialismus und Widerstand in beiden deutschen Staaten, Berlin 1995

Elkins, Michael, Forged in Fury, Loughton, Essex 1981
Emerson, Ralph Waldo, Compensation, Boston 1841

Fischer, Thomas, Strafgesetzbuch, München 2021
Föhrding, Hans-Peter/Verführt, Heinz, Als die Juden nach Deutschland flohen, Köln 2017
Fritz Bauer Institut (Hg.), Opfer als Akteure – Interventionen ehemaliger NS-Verfolgter in der Nachkriegszeit, Frankfurt am Main 2008
Funk, Salomon, Die Entstehung des Talmuds, London 2018, erstmals erschienen Berlin/Leipzig 1910

Gäbler, Gabriele, Friedel Hönisch – die große alte Dame des sächsischen Humors, Leipzig 1995
Gal-Ed, Efrat, Niemandssprache, Itzik Manger – ein europäischer Dichter, Berlin 2016
Geisel, Eike, Die Wiedergutwerdung der Deutschen, Berlin 2015
Gerhardt, Uta/Karlauf, Thomas (Hrsg.), Nie mehr zurück in dieses Land – Augenzeugen berichten über die *Novemberpogrome* 1938, Berlin 2009
Ginsburg, Tobias, Die Reise ins Reich – Unter Reichsbürgern, Berlin 2018
Giordano, Ralph, Wenn Hitler den Krieg gewonnen hätte – Die Pläne nach dem Endsieg, Köln 2000
Giordano, Ralph, Erinnerungen eines Davongekommenen, Köln 2007
Görtemaker, Manfred/Safferling, Christoph, Die Akte Rosenburg – Das Bundesjustizministerium und die NS-Zeit, München 2016
Goeschel, Christian, Selbstmord im Dritten Reich, Berlin 2011

Goldt, Max, Texte aus den in die Vergriffenheit entlassenen Büchern »Quitten« und »Kugeln«, Hamburg 2009
Guthörl, Milena Katharina, Die Jüdische Brigade, Magisterarbeit, Heidelberg 2010

Halter, Marek, Auf der Suche nach den 36 Gerechten, 1995, deutsche Ausgabe Berlin 1997
Halter, Marek, Alles beginnt mit Abraham, Wien 2001
Harmatz, Joseph, From the Wings – A Long Journey: 1940–1960, Lewes, Sussex 1998
Herwig, Malte, Die Flakhelfer – Wie aus Hitlers jüngsten Parteimitgliedern Deutschlands führende Demokraten wurden, München 2013
Hobbes, Thomas, Leviathan, Cambridge 1996
Horvilleur, Delphine, Réflexions sur la question antisémite, Paris 2019
Hume, David, A Treatise of Human Nature, Buch III, Teil I, Kapitel I

Junz, Helen Bachner, Where Did All the Money Go?: The Pre-Nazi Era Wealth of European Jewry, Dissertation, Amsterdam 2001

Langbein, Hermann … nicht wie Schafe zur Schlachtbank – Widerstand in den nationalsozialistischen Konzentrationslagern 1938–1945, Frankfurt am Main 1980
Lévy, Bernard-Henri, L'esprit du judaïsme, Paris 2016
Lorenz, Ina/Berkemann, Jörg, Die Hamburger Juden im NS-Staat 1933 bis 1938/39 Band III – Dokumente, Göttingen 2016
Lustiger, Arno, Zum Kampf auf Leben und Tod, Köln 2003

Miller, Martin, Das wahre »Drama des begabten Kindes«, Freiburg 2013
Mitscherlich, Alexander und Margarete, Die Unfähigkeit zu trauern – Grundlagen kollektiven Verhaltens, 23. Auflage, München 2012

Paucker, Arnold, Deutsche Juden im Widerstand 1933–1945 – Tatsachen und Probleme, (1. Auflage Berlin 1999), 2. Auflage Berlin 2003

Poliakov, Léon, Bréviaire de la haine – Le IIIe Reich et les Juifs, Paris 2017, erstmals erschienen 1951

Sartre, Jean-Paul, Réflexions sur la question juive, Paris 1985 (erstmals erschienen 1946)
Schneider, Hannelore Maria, Das nationalsozialistische »Gesetz zur Verhütung erbkranken Nachwuchses« am Beispiel der 1939 an der Psychiatrie Tübingen durchgeführten Sterilisationsgutachten, Dissertation, Tübingen 2014
Schoeps, Julius H. (Hrsg.), Leben im Land der Täter, Berlin 2001
Schubert, Werner/Schmid, Werner/Regge, Jürgen (Hrsg.), Akademie für deutsches Recht 1933–1945, Protokolle der Ausschüsse, Band III, 2, Familienrechtsausschuss, Unterausschuss für eheliches Güterrecht, Frankfurt/M., Berlin/Boston 1989
Segev, Tom, The Seventh Million, Basingstoke 1991, 2000

Taleb, Nassim Nicholas, Skin in the Game, New York 2018
Tobias, Jim G./Zinke, Peter, Nakam – Jüdische Rache an NS-Tätern, Hamburg 2003
Trials of War Criminals Before the Nuernberg Military Tribunals Under Control Council Law No. 10, Volume IV, Washington 1946–1949

Voigt, Rüdiger (Hrsg.), Der Hobbes-Kristall: Carl Schmitts Hobbes-Interpretation in der Diskussion, Stuttgart 2009

Wiesenthal, Simon, Die Sonnenblume, Berlin/München/Wien 2015
Wollschläger, Christian, Franz Wieacker, Zivilistische Schriften 1934–1942, Frankfurt am Main 2000

Zuckerman, Yitzhak (»Antek«), A Surplus of Memory – Chronicle of the Warsaw Ghetto Uprising, Oakland 1993

Aus Verantwortung für die Umwelt hat sich der
Verlag Kiepenheuer & Witsch zu einer nachhaltigen
Buchproduktion verpflichtet. Der bewusste Umgang
mit unseren Ressourcen, der Schutz unseres
Klimas und der Natur gehören zu unseren obersten
Unternehmenszielen.
Gemeinsam mit unseren Partnern und Lieferanten setzen
wir uns für eine klimaneutrale Buchproduktion ein,
die den Erwerb von Klimazertifikaten zur Kompensation
des CO_2-Ausstoßes einschließt.

Weitere Informationen finden Sie unter
www.klimaneutralerverlag.de

Verlag Kiepenheuer & Witsch, FSC® N001512

1. Auflage 2021

© 2021, Verlag Kiepenheuer & Witsch, Köln
Alle Rechte vorbehalten
Covergestaltung: Rudolf Linn, Köln
Gesetzt aus der Minion Pro
Satz: Buch-Werkstatt GmbH, Bad Aibling
Druck und Bindung: CPI books GmbH, Leck
ISBN 978-3-462-05088-2

In zahlreichen Gesprächen mit Überlebenden, Dutzenden von Kurzbiographien und autobiographischen Berichten von jüdischen Ghettokämpfern, Partisanen, Saboteuren, Rettern, Soldaten, Fallschirmspringern u.a. wird erstmals das Gesamtbild des jüdischen Widerstands gegen die Nazis in ganz Europa gezeichnet. Arno Lustiger entreißt damit ein wichtiges Stück Geschichte der Vergessenheit und widerlegt die zählebige Legende, die Juden hätten sich »wie Schafe zur Schlachtbank« führen lassen.

Kiepenheuer & Witsch